オールカラー

筋力アップから
スポーツ動作の強化まで

筋肉の使い方・鍛え方
パーフェクト事典

東京大学大学院
総合文化研究科名誉教授
石井直方 監修

国際武道大学
体育学部教授
荒川裕志 著

ナツメ社

CONTENTS

- 全身の主な骨と関節 …………………………………… 8
- 全身の主な筋肉 ………………………………………… 10
- 本書の使い方 …………………………………………… 12
- 監修者のことば ………………………………………… 14

序章 筋肉の働きと人体動作の関係　15

- 筋肉と人体動作の関係 ………………………………… 16
- 関節が動くしくみ ……………………………………… 18
- 骨格筋の構造と分類 …………………………………… 20
- 関節の種類 ……………………………………………… 22
- 筋収縮の性質 …………………………………………… 24
- 筋線維のタイプと長さ ………………………………… 26
- 筋肉が成長するしくみ ………………………………… 28
- 効果的な筋トレ法 ……………………………………… 30
- 筋トレ種目の選び方 …………………………………… 32

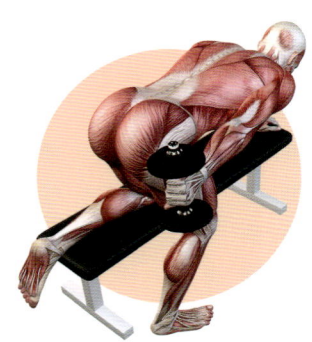

第1章 肩関節の動きと鍛え方　33

- 肩関節の可動域 ………………………………………… 34
- 肩関節を動かす筋一覧 ………………………………… 36
  - 三角筋／広背筋 ……………………………………… 37
  - 大胸筋／大円筋／烏口腕筋 ………………………… 38
  - ローテーターカフ：棘上筋／棘下筋／小円筋／肩甲下筋 …… 39
- **肩関節の動き①** 肩関節屈曲 ………………………… 40
  - 肩関節屈曲トレ ❶フロントレイズ、❷フロントショルダプレス、❸リバースベンチプレス …… 41
- **肩関節の動き②** 肩関節伸展 ………………………… 42
  - 肩関節伸展トレ ❶ダンベルローイング（片手）、❷ベントオーバーローイング、❸ダンベルプルオーバー …… 43
  - ❹マシンローイング、❺シーテッドローイング（ナロー）、❻チンアップ（ナロー） …… 44
- **肩関節の動き③** 肩関節外転 ………………………… 45
  - 肩関節外転トレ ❶サイドレイズ、❷ダンベルショルダープレス、❸ライイングサイドレイズ …… 46
  - ❹マシンショルダープレス、❺ケーブルリアロー（外転）、❻徒手サイドレイズ …… 47
- **肩関節の動き④** 肩関節内転 ………………………… 48
  - 肩関節内転トレ ❶チンアップ（ワイド）、❷プルダウン（ワイド）、❸ケーブルクロス（内転） …… 49
- **肩関節の動き⑤** 肩関節内旋 ………………………… 50
  - 肩関節内旋トレ ❶チューブIR（外転位）、❷ダンベルIR（外転位）、❸ケーブルIR（内転位） …… 51

| 肩関節の動き⑥ 肩関節外旋 ··· 52
　肩関節外旋トレ ❶ERアップライトロー、❷チューブER(外転位)、❸ダンベルER(外転位) ······ 53
　❹ダンベルER(外転位※立位)、❺ケーブルER(内転位)、❻フェイスプル ················ 54
| 肩関節の動き⑦ 肩関節水平外転 ··· 55
　肩関節水平外転トレ ❶ダンベルリアレイズ、❷サイドライイングリアレイズ、❸サイドライイングリアロー ···· 56
　❹シーテッドローイング(ワイド)、❺ケーブルリアロー(水平外転)、❻徒手リアレイズ ············ 57
| 肩関節の動き⑧ 肩関節水平内転 ··· 58
　肩関節水平内転トレ ❶プッシュアップ(ワイド)、❷ベンチプレス、❸ダンベルベンチプレス ········· 59
　❹チェストプレス、❺チェストフライ、❻ダンベルフライ ································· 60
　❼ケーブルクロス(水平内転)、❽インクラインダンベルプレス、❾デクラインベンチプレス ·········· 61
肩関節筋のストレッチ ·· 62
コラム❶▶三角筋の鍛え方 ·· 64

第2章 肩甲骨の動きと鍛え方　65

肩甲骨の可動域 ·· 66
肩甲骨を動かす筋一覧 ·· 68
　僧帽筋／大菱形筋 ··· 69
　前鋸筋／小菱形筋 ··· 70
　小胸筋／肩甲挙筋／鎖骨下筋 ··· 71
| 肩甲骨の動き❶ 肩甲骨挙上・下制 ·· 72
　肩甲骨挙上トレ ❶ダンベルシュラッグ、❷バーベルシュラッグ、❸徒手シュラッグ ············· 73
| 肩甲骨の動き❷ 肩甲骨内転・外転 ·· 74
　肩甲骨外転トレ 肩甲骨プッシュアップ　　肩甲骨内転トレ ❶ダンベルローイング、
　❷シーテッドローイング(肩甲骨内転メイン) ·· 75
　❸ベントオーバーローイング(ワイド)、❹プルダウン(ナロー)、❺ケーブルリアロー(片手) ······ 76
| 肩甲骨の動き❸ 肩甲骨下方回旋／肩甲骨下方回旋トレ ディップス(ワイド) ··················· 77
| 肩甲骨の動き❹ 肩甲骨上方回旋 ·· 78
　肩甲骨上方回旋トレ ❶ダンベルアップライトロー ·· 78
　❷上方回旋レイズ、❸ケーブルアップライトロー、❹徒手アップライトロー ····················· 79
肩甲骨まわりのほぐし体操 ··· 80
コラム❷▶肩甲上腕リズム ·· 82

第3章 肘関節の動きと鍛え方　83

肘関節の可動域 ·· 84
肘関節を動かす筋一覧 ·· 86
　上腕二頭筋／上腕三頭筋 ··· 87

3

上腕筋／腕橈骨筋／肘筋 ……………………………………………… 88
回外筋／円回内筋／方形回内筋 ……………………………………… 89

肘関節の動き❶ 肘関節屈曲 …………………………………………… 90
肘関節屈曲トレ ❶ダンベルカール、❷コンセントレーションカール、❸ハンマーカール … 91
❹インクラインカール、❺バーベルカール、❻プリーチャーカール ……… 92
❼アンダーグリップチンアップ、❽ハンマーグリップチンアップ、❾バーベルリバースカール … 93

肘関節の動き❷ 肘関節伸展 …………………………………………… 94
肘関節伸展トレ ❶ディップス、❷キックバック、❸ディップス(ナロー) …… 95
❹プレスダウン、❺ライイングエクステンション、❻ナローベンチプレス … 96

前腕の動き 前腕(橈尺関節)の回内・回外 …………………………… 97
前腕回内トレ ❶プロネーション(バット) ………………………………… 97
❷プロネーション(ダンベル)　前腕回外トレ ❶スピネーション(バット)、❷スピネーション(ダンベル) … 98
肘関節筋のストレッチ …………………………………………………… 99
コラム❸ ▶ 肘関節屈曲筋の鍛え方 …………………………………… 100

第4章 手関節・足関節の動きと鍛え方 101

手関節・手指の可動域 …………………………………………………… 102
手関節・手指を動かす筋一覧 …………………………………………… 104
浅指屈筋／深指屈筋／尺側手根屈筋／橈側手根屈筋 ……………… 105
総指伸筋／尺側手根伸筋／長橈側手根伸筋／短橈側手根伸筋 …… 106
長母指伸筋／長母指外転筋／示指伸筋／虫様筋 …………………… 107

手関節の動き❶ 手関節掌屈(屈曲) …………………………………… 108
手関節掌屈トレ ❶ダンベルリストカール、❷バーベルリストカール、❸ケーブルリストカール … 109

手関節の動き❷ 手関節背屈(伸展) …………………………………… 110
手関節背屈トレ ❶ダンベルリバースリストカール、❷バーベルリバースリストカール、
❸バーベルリバースカール(背屈プラス) ………………………………… 111

手関節の動き❸ 手関節橈屈(外転)・尺屈(内転) …………………… 112
手関節橈屈トレ アルナーフレクション
手関節尺屈トレ レディアルフレクション ……………………………… 113

手指の動き 手指の屈曲 ………………………………………………… 114
手指屈曲トレ ❶ハンドグリップ ………………………………………… 114
❷フィンガーカール、❸ハンギングフィンガーカール ………………… 115
足関節・足趾の可動域 …………………………………………………… 116
足関節・足趾を動かす筋一覧 …………………………………………… 118
腓腹筋／ヒラメ筋 ………………………………………………………… 119
前脛骨筋／後脛骨筋／長趾伸筋／長母趾伸筋 ……………………… 120
長腓骨筋／短腓骨筋／第三腓骨筋／長母趾屈筋 …………………… 121

4

足関節の動き❶ **足関節底屈（屈曲）** ……………………………………………………122
足関節底屈トレ ❶片足カーフレイズ、❷マシンカーフレイズ、❸レッグプレスカーフレイズ ……123
足関節の動き❷ **足関節背屈（伸展）** ……………………………………………………124
足関節背屈トレ ❶片足トゥレイズ、❷チューブトゥレイズ、❸徒手トゥレイズ ……………125
手関節筋・手指筋のストレッチ ………………………………………………126
足関節筋・足趾筋のストレッチ ………………………………………………127
コラム❹ ▶ 握力の鍛え方 ………………………………………………………128

第5章 股関節の動きと鍛え方　129

股関節の可動域 ……………………………………………130
股関節を動かす筋一覧 ……………………………………132
大殿筋／中殿筋　134
腸腰筋：大腰筋／腸骨筋／小腰筋　135
小殿筋／大腿筋膜張筋／薄筋　136
大内転筋／長内転筋　137
短内転筋／恥骨筋／大腿方形筋　138
外閉鎖筋／内閉鎖筋／梨状筋　139
股関節の動き❶ **股関節屈曲** ……………………………………………………140
股関節屈曲トレ ❶レッグレイズ、❷ハンギングレッグレイズ、❸徒手レッグレイズ …………141
股関節の動き❷ **股関節伸展** ……………………………………………………142
股関節伸展トレ ❶プローンシングルレッグレイズ、❷ヒップリフト（片足）、❸ダンベルランジ …143
❹デッドリフト、❺ルーマニアンデッドリフト、❻バーベルスクワット ……………144
❼ブルガリアンスクワット、❽片足デッドリフト、❾股関節バックエクステンション（片足）……145
股関節の動き❸ **股関節外転** ……………………………………………………146
股関節外転トレ ❶外転サイドブリッジ、❷マシンアブダクション、❸バーベルランジ ………147
❹片手片足デッドリフト、❺ケーブルアブダクション、❻徒手アブダクション …………148
股関節の動き❹ **股関節内転** ……………………………………………………149
股関節内転トレ ❶ワイドスクワット、❷内転サイドブリッジ、❸ワイドデッドリフト ………150
❹マシンアダクション、❺ケーブルアダクション、❻徒手アダクション ………………151
股関節の動き❺ **股関節外旋** ……………………………………………………152
股関節外旋トレ ❶ランジ ……………………………………………………………152
❷バーベルランジ、❸片手片足デッドリフト、❹徒手アブダクション（外旋アレンジ）………153
股関節の動き❻ **股関節内旋** ……………………………………………………154
股関節内旋トレ ❶マシンアダクション（内旋アレンジ）、❷徒手アダクション（内旋アレンジ）……155
股関節筋のストレッチ ………………………………………………………156
コラム❺ ▶ 大殿筋の鍛え方 ……………………………………………………158

第6章 膝関節の動きと鍛え方　159

- 膝関節の可動域 …………………………………… 160
- 膝関節を動かす筋一覧 …………………………… 162
  - 大腿四頭筋：大腿直筋／中間広筋 …………… 163
  - 大腿四頭筋：内側広筋／外側広筋 …………… 164
  - ハムストリング：半腱様筋／半膜様筋 ……… 165
  - ハムストリング：大腿二頭筋 ………………… 166
  - 膝窩筋 …………………………………………… 166
- **膝関節の動き①** 膝関節屈曲 …………………… 167
  - 膝関節屈曲トレ ❶ダンベルレッグカール、❷ヒップリフト、❸マシンレッグカール ……… 168
  - ❹グルートハムレイズ(45度)、❺グルートハムレイズ(床)、❻徒手レッグカール ………… 169
- **膝関節の動き②** 膝関節伸展 …………………… 170
  - 膝関節伸展トレ ❶スクワット、❷片足スクワット、❸シシースクワット ………………… 171
  - ❹マシンレッグエクステンション、❺ハックスクワット、❻バーベルスクワット(前傾抑えめ) ……… 172
  - ❼フロントスクワット ………………………… 173
- 膝関節筋のストレッチ …………………………… 173
- **コラム⑥** ▶ 大腿四頭筋でブレーキをかける ……………… 174

第7章 体幹・頸部の動きと鍛え方　175

- 体幹の可動域 ……………………………………… 176
- 頸部の可動域 ……………………………………… 178
- 体幹・頸部を動かす筋一覧 ……………………… 180
  - 腹直筋／腹横筋 ………………………………… 182
  - 外腹斜筋／内腹斜筋 …………………………… 183
  - 脊柱起立筋(複合筋) …………………………… 184
  - 腰方形筋／半棘筋(群) ………………………… 185
  - 頭板状筋／頸板状筋 …………………………… 186
  - 前斜角筋／中斜角筋／後斜角筋 ……………… 187
  - 胸鎖乳突筋／横隔膜 …………………………… 188
- **体幹の動き①** 体幹屈曲 ………………………… 189
  - 体幹屈曲トレ ❶クランチ ……………………… 189
  - ❷シットアップ、❸アブローラー、❹デクラインシットアップ …………………………… 190
  - ❺ハンギングレッグレイズ(体幹屈曲プラス)、❻ケーブルクランチ、❼ドラゴンフラッグ …… 191
- **体幹の動き②** 体幹伸展 ………………………… 192
  - 体幹伸展トレ ❶バックエクステンション …… 192
  - ❷体幹バックエクステンション、❸デッドリフト、❹バーベルスクワット ………………… 193

体幹の動き❸ 体幹側屈………194
　体幹側屈トレ ❶サイドクランチ、❷サイドシットアップ、❸サイドベント……195
体幹の動き❹ 体幹回旋………196
　体幹回旋トレ ❶ツイストクランチ………196
　❷ツイストレッグレイズ、❸デクラインツイストシットアップ、❹ウインドシールドワイパー……197
　❺ライイングトランクツイスト、❻ツイストドラゴンフラッグ、❼シャフトスイング………198
　腹横筋収縮トレ ドローイン………199
頸部の動き 頸部屈曲・伸展………200
　頸部伸展トレ ❶ネックエクステンション………200
　❷後ブリッジ　頸部屈曲トレ ❶ネックフレクション、❷前ブリッジ　頸部側屈トレ 横ブリッジ…201
体幹・頸部のストレッチ………202
コラム❼▶ベルトを締める効果………204

第8章 人体動作のメカニズム　205

直立姿勢の維持………206
片脚立ちの維持………207
立ち上がる(イスから)………208
歩行………210
階段上り(昇段動作)………212
持ち上げる(リフティング)………214
スプリント(加速局面)………216
スプリント(中間疾走局面)………218
方向転換(カッティング)………220
ジャンプする(垂直跳び)………222
ボールを投げる(投球)………224
バットスイング………226
ゴルフスイング(ドライバー)………228
テニススイング(フォアハンド)………230
パンチを打つ(ストレート)………232
ボールを蹴る………234
キック(ミドルキック)………236
ペダリング………238
コラム❽▶「押す」動作のポイント………240

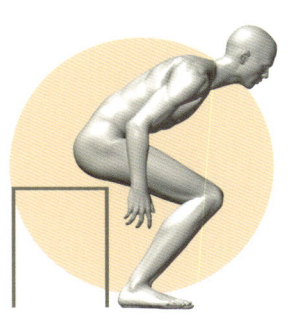

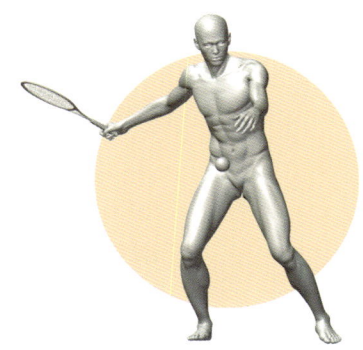

関節動作別 最大筋力(参考値)の比較………241
筋の詳細データ一覧表………242
著者のことば………254

全身の主な骨と関節

頭から指先まで、人体は骨と骨が結合した骨格によって形成されている。各部位の骨が関節を起点に動くことによって、全身のあらゆる動作が可能になる。

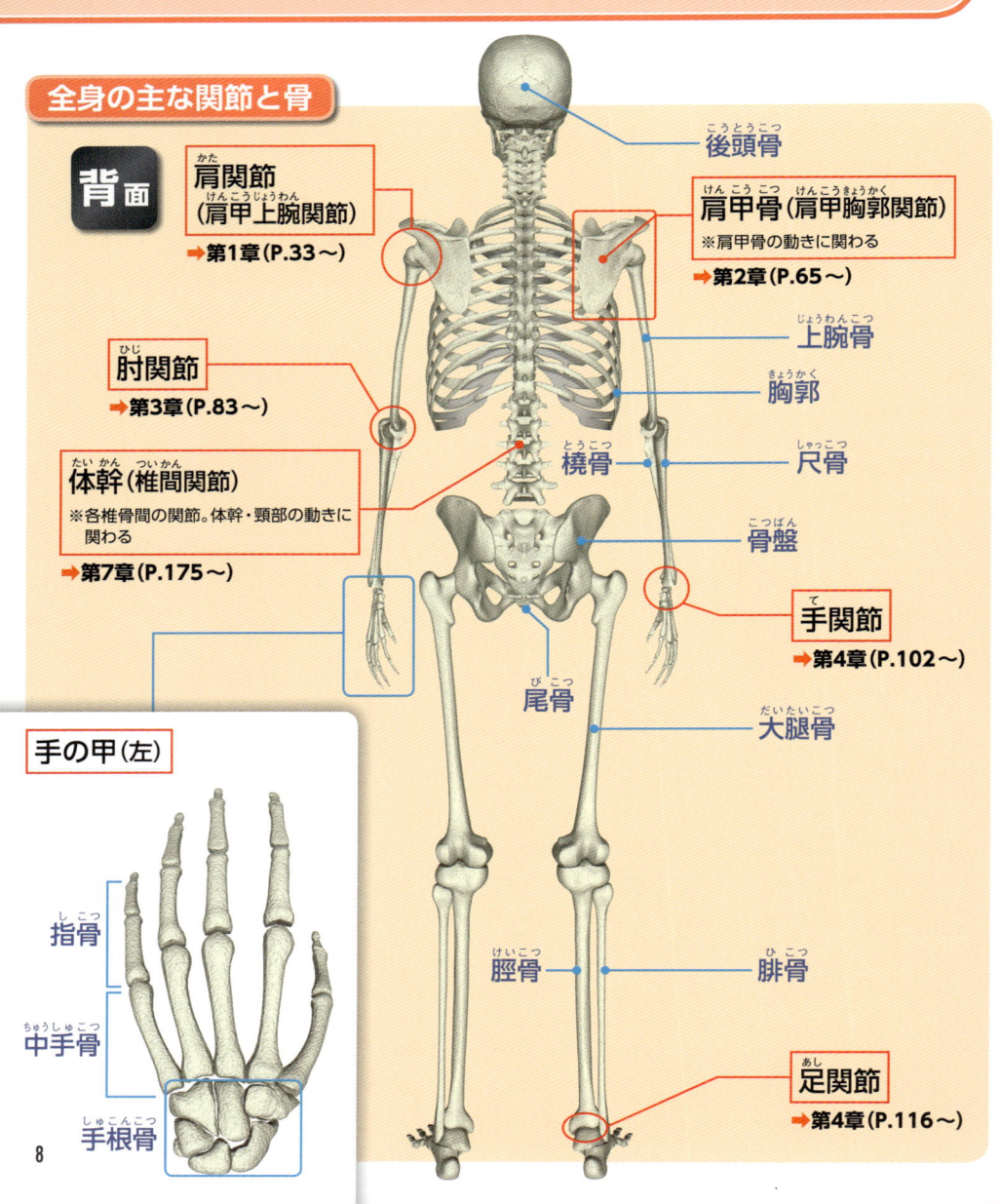

全身の主な関節と骨

背面

- 肩関節（肩甲上腕関節）
  ➡第1章（P.33〜）
- 肩甲骨（肩甲胸郭関節）
  ※肩甲骨の動きに関わる
  ➡第2章（P.65〜）
- 肘関節
  ➡第3章（P.83〜）
- 体幹（椎間関節）
  ※各椎骨間の関節。体幹・頸部の動きに関わる
  ➡第7章（P.175〜）
- 手関節
  ➡第4章（P.102〜）
- 足関節
  ➡第4章（P.116〜）

骨の名称：後頭骨、肩甲骨、上腕骨、胸郭、橈骨、尺骨、骨盤、尾骨、大腿骨、脛骨、腓骨

手の甲（左）

- 指骨
- 中手骨
- 手根骨

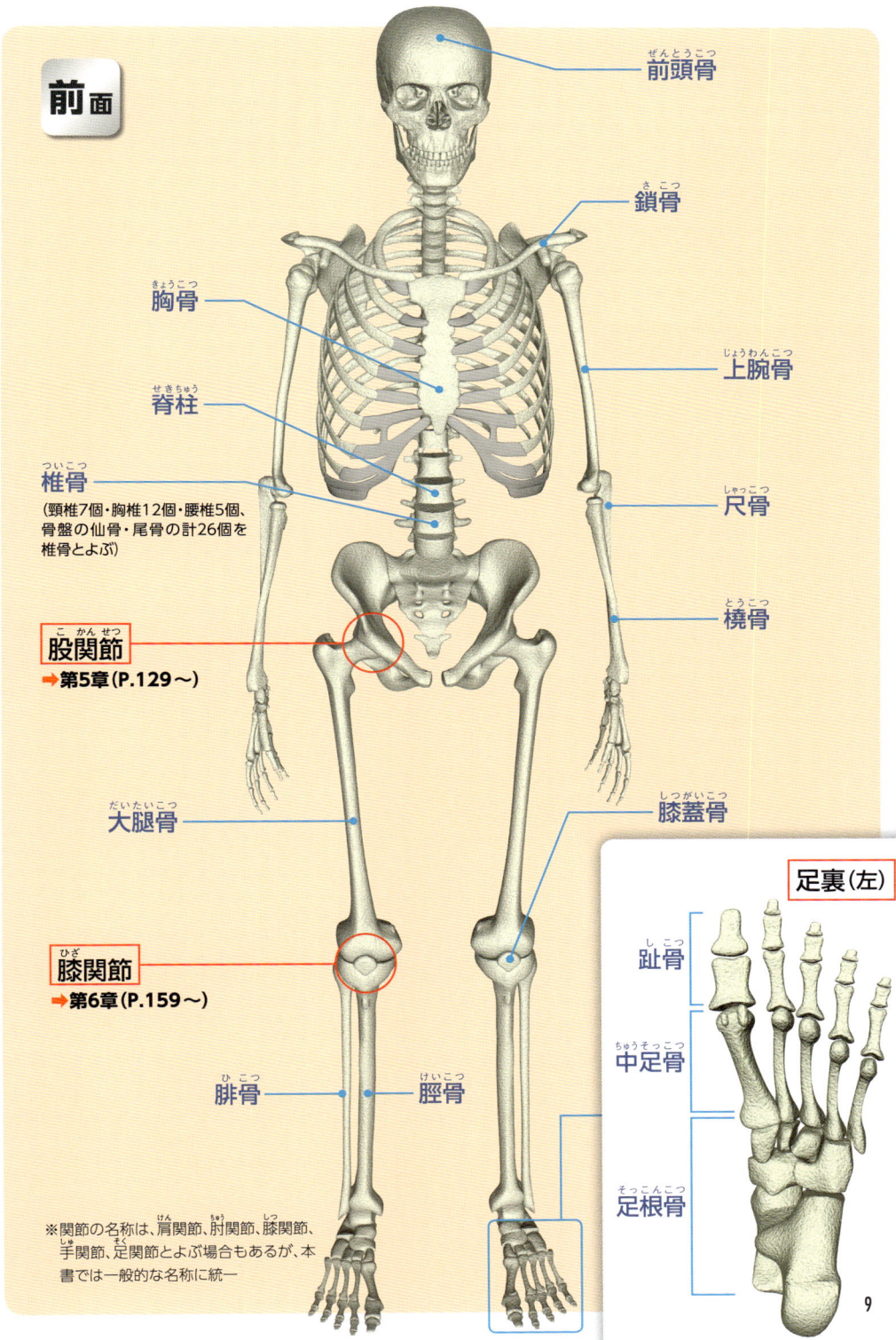

全身の主な筋肉

人体の関節は、さまざまな役割をもつ各部位の骨格筋が働くことで、初めて可動することができる。ここでは表層筋を中心に全身の主な骨格筋を紹介する。

全身の主な表層筋

背面

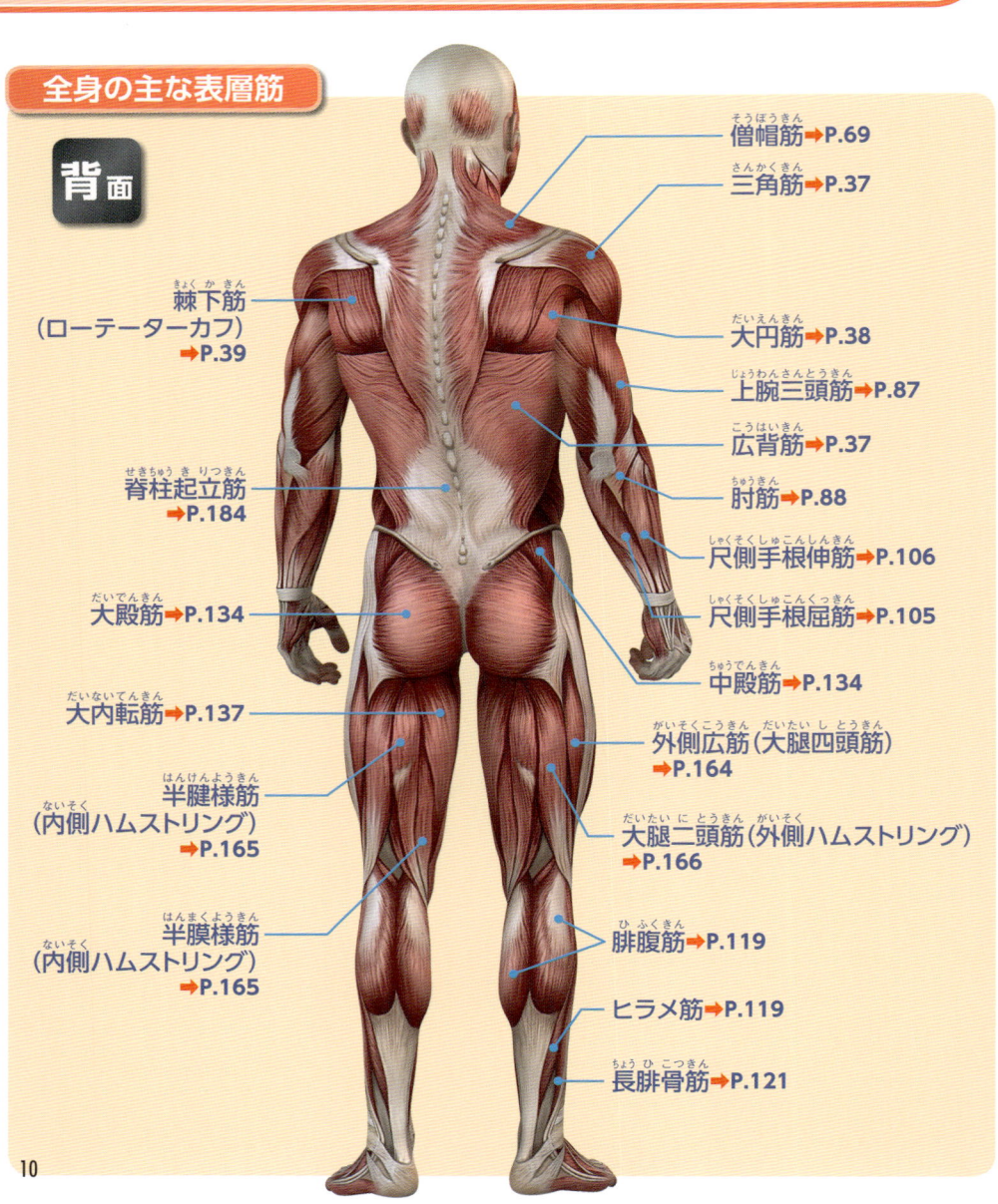

- 棘下筋（ローテーターカフ） ➡ P.39
- 脊柱起立筋 ➡ P.184
- 大殿筋 ➡ P.134
- 大内転筋 ➡ P.137
- 半腱様筋（内側ハムストリング） ➡ P.165
- 半膜様筋（内側ハムストリング） ➡ P.165
- 僧帽筋 ➡ P.69
- 三角筋 ➡ P.37
- 大円筋 ➡ P.38
- 上腕三頭筋 ➡ P.87
- 広背筋 ➡ P.37
- 肘筋 ➡ P.88
- 尺側手根伸筋 ➡ P.106
- 尺側手根屈筋 ➡ P.105
- 中殿筋 ➡ P.134
- 外側広筋（大腿四頭筋）➡ P.164
- 大腿二頭筋（外側ハムストリング）➡ P.166
- 腓腹筋 ➡ P.119
- ヒラメ筋 ➡ P.119
- 長腓骨筋 ➡ P.121

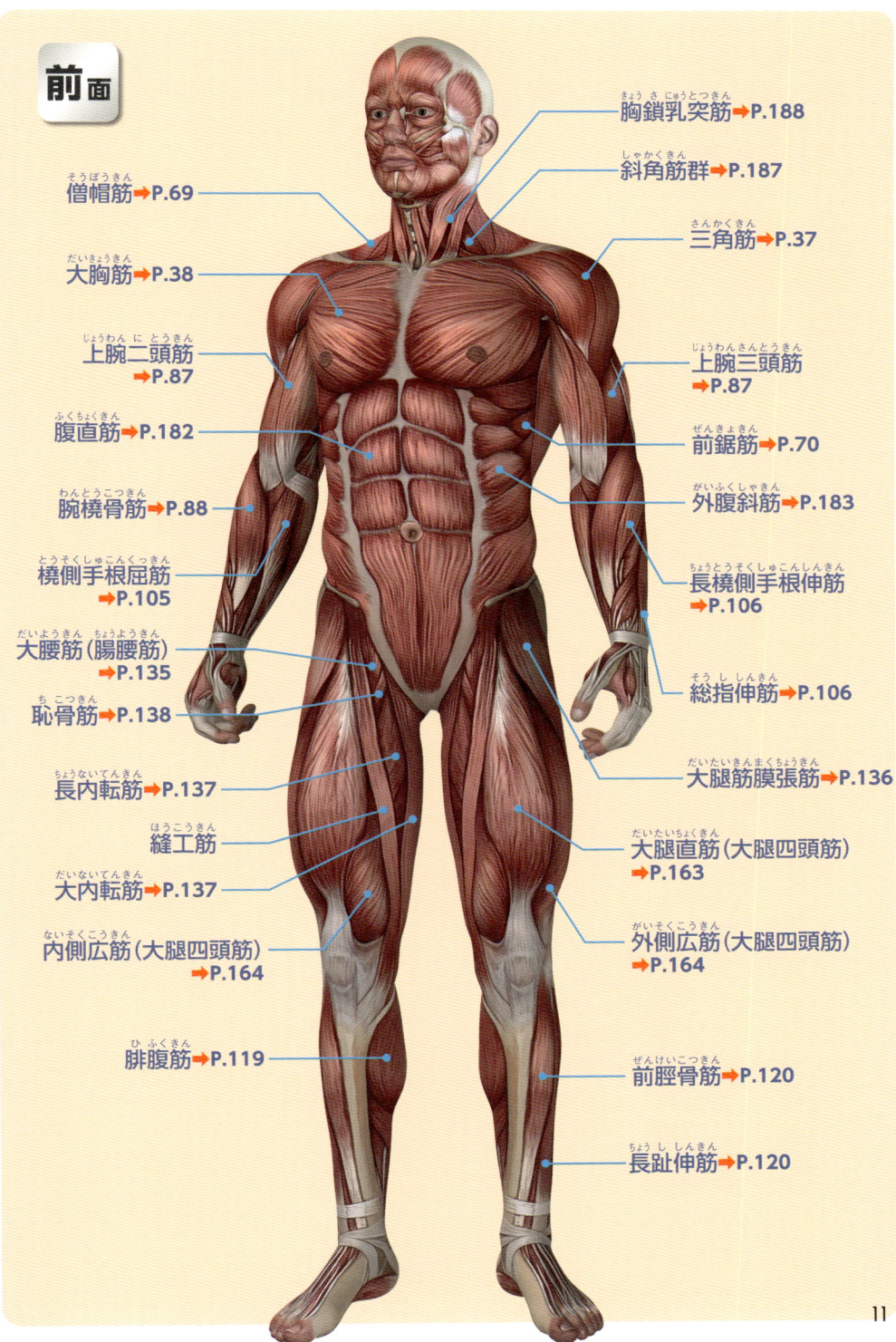

本書の使い方

本書は、「❶筋解説ページ」「❷筋トレページ」「❸人体動作解説ページ」の情報を横断的に活用して使う。

筋肉を鍛える
→ 「CONTENTS」(P.2〜7)を見て、鍛えたい筋肉の❶へ
→ 「Ⓐ主な働き」に記載されている関節動作の❷へ
→ Ⓕの筋トレ種目でトレーニング（メインの筋肉を確認）

筋肉をつける
→ 「全身の主な筋肉」(P.10〜11)を見て、筋肉をつけたい部位の❶へ
→ 「Ⓐ主な働き」に記載されている関節動作の❷へ
→ Ⓕの筋トレ種目でトレーニング（メインの筋肉を確認）

スポーツ動作を強化する
→ 「CONTENTS」(P.2〜7)を見て、強化したい動作の❸へ
→ 「Ⓘ貢献度の高い関節動作」の❷へ
→ Ⓕの筋トレ種目でトレーニング（多関節種目が中心）

筋群
作用する関節動作別に筋(骨格筋)を分類。複数の関節動作に主働筋として作用する筋は、筋群の分類も複数表示としている。

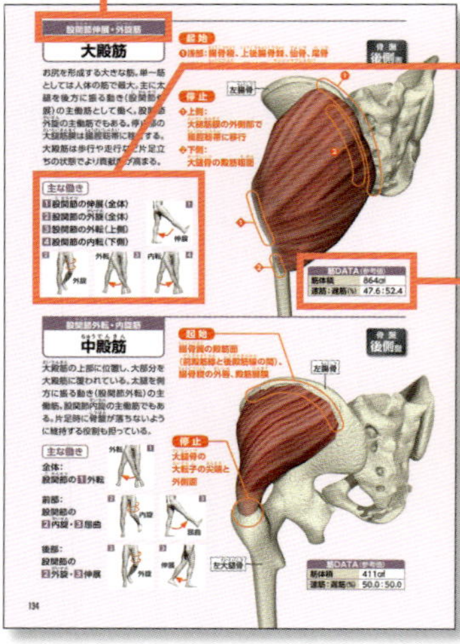

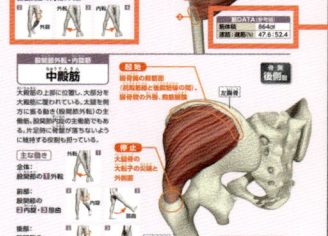

❶筋解説ページ

第1〜7章において、各関節動作に作用する筋を、それぞれCGを使って図説。各筋の形状や働き、特徴を理解できる。

Ⓐ主な働き
各筋の主な働きを、人体マネキンの動作見本とともに表示。各筋がそれぞれどの関節動作に作用するのか、どのような働きをもつのか、この項目を見ることによってチェックすることができる。

Ⓑ筋DATA(参考値)

筋体積

「筋体積」は、筋線維長とPCSA（生理学的筋横断面積）の掛け算で算出されるため、筋体積が大きいほど、筋収縮の「速さ」×「力」を兼ね備えた総合能力の高い筋といえる。筋力は基本的に筋体積に比例する。

速筋：遅筋(%)

筋肉を構成する筋線維は、瞬発系の速筋と、持久系の遅筋に分けられる。速筋のほうが筋肥大しやすいが、人間の身体は筋力（筋張力）を発揮する際、遅筋から動員する性質があるため、速筋の比率が高い筋を刺激するためには、より強い負荷を与える必要がある。

※「筋体積」の数値が文献等で明記されていない筋は、「筋線維長×PCSA=筋体積」の式を用いて数値を算出（羽状角は考慮せず）。また、「筋体積」「速筋：遅筋(%)」とも、研究報告による数値が揃っていない場合は空欄としている

❻ 関節動作別主働筋

各関節動作を実践する人体イラストから引き出す形で主働筋を紹介。各筋の詳細は、筋名と一緒に表記されている筋解説ページを見る。

❼ 貢献度ランキング

各関節動作の主働筋および協働筋（主働筋とともに作用する筋）を、貢献度の高い順にランキングで表示。基本的には、このランキングで上位にある筋を鍛えることが、各関節動作の強化につながる。

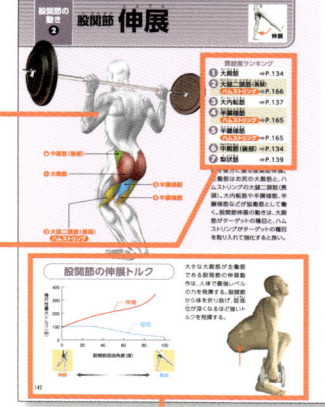

❷ 筋トレページ

第1～7章では、各関節動作の主働筋を人体イラストに色づけして解説。さらに、主働筋を強化する筋トレ種目も併せて掲載することで、各関節動作を強化する方法も具体的に習得できる。

❽ 最大トルクと関節角度

各関節動作で発揮されるトルク（関節を動かす力）は、関節角度によって変化する。各種文献で示されている「関節角度ートルク曲線」の一部を抜粋することで、筋力が最大となる肢位（角度）を把握できる。（※筋力には個人差があるが、グラフ曲線の個人差は比較的小さい）

❾ 関節動作別強化種目

各関節動作を強化するための筋トレ種目を解説。同じ関節動作が対象でも、負荷や可動範囲、最大負荷のかかる局面、ターゲットの筋などが異なる種目を紹介している。特定の筋を強化したい場合は、「メイン」の筋を見て種目を選べば良い。

❸ 人体動作解説ページ

第8章では、日常生活動作や各競技のスポーツ動作を、それぞれコマ割りしたCGを使って解析。あらゆる人体動作は、複数の関節動作が連動して成り立っていることを知ることができる。

❶ 貢献度の高い関節動作

各人体動作で重要な役割を担っている関節動作を、貢献度の高い順にランキングで表示。このランキングに並んだ関節動作を強化することが、それぞれの人体動作をレベルアップする有効な手段のひとつとなる。

❿ 関節トルク

関節トルクとは、分かりやすくいうと、筋肉（骨格筋）が筋力（筋張力）を発揮することで生じる関節を動かす力。人体動作の各局面に作用する主な関節トルクの変化をグラフ化することで、各人体動作にどのような関節動作が作用しているのかを確認できる。

⓫ 筋の働き

グラフで表した関節トルクに対する主な筋の働き。上段のグラフと連動した筋電図で筋の働きを表すことにより、各人体動作における貢献度の高い筋が見えてくる。筋電図の膨らみが大きい筋ほど、大きな筋力（筋張力）を発揮していることになる。

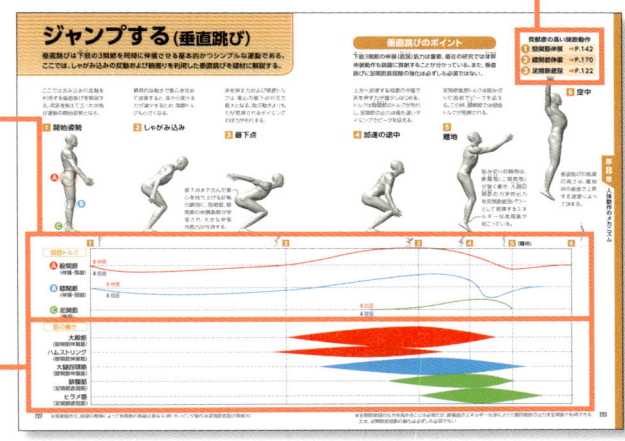

13

監修者のことば

　筋肉が発揮する力（筋力）は、主に関節を動かす力として発揮されます。各筋肉が、どの関節をどの方向に動かすのか。筋肉を鍛える前に、それらを知っておくことはとても重要です。筋トレはやみくもに行うものではありません。適切に行わなければ関節を痛めてしまう場合もあります。筋トレを行う時は、各種目ごとに、どの筋肉がターゲットなのか、関節をどのように動かす運動なのか、しっかり理解して行うことが、効果的なトレーニングにつながります。

　本書では、日常生活動作から各競技の主要動作まで、さまざまな運動の動作中の関節トルクをグラフ化して、動作における関節動作の働きを解説しています。動作のメカニズムをここまで具体的に解説した書物は、今までなかったのではないでしょうか。スポーツの愛好者や指導者の方々は、本書を見れば、パフォーマンスの向上につながる筋トレ種目を把握できる内容となっています。

　筋トレを敬遠するアスリートもいますが、パフォーマンスの向上を目指すうえで、筋力アップは不可欠です。筋力を高めることは、車に例えればエンジンが大きくなるのと同じこと。そのパワーを使いこなす動きや身体の使い方は、また別の技術的な話になります。

　筋トレの中心軸となる種目は、大筋群から小筋群まで鍛えられるフリーウエイトの多関節種目。そこに、重点的に鍛えたい筋肉や関節動作を強化する単関節種目を組み合わせると良いでしょう。

　本書で解説している情報を駆使することで、筋トレをより的確に、そして効果的に行うことが可能となります。本書がトレーニングに励むすべての人にとっての手引き書となれば幸いです。

東京大学大学院 総合文化研究科 教授
石井直方

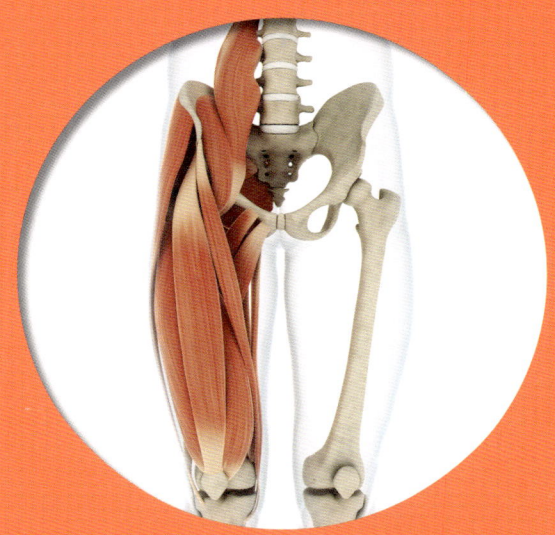

序章

筋肉の働きと人体動作の関係

人体は骨に付着する筋肉(骨格筋)が、関節を可動させることで動いている。関節動作によって可動域が異なり、可動する方向によって関与する筋肉も変わる。日常生活動作からスポーツ動作まで、あらゆる人体動作は、特定の関節動作および筋肉を鍛えることで、その動きを強化することができる。

筋肉と人体動作の関係

人間が生命活動を営むうえで筋肉は必要不可欠。なかでも関節を動かす働きをもつ骨格筋（こっかくきん）は、鍛えることによって人体動作の機能性を高めることができる。

人体を動かす骨格筋（こっかくきん）

人体の筋肉は大きく分けて、心臓を構成する「心筋（しんきん）」、内臓を構成する「内臓筋（ないぞうきん）」、骨に付着して関節を動かす**「骨格筋（こっかくきん）」**に分類される。このなかで意識的に動かすことのできる筋肉（随意筋（ずいいきん））は骨格筋のみ。日常生活動作からスポーツ動作まで、すべての人体動作は、複数の骨格筋が連携して働くことで成立している。

骨格筋を鍛えるメリット

骨格筋は、筋トレなどで鍛えることにより、その働きを強化することができる。筋トレの主要な効果である「筋力アップ」と「筋肥大」は密接に連動し、**原則として、筋力は筋肉の太さ（筋断面積）に比例**する。

また、筋力アップの効果は、単なるパワーアップにとどまらず、**スピード（主にスポーツ時）の向上**にもつながる。筋肉がつくとスピードが遅くなるというイメージは間違い。筋力が向上することで、一定の負荷に対して、以前より素早く動くことが可能になる。筋力がスピードを生むことは、陸上における短距離選手のマッチョな肉体が証明している。

筋トレとスポーツ動作

現在は、各競技のアスリートが積極的に筋トレを取り入れ、パフォーマンスの向上につなげている。「走る」「ジャンプする」といったスポーツ動作には、**動作のパフォーマンスレベルを左右する関節動作**が必ずあり、その関節動作を効率よく強化できる筋トレ種目を行うことが重要。例えば、三角筋（さんかくきん）（→P.37）を強化する場合でも、肩関節屈曲の動き（→P.34・40）で鍛えるのか、肩関節外転の動き（→P.34・45）で鍛えるのかによって、その効果は異なってくる。

本書では、第8章（→P.205）において、あらゆるスポーツ競技の主要動作に関して、それぞれ貢献度の高い関節動作を割り出しているため、それをもとに自分の目的に見合った筋トレ種目を選択すると良い。

筋力と筋肉の太さは比例する

筋断面積と筋力の関係

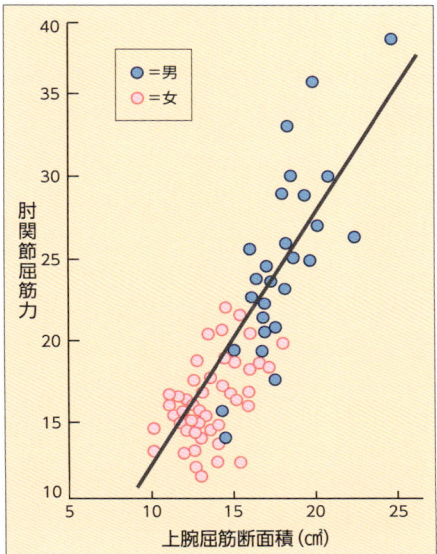

出典：「Fukunagaら1978」 筋力に比例する筋断面積は、正確にいうと、筋肉の実質的な太さを表す「生理学的筋横断面積(PCSA)」を指す(※P.26-27参照)。

筋力が上がればスピードも上がる

筋力-速度関係

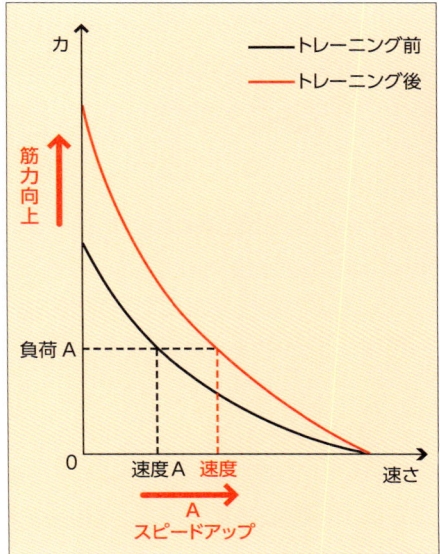

筋力とスピードの関係は、スピードを生み出すために必要な「加速力」が「力」に比例するという物理法則(運動方程式)からも証明できる。

序章 筋肉の働きと人体動作の関係

ビルドアップされたスプリンターの肉体。一定の筋力アップに必要となる筋量(筋肉量)の増加は、体重の比率でいえばそれほど大きくない。脂肪をつけずに筋肉を増やすことができれば、基本的に筋肥大によってスピードが損なわれることにはならない。ボディビルダーのような極端な筋肥大は、筋量の増加による体重増加をともなうため例外。

©J. Henning Buchholz / Shutterstock.com

関節が動くしくみ

骨格筋が全身の関節を動かすことで、あらゆる運動を可能にしている。さらに、各関節の動きには、発揮される力を増減するテコのしくみが作用している。

骨格筋の起始と停止

骨格筋は、縮む方向に力**（筋張力）**を発揮し、その力が腱を介して骨を引くことで関節の運動が起こる。骨への付着部のうち、身体の根元側（近位側）にあり、動きの少ない方を通常は**「起始部」**とよぶ。身体の先端側（遠位側）にあり、動きの大きい付着部は**「停止部」**とよばれる。

細い両端に対し、筋の中央で盛り上がる部分を**「筋腹」**とよぶ。また、腱には筋腹の両端部分を指す「外部腱」と、筋腹の表面または内部で膜状に伸びる「腱膜（内部腱）」がある。

関節を動かすテコのしくみ

力点・支点・作用点でレバーを動かすしくみを「テコ」とよぶ（右図）。人間のあらゆる関節はテコのしくみによって動いている。

テコには、力で得する（距離で損する）「力型テコ」と、距離で得する（力で損する）「距離型テコ」がある。人間の関節は典型的な「距離型テコ」

である。すなわち、力点が作用点よりも支点に近い（テコ比が小さい）ため、少しの筋収縮でも作用点の負荷を長い距離動かせる代わりに、大きな力を発揮しなければならない。

筋張力が生む関節トルク

テコのしくみにおいては、筋張力が力点（停止部）を引く力によって、支点（関節）を軸にレバー（腕）を回転させる力が生じる。このレバーに生じる回転力のことを**「関節トルク」**という。つまり、筋張力がそのまま外部へ発揮されるのではなく、関節トルクを生じさせることにより、レバーを通じて作用点から外に力を発揮する状態になる。

なお、テコのしくみにおける支点と力点の距離を**モーメントアーム**という（右図）。筋のモーメントアームが長くなるほど、同じ筋張力でも関節トルクは大きくなる。すなわち、発揮される力では少し有利になるが、その分、負荷を持ち上げるのに長い距離を収縮する必要が生じる。

筋の部位別名称（上腕二頭筋）

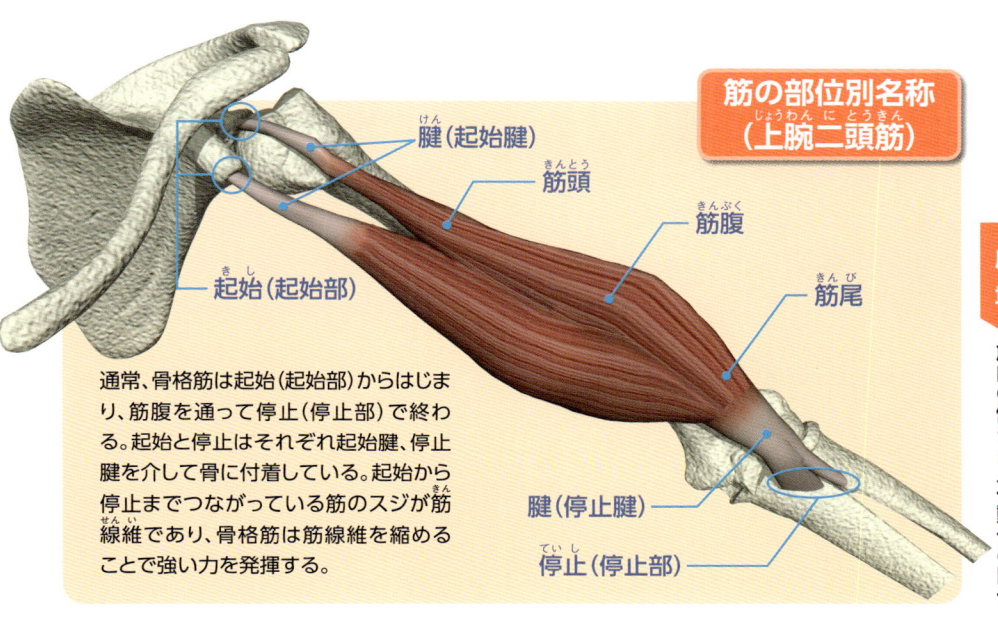

腱（起始腱）
筋頭
筋腹
筋尾
起始（起始部）
腱（停止腱）
停止（停止部）

通常、骨格筋は起始（起始部）からはじまり、筋腹を通って停止（停止部）で終わる。起始と停止はそれぞれ起始腱、停止腱を介して骨に付着している。起始から停止までつながっている筋のスジが筋線維であり、骨格筋は筋線維を縮めることで強い力を発揮する。

序章　筋肉の働きと人体動作の関係

モーメントアームと関節トルク（上腕二頭筋）

筋張力が力点（上腕二頭筋の停止部）を引く力によって、支点（肘関節）を回転軸にしたレバー（前腕）を動かす力（関節トルク）が生じる。このとき、筋収縮の力はレバーを通じて作用点（手先）から発揮される。

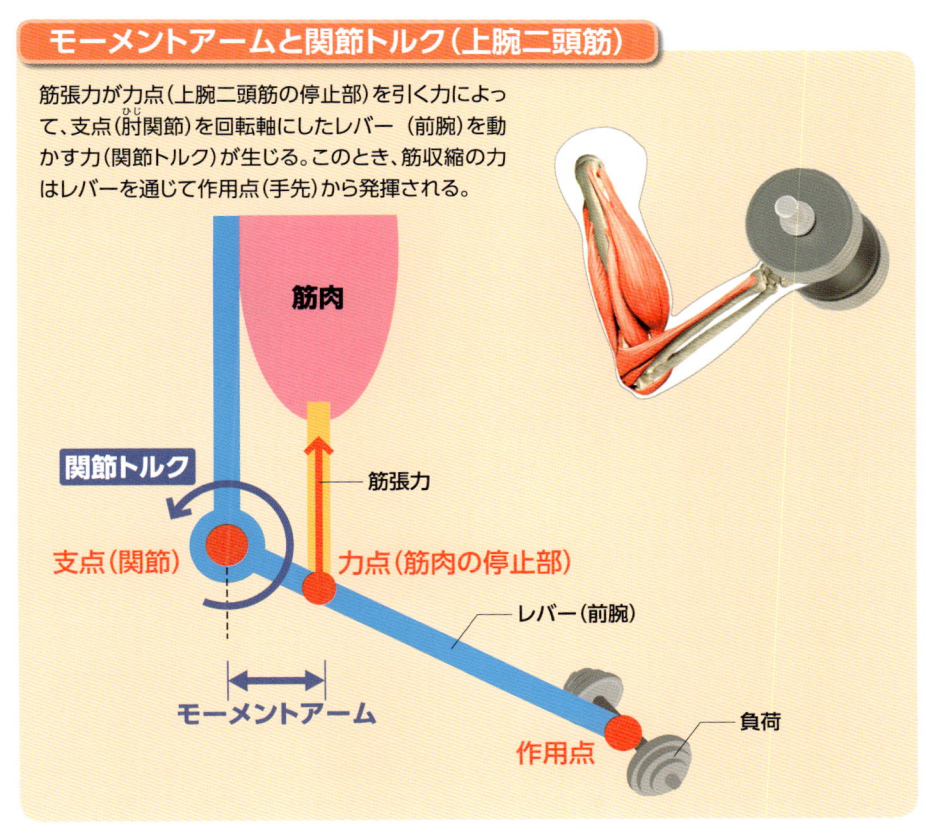

筋肉
関節トルク
筋張力
支点（関節）
力点（筋肉の停止部）
レバー（前腕）
モーメントアーム
作用点
負荷

※「トルク（モーメント）」とは回転力を意味する用語

骨格筋の構造と分類

人体を動かす骨格筋は、何層にもわたる複雑な構造をもつ。マクロからミクロまで階層をたどることによって、筋肉が収縮するメカニズムも見えてくる。

骨格筋のマクロな構造

骨格筋は、ひとつの細胞である**筋線維**(筋細胞)が集合して構成される。細胞間を接着させる結合組織が**筋膜**という形で骨格筋の内外を覆い、結合組織の間を細い血管や神経が通っている。骨格筋はその両端で同じく結合組織である腱へと移行する。

筋線維は筋内膜に埋もれて束となり、**筋束**となる。筋束はさらに**筋周膜**に埋もれて束となり、筋全体が形作られる。筋全体を包む結合組織を**筋上膜**、または単に**筋膜**とよぶ。

筋収縮のしくみ

筋線維は、**筋原線維**という微小な線維が束になって構成されている。この筋原線維に、骨格筋が筋収縮するための機能が備わっている。

筋原線維を構成するサルコメア(筋節)は、収縮タンパク質であるミオシンフィラメントとアクチンフィラメントが規則正しく重なりあったものであり、筋収縮の最小単位として作用する。フィラメント同士が力を出し合いながら滑ること(フィラメント滑り説)によって、筋収縮が引き起こされる。

骨格筋の分類

筋肉は、意識的に動かせるものと、動かせないものに分類され、意識的に動かせる筋を**「随意筋」**とよぶ。ほとんどの骨格筋はこれにあたる。意識的に動かせない筋は**「不随意筋」**とよばれ、主に心筋や内臓筋がこれに含まれる。

また、骨格筋には形状による分類法もあり、筋頭が二つに分かれる筋を**「二頭筋」**、三つに分かれる筋を**「三頭筋」**とよび、筋の呼称にこれらが反映されたものもある。さらに、筋線維の長い**「紡錘状筋」**と、筋線維の短い**「羽状筋」**という分類もできる(→P.27)。ほかにも、ひとつの関節のみを動かす**「単関節筋」**と、二つ以上の関節の動きに関与する**「多関節筋」**(主に二関節筋)に分ける分類法などもある。

骨格筋の構造

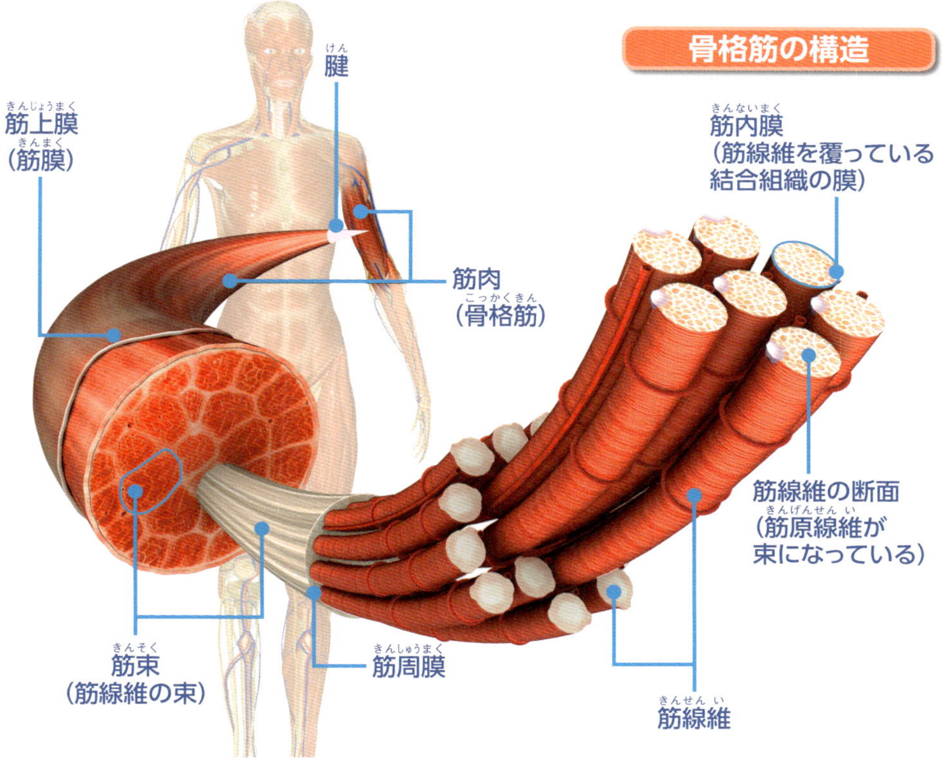

- 筋上膜（筋膜）
- 腱
- 筋肉（骨格筋）
- 筋内膜（筋線維を覆っている結合組織の膜）
- 筋線維の断面（筋原線維が束になっている）
- 筋束（筋線維の束）
- 筋周膜
- 筋線維

序章　筋肉の働きと人体動作の関係

骨格筋の形状

紡錘状筋
中央部（筋腹）が膨らみ、両端（筋頭と筋尾）が細い。骨格筋の基本的な形。

羽状筋
中央の腱から、多数の短い筋線維が、鳥の羽のように斜めに走行している筋。

半羽状筋
鳥の羽が半分になったような筋。貫通する長い腱に多数の短い筋線維が付着。

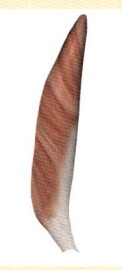

多腹筋
筋腹が3つ以上に分かれている筋。分かれた筋腹の間を通る部分は腱画という。

二頭筋
筋頭が2つあり、起始部または停止部が2つある筋。さらに、三頭筋もある。

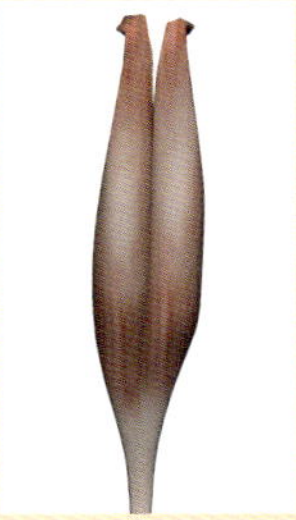

板状筋
板状の筋腹をもつ筋。三角形の扇形筋や、四角形で扁平な方形筋などがある。

関節の種類

骨と骨が結合する関節は、一部の不動結合を除けば、そのほとんどが関節可動域をもつ可動性連結であり、関節面の形状によって異なる特徴をもっている。

単関節と複関節

人体の関節（可動性連結）は、通常、2つの骨で構成されている。これを**単関節**とよぶ。それに対し、手足の手根骨や足根骨の関節のように、3つ以上の骨で構成される関節は**複関節**とよばれる。ほとんどの場合、複関節の可動域は小さい。

関節可動域と連結強度

関節は、連結する骨の面（関節窩と関節頭）の形状によって特徴が異なる。**関節窩（凹の関節面）と関節頭（凸の関節面）**の形状によって、関節面が連結する面積は異なり、面積の大小で連結強度や関節可動域はある程度決まってくる。

基本的に、関節面の連結する面積が大きいと、連結強度は強くなるが、可動範囲は小さくなる。逆に、連結する関節面の面積が小さいと、連結強度は弱くなるものの、可動範囲は広くなる。

また、可動性連結の種類で連結強度は異なり、連結強度が弱い関節によっては、強靭な靭帯や**スタビリティ・マッスル**（肩関節におけるローテーターカフの筋群など）が関節の連結を補強することで、安定した状態を保っている。

可動性連結の種類

関節（可動性連結）は、関節面の形状によって、主に6つのタイプに分類される（右ページ参照）。タイプによって、それぞれ異なる特徴をもち、関節が存在する位置に応じた働きを担っている。

また、関節可動域は、可動する範囲だけでなく、可動できる方向も関節によって異なる。屈曲・伸展の1方向のみに可動する肘関節のような関節を**「1軸性関節」**とよぶ。

それに対し、前後（掌屈・背屈）と左右（橈屈・尺屈）の2方向に動く手首の手関節（橈骨手根関節）のような関節を**「2軸性関節」**、腕を360°回せる肩関節（肩甲上腕関節）のように、3方向以上に可動する関節は**「多軸性関節」**とよばれる。

可動性連結の種類と特徴

蝶番関節

関節頭が円柱状で蝶番のように連結する関節。1軸性関節でひとつの方向にしか可動しないものの、連結強度は強い。

- 肘関節（腕尺関節）など

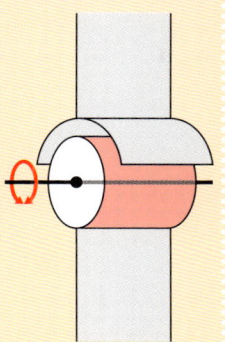

楕円関節

関節頭が楕円形の関節。2軸性関節であるため、関節可動域は広い。球関節と同様に、関節面の連結する面積が小さいため、連結強度はあまり強くない。

- 手関節（橈骨手根関節）など

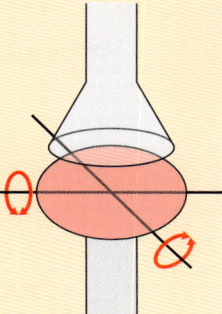

鞍関節

関節窩と関節頭がともに鞍のような形状をした関節。縦軸と横軸が交差する2軸性関節で、前後と左右に可動する。連結強度は安定している。

- 母指（親指）の手根中手関節など

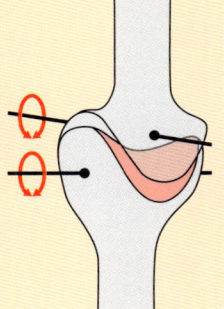

球（臼）関節

関節頭が半球形の関節。3次元に動く多軸性関節で関節可動域は最も広い。連結強度は弱く、強靭な靭帯やスタビリティ・マッスルで補強されている場合が多い。

- 肩関節（肩甲上腕関節）、股関節など

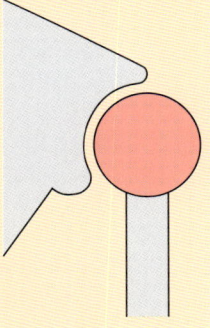

車軸関節

円柱状の関節頭が車軸となり、関節窩の凹面と連結したまま回旋することで可動する1軸性関節。前腕の橈尺関節など、主に平行する骨同士で構成される関節。

- 橈尺関節（上橈尺関節）など

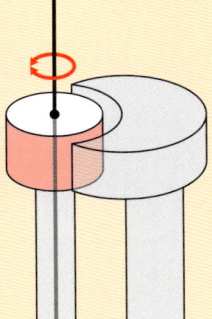

平面関節

関節窩と関節頭がともに平面の関節。基本的に、わずかにズレることはできるが、可動性はほとんどない。連結する関節面が広いため、連結強度はとても強い。

- 椎間関節（脊柱の関節）など

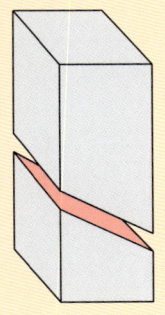

序章　筋肉の働きと人体動作の関係

筋収縮の性質

筋肉（骨格筋）は力を発揮しながら短くなろうとする働き（筋収縮）をもつが、筋収縮によって発揮される力の大きさは、長さや速さによって変化する。

筋の収縮様式（活動の様式）

骨格筋(こっかくきん)が収縮する際の筋活動は、いくつかに分類される。その中でも特に重要なのが、収縮中の**「長さ変化」**から分類した以下の3つである。

❶短縮性収縮(たんしゅくせい)（コンセントリック収縮）
（Concentric Contraction）
筋が短くなろうとして力を出し、実際に短くなる収縮。

❷等尺性収縮(とうしゃくせい)（アイソメトリック収縮）
（Isometric Contraction）
筋が短くなろうとして力を出すものの、長さが変わらない収縮。「収縮（筋活動）」は行われるが、「短縮（筋の長さが変わる）」はしない状態。

❸伸張性収縮(しんちょうせい)（エキセントリック収縮）
（Eccentric Contraction）
筋が短くなろうとして力を出すものの、外力によって逆に伸ばされる収縮。筋は伸ばされる（伸張）ものの、状態としては収縮（筋活動）している。

ほかにも特殊な収縮様式として、一定の負荷を定速で動かす場合の「等張性収縮(とうちょうせい)」や、特殊な装置を使って関節の速度を一定にした「等速性収縮(とうそくせい)」というものもある。

1 「筋の力」—「速さ」の関係

筋は**収縮速度**に依存して発揮できる力が変化するという性質がある。遅く縮む時は強い力を出せるが、速く縮む時は強い力を出せない。

また、「力—速さ」の関係は、等尺性収縮や伸張性収縮にも存在する。等尺性収縮は縮む速度が遅い（速度＝0）ので、短縮性収縮よりも強い力を出せる。伸張性収縮は発揮できる力が大きく、3様式の中でも最大。**「筋肉は引っ張られる状態に耐える時に、最も強い力を出せる」**と考えれば良い。

2 「筋の力」—「長さ」の関係

さらに、筋は長さによっても発揮できる力が変化する。ここでいう「長さ」は、筋収縮様式とは異なり、単に長い状態か短い状態かを指す。**筋線維(きんせんい)が中間的な長さの時、筋力は最大となる（至適長(してきちょう)）**。長すぎる状態や短すぎる状態では、発揮できる力は小さい。例えば、肘(ひじ)が深く曲がった状態や伸びきった状態からだと、それ以上曲げる力が出にくくなる。

筋収縮の3様式

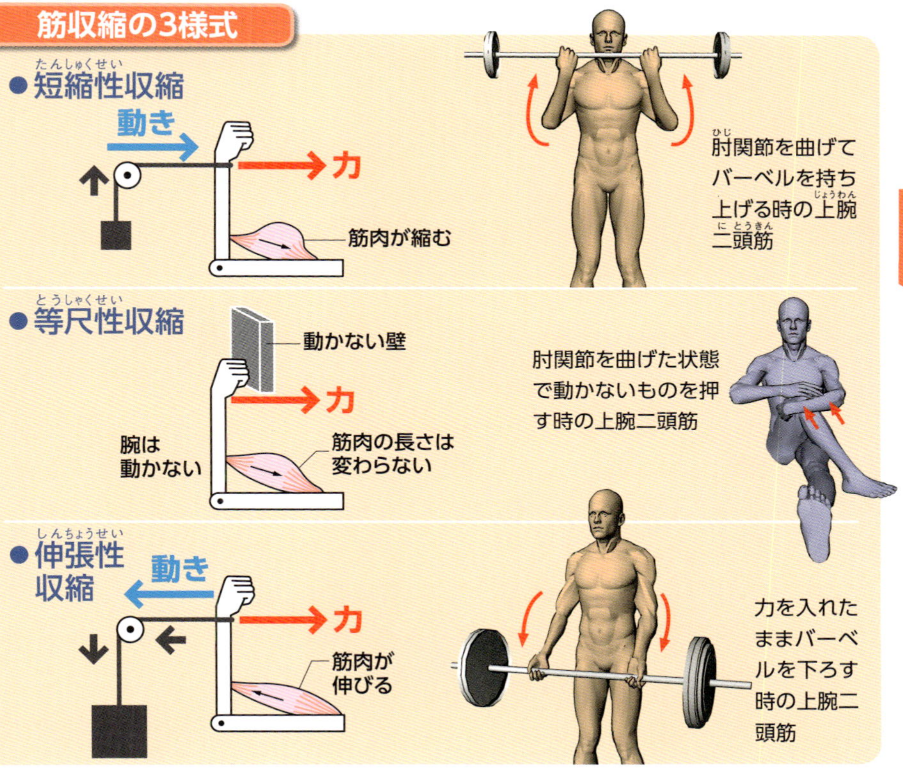

●短縮性収縮（たんしゅくせい）
動き
力
筋肉が縮む
肘関節を曲げてバーベルを持ち上げる時の上腕二頭筋
●等尺性収縮（とうしゃくせい）
動かない壁
力
腕は動かない
筋肉の長さは変わらない
肘関節を曲げた状態で動かないものを押す時の上腕二頭筋
●伸張性収縮（しんちょうせい）
動き
力
筋肉が伸びる
力を入れたままバーベルを下ろす時の上腕二頭筋

「筋収縮の力」と「速さ」の関係

最大筋力
1.8
1.4
1.0
0.6
0.2
伸張性収縮
等尺性収縮
短縮性収縮
※「運動の速度」がプラスになると速く短縮し、マイナスになると速く伸張する
−0.6
−0.2
0
0.2
0.6
1.0
速く伸張
運動の速度
速く短縮

「筋収縮の力」と「長さ」の関係

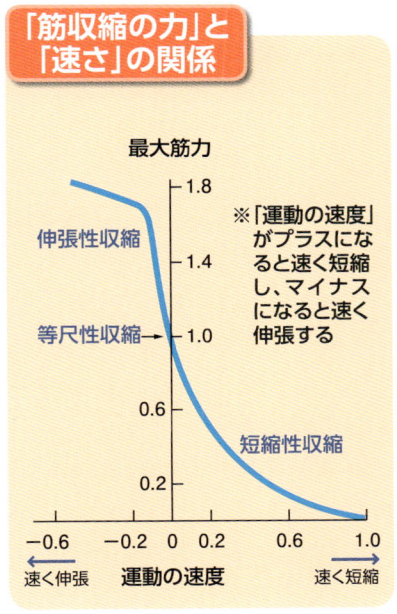

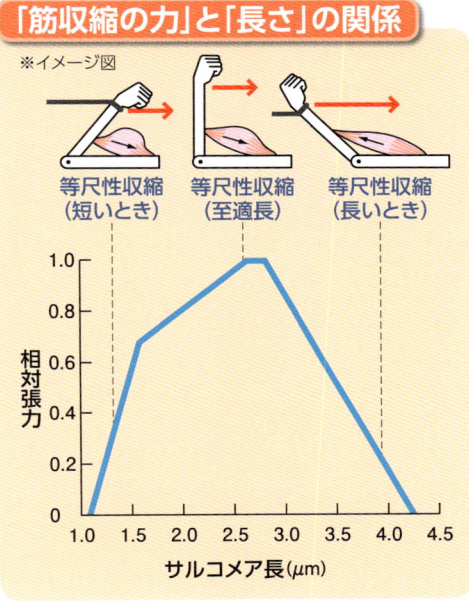

※イメージ図
等尺性収縮（短いとき）
等尺性収縮（至適長）
等尺性収縮（長いとき）
相対張力
1.0
0.8
0.6
0.4
0.2
0
1.0
1.5
2.0
2.5
3.0
3.5
4.0
4.5
サルコメア長（μm）

筋線維のタイプと長さ

骨格筋の細胞である筋線維は、タイプ別に分けることができ、それぞれ性質が異なる。さらに、筋線維の長さや走行する方向によって機能性に差が表れる。

3つの筋線維タイプ

筋線維は、その性質と見た目から、大きく「**速筋**」と「**遅筋**」に分類される。速筋はさらに細かく「中間型」と「速筋型」に分けられることもあり、その場合は「**TypeⅠ（遅筋）**」「**TypeⅡa（速筋：中間型）**」「**TypeⅡb（速筋：速筋型）**」の3分類となる。

速筋と遅筋の割合

筋線維タイプの各割合のことを「**筋線維組成**」とよぶ。筋線維組成は各筋で異なり、下背部の脊柱起立筋など日常生活で体重を支える抗重力筋は、持久力のあるTypeⅠ（遅筋）線維が多い傾向にある。特に、ヒラメ筋は、TypeⅠ線維が多い。

原則として、筋線維タイプの比率は先天的に決まり、トレーニングしてもその割合は変化しにくい。ただし、「TypeⅡa」⇔「TypeⅡb」の移行は比較的起こりやすく、使えば使うほど「TypeⅡb」から「TypeⅡa」に移行することが知られている。

筋線維長とPCSA

筋の長さを表す指標には、筋全体の長さを表す「**筋腹長**」と、筋線維の長さを表す「**筋線維長**」がある。各筋の機能的な性質に影響するのは、筋線維長であり、筋線維長が長いほど収縮できる距離が長く、広範囲で力を発揮できる。また、ストロークが大きくなるので収縮速度も速い。骨格筋の基本形状である「**紡錘状筋（平行筋）**」に比べ、「**羽状筋**」は筋腹長に対する筋線維長が短い構造となっているため、収縮速度で劣る。

しかし、羽状筋には強い力を発揮できる性質がある。筋力は筋の太さに比例するが、正確には「**生理学的筋横断面積：PCSA**」によって力の強さが左右される。PCSAとは「筋線維の走行に対して垂直な断面積」であり、羽状筋や半羽状筋はこのPCSAが大きい構造をもっている。

なお、「**筋体積**」は筋線維長とPCSAの掛け算。つまり筋収縮の「速さ」と「力」の総合能力を表すパラメータ（媒介変数）が筋体積である。

筋線維タイプ別の性質

性質 \ 筋線維タイプ	遅筋線維 TypeⅠ型線維 (SO)	速筋線維 TypeⅡa型線維 (FOG:中間型)	速筋線維 TypeⅡb型線維 (FG:速筋型)
筋の色	赤	赤(ピンク)	白
単収縮の速度	遅	速	とても速
筋疲労	遅	中間	速
筋線維径	小	中間	大
ATP(アデノシン三リン酸)の供給	酸化的リン酸化	酸化的リン酸化と解糖	解糖
ミトコンドリア量	多	中間	少
ミオグロビン量	高	中間	低
グリコーゲン含有量	低	中間	高

筋線維方向の種類

紡錘状筋(平行筋)
筋線維長が長いため、筋収縮できる距離も長く、広い範囲で力を発揮できる。ストロークが大きくなるので収縮速度も速い。

羽状筋
短くて太い筋線維が斜めにギッシリと配置されている。筋収縮の速度は遅いが、強い力を発揮できる。半羽状筋も同じ性質をもつ。

PCSA(生理学的筋横断面積)とACSA(解剖学的筋横断面積)

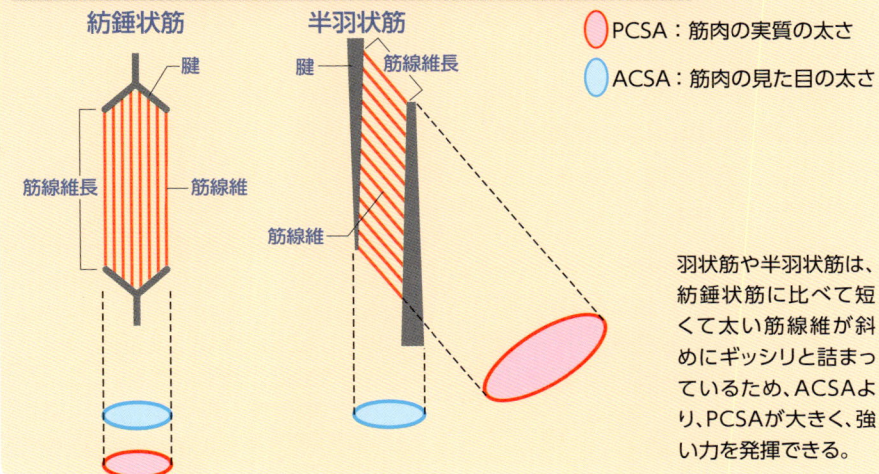

○ PCSA：筋肉の実質の太さ
○ ACSA：筋肉の見た目の太さ

羽状筋や半羽状筋は、紡錘状筋に比べて短くて太い筋線維が斜めにギッシリと詰まっているため、ACSAより、PCSAが大きく、強い力を発揮できる。

※PCSA：Physiological Cross-Sectional Areaの略　※ACSA：Anatomical Cross-Sectional Areaの略

筋肉が成長するしくみ

筋肉(骨格筋)を強くするためには、筋肥大のメカニズムを知る必要がある。筋肉は特定のストレスを与えることによって、成長を促進させることができる。

筋肥大のメカニズム

人間の身体には、ストレスが加わると、そのストレスに耐えられるように適応する能力が備わっている。骨は衝撃を繰り返し受けることで硬くなり、心肺機能は何度も持久走を行うことで向上する。**筋肉も大きなストレス(負荷)を繰り返し受けることで、そのストレスに適応して太く発達する**。筋肉が大きくなると、筋力も向上するため、大きな負荷にも耐えられるようになる。これが筋肥大のメカニズム。このメカニズムを応用したものが筋トレである。

筋肥大を誘発するストレス

筋トレは、筋肉に太くなる必要性を感じさせるストレスを与え、筋肥大を誘発する運動。筋肥大を誘発するストレスには、いくつかの要素があり、それらの要素が複合的に作用することで**筋トレ効果**が生まれる。

筋肥大を引き起こすストレスは、主に以下の4つが挙げられる。

1 強い筋力(筋張力)の発揮

筋肉が強い筋張力を発揮すると、それがストレスとなり、筋肥大を促すシグナルとなる。筋肉を構成する筋線維は、瞬発系の速筋と、持久系の遅筋に分けられるが、速筋のほうが筋肥大しやすい。しかし、人間の身体は、筋張力を発揮する時に、遅筋から動員する性質があるため、速筋にストレスを与えるためには、筋肉に大きな負荷を与える必要がある。

2 筋線維の微細な損傷

大きな負荷に対し、筋肉が筋張力を発揮して収縮(筋収縮)すると、筋肉には微細な損傷が生じる。この損傷も筋肥大を促すシグナルとなる。これは損傷によって起きる免疫反応などを経て、筋線維のもととなるサテライト細胞の増殖が促されるため。筋線維の微細な損傷を得るには、エキセントリック収縮(→P.24・29)も有効。

3 無酸素性代謝物の蓄積

筋肉が収縮すると、乳酸や一酸化窒素といった無酸素性のエネルギー供給にともなう代謝物が体内に蓄積する。その蓄積がストレスとなり、成長ホルモンやテストステロン(男性ホルモン)など筋肥大を誘発するホルモンの分泌を促す。

4 筋肉を低酸素状態にする

筋肉に力を入れた緊張状態が続くと、筋肉への酸素供給が不足し、筋肉が低酸素状態となる。酸素が足りない状態では、主に酸素を使ってエネルギー代謝を行う遅筋が動員されにくくなるため、筋肥大しやすい速筋が優先的に動員される。また、酸素が不足することによって、無酸素性代謝物の蓄積も通常より多くなる。

筋肥大のメカニズム

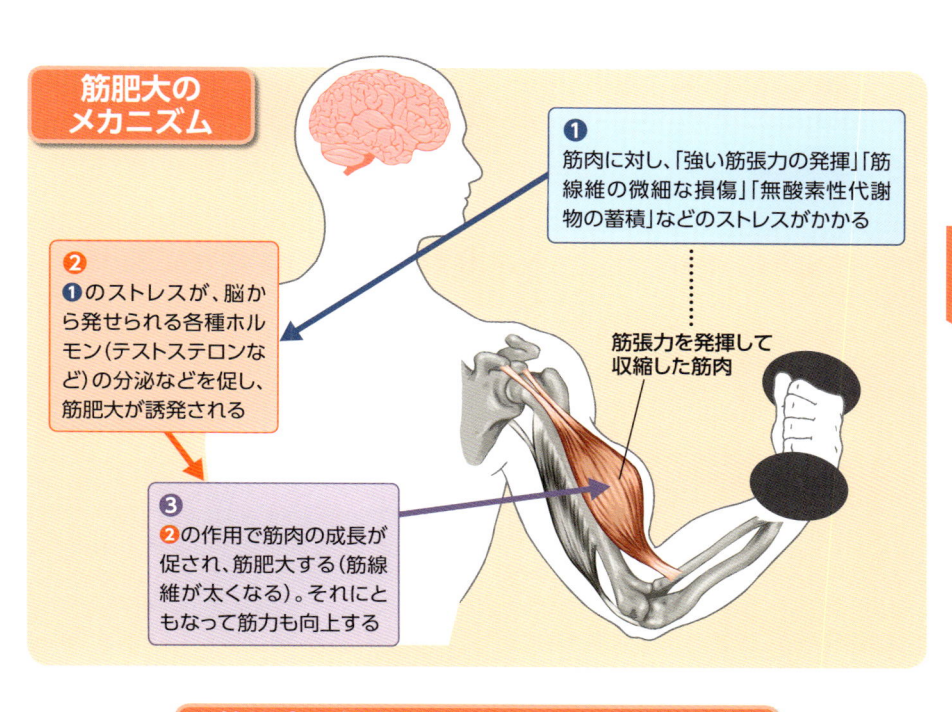

❶ 筋肉に対し、「強い筋張力の発揮」「筋線維の微細な損傷」「無酸素性代謝物の蓄積」などのストレスがかかる

❷ ❶のストレスが、脳から発せられる各種ホルモン（テストステロンなど）の分泌などを促し、筋肥大が誘発される

❸ ❷の作用で筋肉の成長が促され、筋肥大する（筋線維が太くなる）。それにともなって筋力も向上する

筋張力を発揮して収縮した筋肉

序章　筋肉の働きと人体動作の関係

筋肥大を促進するエキセントリック収縮

筋トレでは、持ち上げたバーベルを「下ろす動作」がエキセントリック収縮にあたる。
筋肥大を促すためには、バーベルを上げる動作だけでなく、下ろす動作も有効である。

バーベルを下ろす動作にも、筋肥大効果があるという実験結果が、実際に報告されている

肘が完全に伸びきると、力が脱けて、筋肥大効果が小さくなるので注意

効果的な筋トレ法

筋トレは、これまでのさまざまな研究によって、効果的な方法が確立されている。プログラムの組み方からフォームまで、筋トレの正しいポイントを解説する。

※RMは、Repetition Maximumの略

1 8〜10回の反復が限界となる比較的高負荷で行う

数々の研究結果をまとめたレビューによると、筋トレは、8〜10回が限界となる負荷(8-10RM)で行うと、最も効率良く筋肥大効果が表れるとされている。これは反復できる最大重量の約75〜80％に相当する。このレベルの負荷で行うことが筋トレの基本。20回や30回反復できるような低負荷・高回数で行うと、筋肥大効果を得るには効率が悪くなる。逆に、8-10RMより高負荷・低回数で行う場合は、反復回数が減少することによって、運動のボリュームが小さくなるため、筋肥大効果も低くなる。

2 ひとつの種目を複数セット行う

筋トレは、ひとつの種目に対し、1セットだけでなく、複数セットで行うことが基本となる。複数セット行うことによって、運動のボリュームが大きくなり、筋肥大効果も高くなる。セット数は、3セットが基本的な目安となる。

3 反復できなくなる限界の回数まで行う

高い筋肥大効果を得るためには、限界の回数まで行うことが必須となる。筋トレを行う際、あらかじめ「〜回まで」などと回数を決めて行うのは典型的な誤り。「反復できなくなる回数」が、その人にとっての「適正回数」となる。毎セット限界まで行うのがキツイという人は、最終セット(基本的には3セット目)で限界がくるように調整しても良い。筋トレは、重さや回数よりも、余力を残さず限界まで行うことのほうが重要である。

4 セット間のインターバルは短めに1〜3分程度

セット間のインターバルは、短めの1〜3分程度が最も効果的であり、筋肥大を誘発する無酸素性代謝物の蓄積が大きくなる。インターバル時間に対する成長ホルモン分泌を検証した実験では、3分間のインターバルより、1分間のインターバルのほうが効果的との結果が見られた。ただし、インターバルが短すぎると、疲労の回復が追いつかず、以降のセットで反復できる回数が減ってしまうため、注意が必要となる。

5 反動や他部位の力を使わず関節をフルレンジで動かす

筋肉は、長く伸びたストレッチポジションで収縮するほど、筋肥大を誘発する筋損傷が起こりやすい(Nosaka 2000)。筋トレは、怪我をしている場合などを除けば、関節可動域を極力広く動かすこと(フルレンジ)が基本。動作中に反動や他の部位の力を使うと、筋肥大効果は低くなるが、最後の力を絞り出す追い込みで反動を使うチーティングは有効。

6 大筋群を動員する多関節種目を中心に行う

ひとつの関節だけを動かす筋トレ種目を「単関節種目」とよぶのに対し、複数の関節を動かす種目を「多関節種目」とよぶ。多関節種目は単関節種目より、筋体積の大きい大筋群が動員されるため、筋肥大効果の高いトレーニングが可能となる。また、多関節種目は、大筋群とともに小筋群も鍛えられるため、単関節種目より多くの筋肉を強化できる。

負荷およびRMとレジスタンスエクササイズの主たる効果

出典:「FleckとKraemer1987」より改変

負荷強度(%1RM)	RM(数字は回数)	主たる効果	特徴
100 95 93 90	1 2 3 4	筋力アップ (※挙上技術など神経系の適応によるところが大きい)	反復回数が減り、運動のボリュームが小さくなるため、筋肥大効果は低下
87 85 80 77 75 70 67	5 6 8 9 10－12 12－15 15－18	筋肥大および 筋力アップ	最適なレベルの運動ボリューム。最も効率良く筋肥大効果を得ることができる
65 60 50	18－20 20－25 30－	筋持久力の向上	負荷強度が下がるため筋肥大効果も低下する

単関節種目と多関節種目

筋トレ種目には、ひとつの関節を動かす単関節種目と、複数の関節を動かす多関節種目がある。筋トレは、大筋群を動員する多関節種目を中心に行うと良い。ベンチプレス、スクワット、デッドリフトの3種目が、代表的な多関節種目。

単関節種目

肘関節を曲げるカール系種目や、膝関節を伸ばすレッグエクステンション(→P.172 ※下写真)など、ひとつの関節のみを動かす種目。

多関節種目

股関節と膝関節を複合的に動かすスクワット(→P.144 ※下写真)。大殿筋、大腿四頭筋などの大筋群を一緒に鍛えることができる。

筋が伸びた状態で負荷をかける

関節可動域を広く動かし、筋肉をしっかり伸ばすことで、筋損傷しやすくなる。関節可動域が小さいと、力学的仕事量(力×距離)も小さくなり、筋肉に与える負荷は小さくなる。

ダンベルリアレイズ(→P.56)

肩の三角筋後部を鍛えるリアレイズは、三角筋が伸びるスタートポジションで負荷が抜けてしまうのが短所。

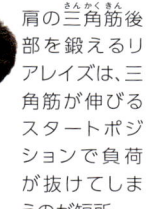

サイドライングリアレイズ(→P.56)

横向きに寝て行うリアレイズ。三角筋が伸びるスタートポジションで、しっかり負荷をかけられる。

序章 筋肉の働きと人体動作の関係

筋トレ種目の選び方

本書では、1～7章にかけて、各関節動作を強化する筋トレ種目を紹介している。複数ある種目から最適な種目を選ぶことも、筋トレを行ううえで重要となる。

多関節種目で大筋群を刺激

効率良く筋トレ効果を得るためには、筋肉にストレスを与えることが基本となる（→P.28）。特に、筋体積の大きい大筋群を刺激すると、効率良く筋肥大効果を得ることができる。

大筋群を刺激するには、多関節種目（→P.30・31）が有効。筋トレ種目を選ぶ際は、まず大筋群を動員できる多関節種目を選ぶと良い。ただし、ターゲットとなる筋肉や関節動作によっては、多関節種目では鍛えられなかったり、単関節種目のほうが効果的な場合もある。

ストレッチポジションで刺激

筋肉は長く伸びた状態（ストレッチポジション）で収縮するほど、筋肥大を誘発する筋損傷が起こりやすい（→P.29）。同じ関節動作の筋トレでも、種目によって最大負荷のかかる局面がそれぞれ異なるため、ターゲットとなる筋肉のストレッチポジションで、最大負荷がかかる種目を取り入れるのも効果的である。

特に、上腕前面の上腕二頭筋（→P.87）や大腿裏のハムストリング（→P.165・166）といった二関節筋がターゲットの種目は、インクラインカール（→P.92）やルーマニアンデッドリフト（→P.144）のように、筋肉を強烈にストレッチした状態で最大負荷をかけられる種目がある。

ただし、どんな種目でも、関節をフルレンジで動かさなければ、筋肉はストレッチされないので注意。

目的や環境で種目を選ぶ

スポーツ競技のパフォーマンス向上を目指す場合は、競技の特性や強化したい動きに合った種目を選択する（※P.12の「本書の使い方」および、P.205の第8章を参照）。

仕事や学校などでなかなかジムに通えない人は、自宅でできる自重種目やダンベル種目を取り入れると良い。筋トレは、目的で種目を選ぶのが基本となるが、継続しやすい種目を選ぶのも有効な選択方法である。

第1章
肩関節の動きと鍛え方

一般的に肩関節とは、肩甲骨と上腕骨が関節する肩甲上腕関節(第一肩関節)を指す。肩甲上腕関節は、球関節構造で腕を多方向に動かすことができる。肩の三角筋や胸部の大胸筋、背中の広背筋など、大きな筋群が各方向の動きに作用する。

● 「筋体積」データの出典
・Garner BA and Pandy MG, Musculoskeletal model of the upper limb based on the visible human male dataset. Comput Methods Biomech Biomed Engin, (2001), 4 (2), 93-126.(成人男性3名:平均年齢25歳・平均身長185cm・平均体重86kgを想定した筋-骨格モデル ※トルクの実測値に合うように、パラメータを最適化して調整した研究報告)
※P.34〜35の「筋体積ランキング」は各筋の筋体積データをもとに算出

● 「速筋:遅筋(%)」データの出典
・Johnson MA, Polgar J, Weightman D and Appleton D,(1973)をもとに算出
※筋体積のデータは、すべて左右の片側だけの数値(以下同)

● 「最大トルクと関節角度」のグラフデータの出典
・Garner and Pandy(2003)
※肩関節水平外転および肩関節水平内転のグラフは、データが揃っていないため掲載なし

肩関節の可動域

肩関節は「球関節」であるため、三次元のあらゆる方向に動かすことができる。関節の結合が緩いため、可動域が大きい代わりに、脱臼などが起こりやすい。

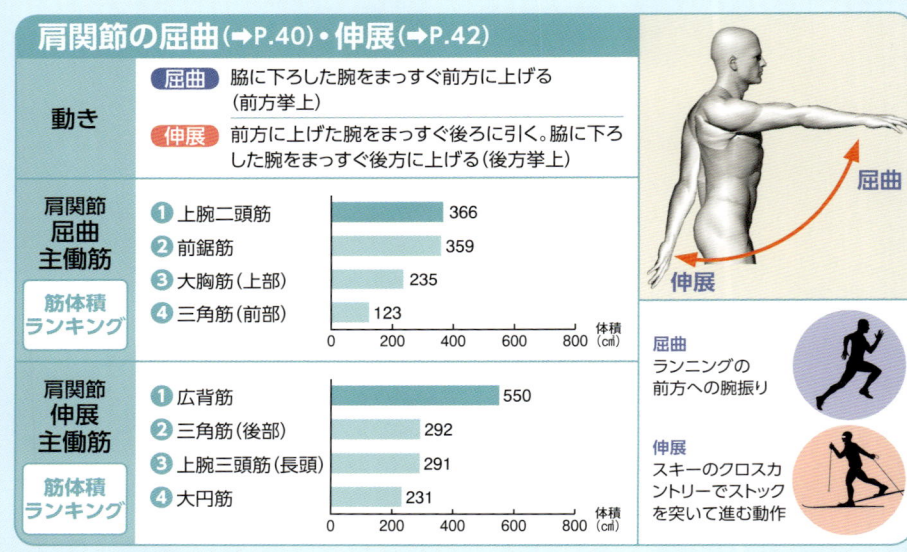

肩関節の屈曲(➡P.40)・伸展(➡P.42)

動き		
	屈曲	脇に下ろした腕をまっすぐ前方に上げる（前方挙上）
	伸展	前方に上げた腕をまっすぐ後ろに引く。脇に下ろした腕をまっすぐ後方に上げる（後方挙上）

肩関節 屈曲 主働筋　筋体積ランキング
1. 上腕二頭筋　366
2. 前鋸筋　359
3. 大胸筋（上部）　235
4. 三角筋（前部）　123

肩関節 伸展 主働筋　筋体積ランキング
1. 広背筋　550
2. 三角筋（後部）　292
3. 上腕三頭筋（長頭）　291
4. 大円筋　231

屈曲：ランニングの前方への腕振り
伸展：スキーのクロスカントリーでストックを突いて進む動作

※三角筋全体の筋体積は792㎤

肩関節の外転(➡P.45)・内転(➡P.48)

動き		
	外転	腕を横（体の側方）に開く（側方挙上）
	内転	横に上げた腕を下方に下げる。脇に下ろした腕を体前面の内側まで振る

肩関節 外転 主働筋　筋体積ランキング
1. 僧帽筋　458
2. 三角筋（中部）　377
3. 前鋸筋　359
4. 棘上筋　89

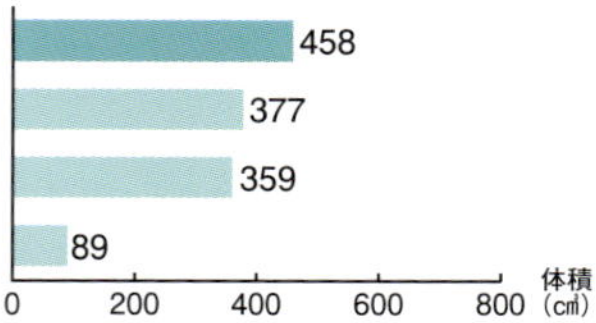

肩関節 内転 主働筋　筋体積ランキング
1. 広背筋　550
2. 上腕三頭筋（長頭）　291
3. 大円筋　231
4. 大胸筋（下部）　198

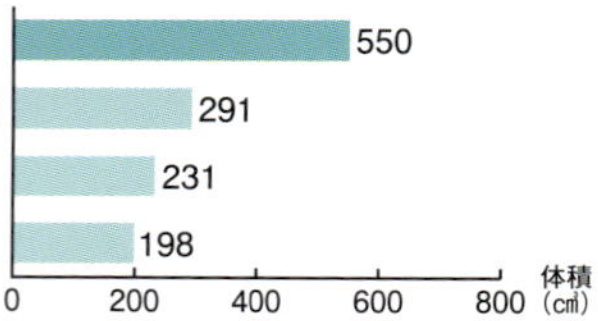

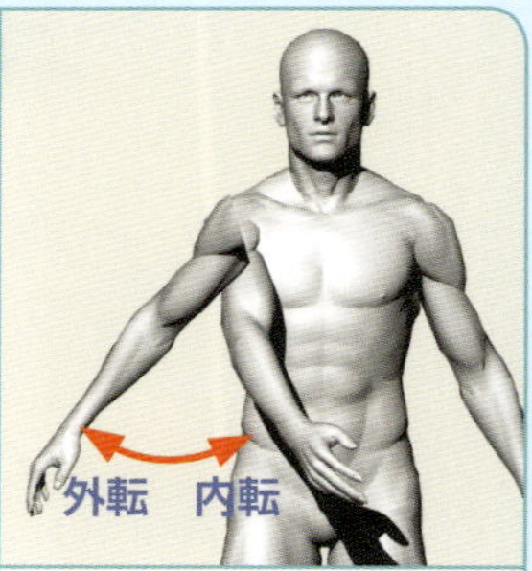

外転：クロールのストローク（リカバリーの動き） 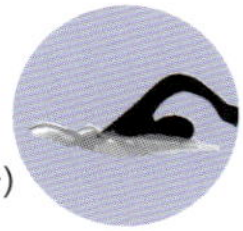
内転：ゴルフスイングの後ろの腕

あらゆる方向に動く肩関節

球関節である肩関節は、前後・左右・捻りと3次元のあらゆる方向に動かすことができる。関節構造や靭帯による結合が緩いためローテーターカフの筋群が関節の安定に寄与していることが特徴。また、肩関節の動きには土台部分である肩甲骨の動きがともなうことを覚えておこう。

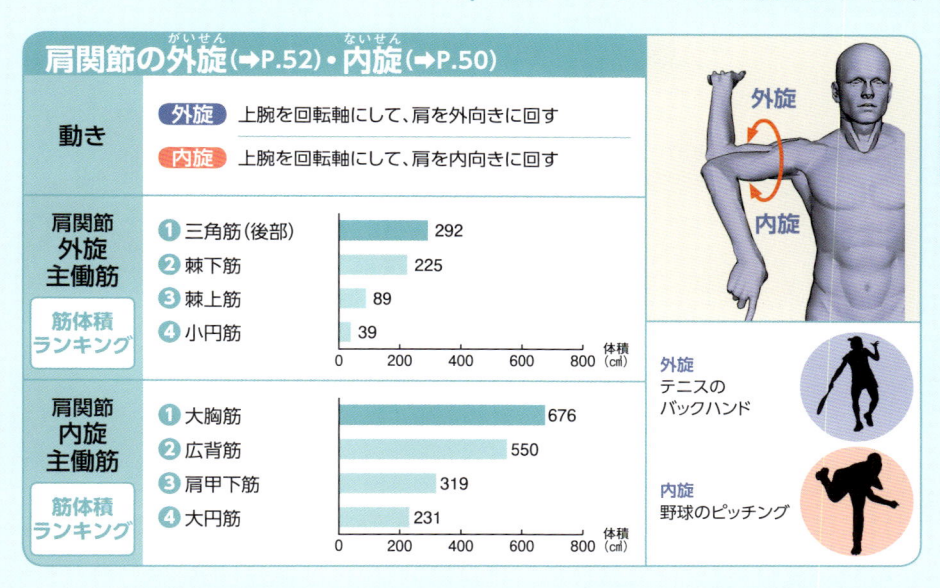

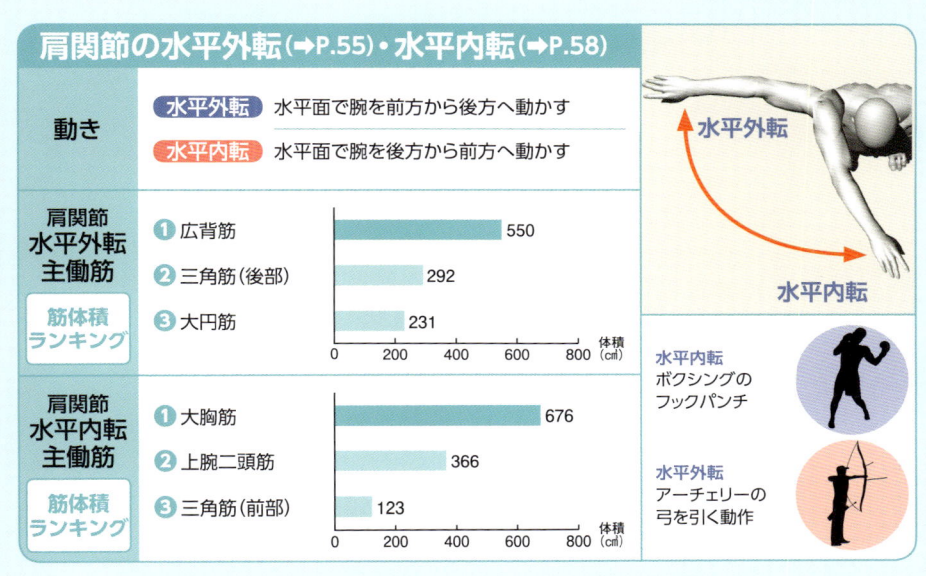

肩関節の外旋（➡P.52）・内旋（➡P.50）

動き	
外旋	上腕を回転軸にして、肩を外向きに回す
内旋	上腕を回転軸にして、肩を内向きに回す

肩関節 外旋 主働筋（筋体積ランキング）
1. 三角筋（後部） 292
2. 棘下筋 225
3. 棘上筋 89
4. 小円筋 39

（体積 cm³）

肩関節 内旋 主働筋（筋体積ランキング）
1. 大胸筋 676
2. 広背筋 550
3. 肩甲下筋 319
4. 大円筋 231

（体積 cm³）

外旋：テニスのバックハンド
内旋：野球のピッチング

肩関節の水平外転（➡P.55）・水平内転（➡P.58）

動き	
水平外転	水平面で腕を前方から後方へ動かす
水平内転	水平面で腕を後方から前方へ動かす

肩関節 水平外転 主働筋（筋体積ランキング）
1. 広背筋 550
2. 三角筋（後部） 292
3. 大円筋 231

（体積 cm³）

肩関節 水平内転 主働筋（筋体積ランキング）
1. 大胸筋 676
2. 上腕二頭筋 366
3. 三角筋（前部） 123

（体積 cm³）

水平内転：ボクシングのフックパンチ
水平外転：アーチェリーの弓を引く動作

第1章 肩関節の動きと鍛え方

肩関節を動かす筋一覧

肩まわりの表層には、三角筋、大胸筋、僧帽筋、広背筋といった大きな筋だけでなく、大円筋や棘下筋がある。その深層には肩甲挙筋や菱形筋群などが存在する。

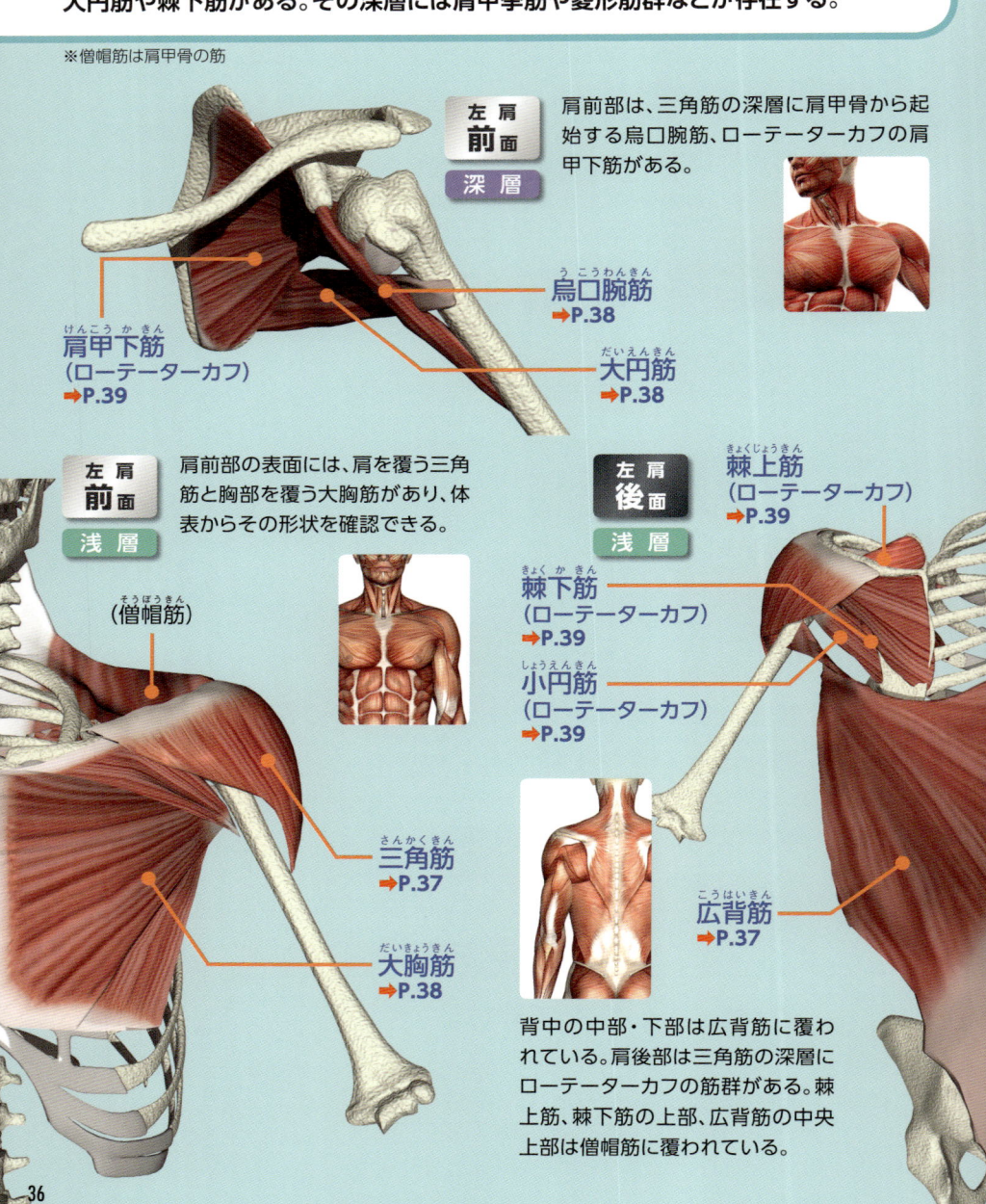

※僧帽筋は肩甲骨の筋

左肩 前面 深層

肩前部は、三角筋の深層に肩甲骨から起始する烏口腕筋、ローテーターカフの肩甲下筋がある。

- 烏口腕筋 ➡P.38
- 肩甲下筋（ローテーターカフ）➡P.39
- 大円筋 ➡P.38

左肩 前面 浅層

肩前部の表面には、肩を覆う三角筋と胸部を覆う大胸筋があり、体表からその形状を確認できる。

- （僧帽筋）
- 三角筋 ➡P.37
- 大胸筋 ➡P.38

左肩 後面 浅層

- 棘上筋（ローテーターカフ）➡P.39
- 棘下筋（ローテーターカフ）➡P.39
- 小円筋（ローテーターカフ）➡P.39
- 広背筋 ➡P.37

背中の中部・下部は広背筋に覆われている。肩後部は三角筋の深層にローテーターカフの筋群がある。棘上筋、棘下筋の上部、広背筋の中央上部は僧帽筋に覆われている。

肩関節屈曲・外転筋
三角筋（さんかくきん）

肩を覆う大きな筋肉。筋全体を広げると二等辺三角形になることが筋名の由来。上肢の筋では最も体積が大きく、肩関節のほぼすべての動きに関与する。筋全体を鎖骨部（前部）・肩峰部（中部）・肩甲棘部（後部）に分けることができ、それぞれ働きが異なる。

起始
1. 鎖骨部：鎖骨の外側1/3の前縁
2. 肩峰部：肩甲骨の肩峰
3. 肩甲棘部：肩甲骨の肩甲棘の下縁

停止
上腕骨の三角筋粗面

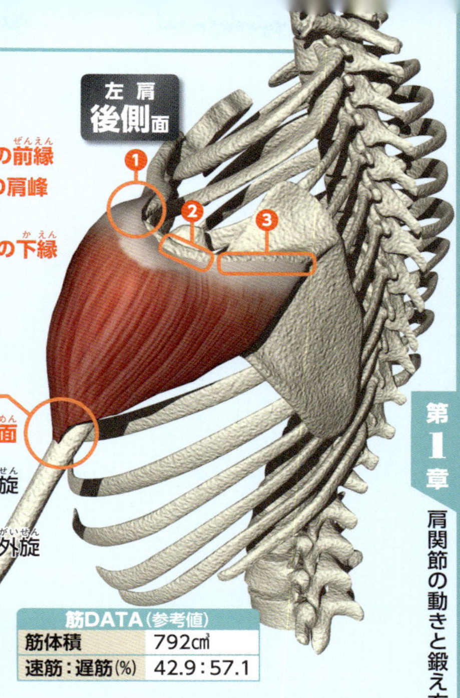

主な働き
1. 鎖骨部（前部）：2 肩関節の屈曲・3 水平内転・4 内旋
2. 肩峰部（中部）：1 肩関節の外転
3. 肩甲棘部（後部）：2 肩関節の伸展・3 水平外転・4 外旋

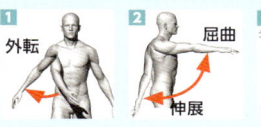

1 外転　2 屈曲/伸展　3 水平外転/水平内転　4 外旋/内旋

筋DATA（参考値）
筋体積	792㎤
速筋：遅筋(%)	42.9：57.1

左肩 後側面

肩関節伸展・内転・水平外転筋
広背筋（こうはいきん）

背中の中部〜下部から脇の下にかけて広がる人体で最も面積の大きい筋。主に腕を前方から後方へ引く動き（肩関節伸展）や、上方から下方へ引く動き（肩関節内転）の主働筋として働く。この筋が発達すると、いわゆる"逆三角形ボディ"が形作られる。

筋DATA（参考値）
筋体積	550㎤
速筋：遅筋(%)	49.5：50.5

停止
上腕骨の小結節稜

起始
1. 第6（または7）胸椎から第5腰椎にかけての棘突起（胸腰筋膜を介して）
2. 正中仙骨稜
3. 腸骨稜の後方
4. 第9（または10）〜12肋骨、肩甲骨の下角

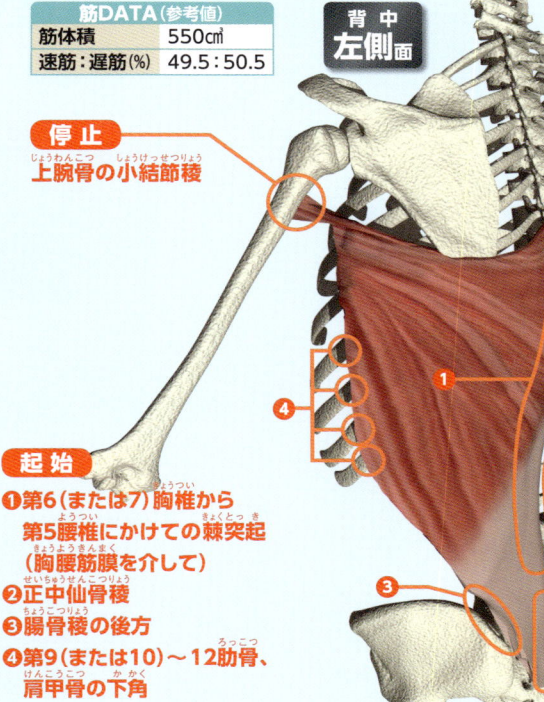

主な働き
肩関節の 1 伸展・2 内転・3 水平外転・4 内旋

1 伸展　2 内転　3 水平外転　4 内旋

背中 左側面

第1章 肩関節の動きと鍛え方

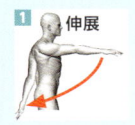

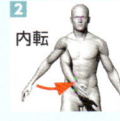

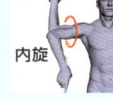

肩関節水平内転筋
大胸筋（だいきょうきん）

胸板を形成する扇状の強力な筋。腕を横から前方に振る動き（肩関節水平内転）の主働筋。上腕を内側にひねる動き（肩関節内旋）にも働く。鎖骨部（上部）、胸肋部（中部）、腹部（下部）でそれぞれ作用する方向が異なる。

起始
1. 鎖骨部：鎖骨の内側半分
2. 胸肋部：胸骨前面、第2～6肋軟骨
3. 腹部：腹直筋鞘の前葉

筋DATA（参考値）
筋体積	676㎤
速筋：遅筋(%)	57.3：42.7

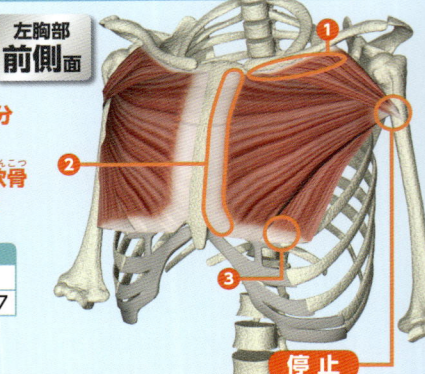

主な働き
肩関節の 1 水平内転・2 内転（下部）・3 内旋・4 屈曲（上部）・5 吸気の補助

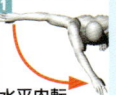

左胸部 前側面

停止
上腕骨の大結節稜

肩関節伸展筋
大円筋（だいえんきん）

脇の下に位置し、肩甲骨から上腕骨へつながる筋。広背筋とともに脇の下の後腋下ヒダを形成する。停止部が広背筋と近く、似た作用をもつ。主に広背筋の腕を引く働き（肩関節伸展）を補助する。

筋DATA（参考値）
筋体積	231㎤
速筋：遅筋(%)	—

主な働き
肩関節の 1 伸展・2 内転・3 内旋

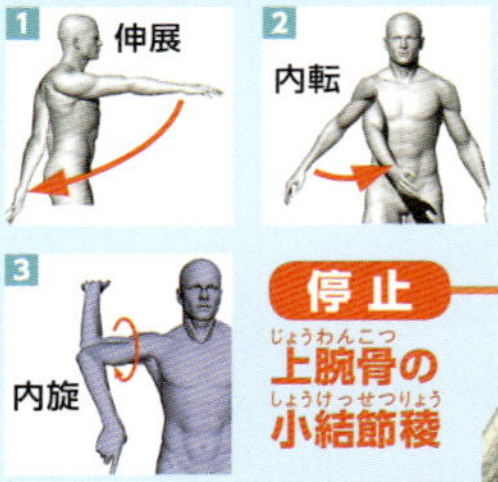

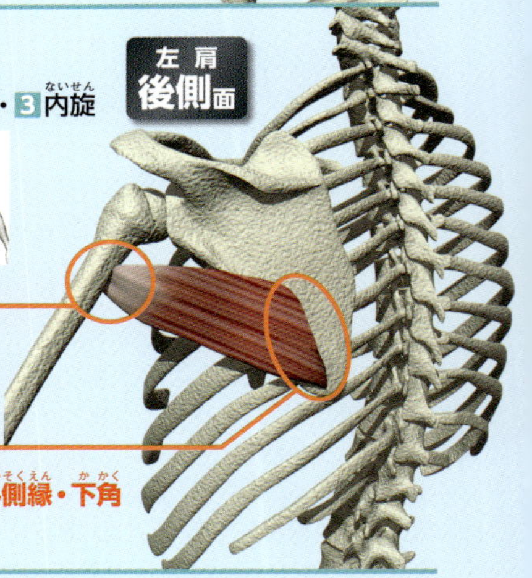

左肩 後側面

停止
上腕骨の小結節稜

起始
肩甲骨の外側縁・下角

肩関節屈曲筋
烏口腕筋（うこうわんきん）

肩甲骨の烏口突起から起始する小さな筋肉。腕を前方に上げる動き（肩関節屈曲）や、横から前方に振る動き（肩関節水平内転）に作用するが、単独で作用するのではなく、ほかの筋肉とともに補助的に働く。

筋DATA（参考値）
筋体積	80㎤
速筋：遅筋(%)	—

主な働き
肩関節の 1 屈曲の補助・2 水平内転・3 内転

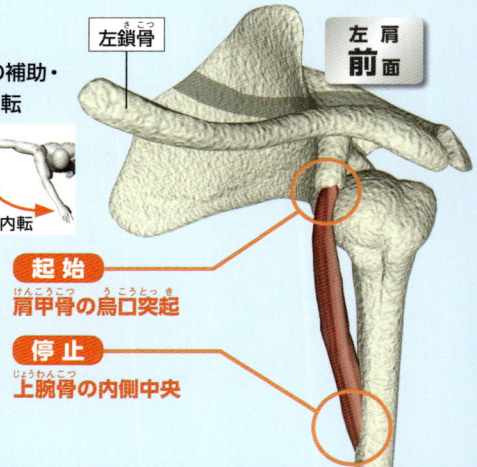

左鎖骨

左肩 前面

起始
肩甲骨の烏口突起

停止
上腕骨の内側中央

棘上筋（きょくじょうきん）
肩関節外転筋 / ローテーターカフ①

三角筋とともに肩関節外転の主働筋。肩深部にあるローテーターカフ（回旋筋腱板）のひとつであり、肩関節外旋の動きも補助する。肩甲骨と上腕骨を引き付けて、肩関節を安定させる働きもある。

主な働き：肩関節の ①外転・②安定・③外旋

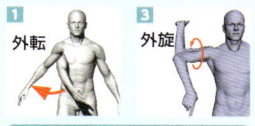

筋DATA（参考値）

筋体積	89㎤
速筋：遅筋(%)	40.7：59.3

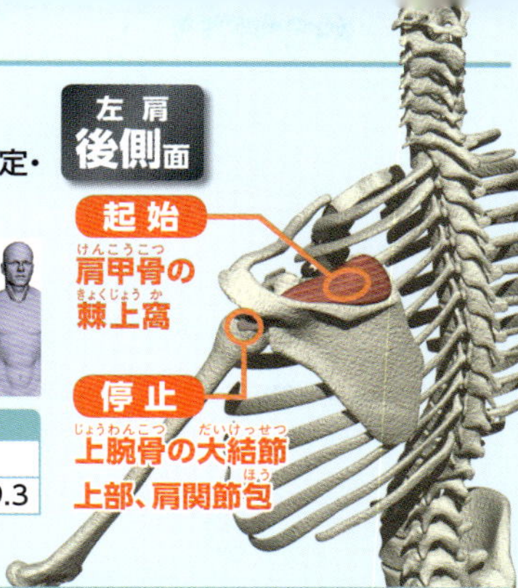

左肩 後側面
- 起始：肩甲骨の棘上窩
- 停止：上腕骨の大結節上部、肩関節包

棘下筋（きょくかきん）
肩関節外旋筋 / ローテーターカフ②

ローテーターカフで唯一表層にある。肩関節外旋の主働筋であり、肩関節を安定させる働きもある。

主な働き：肩関節の ①外旋・②安定・③水平外転

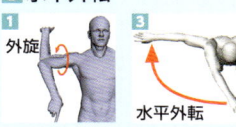

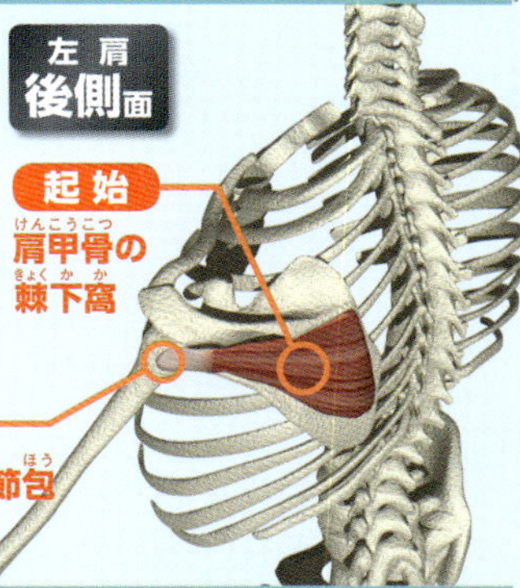

筋DATA（参考値）

筋体積	225㎤
速筋：遅筋(%)	54.7：45.3

左肩 後側面
- 起始：肩甲骨の棘下窩
- 停止：上腕骨の大結節中部、肩関節包

小円筋（しょうえんきん）
肩関節外旋筋 / ローテーターカフ③

棘下筋の下、大円筋の上に位置する小さな筋。上腕を外向きにひねる肩関節外旋の働きや、肩関節の骨同士を引き付けて安定させる働きをもつ。大円筋と名前は似ているが支配神経や作用は異なる。

主な働き：肩関節の ①外旋・②安定

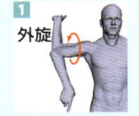

筋DATA（参考値）

筋体積	39㎤
速筋：遅筋(%)	—

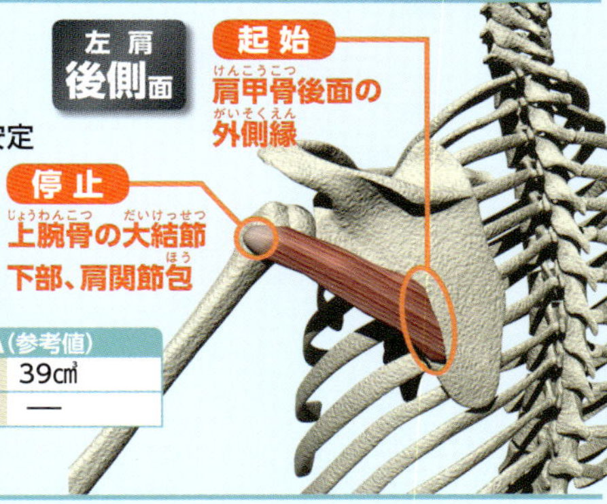

左肩 後側面
- 起始：肩甲骨後面の外側縁
- 停止：上腕骨の大結節下部、肩関節包

肩甲下筋（けんこうかきん）
肩関節内旋筋 / ローテーターカフ④

腕を内向きにひねる肩関節内旋の主働筋。ローテーターカフの中でこの筋だけが肩甲骨の前面（背中から見ると肩甲骨の裏側）から起始する。上腕骨を引き付けて、肩関節の安定にも貢献している。

主な働き：肩関節の ①内旋・②安定・③水平内転

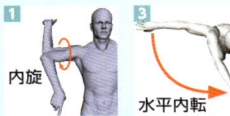

筋DATA（参考値）

筋体積	319㎤
速筋：遅筋(%)	—

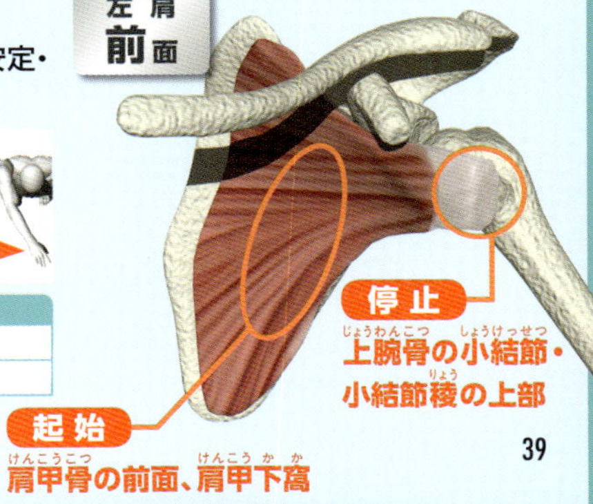

左肩 前面
- 起始：肩甲骨の前面、肩甲下窩
- 停止：上腕骨の小結節・小結節稜の上部

第1章　肩関節の動きと鍛え方

肩関節の動き① 肩関節 屈曲（くっきょく）

屈曲

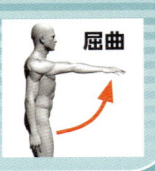

貢献度ランキング
1. 三角筋（前部） → P.37
2. 大胸筋（上部） → P.38
3. 上腕二頭筋 → P.87
4. 前鋸筋 → P.70

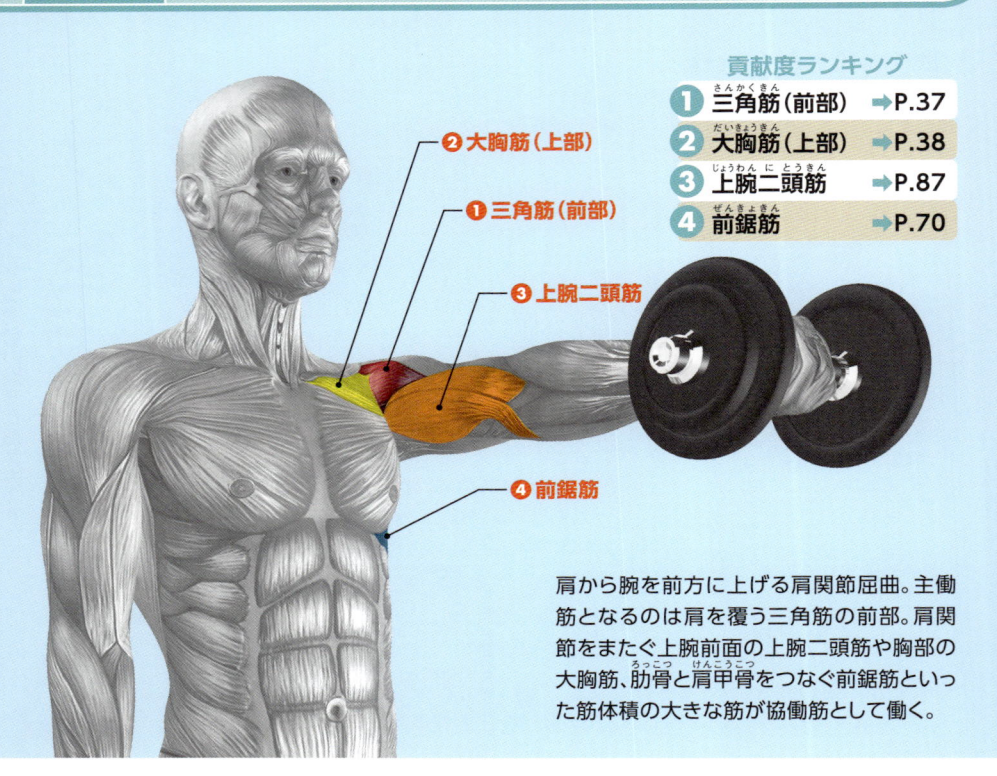

❷ 大胸筋（上部）
❶ 三角筋（前部）
❸ 上腕二頭筋
❹ 前鋸筋

肩から腕を前方に上げる肩関節屈曲。主働筋となるのは肩を覆う三角筋の前部。肩関節をまたぐ上腕前面の上腕二頭筋や胸部の大胸筋、肋骨と肩甲骨をつなぐ前鋸筋といった筋体積の大きな筋が協働筋として働く。

肩関節の屈曲トルク

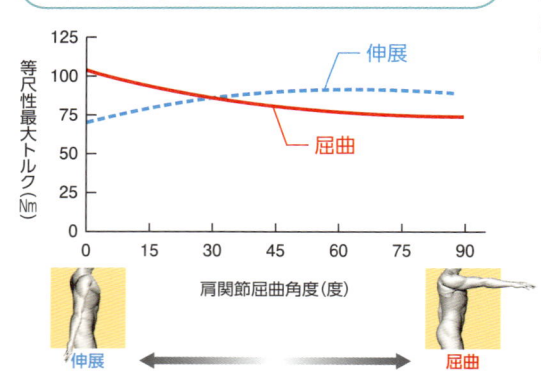

等尺性最大トルク(Nm)
125
100 ― 伸展
75
50 ― 屈曲
25
0
0　15　30　45　60　75　90
肩関節屈曲角度(度)

伸展　←→　屈曲

肩関節の屈曲動作は、伸展動作より全体的にはやや弱い傾向にある。屈曲トルクは腕を下ろした状態で最も強く発揮され、屈曲するにつれて緩やかに弱くなる。

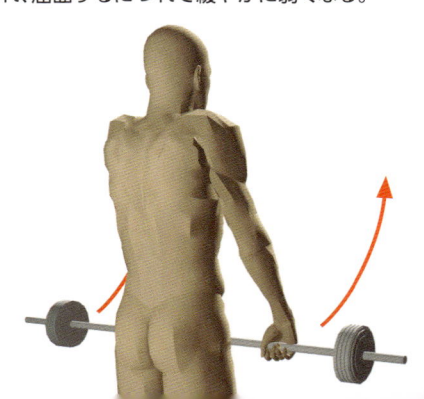

肩関節屈曲トレ❶ 自宅　**メイン** 三角筋（前部）　**サブ** 前鋸筋、僧帽筋

フロントレイズ

肩関節屈曲の動きに負荷をかける。ダンベルを前方に上げる動きで、三角筋前部（肩前部）を集中的に鍛える。

1
手の平を体に向け、両手にダンベルを持つ。ダンベルは体につけず、少し離す。

2
両肘を伸ばしたまま水平以上までダンベルを上げる。左右のダンベルをくっつけると、負荷が低くなるので注意。

肩関節屈曲トレ❷ 自宅　**メイン** 三角筋（前部）　**サブ** 大胸筋（上部）、前鋸筋

フロントショルダープレス

フロントレイズより肩関節屈曲角度が大きい局面の動きに負荷がかかる種目。高く上げることで前鋸筋にも効く。

1
両脇を締めて、肘を90度程度に曲げ、手の平を顔に向けてダンベルを持つ。

2
肩から腕を振り、肘を徐々に伸ばしながらダンベルを高く持ち上げる。最後まで両肘が外側へ開かないように注意する。

肩関節屈曲トレ❸ ジム　**メイン** 三角筋（前部）　**サブ** 大胸筋（上部）、上腕三頭筋、前鋸筋

リバースベンチプレス

肩関節屈曲動作に強い負荷がかけられる種目。三角筋前部を強くストレッチできるため、筋肥大効果も大きい。

1
両脇を締め、リバースグリップでバーベルを持つ。両肘を引いてバーベルをしっかり下ろすことで、三角筋前部がストレッチされる。

2
肩から腕を振り、肘を伸ばしながらバーベルを真上に持ち上げる。バーベルを顔のほうに上げると危険なのでNG。

第1章　肩関節の動きと鍛え方

肩関節の動き❷ 肩関節 伸展（しんてん）

伸展

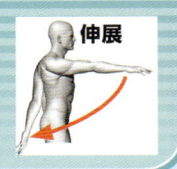

貢献度ランキング
1. 広背筋（こうはいきん） → P.37
2. 大円筋（だいえんきん） → P.38
3. 三角筋（後部）（さんかくきん） → P.37
4. 上腕三頭筋（長頭）（じょうわんさんとうきん ちょうとう） → P.87

肩から腕を後方に振る肩関節伸展。主働筋となるのは、背中の中部～下部を覆う広背筋、脇の下に位置する大円筋、肩を覆う三角筋の後部。上腕後面の上腕三頭筋（長頭）も協働筋として働く。

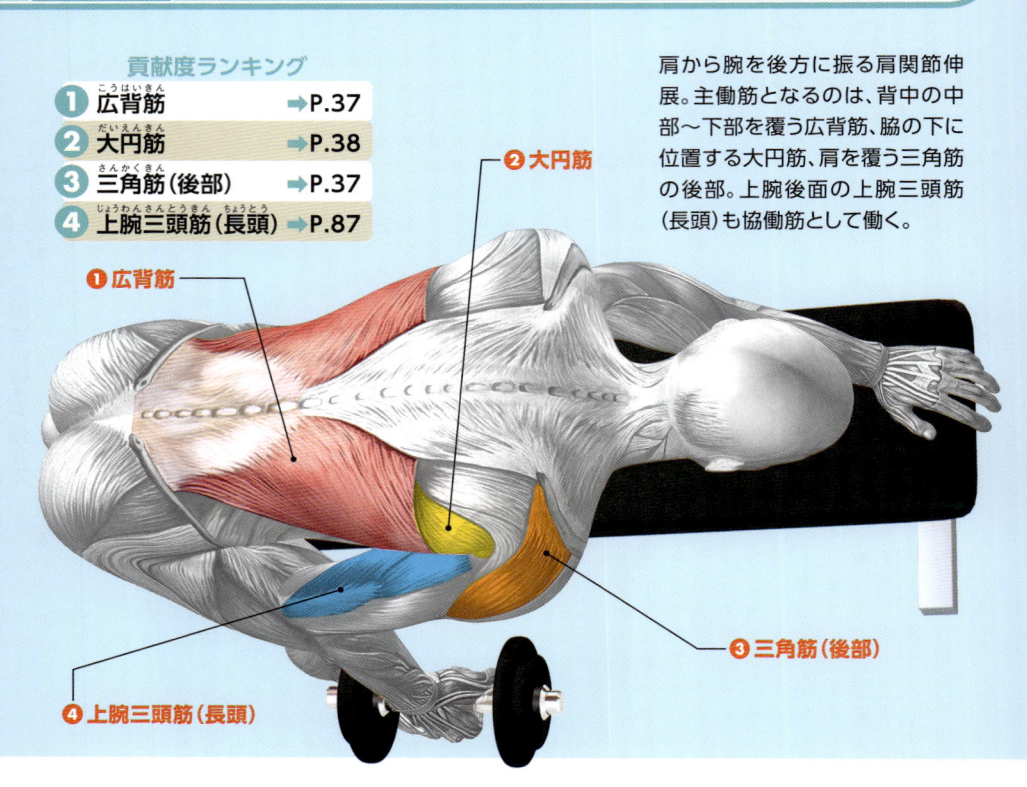

❶ 広背筋
❷ 大円筋
❸ 三角筋（後部）
❹ 上腕三頭筋（長頭）

肩関節の伸展トルク

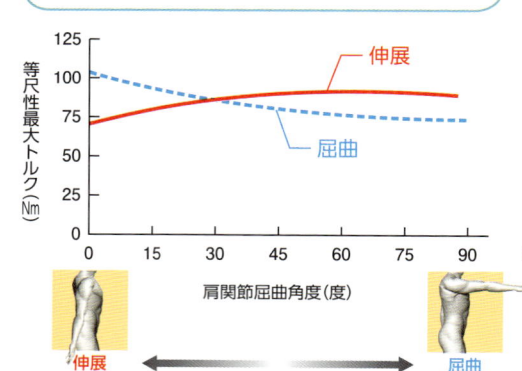

縦軸：等尺性最大トルク（Nm） 0, 25, 50, 75, 100, 125
横軸：肩関節屈曲角度(度) 0, 15, 30, 45, 60, 75, 90

伸展 / 屈曲

肩関節の伸展動作は、屈曲動作に比べて全体的に少し強い傾向にある。伸展トルクは屈曲位で強く、腕が水平よりやや下がった60度前後で最も強く発揮される。

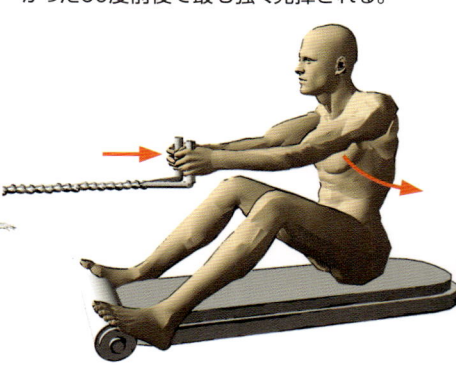

42

肩関節伸展トレ❶ 自宅　メイン 広背筋、僧帽筋（中・下部）　サブ 肘屈曲筋群
ダンベルローイング（片手）

胸を張りながら肘を引く動きで、広背筋を強化する。肩甲骨を寄せるため、僧帽筋も一緒に鍛えられる。

1 イスまたは台に片手片膝をおいて上体を倒す。もう片方の手でダンベルを持ち、肩甲骨を開いて広背筋を伸ばす。

2 肩甲骨を寄せながら、肘を上方へ引いてダンベルを引き上げる。胸を張って肘を引くことで広背筋、僧帽筋に効く。

肩関節伸展トレ❷ ジム　メイン 広背筋、僧帽筋（中・下部）　サブ 大円筋、肘屈曲筋群
ベントオーバーローイング

肩関節伸展強化の基本種目。同じ動きのダンベルローイングより高重量で行える。背中の中央部分が特に鍛えられる種目。

1 両膝を軽く曲げて上体を45〜60度程度に倒し、背すじを伸ばしてバーベルを持つ。手幅は肩幅よりやや広め。

2 肩甲骨を寄せながら両肘を引く。背すじを伸ばして胸を張ったまま、バーベルをお腹に向けて引くのがポイント。

肩関節伸展トレ❸ ジム　メイン 上腕三頭筋（長頭）、大胸筋（上部）、小胸筋　サブ 広背筋、大円筋
ダンベルプルオーバー

腕を頭上まで振り下ろした深い屈曲位から伸展動作を行う種目。上腕三頭筋の長頭と大胸筋上部がターゲット。

1 ベンチに対して垂直で仰向けになり、ダンベルを後方に下ろす。胸部が伸びることで大胸筋上部の筋肥大にも有効となる。

2 両腕を伸ばしたまま、振り上げるようにダンベルを胸の上まで持ち上げる。肩関節が緩い人は注意してこの種目を行う。

第1章 肩関節の動きと鍛え方

肩関節伸展トレ❹ ジム　メイン 広背筋、僧帽筋（中・下部）　サブ 肘屈曲筋群
マシンローイング

肩関節伸展の動きを集中的に強化できる。マシンは高重量を扱いやすく、フォームも安定するため、初心者向け。

1
体に当てるパッドを上体が垂直になる位置に合わせ、レバーを握る。背中を反らせた状態で腕が引っ張られる。

2
背すじを伸ばし、胸を張って肩甲骨を寄せながら、両肘を引く。レバーを引く時に上体が後傾すると広背筋に効かない。

肩関節伸展トレ❺ ジム　メイン 広背筋、僧帽筋（中・下部）　サブ 三角筋（後部）、肘屈曲筋群
シーテッドローイング（ナロー）

広背筋が伸びた状態で負荷をかけられる。最後まで負荷が抜けないのも長所。狭い手幅で両肘を引くと僧帽筋を刺激しやすい。

1
プーリーを握ったら、背中を反らせて上体を前傾させる。足幅は肩幅程度で膝を軽く曲げる。

2
背中を反らせたまま、肩甲骨を寄せて両肘を引き、プーリーをお腹まで引き寄せる。上体の後傾は最小限にとどめる。

肩関節伸展トレ❻ ジム　メイン 広背筋　サブ 僧帽筋（下部）、大円筋、三角筋（後部）、肘屈曲筋群
チンアップ（ナロー）

手幅を狭めて肩関節伸展の動きで体を引き上げる。広背筋がフルレンジで伸縮するため、筋肥大効果が大きい。

1
手幅を肩幅程度にしてバーを握り、ぶら下がる。ストラップを使うと、腕の力が抜け、背中の筋肉に効かせやすくなる。

2
背中を反らし、胸を張りながら、肩を軸にして体を引き上げる。肩甲骨を寄せながらバーにお腹を近づけていく。

肩関節の動き ❸

肩関節 外転(がいてん)

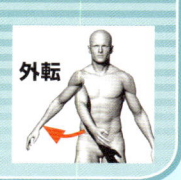

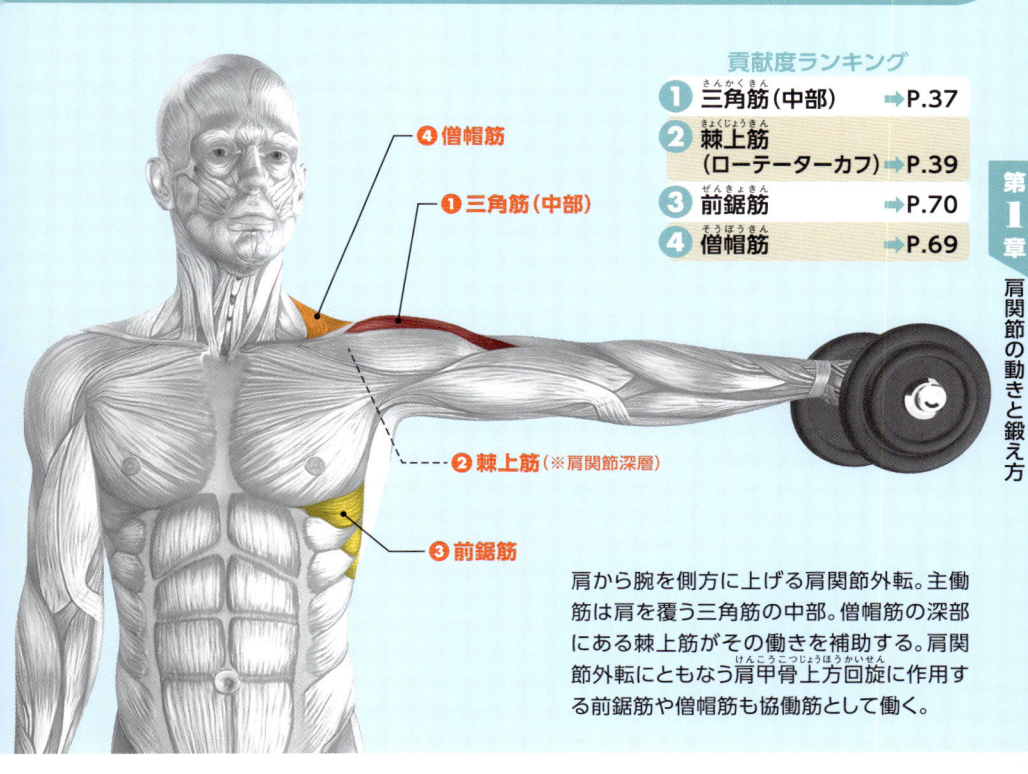

貢献度ランキング

1. 三角筋(中部) ➡ P.37
2. 棘上筋(ローテーターカフ) ➡ P.39
3. 前鋸筋 ➡ P.70
4. 僧帽筋 ➡ P.69

❹ 僧帽筋
❶ 三角筋(中部)
❷ 棘上筋(※肩関節深層)
❸ 前鋸筋

第1章 肩関節の動きと鍛え方

肩から腕を側方に上げる肩関節外転。主働筋は肩を覆う三角筋の中部。僧帽筋の深部にある棘上筋がその働きを補助する。肩関節外転にともなう肩甲骨上方回旋に作用する前鋸筋や僧帽筋も協働筋として働く。

肩関節の外転トルク

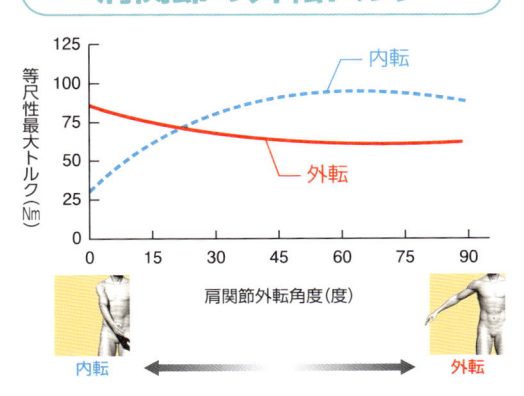

肩関節の外転動作は、大筋群の関与が比較的に少ない動作となるため、内転動作より力が弱い。外転トルクは腕を下ろした状態で最も強く発揮される。

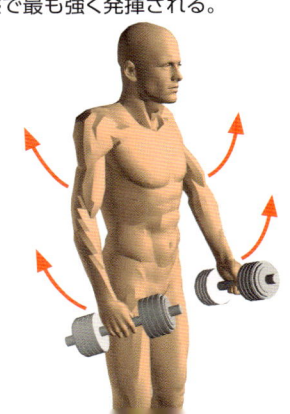

縦軸: 等尺性最大トルク(N･m) 0〜125
横軸: 肩関節外転角度(度) 0〜90

内転／外転

内転 ⇔ 外転

肩関節外転トレ❶ 自宅　**メイン** 三角筋(中部)　**サブ** 棘上筋、前鋸筋、僧帽筋

サイドレイズ

肩関節外転の動きにダイレクトに負荷をかける基本種目。三角筋中部(肩中部)を手軽に鍛えることができる。

1 手の平を体の側面に向け、両手にダンベルを持つ。ダンベルは体にくっつけずに少し離す。肘は軽く曲げてOK。

2 両肘を軽く曲げた状態のまま、側方にダンベルを上げる。肩をすくめず、小指から上げるのがポイント。

肩関節外転トレ❷ 自宅　**メイン** 三角筋(前・中部)　**サブ** 僧帽筋、前鋸筋、上腕三頭筋

ダンベルショルダープレス

肩関節外転と肘関節伸展でダンベルを上げる多関節種目。両肘を深く下げれば三角筋が強くストレッチされる。

1 手の平を前方に向けてダンベルを持ち、体の側方で肘をしっかり下げる。イスに座って行うと上体が安定する。

2 弧を描くようにダンベルを頭上まで持ち上げる。高重量を扱う場合は腰が反らないように注意。

肩関節外転トレ❸ 自宅　**メイン** 三角筋(中部)　**サブ** 僧帽筋(上部)、前鋸筋

ライイングサイドレイズ

横向きに寝て行うサイドレイズ。スタートポジションで三角筋中部に強い負荷がかかる。僧帽筋の上部も鍛えられる。

1 床に横向きに寝て、上側の手だけダンベルを持つ。ダンベルは体から少し離す。肘は軽く曲げてOK。

2 腕が45度以上の角度になるまでダンベルを側方に上げていく。上げる時は肩をすくめず、小指から上げると三角筋中部に効く。

肩関節外転トレ④ ジム　**メイン** 三角筋（前・中部）　**サブ** 僧帽筋、前鋸筋、上腕三頭筋

マシンショルダープレス

マシンで行うショルダープレス。肩関節外転の軌道が安定するため初心者に最適。高重量も安全に扱える。

1
シートに座って背すじを伸ばす。シートを高めにセットすれば、バーを持った時に両肘が深く下りて三角筋がストレッチされる。

2
頭上にバーを持ち上げる。この時に肩が上がると三角筋に効かない。動作中は背中の反りすぎにも注意。

第１章　肩関節の動きと鍛え方

肩関節外転トレ⑤ ジム　**メイン** 三角筋（中・後部）　**サブ** 棘上筋、僧帽筋

ケーブルリアロー（外転）

深い内転位で三角筋の中部から後部が強くストレッチされた状態で負荷をかけられる。筋肥大効果が高い種目。

1
ケーブルの起点を低くセット。両膝をついて上体を立て、体の前で両腕が交差するようにケーブルを持つ。

2
両肘を斜め後方へ引き上げるようにケーブルを引く。上体が倒れたり、肩がすくむと三角筋に効かないので注意。

肩関節外転トレ⑥ ジム　**メイン** 三角筋（中部）　**サブ** 棘上筋、前鋸筋、僧帽筋

徒手サイドレイズ

パートナーが両腕を押さえて抵抗を加えるサイドレイズ。腕を下ろす局面にも負荷をかけられるので効果的。

1
パートナーが両腕を押さえて閉じるように力を加える。その力に抵抗するように両腕を外側へ開こうとする。

2
パートナーの押す力に抵抗しながら、両腕を水平まで側方に開く。パートナーは下ろす局面も一定の力を加え続ける。

| 肩関節の動き ❹ | 肩関節 **内転**（ないてん） | 内転 |

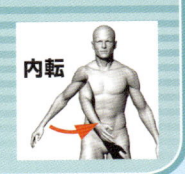

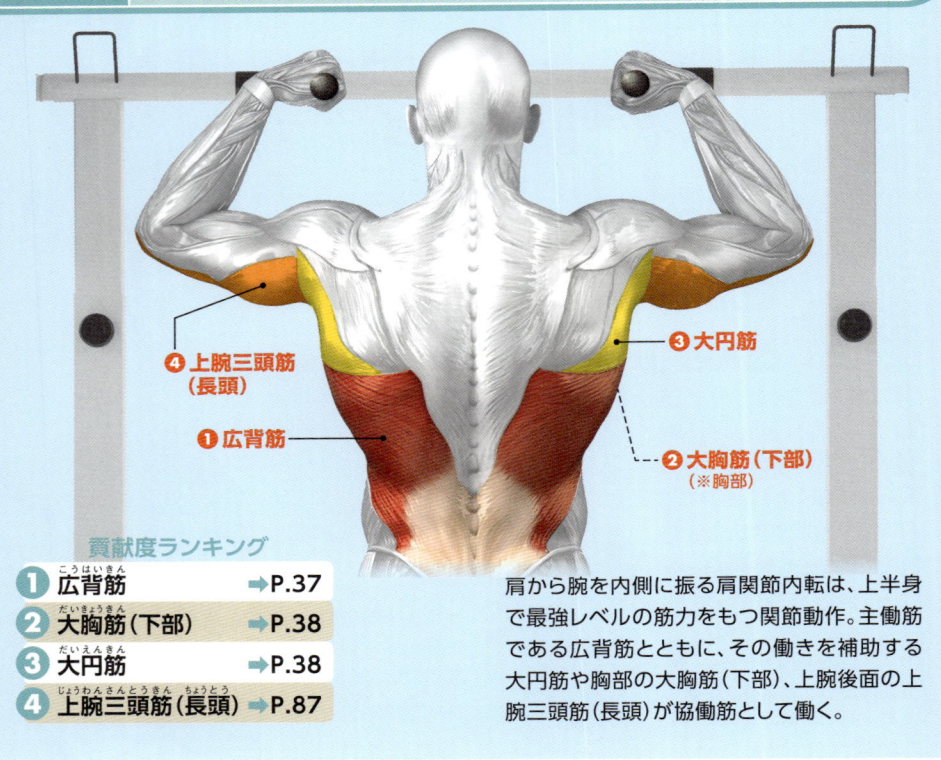

貢献度ランキング

- ❶ 広背筋（こうはいきん） → P.37
- ❷ 大胸筋（下部）（だいきょうきん） → P.38
- ❸ 大円筋（だいえんきん） → P.38
- ❹ 上腕三頭筋（長頭）（じょうわんさんとうきん ちょうとう） → P.87

図中ラベル:
- ❶ 広背筋
- ❷ 大胸筋（下部）（※胸部）
- ❸ 大円筋
- ❹ 上腕三頭筋（長頭）

肩から腕を内側に振る肩関節内転は、上半身で最強レベルの筋力をもつ関節動作。主働筋である広背筋とともに、その働きを補助する大円筋や胸部の大胸筋（下部）、上腕後面の上腕三頭筋（長頭）が協働筋として働く。

肩関節の内転トルク

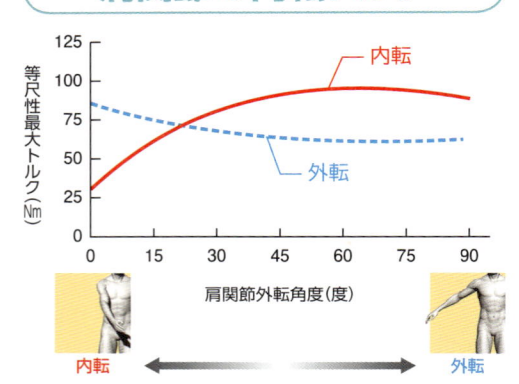

グラフ：等尺性最大トルク（N·m）、縦軸 0〜125、横軸 肩関節外転角度（度）0, 15, 30, 45, 60, 75, 90
- 内転（実線）
- 外転（破線）

← 内転　　外転 →

肩関節の内転動作は、広背筋、大胸筋といった大筋群が働くため、外転動作より強力。腕を側方に60度前後開いた外転位（がいてんい）で最も強いトルクを発揮する。

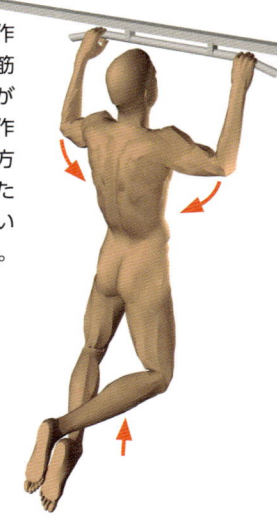

肩関節内転トレ❶ ジム　メイン 広背筋　サブ 大円筋、僧帽筋（下部）、三角筋（後部）、肘屈曲筋群

チンアップ（ワイド）

手幅を広くして肩関節内転の動きで懸垂する。背中を中心に胸、肩、腕など上半身全体を強化できる多関節種目。

1
肩幅の1.5倍程度の手幅でバーを握り、両肘を軽く曲げる。手幅を広くすることで広背筋の側部が強くストレッチされる。

2
背中を反らして胸を張り、肩甲骨を寄せながら体を引き上げる。動作中に肩がすくむと広背筋に効かないので注意。

肩関節内転トレ❷ ジム　メイン 広背筋、大円筋　サブ 僧帽筋、三角筋（後部）、肘屈曲筋群

プルダウン（ワイド）

この種目も広背筋がストレッチされた状態で負荷をかけられる。パッドで下半身を固定して行うため、肩関節内転の動きに集中しやすいのも長所。

1
シートに座って下半身を固定する。脇の下が伸びる高さにバーをセットし、肩幅の1.5倍程度の手幅で握る。

2
背中を反らして胸を張り、肩甲骨を寄せながらバーを首まで引き下げる。上体が後傾すると広背筋に効かないので注意。

肩関節内転トレ❸ ジム　メイン 大胸筋（下部）

ケーブルクロス（内転）

内転位となる最後まで負荷が抜けないのが長所。やや斜め前方に肩関節を内転するため、大胸筋の下部を鍛えられる。

1
左右のケーブルを高い位置にセットする。グリップを持って脇を開き、90度に曲げた肘を両肩と同じ高さに。

2
上体を立てて胸を張ったまま、両手がつく手前まで左右のケーブルを引き下げる。手首を固めて引くのがポイント。

第1章　肩関節の動きと鍛え方

肩関節の動き ⑤ 肩関節 内旋（ないせん）

肩甲骨前面（深層）

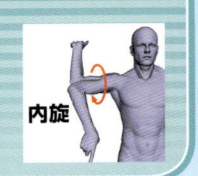

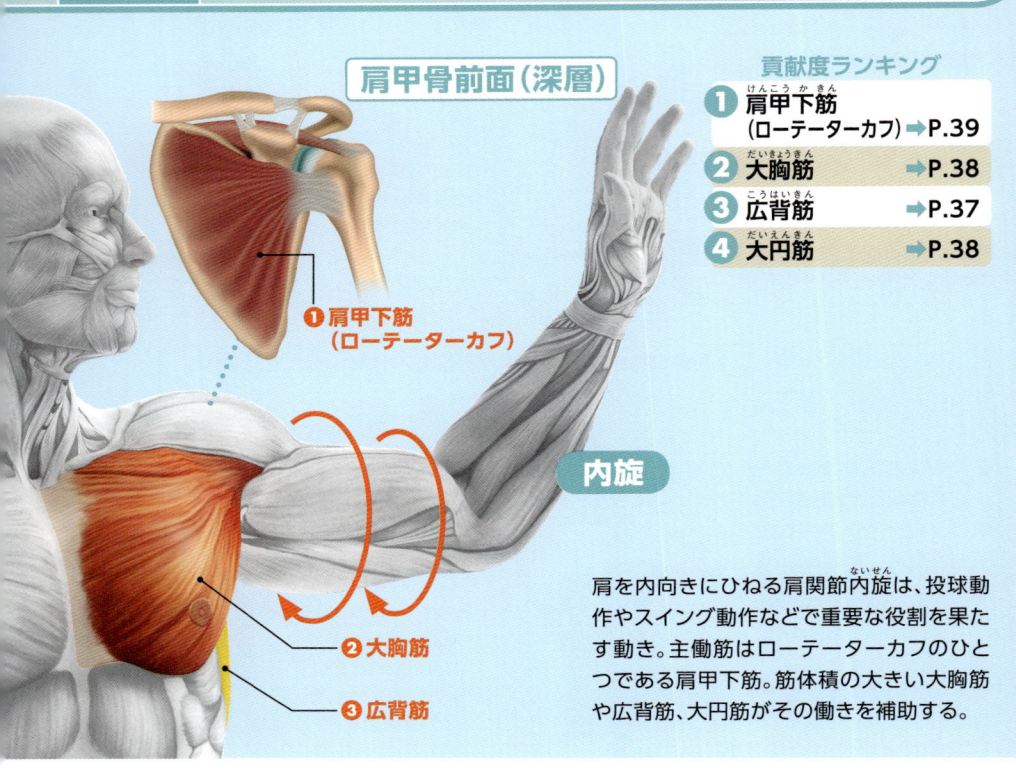

貢献度ランキング
1. 肩甲下筋（ローテーターカフ） ➡ P.39
2. 大胸筋 ➡ P.38
3. 広背筋 ➡ P.37
4. 大円筋 ➡ P.38

❶ 肩甲下筋（ローテーターカフ）
❷ 大胸筋
❸ 広背筋

内旋

肩を内向きにひねる肩関節内旋は、投球動作やスイング動作などで重要な役割を果たす動き。主働筋はローテーターカフのひとつである肩甲下筋。筋体積の大きい大胸筋や広背筋、大円筋がその働きを補助する。

肩関節の内旋トルク

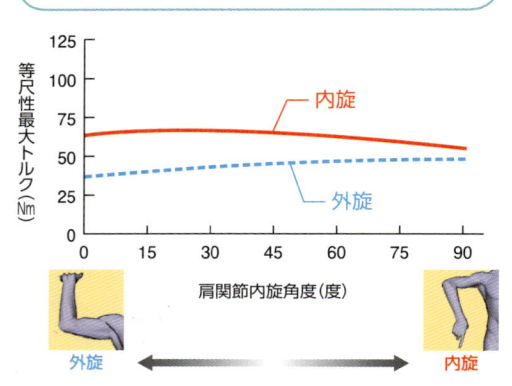

投球動作などに貢献する肩関節の内旋動作は、肩甲下筋や大胸筋など大きな筋が働くため、外旋動作より力が強い。内旋角度によるトルクの変化は小さい。

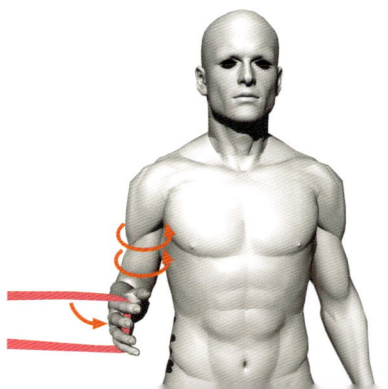

等尺性最大トルク（Nm）: 0, 25, 50, 75, 100, 125
肩関節内旋角度（度）: 0, 15, 30, 45, 60, 75, 90

内旋 / 外旋

外旋 ⇔ 内旋

肩関節内旋トレ❶ 自宅　メイン 肩甲下筋　サブ 大胸筋、広背筋、大円筋
チューブIR（外転位）

肩を外転位で固定したまま、チューブで肩関節内旋の動きに負荷をかける。回転軸となる上腕部を固定することによって、内旋しやすくなる。IRとは、Internal Rotation（内旋）の略。

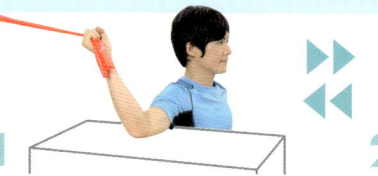

1 机や台に片腕の上腕部を乗せ、両肩のラインと机上の肘が一直線となる位置に合わせる。肘を90度に曲げ、肩関節が外向きにひねられる強度でチューブを握る。チューブは人差し指と中指の間から出し、柱などに低い位置で引っ掛ける。

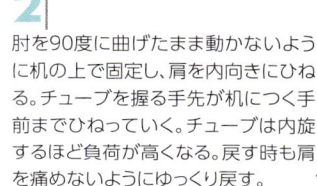

2 肘を90度に曲げたまま動かないように机の上で固定し、肩を内向きにひねる。チューブを握る手先が机につく手前までひねっていく。チューブは内旋するほど負荷が高くなる。戻す時も肩を痛めないようにゆっくり戻す。

肩関節内旋トレ❷ 自宅　メイン 肩甲下筋　サブ 大胸筋、広背筋、大円筋
ダンベルIR（外転位）

ダンベルで肩関節内旋の動きに負荷をかける。高い負荷をかけられるが、チューブよりスタート時の外旋は浅くなる。

1 仰向けに寝た状態で片腕にダンベルを持ち、肘を両肩のラインと一直線となる位置において、90度に曲げる。ダンベルは床から少し浮かす。

2 肘を90度に曲げたまま肩を内向きにひねり、前腕部が垂直になるまでダンベルを持ち上げる。肘が動いたり、床から浮かないように注意。戻す時もゆっくり戻す。

肩関節内旋トレ❸ ジム　メイン 肩甲下筋　サブ 大胸筋、広背筋、大円筋
ケーブルIR（内転位）

肩を内転位で固定し、肩関節内旋の動きで水平にケーブルを引く。水平に内旋することで可動範囲が広がり、最後まで負荷が抜けない。

1 脇を締めて肘を90度に曲げ、グリップを持つ。この時、ケーブル線が水平になる高さにケーブルの起点をセットする。

2 脇を締めて上腕部を固定し、肩を内側にひねってケーブルを引く。前腕部を水平に振ることで肩関節内旋の動きになる。

第1章 肩関節の動きと鍛え方

肩関節の動き ⑥ 肩関節 外旋

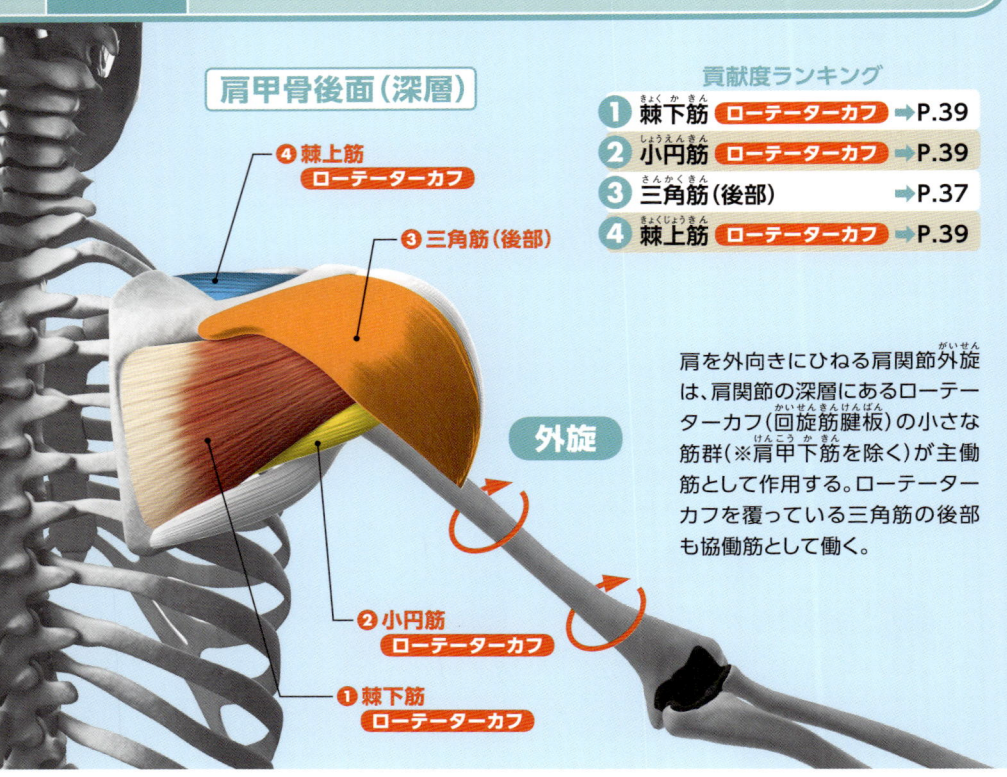

肩甲骨後面（深層）

- ④ 棘上筋 ローテーターカフ
- ③ 三角筋（後部）
- ② 小円筋 ローテーターカフ
- ① 棘下筋 ローテーターカフ

貢献度ランキング

①	棘下筋	ローテーターカフ	→P.39
②	小円筋	ローテーターカフ	→P.39
③	三角筋（後部）		→P.37
④	棘上筋	ローテーターカフ	→P.39

肩を外向きにひねる肩関節外旋は、肩関節の深層にあるローテーターカフ（回旋筋腱板）の小さな筋群（※肩甲下筋を除く）が主働筋として作用する。ローテーターカフを覆っている三角筋の後部も協働筋として働く。

肩関節の外旋トルク

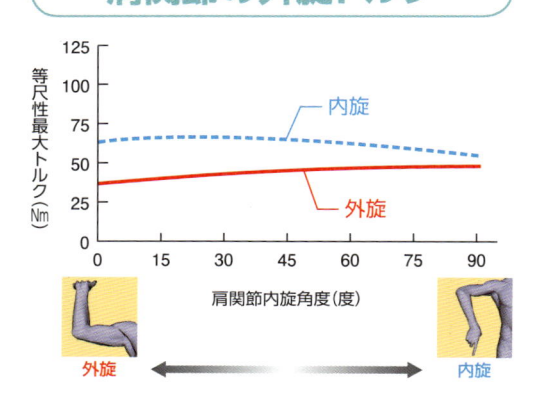

縦軸: 等尺性最大トルク（Nm）　0, 25, 50, 75, 100, 125
横軸: 肩関節内旋角度（度）　0, 15, 30, 45, 60, 75, 90

（破線）内旋
（実線）外旋

←外旋　内旋→

肩関節の外旋動作は、棘下筋や小円筋など小さな筋が主働筋であるため、内旋動作より力が弱い。肩をやや内向きにひねった内旋位で最大トルクが発揮される。

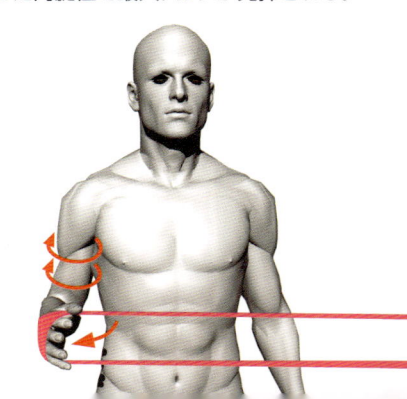

52

肩関節外旋トレ① 自宅
メイン 棘下筋、小円筋、三角筋(中部・後部)、棘上筋、僧帽筋

ERアップライトロー

脇を開いて両肘を高く振り上げながら、肩関節外旋の動きでダンベルを引き上げる。外旋の可動範囲はやや狭め。ERとは、External Rotation(外旋)の略。

1 背すじを伸ばし、手の平を体に向けてダンベルを持つ。両肘は軽く曲げ、ダンベルを体から少し離す。

2 脇を開いて両肘を高く振り上げながら、肩を外向きにひねる。両肘を90度前後に曲げ、引き上げたダンベルが「逆ハの字」になる。肘を高く上げないと外旋の動きにならない。

肩関節外旋トレ② 自宅
メイン 棘下筋、小円筋、三角筋(後部)、棘上筋

チューブER(外転位)

脇を開いて肩を外転位で固定したまま、チューブで肩関節外旋の動きに負荷をかける。チューブ種目は、スタートのストレッチポジションでの負荷が弱いという短所もあるが、弱い負荷にも設定しやすいので初心者に最適。

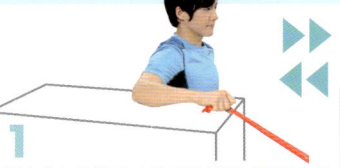

1 机や台に片腕の上腕部を乗せ、両肩のラインと机上の肘が一直線となる位置に合わせる。肘を90度に曲げ、肩関節が内向きにひねられる強度でチューブを握る。チューブは人差し指と中指の間から出し、柱などに低い位置で引っ掛ける。

2 肘を90度に曲げたまま、動かないように机の上で固定し、前腕部が垂直以上になるまで肩を外向きにひねっていく。外旋するほどチューブの負荷が高くなる。

肩関節外旋トレ③ 自宅
メイン 棘下筋、小円筋、三角筋(後部)、棘上筋

ダンベルER(外転位)

ダンベルで肩関節外旋の動きに負荷をかける。高い負荷をかけられるが、チューブより外旋する可動範囲はやや小さくなる。

1 仰向けに寝た状態で片腕にダンベルを持ち、肘を両肩のラインと一直線となる位置において、90度に曲げる。ダンベルは床から少し浮かす。

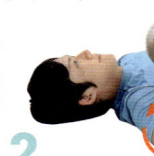

2 肘を90度に曲げたまま、肩を外向きにひねり、前腕部が垂直になるまでダンベルを持ち上げる。動作中に肘が動いたり、床から離れないように注意する。

第1章 肩関節の動きと鍛え方

肩関節外旋トレ❹ [ジム]
ダンベルER（外転位※立位）

メイン 棘下筋、小円筋、三角筋（中・後部）、棘上筋

両脇を開いた体勢で肩関節を外旋し、ダンベルを引き上げる。寝て行うダンベルERより外旋位の局面で負荷をかけられる。

1 両手にダンベルを持って背すじを伸ばし、肘を90度に曲げる。そこから両脇を側方へ開き、両肘と両肩のラインを一直線にする。

2 上腕部を回転軸にして肩を外向きにひねり、ダンベルを引き上げる。動作中に両肘が下がらないように注意する。

肩関節外旋トレ❺ [ジム]
ケーブルER（内転位）

メイン 棘下筋、小円筋、三角筋（後部）、棘上筋

肩を内転位で固定し、肩関節外旋の動きで水平にケーブルを引く。水平に外旋することで可動範囲が広がり、最後まで負荷が抜けない。

1 脇を締めて肘を90度に曲げ、グリップを持つ。この時、ケーブル線が水平になる高さにケーブルの起点をセットする。

2 脇を締めて上腕部を固定し、肩を外側にひねってケーブルを引く。前腕部を水平に振ることで外旋の動きになる。

肩関節外旋トレ❻ [ジム]
フェイスプル

メイン 三角筋（中・後部）、棘下筋　**サブ** 小円筋、棘上筋

プーリー（二股ロープのタイプ）を使ってケーブルを引き寄せる。ほかの肩関節外旋種目より、三角筋後部への負荷が強くなる。

1 プーリーを顔の高さにセットし、両腕が伸びる位置で親指を上にして握る。背すじを伸ばし、上体が負荷に引っ張られないようにやや後傾する。

2 両肘を側方へ開きながら、プーリーを顔に向けて引き寄せる。プーリーを深く引くことで肩関節が外旋する。

肩関節の動き❼ 肩関節 水平外転（すいへいがいてん）

肩から腕を水平面で後方に振る肩関節水平外転。主働筋は広背筋。三角筋の後部が協働筋として働き、大円筋も補助的に作用する。三角筋後部は鍛えにくいため、広背筋とは別の種目で強化すると良い。

貢献度ランキング
① 広背筋（こうはいきん） ➡ P.37
② 三角筋（後部）（さんかくきん） ➡ P.37
③ 大円筋（だいえんきん） ➡ P.38

❷ 三角筋（後部）
❸ 大円筋
❶ 広背筋

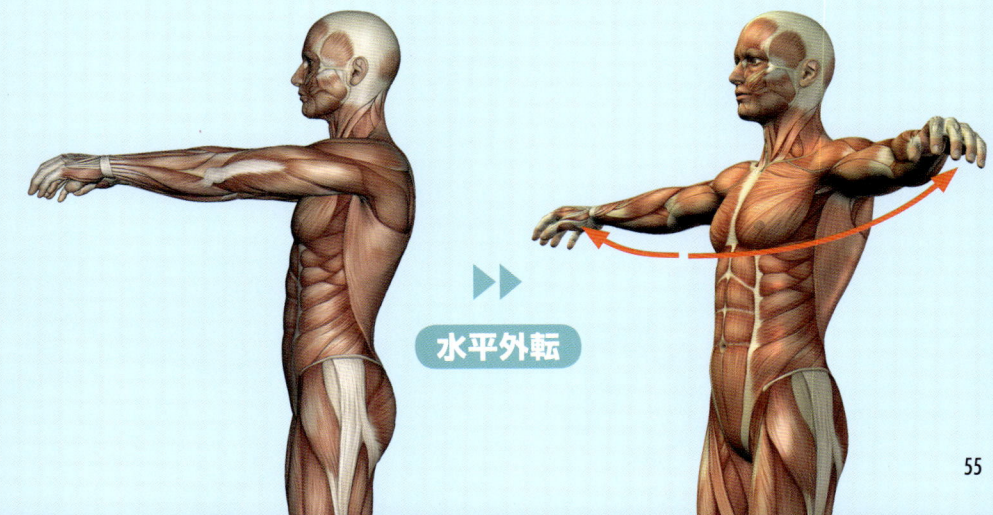

水平外転

第1章 肩関節の動きと鍛え方

55

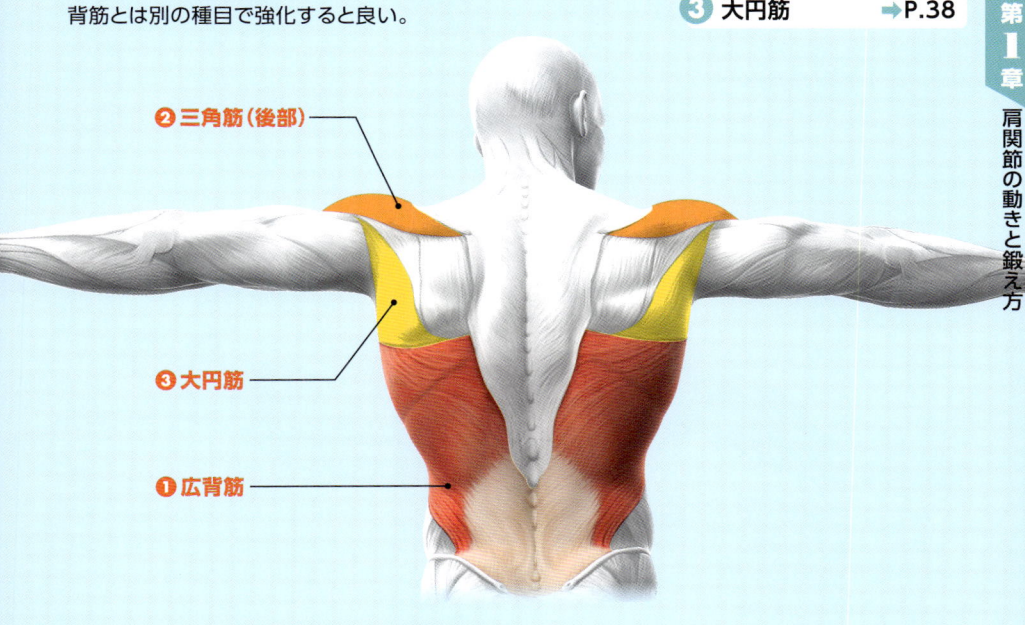

肩関節水平外転トレ❶ 自宅　メイン 三角筋(後部)　サブ 僧帽筋
ダンベルリアレイズ

上体を倒し、垂直に肩関節を水平外転する。肩甲骨を寄せずに腕を開くことで、三角筋後部に負荷を集中させる。

1 両手にダンベルを持って上体を倒す。肩甲骨を開いて腕を下ろし、肘は軽く曲げておく。

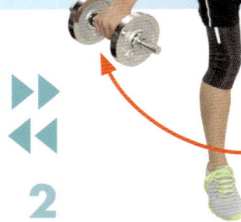

2 肩甲骨を開いたまま、両腕を開いて側方にダンベルを引き上げる。肘は軽く曲げたまま、肩の高さぐらいまで上げていく。動作中に上体が起き上がると外転の動きになるので注意。

肩関節水平外転トレ❷ 自宅　メイン 三角筋(後部)
サイドライイングリアレイズ

三角筋後部を強く刺激できる肩関節水平外転トレ。三角筋が伸びるスタートポジションで強い負荷をかけられる。

1 横に寝て上側の腕でダンベルを持つ。肘を軽く曲げ、肩の前にダンベルをもってきて、床から少し浮かす。

2 肩の位置を固定し、肘を軽く曲げたまま、弧を描くようにダンベルを引き上げる。肩甲骨を開いたまま腕を開くと、鍛えにくい三角筋後部に負荷が集中する。

肩関節水平外転トレ❸ ジム　メイン 三角筋(後部)　サブ 僧帽筋
サイドライイングリアロー

ベンチに寝て行うことにより、三角筋後部を強くストレッチできる。可動範囲はやや狭いが、高重量を扱いやすい。

1 ベンチに横向きに寝て、上側の手でダンベルを持つ。親指を体に向け、ダンベルを深く下ろして肩後部を伸ばす。

2 肩の位置を固定し、脇を開いたまま、肘を真上に引いてダンベルを引き上げる。この時、脇を閉じると水平外転の動きにならないので注意。

肩関節水平外転トレ❹ ジム　メイン 広背筋(上部)、僧帽筋　サブ 肘屈曲筋群
シーテッドローイング（ワイド）

広い手幅で行うケーブルローイング。肩甲骨を寄せながらバーを引く動きで、広背筋上部と僧帽筋を強化する。

1 手幅を肩幅より広くしてバーを握る。スタートポジションでは上体を前傾させて広背筋をストレッチする。両膝は軽く曲げる。

2 胸を張って肩甲骨を強く寄せながら、両肘を引いてバーをお腹に引き寄せる。この時、上体が後傾しすぎると広背筋に負荷がかからなくなるので注意。

肩関節水平外転トレ❺ ジム　メイン 広背筋(上部)、三角筋(後部)　サブ 大円筋、僧帽筋
ケーブルリアロー（水平外転）

上体を倒し、ケーブルを水平外転の動きで引く。可動範囲が広く、スタートで広背筋、三角筋後部をストレッチできる。

1 ケーブルの起点を低くセットする。両膝をついて上体を倒し、体の前で両腕が交差するようにグリップを持つ。

2 胸を張って肩甲骨を寄せながら、両腕を側方へ開く。上体を倒したまま、肘を上方へ引き上げてケーブルを引いていく。

肩関節水平外転トレ❻ ジム　メイン 三角筋(後部)　サブ 僧帽筋
徒手リアレイズ

パートナーが両腕を押さえて抵抗を加えるリアレイズ。腕を下ろす局面でもしっかり負荷をかけ続けられる。

1 上体を倒し、パートナーが両腕を押さえて閉じるように力を加える。その力に抵抗して両腕を側方へ開こうとする。

2 パートナーの押す力に抵抗しながら、肩甲骨を開いたまま両腕を水平外転して側方に開く。パートナーは下ろす局面も一定の力をかけ続ける。

第1章 肩関節の動きと鍛え方

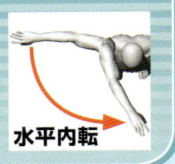

肩関節の動き ⑧ 肩関節 水平内転（すいへいないてん）

肩から腕を水平面で前方に振る肩関節水平内転。主働筋となるのは胸部の大胸筋。三角筋の前部が協働筋として働き、上腕前部の上腕二頭筋も補助的に作用する。この動作を強化すると腕で押す力が向上する。

貢献度ランキング
1. 大胸筋 ➡ P.38
2. 三角筋（前部） ➡ P.37
3. 上腕二頭筋 ➡ P.87

❶ 大胸筋
❷ 三角筋（前部）
❸ 上腕二頭筋

水平内転

肩関節水平内転トレ❶ 自宅　メイン 大胸筋　サブ 三角筋（前部）、上腕三頭筋
プッシュアップ（ワイド）

手幅を肩幅より広くして行う腕立て伏せ。体を深く沈めると、大胸筋が強くストレッチされ、筋肥大効果を得られる。

1 両手を肩幅より広くつき、脇を開いて上体を深く沈める。胸部のストレッチを感じながら、全身を一本の棒のように固める。

2 全身を一本の棒のように固めたまま、肩から上体を持ち上げる。動作中にお尻が落ちたり、上体が曲がると大胸筋への負荷は弱くなる。

肩関節水平内転トレ❷ ジム　メイン 大胸筋　サブ 三角筋（前部）、上腕三頭筋
ベンチプレス

大胸筋強化の代表的な多関節種目。バーベルは上げること以上に、しっかり下ろして胸部をストレッチすることが重要。

1 ベンチに寝て、肩幅の1.5倍程度の手幅でバーベルを持つ。胸を張って肩甲骨を寄せ、バーベルを深く下ろす。下ろす位置は乳首かそれよりやや下が目安。

2 胸を張って肩甲骨を寄せたまま、バーベルを持ち上げる。上げる時に胸でバウンドさせたり、お尻が浮くと大胸筋への負荷が低くなる。

肩関節水平内転トレ❸ ジム　メイン 大胸筋　サブ 三角筋（前部）、上腕三頭筋
ダンベルベンチプレス

挙上できる重量はベンチプレスの90％程度となるが、肘をより深く下げることができるため、大胸筋がより強くストレッチされる。

1 ベンチに仰向けで寝て、両脇を開いてダンベルを持つ。胸を張って肩甲骨を寄せ、肘をできるだけ深く下げて胸部を伸ばす。

2 胸を張って肩甲骨を寄せたまま、ダンベルを持ち上げる。上げる時に胸でバウンドさせたり、お尻が浮くと大胸筋への負荷が低くなる。

第1章　肩関節の動きと鍛え方

肩関節水平内転トレ ❹ ジム　メイン 大胸筋　サブ 三角筋（前部）、上腕三頭筋
チェストプレス

ベンチプレスと同様の運動ができるマシン。安全に高重量を扱えて、フォームも安定するので初心者向け。

1
バーを握り、胸を張って肩甲骨を寄せる。バーを深くセットすると大胸筋が強く伸び、筋肥大効果も高まる。

2
胸を張って肩甲骨を寄せたまま、バーを押し出す。肩甲骨が開くと大胸筋ではなく、三角筋の前部に負荷がかかる。

肩関節水平内転トレ ❺ ジム　メイン 大胸筋　サブ 三角筋（前部）
チェストフライ

水平内転の動きに特化したマシン種目。ペックデッキとも呼ばれる。最後まで負荷が抜けず、大胸筋を集中的に鍛えられるので初心者向き。

1
左右のバーを持ち、胸を張って肩甲骨を寄せる。バーの位置を深くセットすると大胸筋が強く伸び、筋肥大効果が高まる。

2
胸を張って肩甲骨を寄せたまま、肩の動きで両腕を閉じる。マシンで行うことで初心者でも腕の軌道が安定する。

肩関節水平内転トレ ❻ ジム　メイン 大胸筋　サブ 三角筋（前部）、上腕二頭筋
ダンベルフライ

ベンチに寝て行うフライ。両腕を閉じるほど負荷は弱まるが、スタートポジションで大胸筋を強くストレッチできる。

1
ベンチで仰向けになり、胸を張って肩甲骨を寄せる。肘を伸ばし気味にして、両腕を真横に大きく開き、胸部を伸ばす。

2
胸を張って肩甲骨を寄せたまま、水平内転の動きで弧を描くように両腕を閉じ、左右のダンベルを肩の上方までもってくる。

肩関節水平内転トレ❼ ジム　メイン 大胸筋　サブ 三角筋（前部）、上腕三頭筋、前鋸筋
ケーブルクロス（水平内転）

上体を倒し、水平内転の動きでケーブルを引く。大胸筋を集中的に強化できる。チェストフライ以上に最後まで負荷が抜けないのが長所。

1
左右のケーブルを高くセットしてグリップを持つ。上体を倒して肩甲骨を寄せ、90度に曲げた肘を両肩の高さまで引き上げる。

2
胸を張って肩甲骨を寄せたまま、両手がつく手前まで左右のケーブルを引き寄せる。手首を固めて引くのがポイント。

肩関節水平内転トレ❽ ジム　メイン 大胸筋（上部）　サブ 三角筋（前部）、上腕三頭筋
インクラインダンベルプレス

斜め上方に水平内転する動きで、鍛えにくい大胸筋の上部を強化する。形の良い大胸筋を作るためには必須の種目。

1
ベンチの背もたれを45度前後にセットし、ダンベルを持つ。胸を張って肩甲骨を寄せながら、脇を開いて肘を深く下ろす。

2
大胸筋上部がストレッチされた状態から、肩甲骨を寄せたままダンベルを持ち上げる。斜め上に押す力が強化される。

肩関節水平内転トレ❾ ジム　メイン 大胸筋（下部）　サブ 上腕三頭筋
デクラインベンチプレス

斜め下方に水平内転する動きで、大胸筋の下部を集中的に強化する。ぶ厚い大胸筋を作りたい人には最適な種目となる。

1
ベンチに両足を乗せ、頭と両肩をつけたままブリッジする。肩甲骨を寄せ、肩幅の1.5倍程度の手幅でバーベルを持ち、みぞおち付近に下ろす。

2
胸を張って肩甲骨を寄せたまま、バーベルを持ち上げる。下方向に押す力は強いので、より高重量が扱える。

第１章 肩関節の動きと鍛え方

肩関節筋のストレッチ

肩前部のストレッチ
伸びる筋 三角筋(前部)、前鋸筋(下部)

腕を後方に振り、肩関節を大きく伸展させて、三角筋の前部を伸ばすストレッチ。三角筋の深部にある前鋸筋の下部も一緒に伸ばせる。

机や台に背中を向けて手をつく。そこから上体を沈めて両膝立ちになる。胸を張ったまま行うのが三角筋を伸ばすポイント。硬い人は上体を無理に沈めなくてもOK。

肩後部のストレッチ
伸びる筋 三角筋(後部)

肩関節を水平内転させて、三角筋の後部を伸ばすストレッチ。伸ばす側の腕が胸につくまで引き寄せる。

片腕を伸ばし、もう片方の腕で巻き込むように抱えて、胸のほうへ引き寄せる。伸ばす腕の前腕部を抱えて、側方へ引っ張るように寄せるのがポイント。

肩深部(前面)のストレッチ
伸びる筋 肩甲下筋

柱やポールを使って肩関節を外旋し、ローテーターカフの中でも肩関節内旋に働くインナーマッスルの肩甲下筋をストレッチする。

柱に背中を向けて立ち、片腕の肘を90度に曲げて、柱をつかむ。この時、柱をつかんだ腕の上腕部はほぼ水平になる。

柱を引く力を利用して、肩関節を外旋する。肩の位置を固定したまま行うのがポイント。無理に肩関節をひねらず、痛くない範囲で行う。

肩深部（後面）のストレッチ
伸びる筋 棘上筋、棘下筋、小円筋

肩関節を内旋し、ローテーターカフの中でも肩関節外旋に働く3筋を伸ばす。投球動作で疲労が溜まる筋肉を深層からほぐせる。

片腕の手首上面を腰に当て、もう片方の手で肘の外側を持つ。そこから痛くない範囲で肘を手前に引いていく。硬い人は肘を持つだけでOK。

背中側部のストレッチ
伸びる筋 広背筋

背中から脇の下部分に広がる広背筋の側部を伸ばす。肩関節を外転しながら胸椎を側屈して伸ばしていく。

手首をつかんだ腕を、頭上へ引っ張りながら、脊柱上部（胸椎）を側方に曲げて脇の下部分を伸ばしていく。背中が丸まると脇の下部分が伸びないので注意する。

第1章 肩関節の動きと鍛え方

胸のストレッチ
伸びる筋 大胸筋

肩関節を水平外転し、胸部の大胸筋を片側ずつ伸ばしていくストレッチ。投手や投てき競技などの選手は大胸筋の柔軟性が重要となる。

壁の前に立ち、上腕部が水平になる高さで片手をつく。そこから肩関節を支点にして、上体を壁と反対方向へひねる。胸を張ったまま上体をひねるのがポイント。

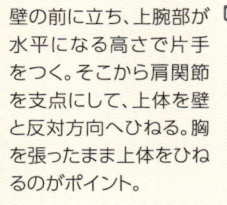

肩まわりのストレッチ
伸びる筋 大円筋、小胸筋

広背筋の下部にある大円筋や、大胸筋の深部にある小胸筋など、肩関節まわりの伸ばしにくい筋肉を伸ばすストレッチ。

足を広げて上体を前傾し、机や台に片腕を伸ばしてつく。そこからおへそを覗き込むように頭を下げて、伸ばした腕を後方に振る。背中が反っていると肩まわりが伸びないので注意。

COLUMN ❶

三角筋の鍛え方

三角筋は3つの部位を別の筋肉と考える

　肩関節を覆う三角筋は、ひとつの筋肉でありながら、前部（鎖骨部）・中部（肩峰部）・後部（肩甲棘部）で筋線維の方向が異なり、それぞれ働きも異なる。

　三角筋の前部は、主に肩関節屈曲や肩関節水平内転の動きに働く。3部位の中で体積が最も大きい中部は、主に肩関節外転の動きに働く。後部は、背中の広背筋とともに肩関節伸展、肩関節水平外転の動きなどに働く。

　ひとつの動きで三角筋全体を鍛えることは難しいため、三角筋の筋肥大を目指す人は、各部位ごとに異なる動きの種目でトレーニングをする必要がある。

三角筋を伸ばした状態で負荷をかけるライイング種目

　筋肉は、筋線維が強くストレッチした状態で負荷をかけると、筋肥大を誘発する筋損傷を得やすい（→P.30）。しかし、三角筋の前部を鍛えるフロントレイズ（→P.41）や、三角筋の中部を鍛えるサイドレイズ（→P.46）のように、立って行う肩種目は、腕を下ろした状態からスタートするため、三角筋を強くストレッチすることができず、スタートポジションの負荷も弱いという欠点がある。

　しかし、寝て行う肩種目は、三角筋をストレッチした状態で、強い負荷がかけられる。肩関節動作および三角筋の強化には、寝て行う種目も取り入れよう。

寝て行う肩種目で三角筋を強く刺激する

リバースベンチプレス（→P.41）
ベンチに寝ると、肩関節を伸展して腕を下ろしても、負荷が抜けなくなる。スタートポジションでは、三角筋の前部をストレッチした状態で、強い負荷をかけられる

ライイングサイドレイズ（→P.46）
横向きに寝た状態で行うサイドレイズ。立って行う通常のサイドレイズとは異なり、腕を下ろしたスタートポジションでも三角筋中部への負荷が抜けない

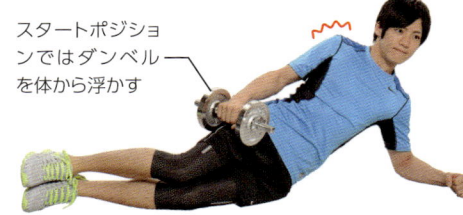

スタートポジションではダンベルを体から浮かす

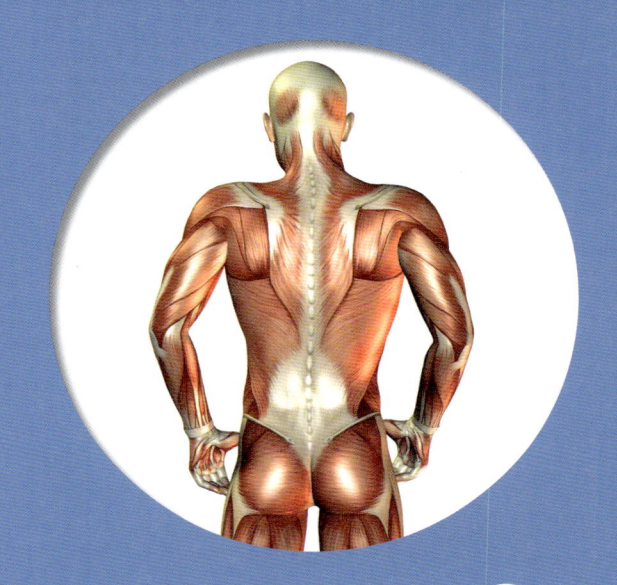

第2章
肩甲骨の動きと鍛え方

肩甲骨は、腕の動きの土台となる部分であり、胸郭上部の背面をひとつの関節のようにスライドして動くことができる。肩甲骨は肩関節の動きと連動するため、肩関節動作を強化する種目の多くは、肩甲骨の動きのトレーニングにもなる。

●「筋体積」データの出典
・Garner BA and Pandy MG, Musculoskeletal model of the upper limb based on the visible human male dataset. Comput Methods Biomech Biomed Engin, (2001), 4(2), 93-126. (成人男性3名：平均年齢25歳・平均身長185cm・平均体重86kgを想定した筋-骨格モデル ※トルクの実測値に合うように、パラメータを最適化して調整した研究報告)
※P.66〜67の「筋体積ランキング」は各筋の筋体積データをもとに算出
●「速筋：遅筋(%)」データの出典
・Johnson MA, Polgar J, Weightman D and Appleton D, (1973)をもとに算出
※筋体積のデータは、すべて左右の片側だけの数値（以下同）
※肩甲骨の動きに関する「最大トルクと関節角度」のグラフは、データが揃っていないため掲載なし

肩甲骨の可動域

肩甲骨まわり（肩甲帯）は、脊柱や胸郭から起始し、上肢帯（肩甲骨・鎖骨）に停止する筋によって動かされる。その結果、腕や肩は土台から大きく可動することができる。

腕の動きの土台である肩甲骨

肩関節の土台である肩甲骨は、胸郭の表面に沿ってスライドするように動く。肩甲骨と胸郭の間には仮想的に関節が存在するとみなすことができ、これを肩甲胸郭関節とよぶ場合もある。腕は肩関節（肩甲上腕関節）から先だけが動くのではなく、肩甲骨が動きの土台となる。

本章では、肩甲胸郭関節を動かす筋を、肩甲骨の筋として分類する。

肩甲骨の挙上（→P.72）・下制（→P.72）

動き		
	挙上	肩、肩甲骨を上方に上げる
	下制	肩、肩甲骨を下方に下げる

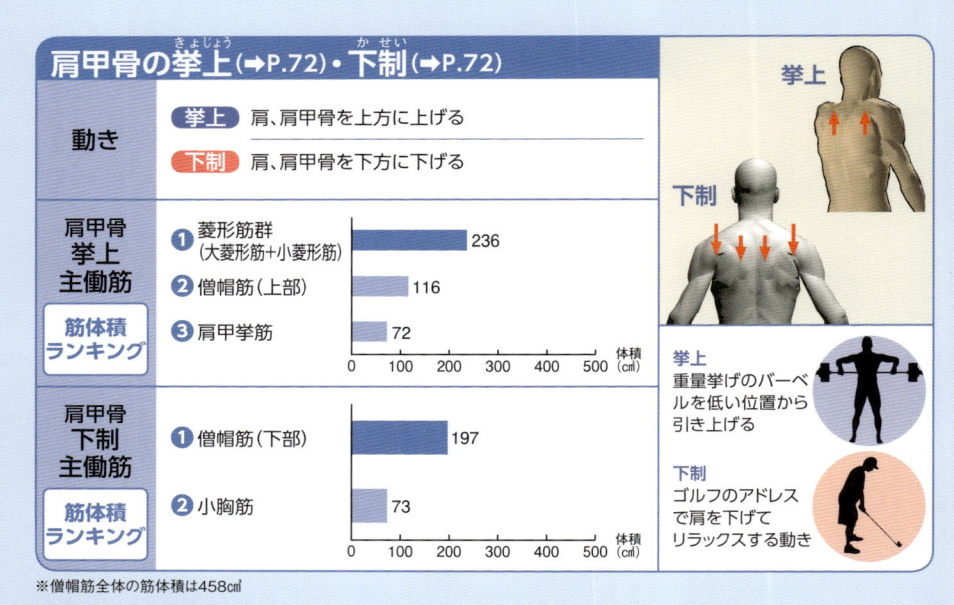

肩甲骨挙上主働筋 筋体積ランキング
1. 菱形筋群（大菱形筋+小菱形筋） 236
2. 僧帽筋（上部） 116
3. 肩甲挙筋 72

体積（c㎡） 0 100 200 300 400 500

肩甲骨下制主働筋 筋体積ランキング
1. 僧帽筋（下部） 197
2. 小胸筋 73

体積（c㎡） 0 100 200 300 400 500

挙上
重量挙げのバーベルを低い位置から引き上げる

下制
ゴルフのアドレスで肩を下げてリラックスする動き

※僧帽筋全体の筋体積は458c㎡

肩甲骨の動き

挙上／下制／内転／外転

66

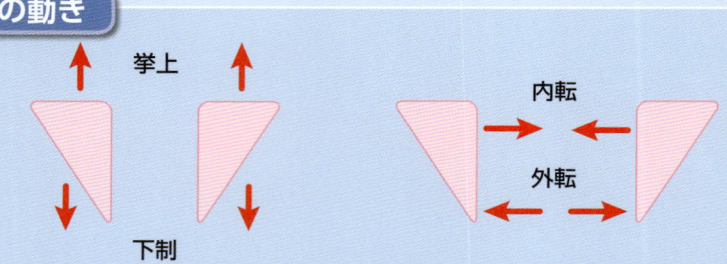

肩甲骨の外転(前進)(➡P.74)・内転(後退)(➡P.74)

動き		
	外転	肩甲骨を外に開く。肩を前に出す
	内転	肩甲骨を内に寄せる。肩を後ろに引く

肩甲骨外転主働筋 — 筋体積ランキング
1. 前鋸筋 … 359
2. 小胸筋 … 73

肩甲骨内転主働筋 — 筋体積ランキング
1. 菱形筋群(大菱形筋+小菱形筋) … 236
2. 僧帽筋(中部) … 145

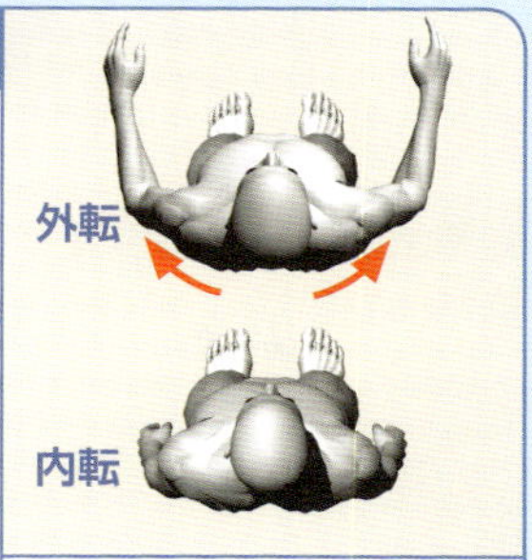

外転
ボクシングのストレートパンチ

内転
バタフライのストローク(リカバリーの動き)

肩甲骨の上方回旋(➡P.78)・下方回旋(➡P.77)

動き		
	上方回旋	肩甲骨を内回りに回転させる。通常、肩関節を大きく外転する動きにともなう
	下方回旋	肩甲骨を外回りに回転させる。通常、肩関節を大きく内転する動きにともなう

肩甲骨上方回旋主働筋 — 筋体積ランキング
1. 僧帽筋 … 458
2. 前鋸筋 … 359

肩甲骨下方回旋主働筋 — 筋体積ランキング
1. 菱形筋群(大菱形筋+小菱形筋) … 236
2. 小胸筋 … 73

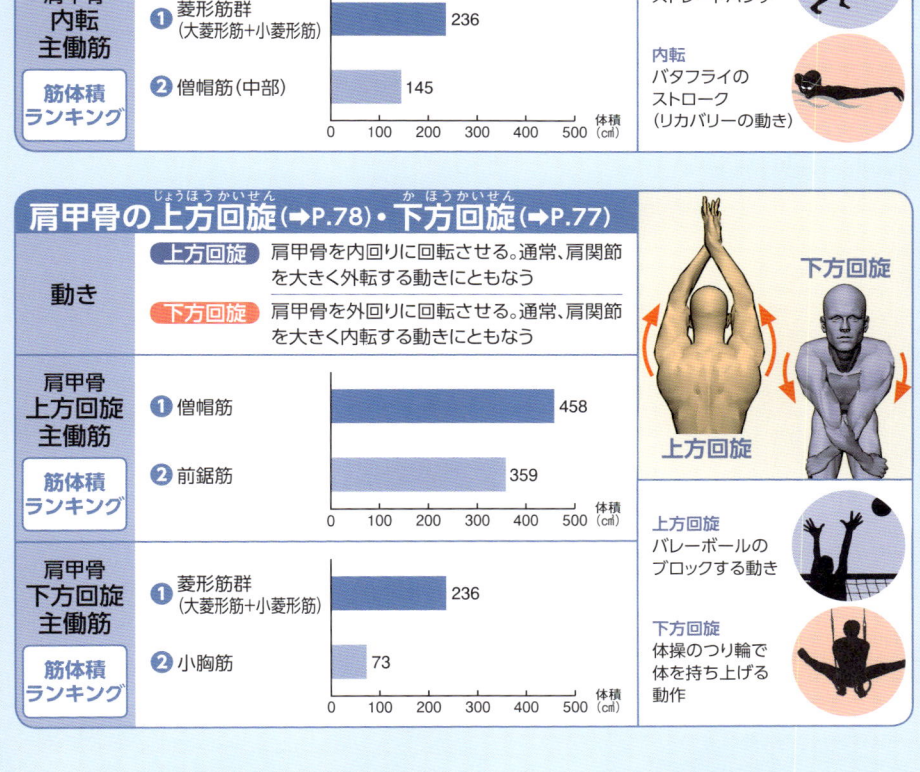

上方回旋
バレーボールのブロックする動き

下方回旋
体操のつり輪で体を持ち上げる動作

第2章 肩甲骨の動きと鍛え方

上方回旋　　　下方回旋

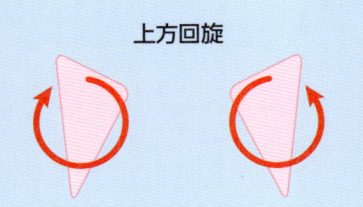

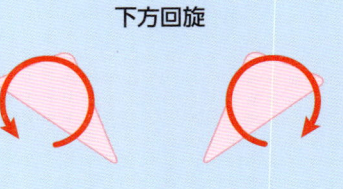

肩甲骨を動かす筋一覧

胸郭上部の後面に位置する肩甲骨は、肩関節の土台にあたる部分。腕の動きは、肩関節だけではなく、肩甲骨が連動して働くことによって広い範囲の動きが可能になる。

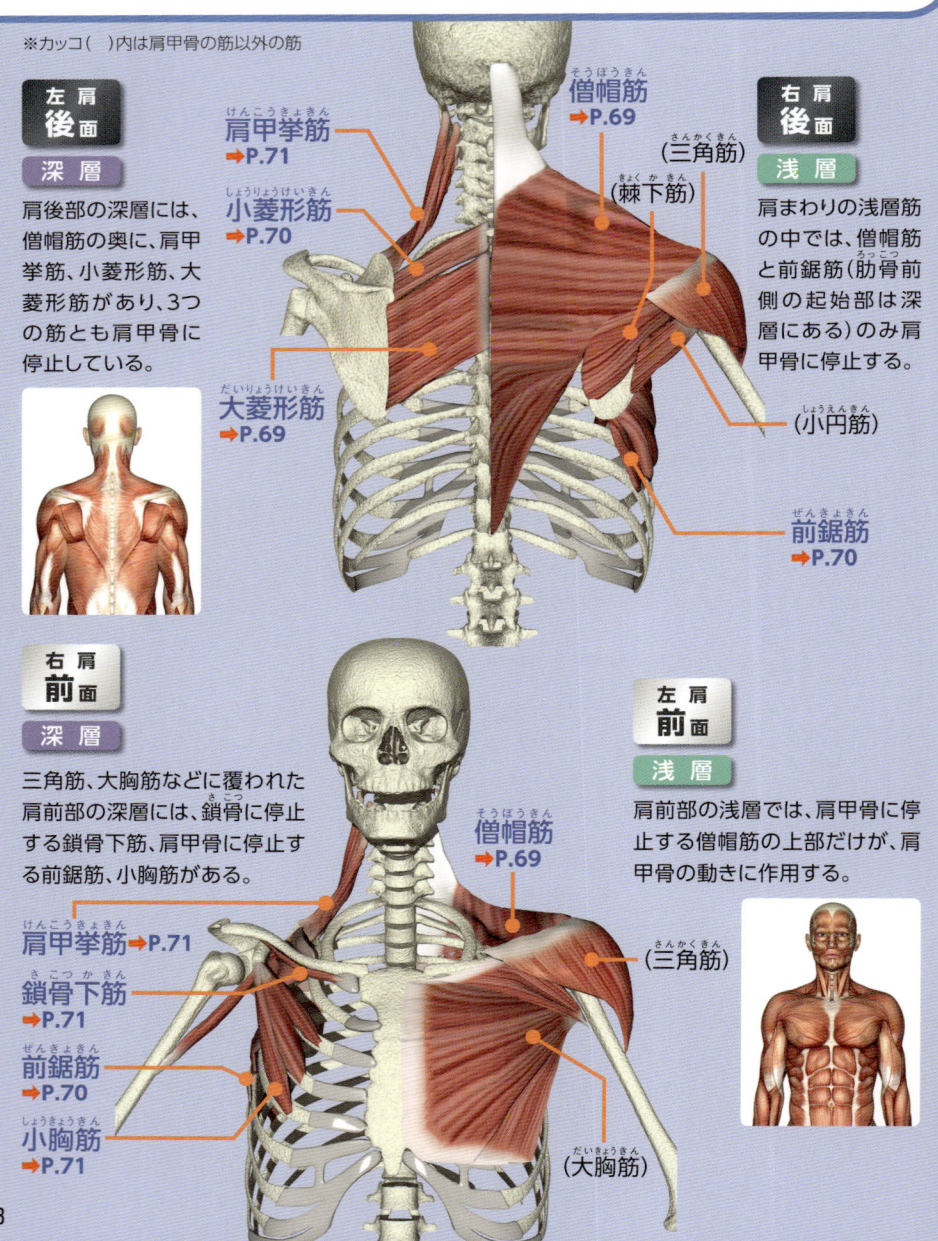

※カッコ（　）内は肩甲骨の筋以外の筋

左肩 後面
深層
肩後部の深層には、僧帽筋の奥に、肩甲挙筋、小菱形筋、大菱形筋があり、3つの筋とも肩甲骨に停止している。

- 肩甲挙筋 ➡P.71
- 小菱形筋 ➡P.70
- 大菱形筋 ➡P.69

右肩 後面
浅層
肩まわりの浅層筋の中では、僧帽筋と前鋸筋（肋骨前側の起始部は深層にある）のみ肩甲骨に停止する。

- 僧帽筋 ➡P.69
- （三角筋）
- （棘下筋）
- （小円筋）
- 前鋸筋 ➡P.70

右肩 前面
深層
三角筋、大胸筋などに覆われた肩前部の深層には、鎖骨に停止する鎖骨下筋、肩甲骨に停止する前鋸筋、小胸筋がある。

- 肩甲挙筋 ➡P.71
- 鎖骨下筋 ➡P.71
- 前鋸筋 ➡P.70
- 小胸筋 ➡P.71

左肩 前面
浅層
肩前部の浅層では、肩甲骨に停止する僧帽筋の上部だけが、肩甲骨の動きに作用する。

- 僧帽筋 ➡P.69
- （三角筋）
- （大胸筋）

68

肩甲骨挙上・下制・内転・上方回旋筋
僧帽筋

背中の中央から上部の表層に広がる大きな筋。上部線維、中部線維、下部線維に分かれ、それぞれ働きは異なる。筋全体では肩甲骨上方回旋作用があり、腕を上げる三角筋の働きを補助する。上部線維が発達すると、首の付け根から肩にかけて筋が盛り上がる。

筋DATA（参考値）

筋体積	458㎤
速筋：遅筋(%)	46.3：53.7

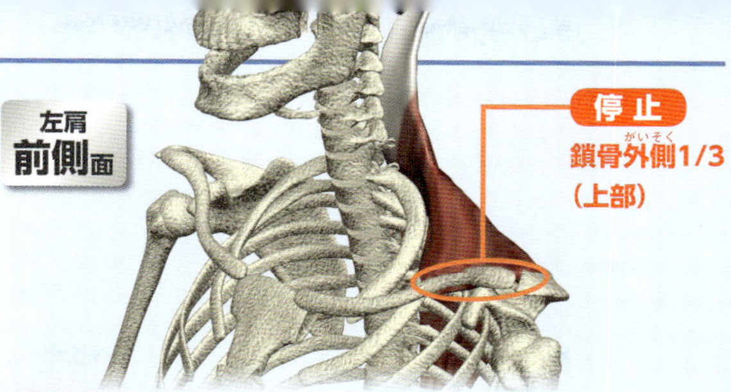

左肩 前側面

停止
鎖骨外側1/3（上部）

起始
1. 上部線維（下行部）：後頭骨上項線、外後頭隆起、項靭帯を介して頸椎の棘突起
2. 中部線維（横行部）：第7頸椎〜第3胸椎の棘突起、棘上靭帯
3. 下部線維（上行部）：第4〜12胸椎の棘突起、棘上靭帯

主な働き

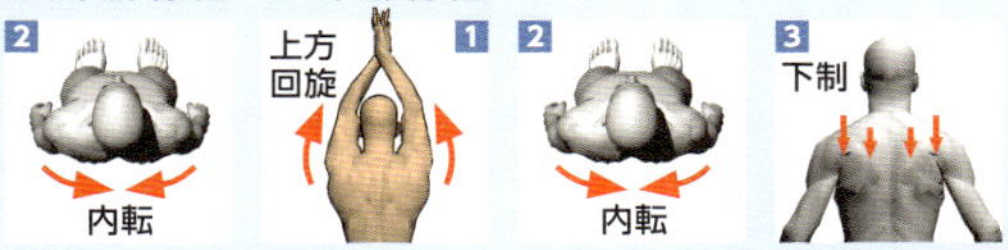

1. 上部線維 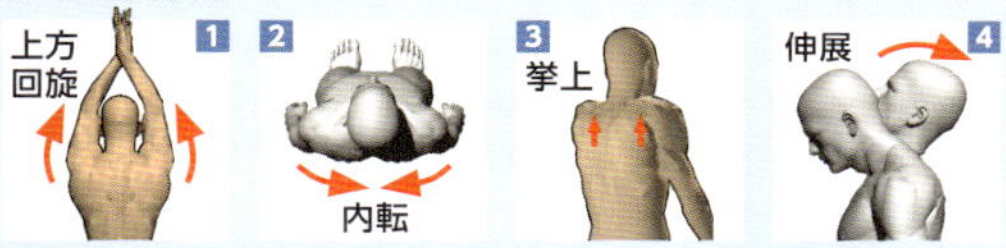
 - 1 肩甲骨の上方回旋
 - 2 肩甲骨の内転（後退）
 - 3 肩甲骨の挙上
 - 4 頭頸部の伸展

2. 中部線維
 - 2 肩甲骨の内転（後退）

3. 下部線維
 - 1 肩甲骨の上方回旋
 - 2 肩甲骨の内転（後退）
 - 3 肩甲骨の下制

左肩 後側面

停止
- 肩甲骨の肩峰（中部）
- 肩甲棘（中部）
- 肩甲棘三角（下部）

第2章 肩甲骨の動きと鍛え方

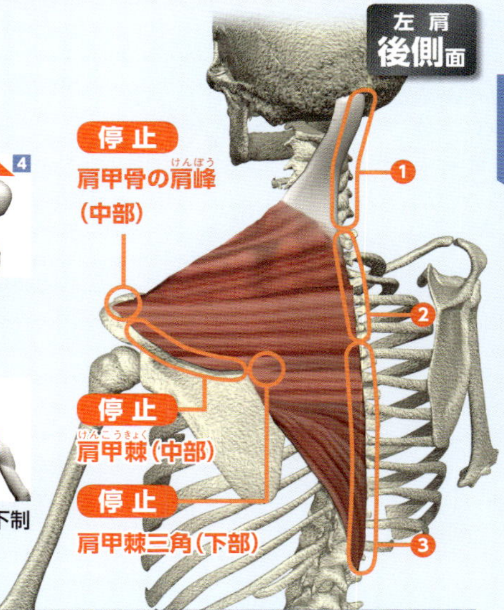

肩甲骨内転・下方回旋筋
大菱形筋

僧帽筋の深部にある薄い菱形の筋。胸椎から起始し、肩甲骨に停止する。僧帽筋とともに、左右の肩甲骨を寄せる動き（肩甲骨内転）に働く。菱形筋群の特徴として、肩甲骨を外回りに回転させる下方回旋の動きにも作用する。

筋DATA（参考値）

筋体積	118㎤
速筋：遅筋(%)	55.4：44.6

※「速筋：遅筋」の数値は菱形筋群のデータ

主な働き
肩甲骨の 1 内転（後退）・2 挙上・3 下方回旋

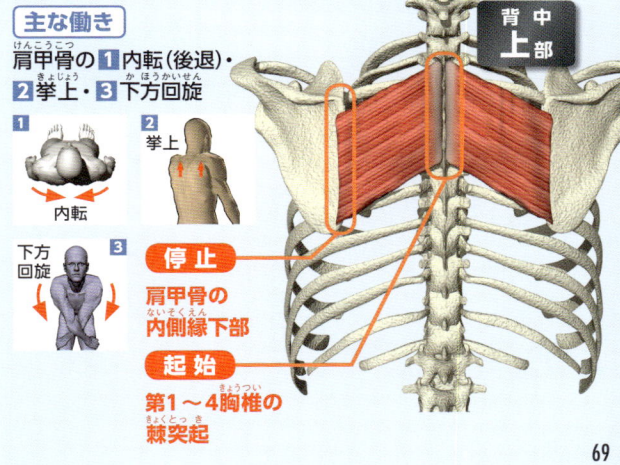

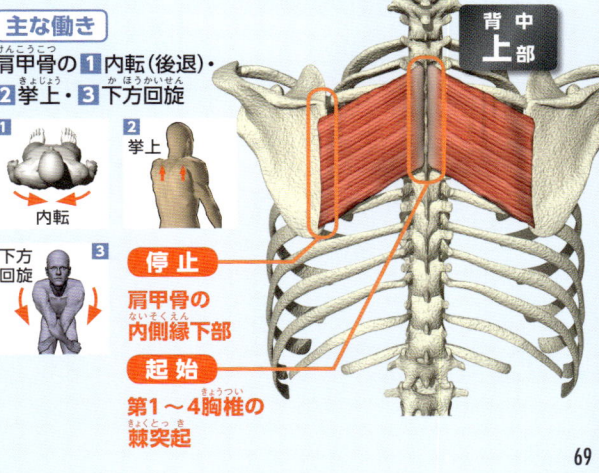

1. 内転
2. 挙上
3. 下方回旋

背中 上部

停止
肩甲骨の内側縁下部

起始
第1〜4胸椎の棘突起

肩甲骨外転筋
前鋸筋
（ぜんきょきん）

肋骨から起始し、肩甲骨の前部（背中から見て裏側）に停止するインナーマッスル。上部と下部に分かれ、下部の一部だけ表層にある。主に左右の肩甲骨を開く動き（肩甲骨外転）に作用し、腕を前方に押し出す動きを補助する。

主な働き
全体：**1** 肩甲骨の外転（前進）
上部：**2** 肩甲骨の下方回旋
下部：**2** 肩甲骨の上方回旋、**3** 肩甲骨が固定されている場合には肋骨を挙上

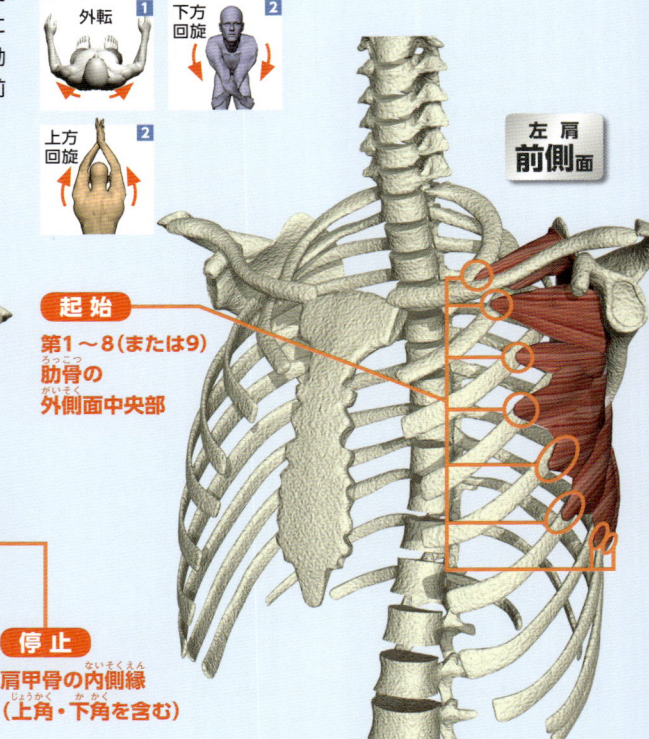

筋DATA（参考値）	
筋体積	359cm³
速筋：遅筋(%)	—

1 外転
2 下方回旋
2 上方回旋

胸部 右側面
左肩 前側面

起始
第1〜8（または9）肋骨の外側面中央部

停止
肩甲骨の内側縁（上角・下角を含む）

肩甲骨内転筋
小菱形筋
（しょうりょうけいきん）

大菱形筋の上を走る筋で、頸椎から起始する。大菱形筋とは形状だけでなく、働きもほぼ同じ。主に肩甲骨を寄せる動き（肩甲骨内転）に働き、肩甲骨を下方回旋させる動きにも作用する。

主な働き
肩甲骨の **1** 内転（後退）・**2** 挙上・**3** 下方回旋

1 内転
2 挙上
3 下方回旋

背中 上部

停止
肩甲骨の内側縁上部

起始
第6〜7頸椎もしくは第7頸椎〜第1胸椎の棘突起

筋DATA（参考値）	
筋体積	118cm³
速筋：遅筋(%)	55.4：44.6

※「速筋：遅筋」の数値は菱形筋群のデータ

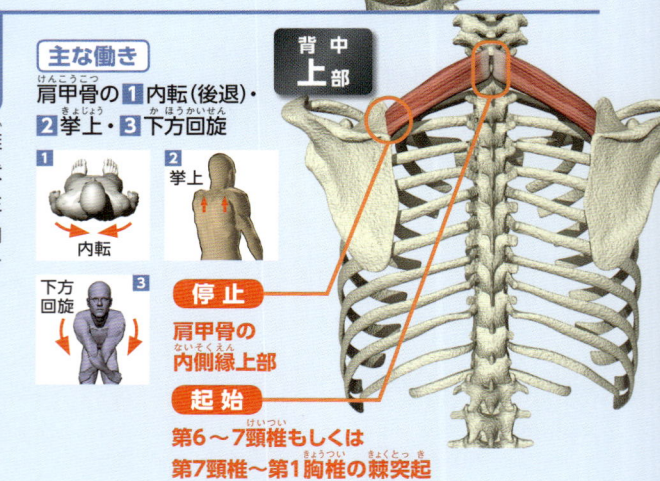

70

肩甲骨下制筋
小胸筋
（しょうきょうきん）

大胸筋の深部にある小さな筋。肋骨から起始し、肩甲骨の烏口突起に停止する。肋骨を支点に肩甲骨を引き下げる動き（肩甲骨下制）に作用し、激しい運動で呼吸が乱れた時には、胸郭（肋骨）を引き上げて呼吸を補助する働きも。

筋DATA（参考値）
筋体積	73㎤
速筋：遅筋(%)	—

主な働き
肩甲骨の **1** 下制・**2** 下方回旋、**3** 肩甲骨が固定されている場合には肋骨を挙上

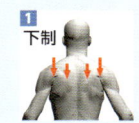

1 下制　　下方回旋 2

停止 肩甲骨の烏口突起

起始 第2または3〜5肋骨

左肩 前面

肩甲骨挙上筋
肩甲挙筋
（けんこうきょきん）

頸部後面の側部に位置するインナーマッスル。頸椎から起始し、肩甲骨に停止する。表層の僧帽筋とともに働き、主に肩甲骨を上方に引き上げる動き（肩甲骨挙上）に作用する。肩コリの原因となることが多い筋でもある。

筋DATA（参考値）
筋体積	72㎤
速筋：遅筋(%)	—

主な働き
肩甲骨の **1** 挙上・**2** 下方回旋

1 挙上　　下方回旋 2

起始 第1〜4頸椎の横突起の後結節

停止 肩甲骨の上角・内側縁上部

頸部 後面

第2章 肩甲骨の動きと鍛え方

胸鎖関節安定筋
鎖骨下筋
（さこつかきん）

胸骨から起始し、鎖骨に停止するインナーマッスルで、大胸筋に覆われている。腕を大きく動かしても、胸鎖関節（鎖骨の付け根と胸骨をつなぐ球状関節）が外れないように、鎖骨と胸骨を引き付けて安定させる役割を果たしている。

筋DATA（参考値）
筋体積	9㎤
速筋：遅筋(%)	—

主な働き
鎖骨が外方向に引っ張られるのを防ぎ、胸鎖関節の安定・保護に貢献

胸鎖関節

停止 鎖骨下面の外側

起始 第1肋骨の胸骨端

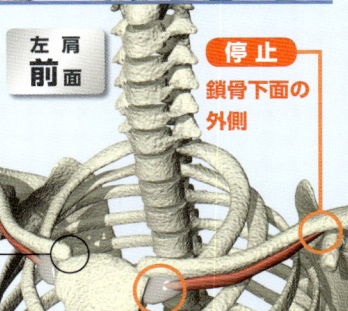

左肩 前面

71

肩甲骨の動き ❶ 肩甲骨 挙上・下制

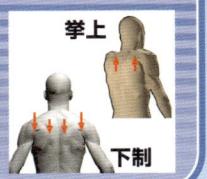

挙上
下制

肩甲骨挙上 貢献度ランキング
1. 僧帽筋（上部） → P.69
2. 肩甲挙筋 → P.71
3. 大菱形筋 → P.69
4. 小菱形筋 → P.70

肩甲骨を上下する挙上・下制。主働筋は上背部を覆う僧帽筋の上部。肩甲骨は肩関節と連動するため、肩甲骨の動きに働く筋肉を鍛えることよって、腕をより広い可動域で動かせる。下制の動きは強い力で動かすことが少ないため、強化するのは主に挙上の動きとなる。

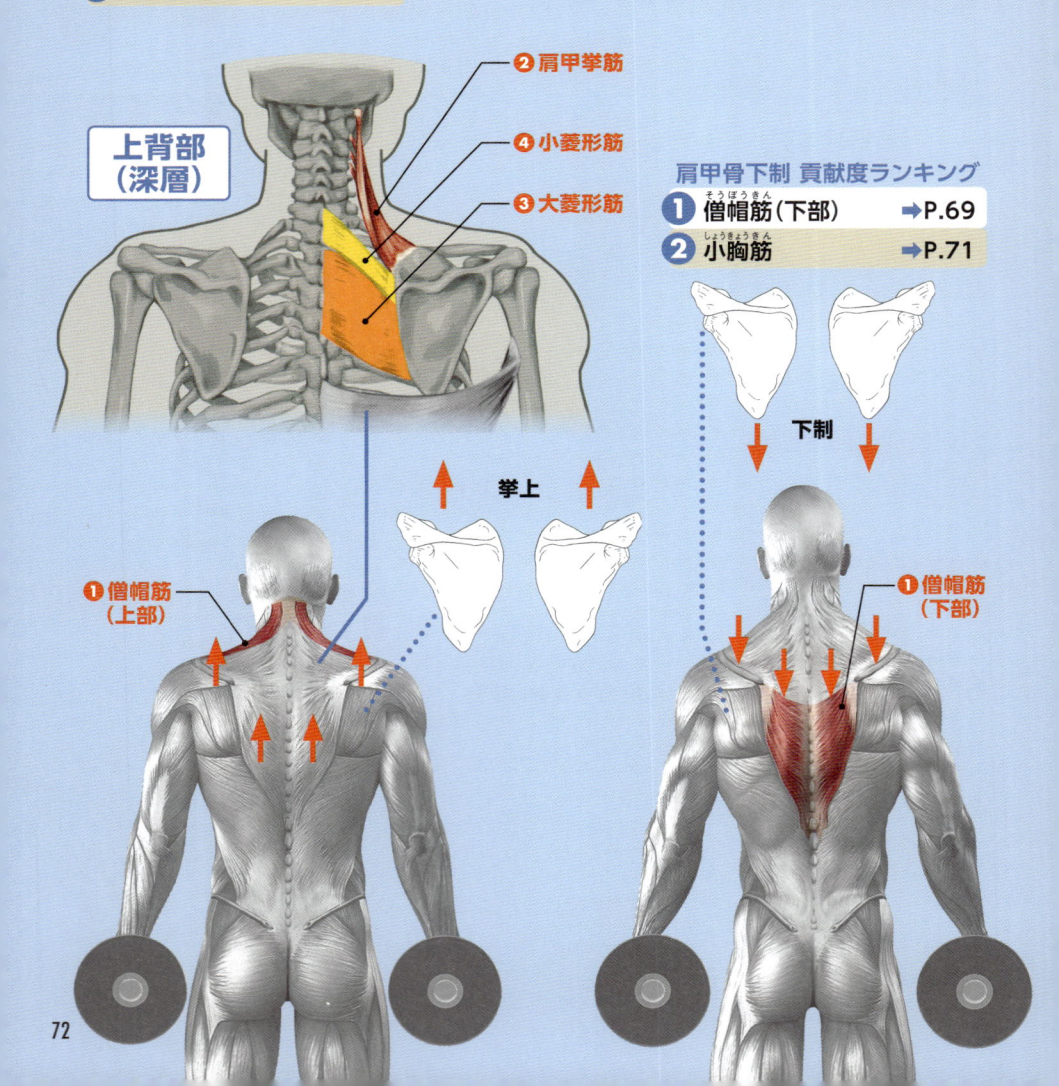

上背部（深層）
- ❷ 肩甲挙筋
- ❹ 小菱形筋
- ❸ 大菱形筋

肩甲骨下制 貢献度ランキング
1. 僧帽筋（下部） → P.69
2. 小胸筋 → P.71

挙上

下制

❶ 僧帽筋（上部）

❶ 僧帽筋（下部）

72

肩甲骨挙上トレ❶ 自宅　メイン 僧帽筋（上部）　サブ 僧帽筋（中部）、肩甲挙筋
ダンベルシュラッグ

肩甲骨を上方に挙げる動きでダンベルを引き上げる。僧帽筋上部を強化することで、激しい動きでも首をしっかり固定できるようになる。

1
ダンベルを持ち、肩と腕の力を抜いて肩を落とし、首の付け根から肩にかけての僧帽筋上部をストレッチする。

2
両肩をすくめるように高く上げて肩甲骨を挙上し、ダンベルを引き上げる。この時、肘が曲がらないように注意する。

肩甲骨挙上トレ❷ ジム　メイン 僧帽筋（上部）　サブ 僧帽筋（中部）、肩甲挙筋
バーベルシュラッグ

バーベルで行うシュラッグ。両手の位置が体の前にくるやりにくさはあるが、ダンベルで行うより高重量を扱える。

1
バーベルを持ち、肩と腕の力を抜いて肩を落とし、首の付け根から肩にかけての僧帽筋上部をストレッチする。

2
両肩をすくめるように挙上し、バーベルを引き上げる。この時、肘が曲がりすぎると僧帽筋の上部に効かないので注意。

肩甲骨挙上トレ❸ ジム　メイン 僧帽筋（上部）　サブ 僧帽筋（中部）、肩甲挙筋
徒手シュラッグ

パートナーが両腕を押さえて抵抗を加えるシュラッグ。下制の局面でしっかりエキセントリック収縮ができる。

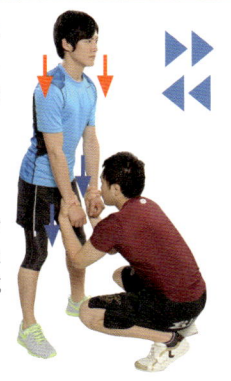

1
パートナーが両手首を持って下方に引く。この時、上体が倒れないように注意する。引く力に抵抗して肩甲骨を挙上する。

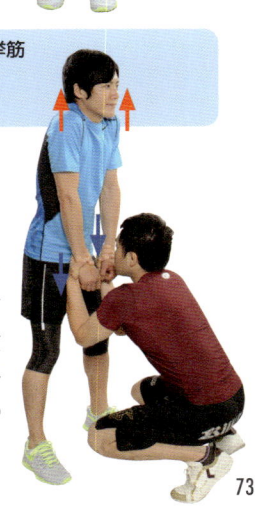

2
パートナーの引く力に抵抗しながら、両肩をすくめるように高く上げ、肩甲骨を挙上していく。パートナーは下制する局面も一定の負荷をかけ続ける。

第2章 肩甲骨の動きと鍛え方

肩甲骨の動き② 肩甲骨 内転・外転

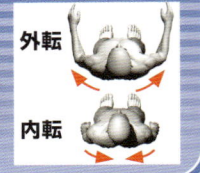

肩甲骨内転 貢献度ランキング
1. 僧帽筋（中部） → P.69
2. 大菱形筋 → P.69
3. 小菱形筋 → P.70

肩甲骨を寄せる動きの内転と、開く動きの外転。外転動作より内転動作のほうが強い出力を求められる場面が多いため、強化するのは主に肩甲骨内転の動きとなる。肩甲骨を寄せる動きを強化することで、肩関節伸展（→P.42）や肩関節水平外転（→P.55）の動きが強くなる。

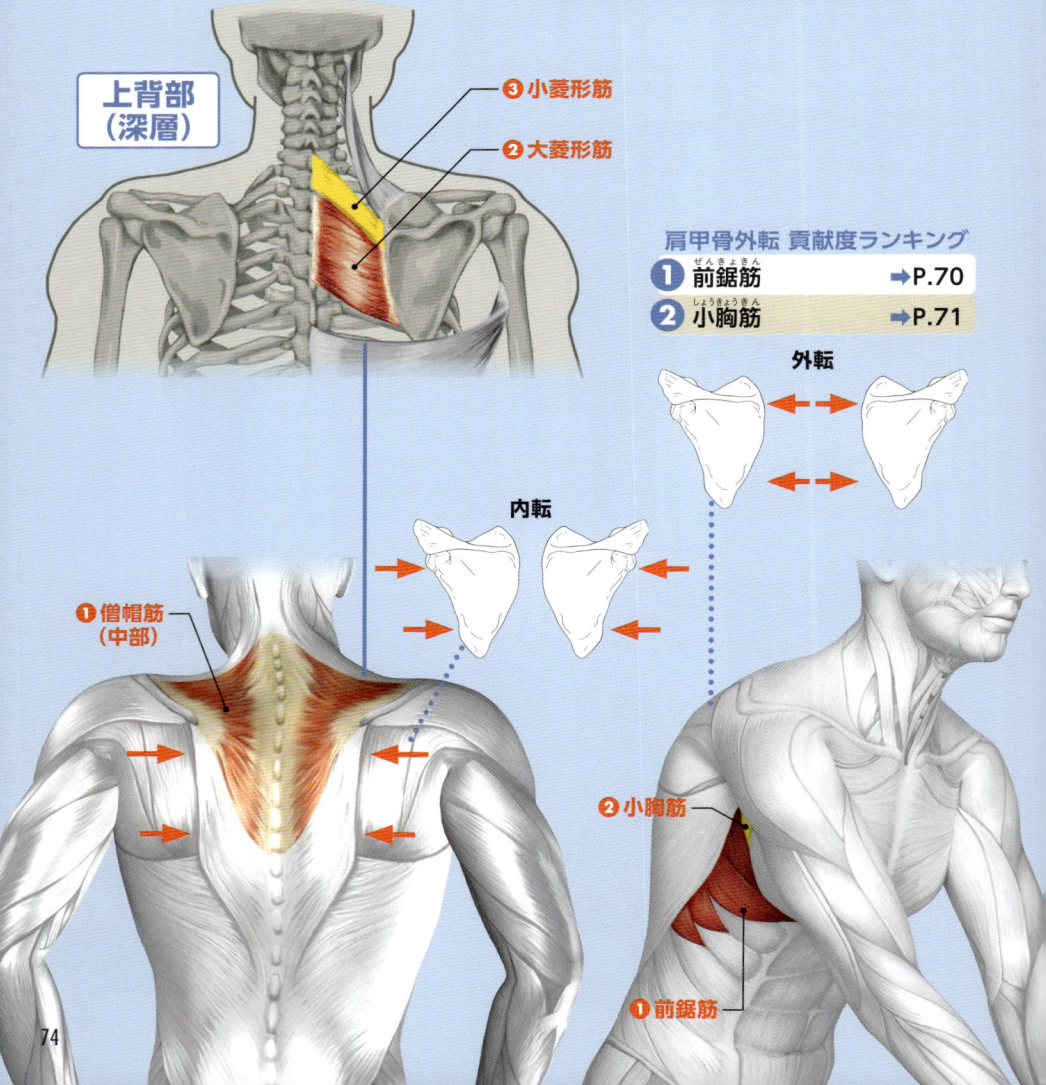

上背部（深層）

❸ 小菱形筋
❷ 大菱形筋

肩甲骨外転 貢献度ランキング
1. 前鋸筋 → P.70
2. 小胸筋 → P.71

外転

内転

❶ 僧帽筋（中部）

❷ 小胸筋
❶ 前鋸筋

肩甲骨外転トレ [自宅]　メイン 前鋸筋　サブ 小胸筋
肩甲骨プッシュアップ

両腕で床を押す力を背中に伝えることで、肩甲骨を大きく開閉する。肩甲骨を強く開けるのでストレッチ効果も。

1
両肘を軽く曲げながら、開いた肩甲骨を強く寄せていく。肘を曲げることによって、肩甲骨が内転しやすくなる。

2
両手を肩幅よりやや広くつく。両腕で床を力強く押し、その力を上背部に伝えて肩甲骨を左右に大きく開く。

肩甲骨内転トレ❶ [自宅]　メイン 僧帽筋(中・下部)、広背筋　サブ 肘屈曲筋群
ダンベルローイング

両腕で行うダンベルローイング。両肘を引きながら左右の肩甲骨を強く寄せることで、僧帽筋中部〜下部への負荷が高くなる。

1
ダンベルを持って両膝を軽く曲げる。背すじを伸ばして胸を張り、上体を45度程度に倒す。下ろした両腕は肘を軽く曲げる。

2
肩甲骨を寄せながら、両肘を上方へ引いてダンベルを引き上げる。胸を張り、背中を反らしたまま肘を引くのがポイント。

肩甲骨内転トレ❷ [ジム]　メイン 僧帽筋(中部・下部)、広背筋　サブ 三角筋(後部)
シーテッドローイング (肩甲骨内転メイン)

肩甲骨内転の強化を目的としたナローのケーブルローイング。上体を立てたまま行うことで、肩甲骨を寄せる動きに集中する。

1
前傾せず、上体を立てたままプーリーを握る。この時、肩甲骨は開かない。両足の間隔は肩幅程度で膝は軽く曲げる。

2
胸を張って肩甲骨を寄せながら両肘を引き、グリップをお腹に引き寄せる。上体が後傾すると肩甲骨の内転が小さくなるので注意。

第2章 肩甲骨の動きと鍛え方

75

肩甲骨内転トレ❸ ジム　メイン 僧帽筋(中・下部)、広背筋　サブ 大円筋、肘屈曲筋群
ベントオーバーローイング(ワイド)

広い手幅で行うベントロー。肩関節を水平外転しながら、肩甲骨をしっかり寄せることで、僧帽筋を刺激できる。

1 両膝を軽く曲げて、上体を45〜60度程度に倒し、背すじを伸ばしてバーベルを持つ。手幅は肩幅の1.5倍ぐらいが目安。

2 肩甲骨を寄せながら両肘を引く。背すじを伸ばして胸を張ったまま、バーベルをお腹に向けて引くのがポイント。

肩甲骨内転トレ❹ ジム　メイン 僧帽筋(中・下部)、広背筋　サブ 三角筋(後部)
プルダウン(ナロー)

僧帽筋、広背筋がストレッチされた状態で負荷をかけられる。狭い手幅で行うと肩甲骨の内転が意識しやすい。

1 シートに座り、パッドで下半身をしっかり固定する。頭上にセットしたバーを30cm程度の手幅で握る。肩甲骨は開かない。

2 背中を反らして胸を張り、肩甲骨をしっかり寄せながら、上体をやや後傾し、バーを胸に向かって引き下げる。

肩甲骨内転トレ❺ ジム　メイン 僧帽筋(中部・下部)、広背筋、三角筋(後部)　サブ 大円筋
ケーブルリアロー(片手)

片腕で行うことにより、スタートポジションで肩関節が深く水平内転し、肩甲骨が外側へ引っ張られるため、僧帽筋をストレッチできる。

1 ケーブルの起点を低くセットし、起点から遠い手でグリップを持つ。両膝をつき、胸を張って上体を倒す。

2 胸を張り、動かす腕と同側の肩甲骨を寄せながら、水平外転の動きで肘を引き上げ、ケーブルを引いていく。

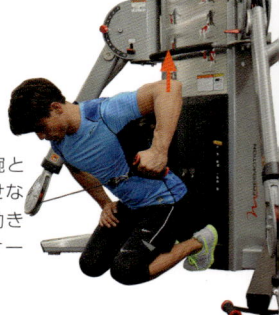

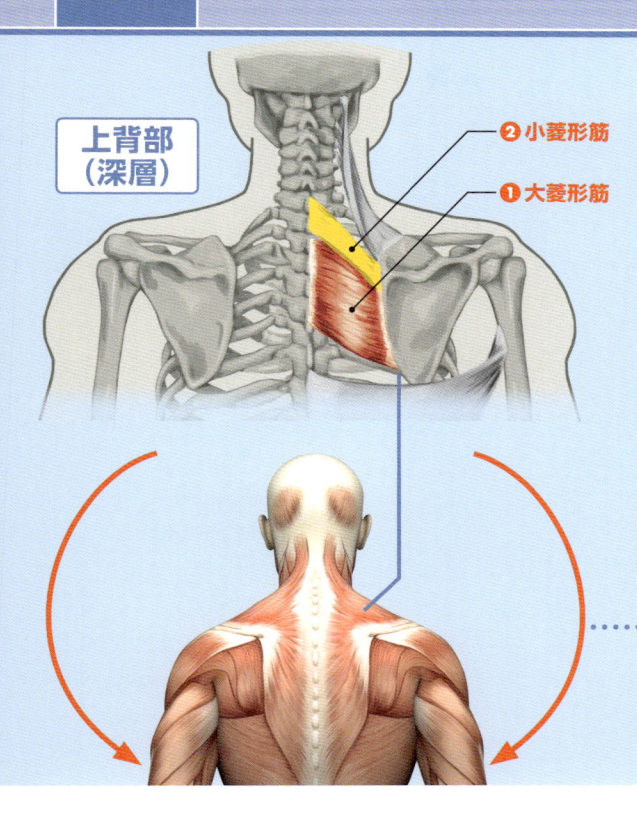

肩甲骨の動き ❸ 肩甲骨 下方回旋(かほうかいせん)

上背部（深層）

❷ 小菱形筋
❶ 大菱形筋

貢献度ランキング
1. 大菱形筋（だいりょうけいきん） ➡P.69
2. 小菱形筋（しょうりょうけいきん） ➡P.70
3. 小胸筋（しょうきょうきん） ➡P.71

肩甲骨が外回りに回転する肩甲骨下方回旋は、肩関節内転の動きにともなう。肩甲骨の下方回旋をトレーニングすることにより、腕を上から振り下ろす動きや、内側に振る動きがスムーズかつ力強くなる。

下方回旋

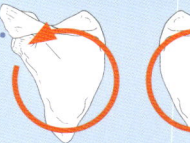

第2章 肩甲骨の動きと鍛え方

肩甲骨下方回旋トレ　自宅
メイン 大菱形筋、小菱形筋、広背筋、上腕三頭筋

ディップス（ワイド）

体の両サイドにイスや台をおいて手をつき、肩関節を内転しながら肩甲骨を下方回旋し、体を押し上げる。

1 左右においたイスに両手をつき、肘を曲げて体を深く沈め、肩甲骨を上方回旋する。両脚は伸ばすほど負荷が高い。

2 両肘が伸びるまで体を押し上げる。体を高く上げることで肩甲骨が下方回旋する。この時、肩がすくまないように注意。

77

肩甲骨の動き ④ 肩甲骨 上方回旋（じょうほうかいせん）

上方回旋

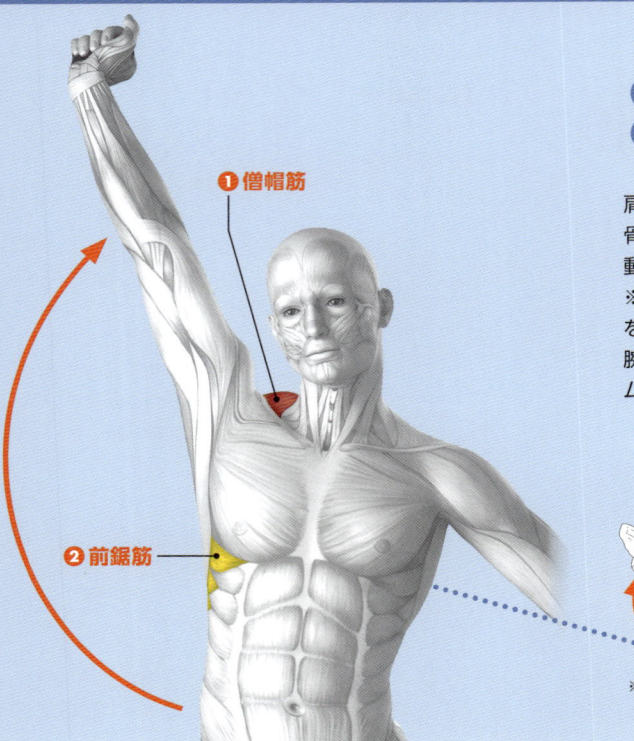

貢献度ランキング
1. 僧帽筋（そうぼうきん） ➡ P.69
2. 前鋸筋（ぜんきょきん） ➡ P.70

肩甲骨が内回りに回転する肩甲骨上方回旋は、腕を高く上げる動きにともなう（肩甲上腕リズム※→P.82）。肩甲骨の上方回旋をトレーニングすることにより、腕を振り上げる動きがよりスムーズになり、力強さも増す。

❶ 僧帽筋
❷ 前鋸筋

上方回旋

※イラストの動きでは、右の肩甲骨のみ上方回旋する

肩甲骨上方回旋トレ❶ 自宅
メイン 僧帽筋、三角筋（中部・後部）　**サブ** 前鋸筋

ダンベルアップライトロー

脇を開いて両肘（ひじ）を高く振り上げる肩関節外転の動きにともなって、肩甲骨を上方回旋するアップライトロー。

1
背すじを伸ばし、手の平を体に向けて両手にダンベルを持つ。両肘は軽く曲げ、ダンベルを体から少し離す。

2
脇を開いて両肘を高く振り上げながら、ダンベルを引き上げる。両肘をたたみ、肩をすくめると肘が高く上がり、肩甲骨がしっかり上方回旋する。

肩甲骨上方回旋トレ❷ 自宅　メイン 僧帽筋、三角筋(中部)　サブ 前鋸筋
上方回旋レイズ

ダンベルを持って肩関節外転動作を行い、肩甲骨が上方回旋する動きに負荷をかける。スタートの負荷が弱いものの、可動範囲は広い。

1 両手にダンベルを持ち、手の平を前方に向ける。ダンベルは体から少し離して、背すじを伸ばし、肘を軽く曲げる。

2 両肘を軽く曲げた状態のまま、弧を描くように側方へダンベルを持ち上げていく。肩がすくむと肩甲骨挙上の動きになるので注意。

肩甲骨上方回旋トレ❸ ジム　メイン 僧帽筋、三角筋(中部・後部)　サブ 前鋸筋
ケーブルアップライトロー

ケーブルで行うアップライトロー。肩甲骨が下方回旋したストレッチポジションで強い負荷をかけられる。

1 ケーブルを低い位置にセットし、親指を上にしてプーリー(二股ロープ)を握る。背すじを伸ばし、両肘を軽く曲げる。

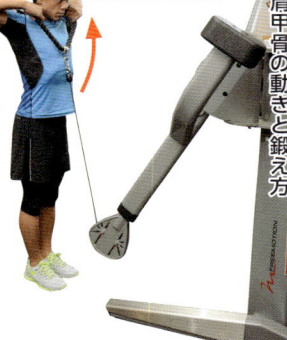

2 脇を開いて両肘を高く振り上げながら、プーリーを顔に向けて引く。肘を高く上げることで肩甲骨が上方回旋する。

肩甲骨上方回旋トレ❹ ジム　メイン 僧帽筋、三角筋(中部・後部)　サブ 前鋸筋
徒手アップライトロー

パートナーが両肘を押さえて抵抗を加えるアップライトロー。可動範囲の全局面でしっかり負荷をかけられる。

1 両膝立ちになり、パートナーが後ろに立って、両肘を上から押さえる。その力に抵抗し、両肘を側方へ開いて上げようとする。

2 パートナーの押す力に抵抗しながら、両肘を顔の高さぐらいまで上げる。肘を下ろす局面もパートナーは一定の負荷をかけ続ける。

第2章 肩甲骨の動きと鍛え方

肩甲骨まわりのほぐし体操

肩甲骨の挙上・下制
ほぐれる筋 僧帽筋、肩甲挙筋、菱形筋群など

肩甲骨を上下に動かして、肩甲骨まわりをほぐす。滑らかに挙上・下制できれば、肩関節の動きも良くなる。

1 肩をすくめるように、両肩を高く引き上げる。上を向いて肩を上げると、高い位置まで肩甲骨を上げやすくなる。

2 すくめた両肩を低い位置まで下げていく。手の平を真下へ押し込むように肩を下げると、肩甲骨が下制しやすい。

肩甲骨の内転・外転
ほぐれる筋 前鋸筋、僧帽筋、菱形筋群など

左右の肩甲骨を開閉する動きで、肩甲骨まわりをほぐす。肩関節の土台となる肩甲骨を滑らかに内転・外転できれば、肩関節および腕の動きも大きくなる。

初心者向け
肩甲骨の開閉が上手くできない人は、背中を丸めながら肩を前に出すと、肩甲骨の動きが意識しやすい。

1 両肩を後方に引いて肩甲骨を閉じる。胸を張って両肘を後方へ引くことで、左右の肩甲骨がしっかり内側に寄る。

2 両肩を前方に出して閉じた肩甲骨を開く。両腕を前方に伸ばしながら肩を出すと、肩甲骨の外転が意識しやすい。

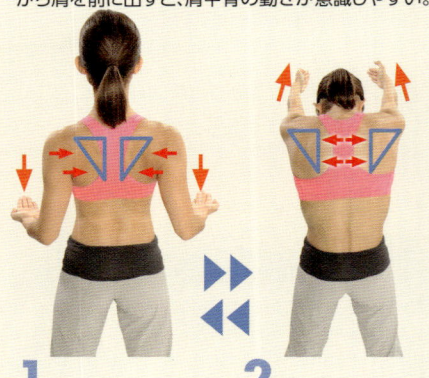

1 手の平を上に向けながら、胸を張って両肘を後方へ引き、左右の肩甲骨を寄せていく。

2 頭から背中を丸めながら、両腕を前方に伸ばして、寄せた肩甲骨を大きく開いていく。

肩甲骨の上方回旋・下方回旋
ほぐれる筋 僧帽筋、前鋸筋、菱形筋群など

肩甲骨を内回り・外回りに回転させて肩甲骨まわりをほぐしていく運動。肩甲骨上方回旋の動きは、肩甲上腕リズム（→P.82）で腕を高く上げる動きと連動する。

1
肩関節を力まずに内転し、背中で両腕を交差させる。この時、肩甲骨は下方回旋している。

2
肩関節を外転させて、両腕を頭上まで振り上げる。肩甲骨の回転を意識して行う。腕を上げる時に肩がすくむと、肩甲骨が上方回旋しないので注意。

硬い人向け 背中で両腕を交差させることが難しい人は、お腹の前で両腕を交差させればOK。

1
肩関節を力まずに内転し、お腹の前で両腕を交差させる。腕を肩から内側に振ることで、肩甲骨が下方回旋する。

2
両腕を頭上まで振り上げ、肩甲骨を上方回旋する。意識的に肩甲骨を回旋させることは難しいので、腕を大きく振ることで肩甲骨を回す。

第2章 肩甲骨の動きと鍛え方

COLUMN ❷
肩甲上腕リズム
けんこうじょうわん

腕を上げる動きに連動する肩関節と肩甲骨
けんこうこつ

　腕を上げる動作において、肩関節と肩甲骨は、可動範囲が「2：1」の割合で連動する。基本姿位（気をつけの姿勢）からバンザイをして肩が180°外転する時、肩関節は120°しか動いていない。肩関節と連動して、肩甲骨が60°上方回旋することで、180°の肩関節外転は成り立っている。肩関節2：肩甲骨1の割合はほぼ一定であり、この割合を「肩甲上腕リズム」という。肩甲骨の動きが小さいと、それにともなって肩関節の動きも小さくなるため、腕が高く上がらない。

　ただし、肩甲上腕リズムが作用するのは、肩関節の外転で30°以上、屈曲では60°以上が条件となる。外転30°、屈曲60°までは肩甲骨が胸郭に固定されるため、肩関節だけが単独で可動する。

　肩関節外転および屈曲の動作は、主働筋の三角筋と、肩甲骨上方回旋に作用する僧帽筋や前鋸筋が一緒に働くことにより、力強い動きが可能となっている。

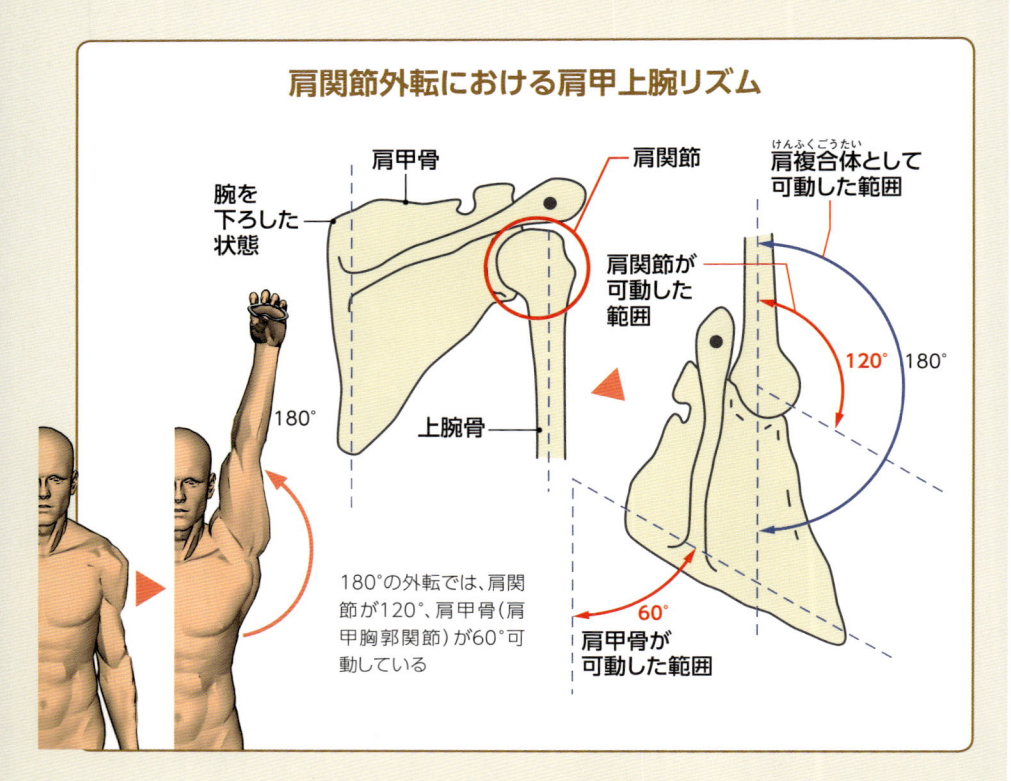

肩関節外転における肩甲上腕リズム

- 腕を下ろした状態
- 肩甲骨
- 肩関節
- 上腕骨
- 180°
- 肩複合体として可動した範囲
- 肩関節が可動した範囲
- 120°　180°
- 肩甲骨が可動した範囲
- 60°

180°の外転では、肩関節が120°、肩甲骨（肩甲胸郭関節）が60°可動している

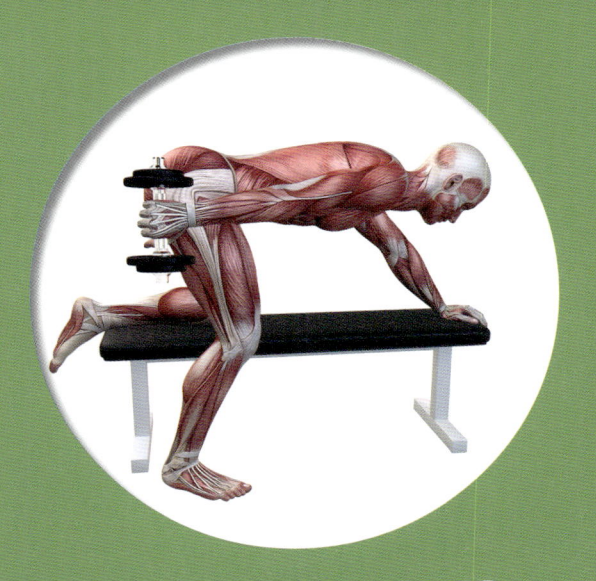

第3章

肘関節の動きと鍛え方

一般的に肘関節は、肘を曲げ伸ばしする関節を指すが、本書では、前腕を回内・回外させる橈尺関節も肘関節の一部として扱う。肘関節の動きを強化するには、上腕前面の上腕二頭筋や、上腕後面の上腕三頭筋を鍛えることが基本となる。

● 「筋体積」データの出典
・Garner BA and Pandy MG, Musculoskeletal model of the upper limb based on the visible human male dataset. Comput Methods Biomech Biomed Engin, (2001), 4 (2), 93-126.(成人男性3名：平均年齢25歳・平均身長185cm・平均体重86kgを想定した筋-骨格モデル ※トルクの実測値に合うように、パラメータを最適化して調整した研究報告)
・P.88「肘筋」、P.89「方形回内筋」…Holzbaur KR, Murray WM, and Delp SL, A model of the upper extremity for simulating musculoskeletal surgery and analyzing neuromuscular control. Ann Biomed Eng, (2005), 33 (6), 829-40.(骨格筋モデル＝男性5名、女性5名：平均年齢28.6±4.5歳・平均身長172cm・平均体重69.2kg)
※P.84～85の「筋体積ランキング」は各筋の筋体積データをもとに算出
● 「速筋：遅筋(%)」データの出典
・Johnson MA, Polgar J, Weightman D and Appleton D,(1973)をもとに算出
※筋体積のデータは、すべて左右の片側だけの数値(以下同)
● 「最大トルクと関節角度」のグラフデータの出典
・Garner and Pandy(2003) ※前腕(橈尺関節)の回内・回外のグラフは掲載なし

肘関節の可動域

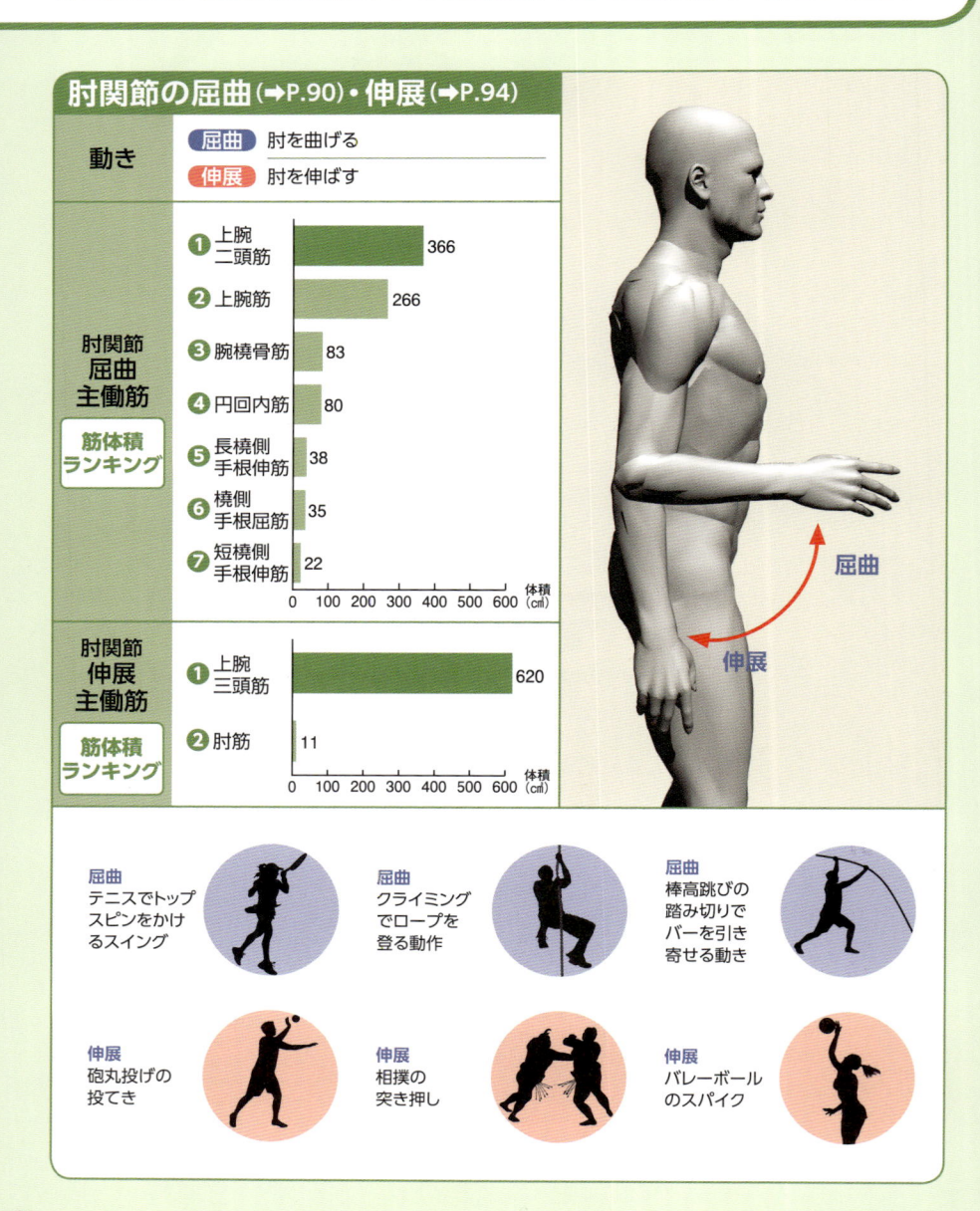

蝶番関節である肘関節は、屈曲・伸展方向にのみ可動する。また、前腕を形成する尺骨と橈骨による「橈尺関節」についても便宜上、本書では肘関節の一部として扱う。

肘関節の屈曲（➡P.90）・伸展（➡P.94）

動き		
屈曲	肘を曲げる	
伸展	肘を伸ばす	

肘関節屈曲主働筋　筋体積ランキング

1. 上腕二頭筋　366
2. 上腕筋　266
3. 腕橈骨筋　83
4. 円回内筋　80
5. 長橈側手根伸筋　38
6. 橈側手根屈筋　35
7. 短橈側手根伸筋　22

（体積 cm³）

肘関節伸展主働筋　筋体積ランキング

1. 上腕三頭筋　620
2. 肘筋　11

（体積 cm³）

- 屈曲：テニスでトップスピンをかけるスイング
- 屈曲：クライミングでロープを登る動作
- 屈曲：棒高跳びの踏み切りでバーを引き寄せる動き
- 伸展：砲丸投げの投てき
- 伸展：相撲の突き押し
- 伸展：バレーボールのスパイク

肘関節と前腕部をひねる橈尺関節

　肘関節はトビラの蝶番（ヒンジ）のように動く関節であり、伸展と屈曲の動きが可能である。関節構造や靭帯による結合が硬いため、関節としては比較的安定している。

　本書で肘関節の一部として扱う橈尺関節は、前腕にある2本の骨（尺骨と橈骨）がひねられるように動く車軸関節である。橈尺関節が動いて回内・回外の動きが起こると、肘先がひねられて手の平の向きが変わる。回内・回外は手の動きと間違われたり、肩関節の外旋・内旋と混同されたりしがちなので注意したい。

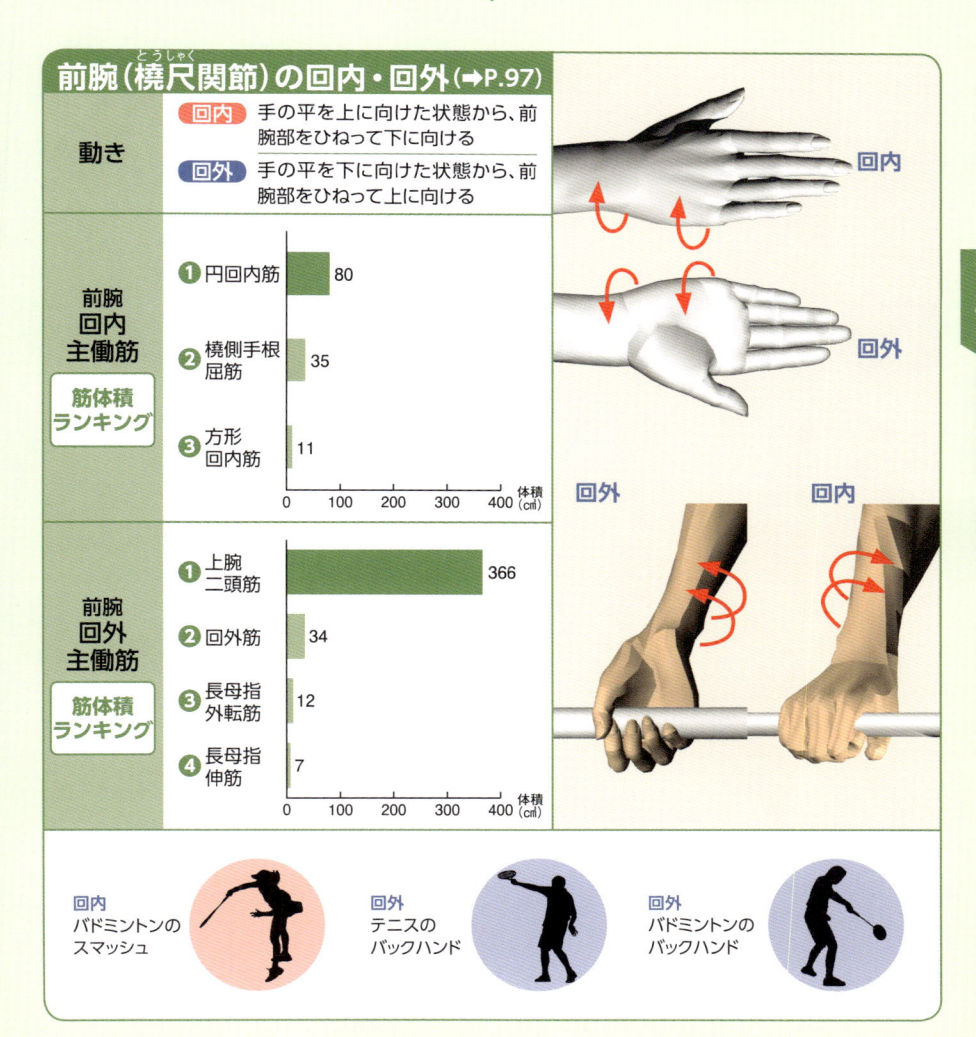

前腕（橈尺関節）の回内・回外（→P.97）

動き		
	回内	手の平を上に向けた状態から、前腕部をひねって下に向ける
	回外	手の平を下に向けた状態から、前腕部をひねって上に向ける

前腕 回内 主働筋　筋体積ランキング

1. 円回内筋　80
2. 橈側手根屈筋　35
3. 方形回内筋　11

（体積 cm³）

前腕 回外 主働筋　筋体積ランキング

1. 上腕二頭筋　366
2. 回外筋　34
3. 長母指外転筋　12
4. 長母指伸筋　7

（体積 cm³）

- 回内　バドミントンのスマッシュ
- 回外　テニスのバックハンド
- 回外　バドミントンのバックハンド

第3章　肘関節の動きと鍛え方

肘関節を動かす筋一覧

肘関節の屈曲・伸展に作用する筋の筋腹は、主に上腕部にある。前腕の橈尺関節の回内・回外に作用する筋の筋腹は、主に前腕から手首にかけて位置している。

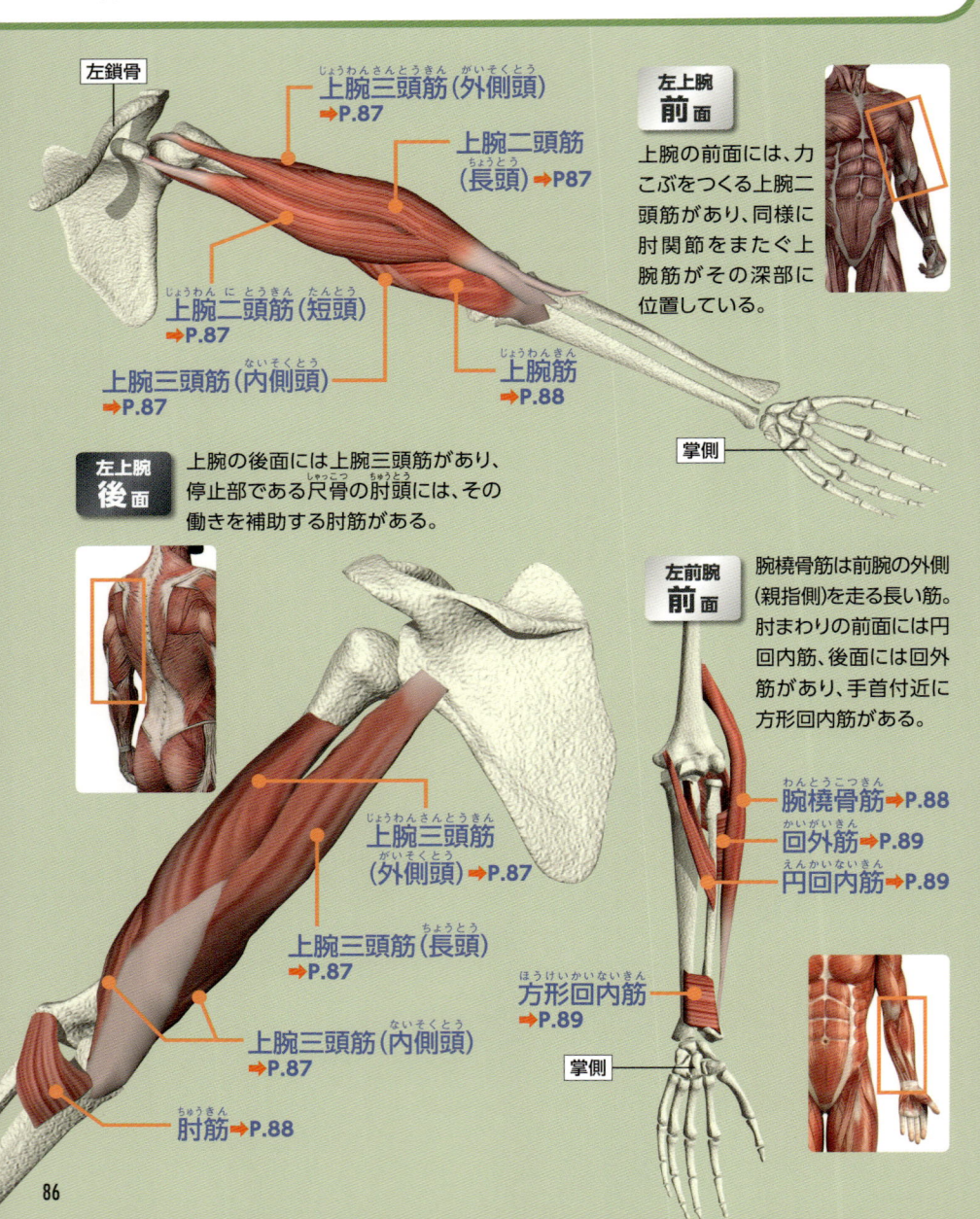

左鎖骨

- 上腕三頭筋(外側頭) ➡P.87
- 上腕二頭筋(長頭) ➡P.87
- 上腕二頭筋(短頭) ➡P.87
- 上腕三頭筋(内側頭) ➡P.87
- 上腕筋 ➡P.88

左上腕 前面

上腕の前面には、力こぶをつくる上腕二頭筋があり、同様に肘関節をまたぐ上腕筋がその深部に位置している。

掌側

左上腕 後面

上腕の後面には上腕三頭筋があり、停止部である尺骨の肘頭には、その働きを補助する肘筋がある。

- 上腕三頭筋(外側頭) ➡P.87
- 上腕三頭筋(長頭) ➡P.87
- 上腕三頭筋(内側頭) ➡P.87
- 肘筋 ➡P.88

左前腕 前面

腕橈骨筋は前腕の外側(親指側)を走る長い筋。肘まわりの前面には円回内筋、後面には回外筋があり、手首付近に方形回内筋がある。

- 腕橈骨筋 ➡P.88
- 回外筋 ➡P.89
- 円回内筋 ➡P.89
- 方形回内筋 ➡P.89

掌側

肘関節屈曲筋
上腕二頭筋

肘を曲げる動き（肘関節屈曲）の主働筋。いわゆる「力こぶ」を作る筋。肩甲骨から起始する二関節筋であり、肩関節と肘関節をまたぐ。前腕（橈尺関節）を回外する動きの主働筋でもあり、腕を前方に上げる動き（肩関節屈曲）にも三角筋とともに働く。

主な働き
1. 肘関節の屈曲（全体）
2. 前腕（橈尺関節）の回外（全体）
3. 肩関節の屈曲（主に長頭）
4. 肩関節の水平内転（主に短頭）

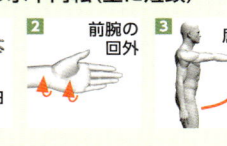

左上腕 前面

起始
1. 長頭：肩甲骨の関節上結節
2. 短頭：肩甲骨の烏口突起先端

短頭／長頭

筋DATA（参考値）	
筋体積	366㎤
速筋：遅筋（%）	53.6：46.4

停止
1. 橈骨粗面
2. 上腕二頭筋腱膜を介して前腕筋膜に停止

肘関節伸展筋
上腕三頭筋

上腕筋群の中で最も体積の大きい筋であり、肘を伸ばす動き（肘関節伸展）の主働筋。起始部および筋腹が長頭、内側頭、外側頭の3頭に分かれている。長頭だけが肩甲骨から起始して肩関節と肘関節をまたぐ二関節筋であり、肩関節内転の動きにも働く。

主な働き
1. 肘関節の伸展（全体）
2. 腕を高く上げた状態からの肩関節の内転（長頭）
3. 肩関節の伸展（長頭）

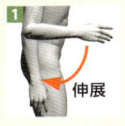

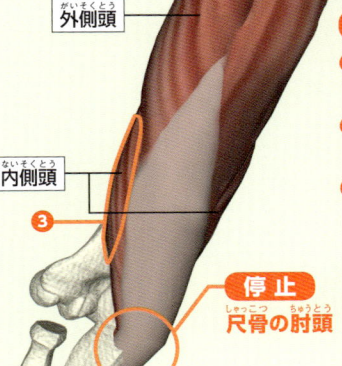

左上腕 後面

長頭／外側頭／内側頭

起始
1. 長頭：肩甲骨の関節下結節（橈骨神経溝より外側）
2. 外側頭：上腕骨後面（橈骨神経溝より外側）
3. 内側頭：上腕骨後面（橈骨神経溝より内側）

停止
尺骨の肘頭

筋DATA（参考値）	
筋体積	620㎤
速筋：遅筋（%）	67.5：32.5

第3章　肘関節の動きと鍛え方

肘関節屈曲筋
上腕筋
（じょうわんきん）

上腕二頭筋の深部にある扁平な筋。上腕二頭筋とともに肘関節屈曲の主働筋として働く。主に橈骨に停止する上腕二頭筋に対し、尺骨に停止する上腕筋は、前腕の向きに関係なく、肘を屈曲させる筋力を発揮できる性質をもつ。

筋DATA（参考値）	
筋体積	266㎤
速筋：遅筋(%)	―

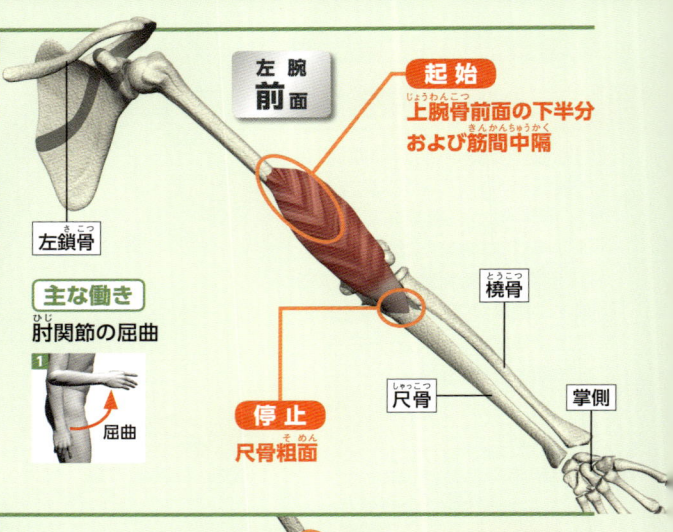

左腕 前面

起始 上腕骨前面の下半分および筋間中隔

停止 尺骨粗面

左鎖骨／橈骨／尺骨／掌側

主な働き
1 肘関節の屈曲（屈曲）

肘関節屈曲筋
腕橈骨筋
（わんとうこつきん）

前腕前面の最も外側（親指側）に位置する筋。橈骨神経に支配される唯一の肘関節屈曲筋であり、前腕が回内位の状態で肘を曲げる動きに特に強く働く。前腕を走るほかの筋とは異なり、手首（手関節）の動きには関与しない。

筋DATA（参考値）	
筋体積	83㎤
速筋：遅筋(%)	60.2：39.8

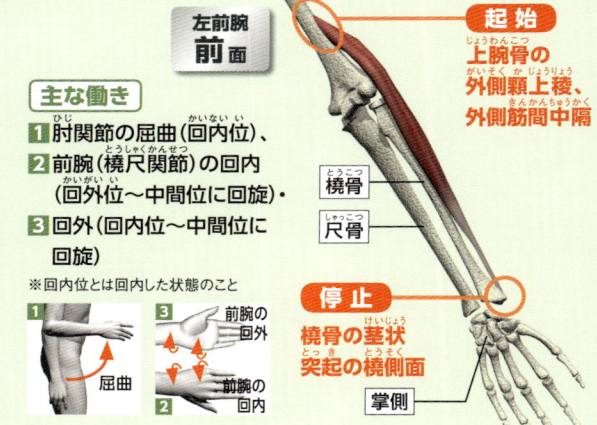

左前腕 前面

起始 上腕骨の外側顆上稜、外側筋間中隔

停止 橈骨の茎状突起の橈側面

橈骨／尺骨／掌側

主な働き
1 肘関節の屈曲（回内位）、
2 前腕（橈尺関節）の回内（回外位〜中間位に回旋）・
3 回外（回内位〜中間位に回旋）

※回内位とは回内した状態のこと

1 屈曲　3 前腕の回外　2 前腕の回内

肘関節伸展筋
肘筋
（ちゅうきん）

肘関節後面のやや下側に位置する小さな筋。主に上腕三頭筋の働きを補助して肘関節伸展の動きに貢献する。肘関節が屈曲する時に、関節包が肘関節に巻き込まれないように防ぐ働きもある。

筋DATA（参考値）	
筋体積	11㎤
速筋：遅筋(%)	―

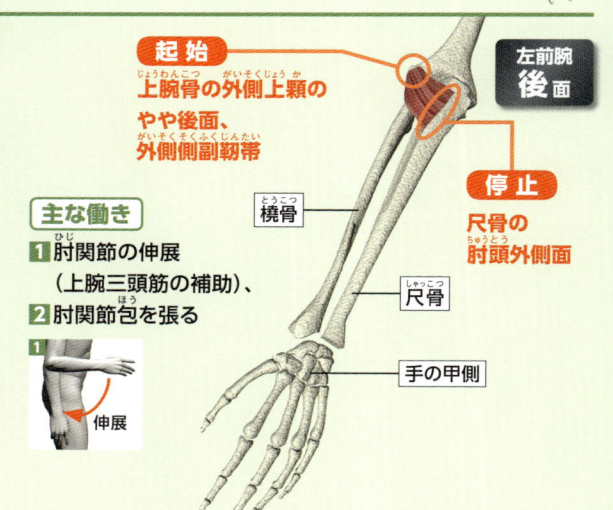

左前腕 後面

起始 上腕骨の外側上顆のやや後面、外側側副靱帯

停止 尺骨の肘頭外側面

橈骨／尺骨／手の甲側

主な働き
1 肘関節の伸展（上腕三頭筋の補助）、
2 肘関節包を張る

1 伸展

前腕回外筋
回外筋
かいがいきん

前腕後面の外側に位置する筋。橈骨頭を回り込むように覆っている。筋名の通り、肘先を外側にひねる動きに働く前腕回外の主働筋。円回内筋、方形回内筋の拮抗筋として逆方向の動きに作用する。

筋DATA（参考値）
筋体積	34㎤
速筋：遅筋(%)	—

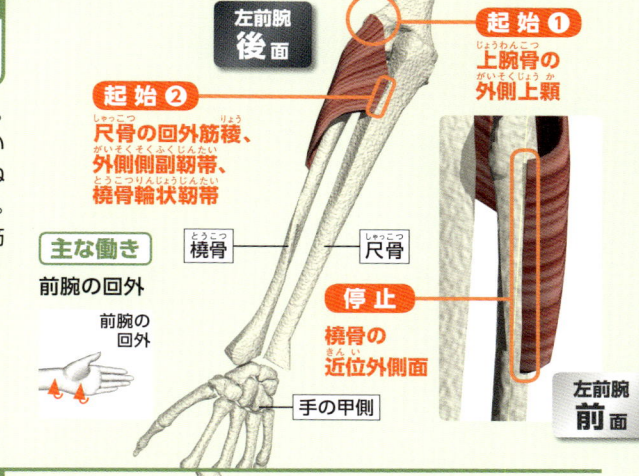

左前腕 後面
- 起始❶：上腕骨の外側上顆
- 起始❷：尺骨の回外筋稜、外側側副靭帯、橈骨輪状靭帯
- 停止：橈骨の近位外側面

主な働き
前腕の回外

左前腕 前面
橈骨／尺骨／手の甲側

前腕回内筋
円回内筋
えんかいないきん

肘の内側（小指側）から前腕の外側へ斜めに走行する筋。主に前腕を回内させる働きがあり、肘関節屈曲にも補助的に作用する。ゴルフ肘の症状など、過使用による損傷が起こりやすい筋でもある。

筋DATA（参考値）
筋体積	80㎤
速筋：遅筋(%)	—

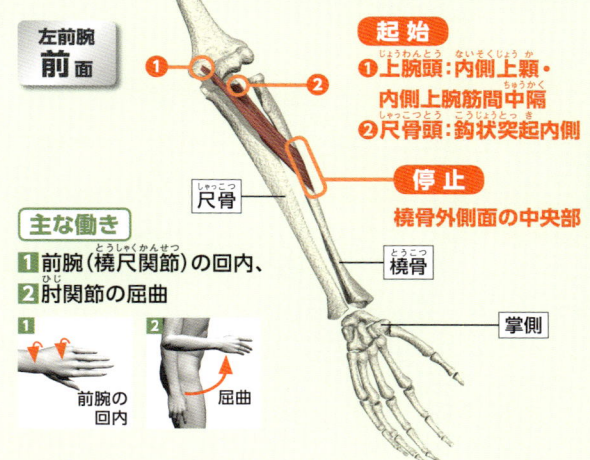

左前腕 前面
- 起始：❶上腕頭：内側上顆・内側上腕筋間中隔　❷尺骨頭：鈎状突起内側
- 停止：橈骨外側面の中央部

主な働き
1. 前腕（橈尺関節）の回内
2. 肘関節の屈曲

尺骨／橈骨／掌側

前腕回内筋
方形回内筋
ほうけいかいないきん

前腕の手首側に位置する平らな筋。主に肘先（前腕）を内側にひねる働き（前腕の回内）がある。前腕回内の主働筋である円回内筋とともに作用し、手首（手関節）の動きには関与しない。

筋DATA（参考値）
筋体積	11㎤
速筋：遅筋(%)	—

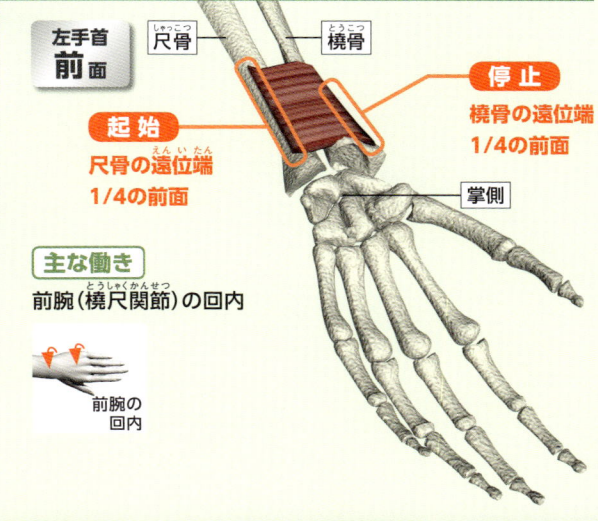

左手首 前面
- 尺骨／橈骨
- 起始：尺骨の遠位端1/4の前面
- 停止：橈骨の遠位端1/4の前面
- 掌側

主な働き
前腕（橈尺関節）の回内

第3章　肘関節の動きと鍛え方

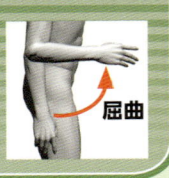

肘関節の動き ❶ 肘関節 屈曲

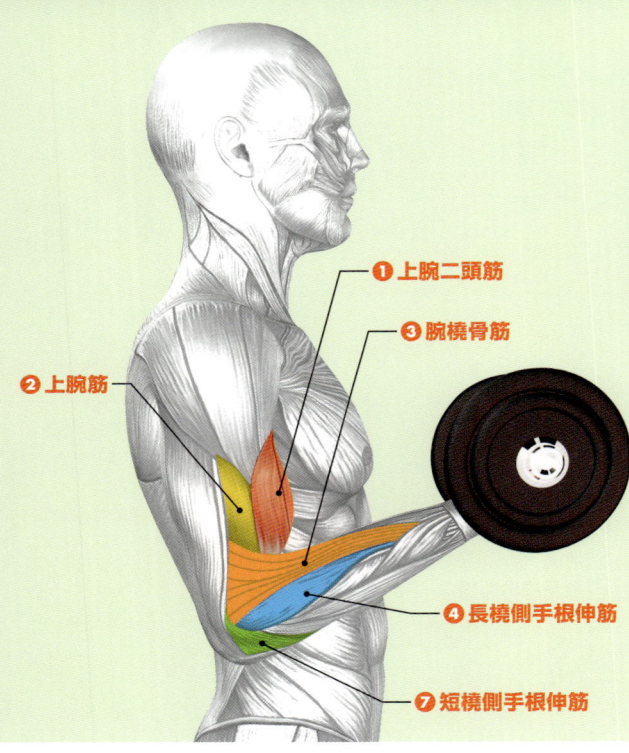

貢献度ランキング

1. 上腕二頭筋 ➡ P.87
2. 上腕筋 ➡ P.88
3. 腕橈骨筋 ➡ P.88
4. 長橈側手根伸筋 ➡ P.106
5. 円回内筋 ➡ P.89
6. 橈側手根屈筋 ➡ P.105
7. 短橈側手根伸筋 ➡ P.106

❶ 上腕二頭筋
❸ 腕橈骨筋
❷ 上腕筋
❹ 長橈側手根伸筋
❼ 短橈側手根伸筋

肘を曲げる肘関節屈曲。主働筋は上腕前面の上腕二頭筋と、その深部にある上腕筋。親指を上に向けた前腕回内位で肘を曲げる場合は、上腕筋と腕橈骨筋が主働筋となる。肘関節屈曲に対する上腕二頭筋の貢献度は40%程度で、上腕筋や腕橈骨筋の貢献度も大きい。

肘関節の屈曲トルク

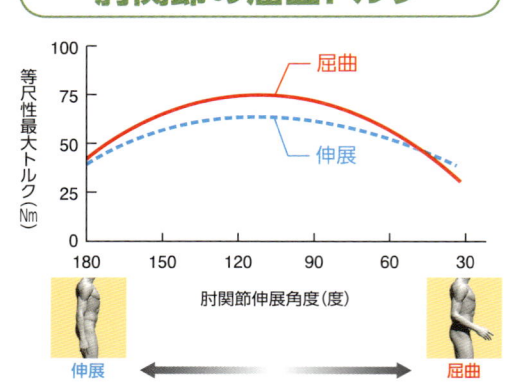

縦軸: 等尺性最大トルク(Nm) 0〜100
横軸: 肘関節伸展角度(度) 180〜30
屈曲 / 伸展

伸展 ⇔ 屈曲

肘関節の屈曲動作は、上腕二頭筋、上腕筋をはじめ作用する筋が多いため、伸展動作より強い。肘関節が90度より伸びた110度前後で最大トルクを発揮する。

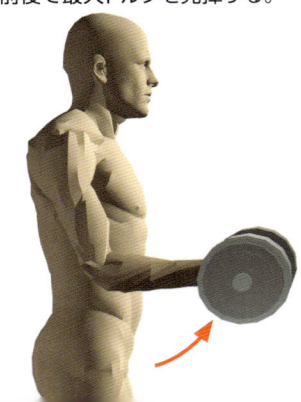

肘関節屈曲トレ❶ 自宅　メイン 上腕二頭筋、上腕筋、腕橈骨筋
ダンベルカール

肘関節屈曲強化の基本種目。左右交互に上げるオルタネート式は、肘関節屈曲の動きに集中しやすいのが長所。

1
手の平を前方に向けてダンベルを持ち、両肘を軽く曲げた状態から、片方の肘を曲げてダンベルを巻き上げる。この時、肘を後ろに引くと負荷が下がるので注意。

2
反対の肘を曲げてダンベルを上げる。ダンベルは小指から上げるイメージ。ダンベルを下ろす腕は、肘が伸びきる直前まで伸ばしていき、上腕前面を強くストレッチする。

肘関節屈曲トレ❷ 自宅　メイン 上腕筋、腕橈骨筋　サブ 上腕二頭筋
コンセントレーションカール

上腕二頭筋が緩んだ状態で肘を曲げるため、上腕筋と腕橈骨筋に負荷が集中する種目。肘を固定できるため、フォームも安定する。

1
イスに座って片手にダンベルを持ち、肘を膝の内側に当てて固定する。肘は伸びきる直前まで伸ばす。

2
膝の内側で肘を固定したまま、肘を曲げてダンベルを巻き上げる。肘を深く曲げた局面で最も強い負荷がかかる。

肘関節屈曲トレ❸ 自宅　メイン 上腕筋、腕橈骨筋　サブ 上腕二頭筋
ハンマーカール

親指を上に向けて肘を曲げるダンベルカール。上腕筋を集中的に鍛えられる。腕橈骨筋の強化種目でもある。

1
親指を前方に向けてダンベルを持ち、両肘を軽く曲げる。やや上体を前傾させることで負荷が最後まで抜けにくくなる。

2
両肘を曲げて親指からダンベルを持ち上げる。上げる時に肘が前後に動くと、肩の運動になるので注意。

第3章　肘関節の動きと鍛え方

肘関節屈曲トレ❹ ジム　メイン 上腕二頭筋　サブ 上腕筋、腕橈骨筋
インクラインカール

腕を後方に引いて肩関節伸展させることにより、上腕二頭筋を最大限に伸ばした状態で強い負荷がかけられる。

1
両手にダンベルを持ち、インクラインベンチに寝る。シートの角度は45度前後が目安。下ろした腕は肘を軽く曲げ、上腕二頭筋が強くストレッチされた状態。

2
肩関節を動かさずに固定したまま、両肘を曲げてダンベルを巻き上げる。ダンベルを水平以上まで上げて上腕二頭筋をしっかり縮める。

肘関節屈曲トレ❺ ジム　メイン 上腕二頭筋　サブ 上腕筋、腕橈骨筋
バーベルカール

肘関節屈曲筋群を総合的に鍛えられる。ダンベルカールよりフォームは安定するが、やや利き腕主導の動きになる。

1
手の平を上に向け、EZバーを「逆ハの字」で持つ。両肘は軽く曲げる。バーを斜めに握ることで、肘を曲げる動きに力が入りやすくなる。

2
両肘を曲げてバーベルを巻き上げる。この時、肘を後ろに引くと負荷が下がる。バーベルを下ろす時も、肘が伸びきる直前まで深く下ろす。

肘関節屈曲トレ❻ ジム　メイン 上腕筋、腕橈骨筋　サブ 上腕二頭筋
プリーチャーカール

腕を前方に振り、上腕二頭筋を緩めて肘を曲げ、上腕筋と腕橈骨筋を鍛える。肘の位置を固定できるのが長所。

1
バーベルカールと同様にEZバーを「逆ハの字」で持ち、プリーチャー台に両肘を乗せる。両肘は軽く曲げる。

2
両肘を曲げてバーベルを持ち上げる。負荷が抜けるので45度以上は上げなくてOK。上げる時に反動を使いにくいのもこの種目の長所。

肘関節屈曲トレ⑦ ジム　メイン 上腕筋、腕橈骨筋、上腕二頭筋　サブ 広背筋、僧帽筋（下部）
アンダーグリップチンアップ

逆手でバーを握り、肘関節屈曲筋群の関与を増やす懸垂。広背筋、僧帽筋への負荷は順手で握る懸垂より低くなる。

1
逆手でバーを握ってぶら下がる。手幅は肩幅よりやや狭め。両肘は軽く曲げる。足を組むと上半身の動きに集中しやすくなる。

2
反動をつけずに両肘を曲げて、上体を引き上げる。下ろす時も脱力せず、肘関節が伸びきる直前まで上体を下ろす。

肘関節屈曲トレ⑧ ジム　メイン 上腕筋、腕橈骨筋、広背筋　サブ 上腕二頭筋、僧帽筋、菱形筋
ハンマーグリップチンアップ

親指を手前に向けて平行のバーを握る懸垂。上腕筋、腕橈骨筋への負荷が高くなる。広背筋も一緒に強化できる。

1
平行のバーを握ってぶら下がる。手幅を狭く握ることで、肘関節屈曲の動きに負荷を集中できる。両肘は軽く曲げる。

2
反動をつけずに両肘を曲げて、上体を引き上げる。背中を反らせることにより、広背筋、僧帽筋にも刺激が入る。

肘関節屈曲トレ⑨ ジム　メイン 腕橈骨筋　サブ 上腕筋
バーベルリバースカール

手の甲を上に向けてバーを持つバーベルカール。上腕二頭筋の関与が減り、腕橈骨筋を集中的に鍛えられる。

1
手の甲を上に向け、EZバーを「ハの字」で持つ。手幅は肩幅かそれよりやや狭い程度。両肘は軽く曲げる。

2
手首を返さずに両肘を曲げてバーベルを引き上げる。この時、脇が開いたり、肘が前後に動くと腕橈骨筋への負荷が低くなるので注意。

第3章　肘関節の動きと鍛え方

肘関節の動き❷ 肘関節 伸展

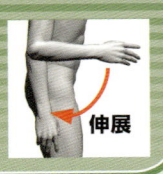

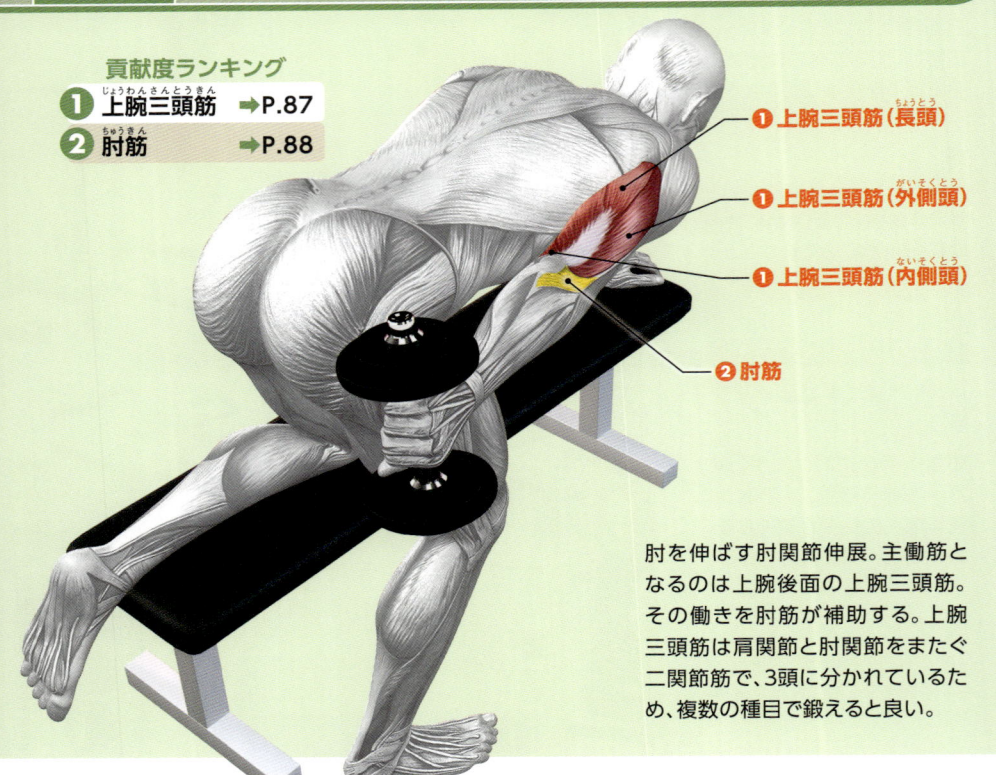

貢献度ランキング
1. 上腕三頭筋 ➡P.87
2. 肘筋 ➡P.88

- ❶ 上腕三頭筋（長頭）
- ❶ 上腕三頭筋（外側頭）
- ❶ 上腕三頭筋（内側頭）
- ❷ 肘筋

肘を伸ばす肘関節伸展。主働筋となるのは上腕後面の上腕三頭筋。その働きを肘筋が補助する。上腕三頭筋は肩関節と肘関節をまたぐ二関節筋で、3頭に分かれているため、複数の種目で鍛えると良い。

肘関節の伸展トルク

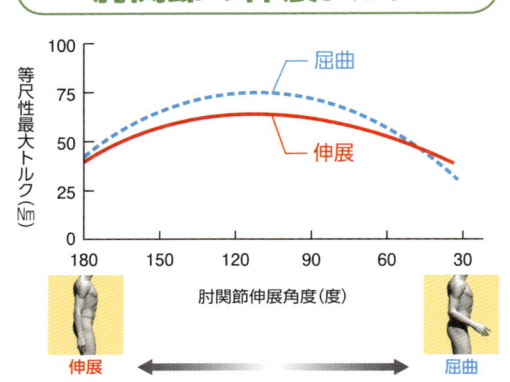

肘関節の伸展動作は、主働筋がほぼ上腕三頭筋のみのため、屈曲筋力よりやや弱い。屈曲動作と同様に、肘関節が110度前後に伸びた伸展位で最大トルクを発揮。

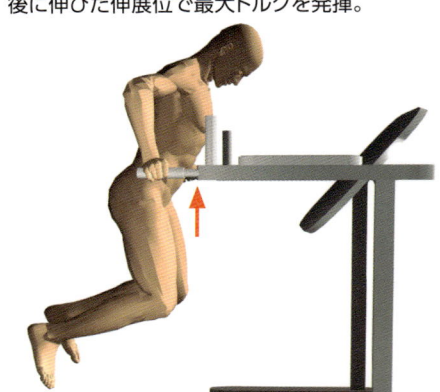

（グラフ：等尺性最大トルク(Nm) 縦軸 0〜100、横軸 肘関節伸展角度(度) 180〜30）
- 屈曲
- 伸展

⬅伸展　屈曲➡

肘関節伸展トレ❶ [自宅]　メイン 上腕三頭筋　サブ 三角筋（前部）、前鋸筋
ディップス

イスや台を使って行うディップス。肩関節を伸展させた状態で肘を曲げるため、上腕三頭筋が強くストレッチされる。

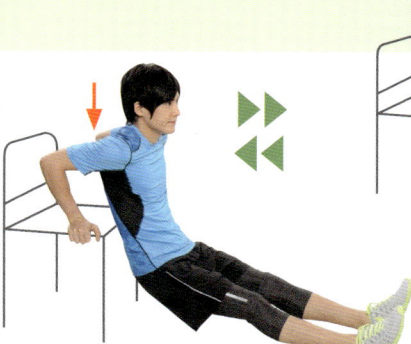

1
肩幅程度の手幅でイスか台に両手をつき、両脚を伸ばす。そこから肘を曲げて上体を深く沈める。手幅が広いと上腕三頭筋が伸びない。

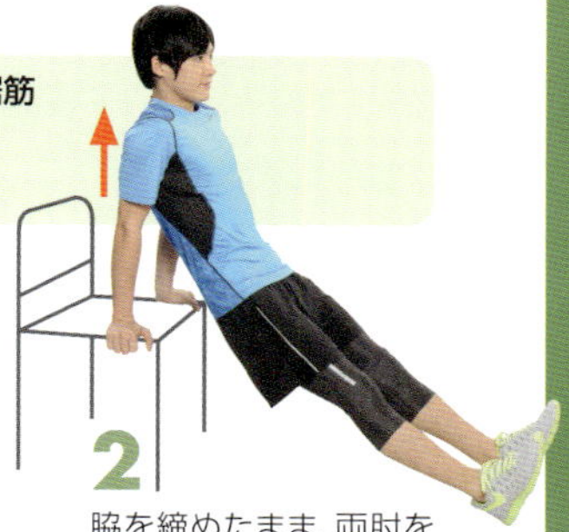

2
脇を締めたまま、両肘を伸ばして上体を持ち上げる。この時、肩がすくんだり、脇が開くと上腕三頭筋への負荷が下がるので注意。

肘関節伸展トレ❷ [自宅]　メイン 上腕三頭筋（内側頭・外側頭）　サブ 上腕三頭筋（長頭）
キックバック

肩関節を伸展したまま肘を伸ばす。肩関節をまたぐ上腕三頭筋の長頭が緩み、内側頭と外側頭への負荷が高まる。

1
イスか台に片手片膝をついて上体を前傾する。もう片方の手でダンベルを持ち、肘を体の側面よりやや後方まで引く。

2
脇を締めたまま、肘をやや後方に引きながら伸ばす。この時、脇が開いたり、肩が上がると上腕三頭筋への負荷が低くなる。

肘関節伸展トレ❸ [ジム]　メイン 上腕三頭筋　サブ 大胸筋（下部）、三角筋（前部）、前鋸筋
ディップス（ナロー）

狭い手幅で行うディップス。「上半身のスクワット」ともよばれる多関節種目。上腕三頭筋のほか三角筋や大胸筋も強化できる。

1
懸垂器のナローグリップ（肩幅程度の平行なバー）を持つ。上体を前傾したまま、肘を90度まで曲げて上体を深く沈める。

2
脇を締めたまま、両肘を伸ばして上体を持ち上げる。この時、肩がすくんだり、脇が開くと上腕三頭筋への負荷が下がる。

第3章　肘関節の動きと鍛え方

肘関節伸展トレ❹ ジム　メイン 上腕三頭筋
プレスダウン

バーを下方に押し下げる動きで肘関節伸展の動きを強化する。フォームが乱れにくく、上腕三頭筋に効かせやすいので初心者に最適。

1
ケーブルの起点を高くセットする。両脇を締め、肩幅よりやや狭い手幅で、バーを上から押さえ付けるように持つ。

2
両肘の位置を固定し、脇を締めたまま、肘を伸ばしてバーを押し下げる。肘から先だけを動かすのが上腕三頭筋に効かせるためのポイント。

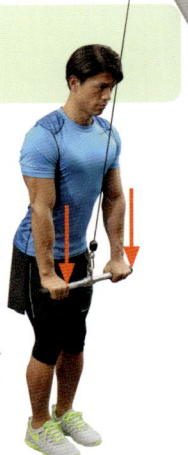

肘関節伸展トレ❺ ジム　メイン 上腕三頭筋
ライイングエクステンション

肩関節を屈曲したまま肘を伸ばす。肩関節をまたぐ長頭を中心に上腕三頭筋全体を強化できる。やや上級者向け。

1
ベンチで仰向けの状態になり、EZバーを狭い手幅で「ハの字」に握る。両肘の位置を固定し、肘を曲げてバーベルを下ろす。バーを顔に近づけすぎると危険なので注意。

2
両肘の位置を固定したまま、肘を伸ばしてバーベルを上げる。動作中に肘を開くと、肘への負担は減るが、上腕三頭筋への負荷が低くなる。

肘関節伸展トレ❻ ジム　メイン 上腕三頭筋　サブ 大胸筋、三角筋(前部)
ナローベンチプレス

狭い手幅で行うベンチプレス。大胸筋への負荷は低減するが、上腕三頭筋に負荷が集中し、高重量で鍛えられる。

1
ベンチに寝て、肩幅よりやや狭い手幅でバーベルを持つ。胸を張って両肘をしっかり引き下げ、乳首付近にバーベルを下ろす。

2
胸を張ったまま、両肘を伸ばしてバーベルを持ち上げる。バーベルを持つ手幅が狭いほど、上腕三頭筋に刺激が入りやすくなる。

前腕の動き — 前腕の回内・回外（橈尺関節）

前腕部の橈尺関節をひねって手の平を下に向ける回内は、円回内筋が主働筋。その働きを方形回内筋が補助する。逆に手の平を上に向ける回外は、上腕二頭筋と回外筋が主働筋として働く。

前腕回内 貢献度ランキング
1. 円回内筋　➡P.89
2. 方形回内筋　➡P.89
3. 橈側手根屈筋　➡P.105

前腕回外 貢献度ランキング
1. 上腕二頭筋　➡P.87
2. 回外筋　➡P.89
3. 長母指外転筋　➡P.107
4. 長母指伸筋　➡P.107

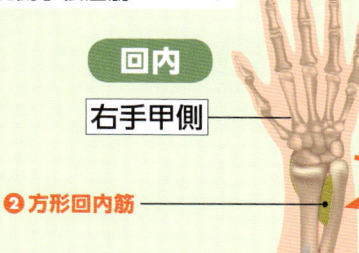

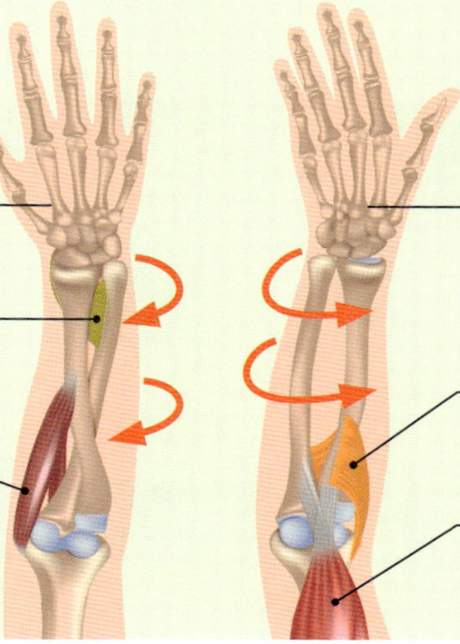

回内　右手甲側
- ❷ 方形回内筋
- ❶ 円回内筋

回外　右手掌側
- ❷ 回外筋
- ❶ 上腕二頭筋

第3章　肘関節の動きと鍛え方

前腕回内トレ❶　自宅　メイン: 円回内筋、方形回内筋　サブ: 橈側手根屈筋

プロネーション（バット）

バットで回内動作を強化する。バットを持つ位置で負荷は調節可能。腕を固定することで回内動作に集中できる。

1 イスに座り、手の平を上に向けてバットを握る。太腿の上に腕を乗せ、腕が動かないようにもう片方の手で前腕部を押さえる。

2 腕を固定したまま前腕をひねり、バットが垂直になる程度まで振り上げる。手首を固めて前腕をひねるのがポイント。

前腕回内トレ❷ 自宅　メイン 円回内筋、方形回内筋　サブ 橈側手根屈筋
プロネーション（ダンベル）

片側だけプレートを付けたダンベルで回内動作を鍛える。バットを使って行うよりも、高い負荷がかけられる。

1
イスに座り、手の平を上に向けてダンベルシャフトの片端を握り、太腿に腕を乗せる。もう片方の手で前腕部を押さえても良い。

2
腕を固定したまま前腕をひねり、ダンベルシャフトが垂直になる程度まで振り上げる。高重量で行うと手首を痛める場合もあるので注意する。

前腕回外トレ❶ 自宅　メイン 上腕二頭筋、回外筋　サブ 長母指外転筋、長母指伸筋
スピネーション（バット）

バットで回外動作を鍛える。腕を固定することで回外動作に集中できる。バットを持つ位置で負荷を調節する。

1
イスに座り、手の平を下に向けてバットを握る。太腿の上に腕を乗せ、腕が動かないようにもう片方の手で前腕部を押さえる。

2
腕を固定したまま前腕をひねり、バットが垂直になる程度まで振り上げる。手首を固めることで回外の動きに集中できる。

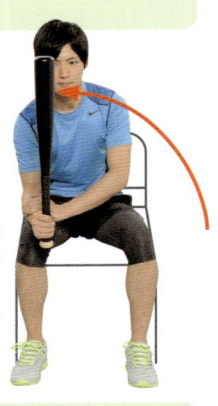

前腕回外トレ❷ 自宅　メイン 上腕二頭筋、回外筋　サブ 長母指外転筋、長母指伸筋
スピネーション（ダンベル）

片側だけプレートを付けたダンベルで回外動作を強化する。バットを使って行うより、高い負荷がかけられる。

1
イスに座り、手の平を下に向けてダンベルシャフトを握る。太腿の上に腕を乗せて固定するのは、バットで行うスピネーションと同じ。

2
腕を固定したまま前腕をひねり、シャフトが垂直になる程度まで振り上げる。回外の筋力は回内より強いため、プロネーションより高負荷でトレーニングできる。

肘関節筋のストレッチ

上腕前面のストレッチ
伸びる筋　上腕二頭筋

両腕を側方に開いた水平外転位で、上腕二頭筋を伸ばすストレッチ。両腕を同時に伸ばすことができるが、伸ばす強度はやや軽めになる。

1 背すじを伸ばし、手の平を上に向けて、両腕を水平に伸ばす。

2 両腕の力こぶを上に向けたまま、手の平を下に向ける。前腕部を内側へひねりながら、上腕部を外側にひねる意識で行うと上腕二頭筋が伸びる。

強く伸ばしたい人向け
机や台を使うと上腕二頭筋を強く伸ばせる。力こぶを上に向けたまま、手の平を下に向け、その手を机につく。そこから上体を沈め、腕を後方に振っていく。

上腕後面のストレッチ
伸びる筋　上腕三頭筋

腕を高く上げ、肩関節を外転させた状態で肘を深く曲げる。二関節筋である上腕三頭筋の長頭もしっかりストレッチできる。

片腕を頭上に上げ、肘を深く曲げる。もう片方の手で肘を持って横に引く。硬い人は肘を持つだけでもOK。

強く伸ばしたい人向け
壁を使うことで上腕二頭筋をさらに強くストレッチできる。腕を上げて肘を曲げた状態のまま壁に寄りかかり、壁に接地した上腕部に体重をかけて、肘を頭の後方に振っていく。

第3章　肘関節の動きと鍛え方

COLUMN ❸
肘関節屈曲筋の鍛え方

肩関節や前腕の角度で変わる肘関節屈曲筋の働き

上腕二頭筋、上腕筋、腕橈骨筋は、いずれも肘関節屈曲の主働筋として、肘を曲げる動きに作用するが、肩関節や前腕のポジションで各筋の働きは微妙に異なる。

上腕前面の上腕二頭筋は、肘関節だけでなく、肩関節もまたぐ二関節筋で、腕を前方に振る肩関節屈曲の動きにも作用する。そのため上腕二頭筋は、肩関節が伸展位の状態で肘を曲げる時に強く働く。

逆に肩関節が屈曲位の状態で肘を曲げる時は、上腕筋や腕橈骨筋が強く働く。また、前腕の橈尺関節が回内位の状態（親指を上に向けた状態）で肘を曲げる時も、上腕筋や腕橈骨筋が強く作用する。

肘関節屈曲筋では上腕二頭筋が最も体積が大きく、強い筋力を発揮するが、上腕筋も筋線維の短い羽状筋であるため、体積は上腕二頭筋より小さいものの、強い筋力を発揮できる。肘関節屈曲の強化には、上腕二頭筋だけでなく、上腕筋や腕橈骨筋がターゲットの種目も取り入れよう。

肘関節屈曲筋群（左腕）
- 上腕二頭筋（→P.87）
- 腕橈骨筋（→P.88）
- 上腕筋（→P.88）

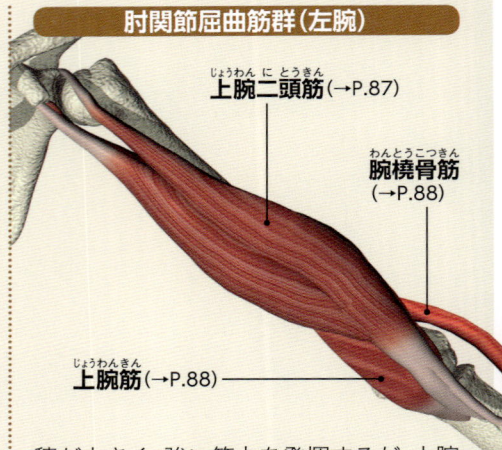

肩関節、前腕のポジションと肘関節屈曲筋の働き

ハンマーカール（→P.91）
前腕が回内位の状態で肘を曲げるダンベルカール。上腕二頭筋を強化するダンベルカールに対し、ハンマーカールは上腕筋、腕橈骨筋がターゲットとなる。

インクラインカール（→P.92）
腕を後方に振った肩関節伸展位で、上腕二頭筋がフルにストレッチした状態から肘を曲げる。上腕二頭筋に強烈な負荷をかけられる種目。

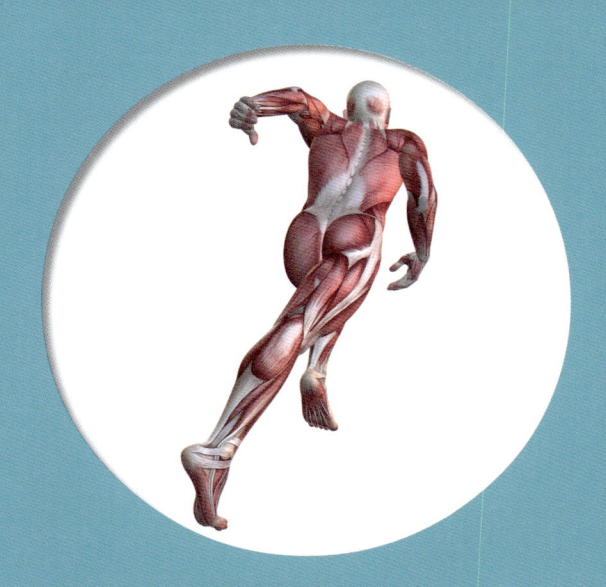

第4章
手関節・足関節の動きと鍛え方

手関節(手首)と足関節(足首)は、ともに前後左右に可動するが、強化の対象となるのは、どちらも主に屈曲動作となる。手首の屈曲(掌屈)は、球技や格闘技などで重要な働きをする。足首の屈曲(底屈)は、走る・跳ぶといったスポーツの基本動作に貢献する。

● 手関節・手指を動かす筋の「筋体積」データの出典
・Holzbaur KR, Murray WM, and Delp SL, A model of the upper extremity for simulating musculoskeletal surgery and analyzing neuromuscular control. Ann Biomed Eng, (2005) , 33(6) , 829-40.
(MRIによる生体の実測値=男性5名、女性5名:平均年齢28.6±4.5歳・平均身長172cm・平均体重69.2kg)

● 足関節・足趾を動かす筋の「筋体積」データの出典
・Friederich JA and Brand RA, Muscle fiber architecture in the human lower limb. J Biomech,(1990) , 23(1) , 91-5.(死体解剖=男性37歳・183cm・91kg)

● 手関節・手指を動かす筋の「速筋:遅筋(%)」データの出典
・Johnson MA, Polgar J, Weightman D and Appleton D,(1973)をもとに算出

● 足関節・足趾を動かす筋の「速筋:遅筋(%)」データの出典
・P.119「腓腹筋」「ヒラメ筋」、P.120「前脛骨筋」、P.121「長腓骨筋」…Johnson MA, Polgar J, Weightman D and Appleton D,(1973)
・P.120「後脛骨筋」「長趾伸筋」「長母趾伸筋」、P.121「短腓骨筋」「長母趾屈筋」…White SC, Yack HJ and Winter DA,(1989). A three-dimensional musculoskeletal model for gait analysis. Anatomical variability estimates. J.Biomech.22:885-893
・P.121「第三腓骨筋」…Pierrynowski MR and Morrison JB, (1985) . A physiological model for the evaluation of muscular forces in human locomotion: Theoretical aspects.Math.Biosci.75:69-101
※P.102～103、P.116～117の「筋体積ランキング」は各筋の筋体積データをもとに算出
※筋体積のデータは、すべて左右の片側だけの数値(以下同)

● 手関節の「最大トルクと関節角度」のグラフデータの出典
・Garner and Pandy(2003) ※手指の屈曲・伸展のグラフは、データが揃っていないため掲載なし

● 足関節の「最大トルクと関節角度」のグラフデータの出典
・Arnold et al.(2010)

手関節・手指の可動域

手首にあたる手関節は、主に掌屈・背屈（前後）、橈屈・尺屈（左右）の動きが可能となる。多方向に可動する手指の動きは、親指とそれ以外の4本指に大別できる。

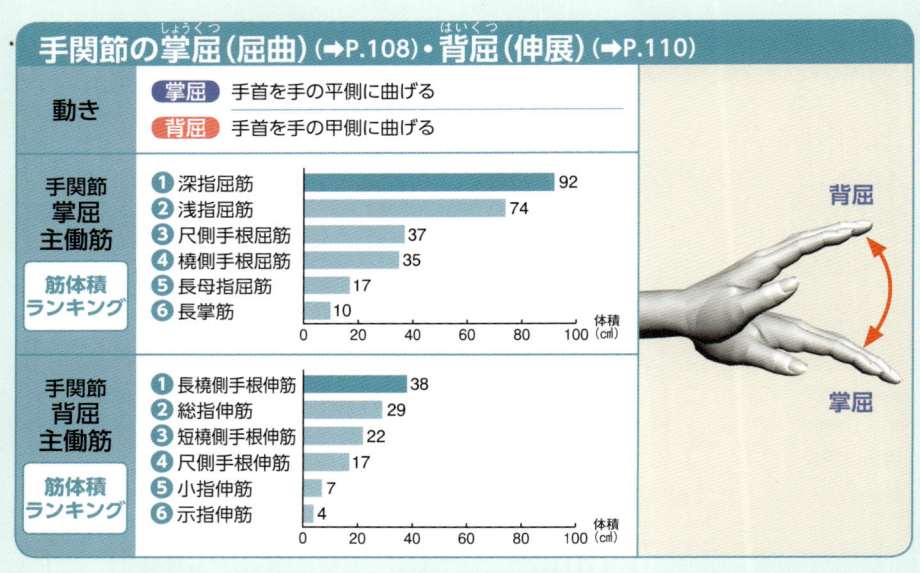

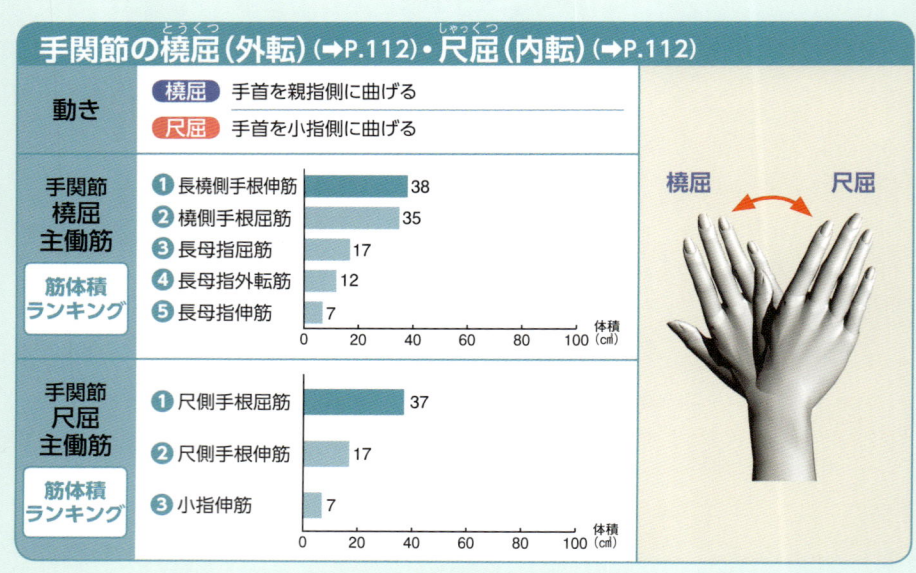

手関節の掌屈（屈曲）（→P.108）・背屈（伸展）（→P.110）

動き		
	掌屈	手首を手の平側に曲げる
	背屈	手首を手の甲側に曲げる

手関節 掌屈 主働筋 — 筋体積ランキング

1. 深指屈筋　92
2. 浅指屈筋　74
3. 尺側手根屈筋　37
4. 橈側手根屈筋　35
5. 長母指屈筋　17
6. 長掌筋　10

体積（c㎥）

手関節 背屈 主働筋 — 筋体積ランキング

1. 長橈側手根伸筋　38
2. 総指伸筋　29
3. 短橈側手根伸筋　22
4. 尺側手根伸筋　17
5. 小指伸筋　7
6. 示指伸筋　4

体積（c㎥）

手関節の橈屈（外転）（→P.112）・尺屈（内転）（→P.112）

動き		
	橈屈	手首を親指側に曲げる
	尺屈	手首を小指側に曲げる

手関節 橈屈 主働筋 — 筋体積ランキング

1. 長橈側手根伸筋　38
2. 橈側手根屈筋　35
3. 長母指屈筋　17
4. 長母指外転筋　12
5. 長母指伸筋　7

体積（c㎥）

手関節 尺屈 主働筋 — 筋体積ランキング

1. 尺側手根屈筋　37
2. 尺側手根伸筋　17
3. 小指伸筋　7

体積（c㎥）

手から指にかけては多数の関節が連なる

手関節は手首を上下（掌屈・背屈）と左右に（橈屈・尺屈）に可動する。手首から指にかけては、関節が多数あり、多方向に動く。手指を動かす筋肉は、手に位置する内在筋と、筋腹が前腕にある外在筋に分けられる。

手指（親指を除く）の屈曲（→P.114）・伸展

動き		
	屈曲	指を曲げる
	伸展	指を伸ばす

指の屈曲主働筋　筋体積ランキング
1. 深指屈筋　92
2. 浅指屈筋　74

（体積 cm³）

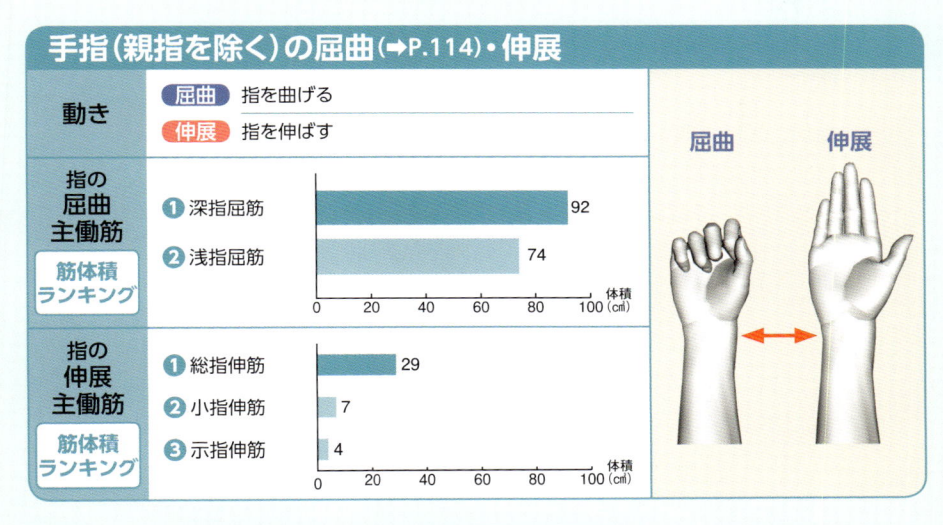

指の伸展主働筋　筋体積ランキング
1. 総指伸筋　29
2. 小指伸筋　7
3. 示指伸筋　4

（体積 cm³）

屈曲　伸展

手指（親指を除く）の外転・内転

動き		
	外転	中指を中心に指を外側に開く。主働筋は小指外転筋、背側骨間筋
	内転	中指を中心に指を内側に寄せて閉じる。主働筋は掌側骨間筋

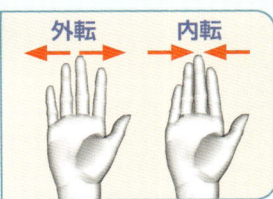

外転　内転

母指（親指）の屈曲（対立）・伸展

動き		
	屈曲	親指を手の平に近づける。親指を小指の方へ動かす。主働筋は長母指屈筋、短母指屈筋、母指対立筋
	伸展	親指を手の平から離す。主働筋は長母指伸筋、短母指伸筋

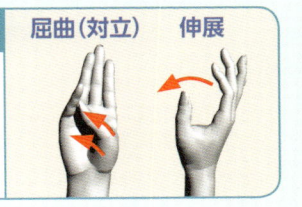

屈曲（対立）　伸展

母指（親指）の外転・内転

動き		
	外転	親指を外側に開いて人差し指から離す。主働筋は長母指外転筋、短母指外転筋、短母指屈筋
	内転	親指を内側に閉じて人差し指に近づける。主働筋は母指内転筋、短母指屈筋、母指対立筋

外転　内転

第4章　手関節・足関節の動きと鍛え方

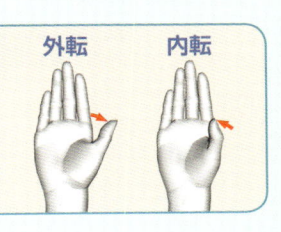

手関節・手指を動かす筋一覧

手関節を動かす筋は、筋腹が前腕にあり、腱が手首を通っている。さらに、腱が指まで達する筋は手指の動きにも働く。また、手には小さい内在筋が密集している。

※カッコ（　）内は手関節・手指の筋以外の筋

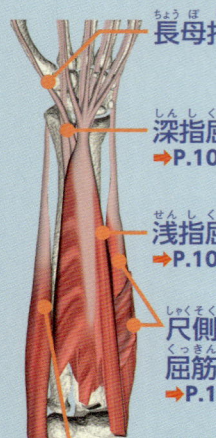

長母指屈筋

深指屈筋 ➡P.105

浅指屈筋 ➡P.105

尺側手根屈筋 ➡P.105

（腕橈骨筋）

左手 掌側 やや深層

掌側の前腕部分は、手関節の筋の中でも比較的に大きい筋肉が連なっている。長掌筋や橈側手根屈筋の奥に浅指屈筋があり、その深部に深指屈筋、そのさらに深層には長母指屈筋が通っている。また、内側（小指側）を尺側手根屈筋が走る。

左手 掌側 深層

浅指屈筋の奥にある深指屈筋は、腱が指先まで伸びる。その深部に長母指屈筋、そのさらに深層には橈尺関節を動かす方形回内筋がある。

長母指屈筋

（方形回内筋）

深指屈筋 ➡P.105

左手 掌側 浅層

掌（手の平）側の表層には、親指を動かす筋、小指を動かす筋があり、中央に位置する浅指屈筋と深指屈筋の腱が指先まで伸びている。その深部に人差し指から小指までを動かす虫様筋などがある。

深指屈筋（腱） ➡P.105
浅指屈筋（腱） ➡P.105
虫様筋 ➡P.107
母指内転筋
短母指屈筋
短母指外転筋
小指外転筋
短小指屈筋
（屈筋支帯）

その他の主な手関節・手指の筋

- 橈側手根屈筋 ➡P.105
- 長橈側手根伸筋 ➡P.106
- 短橈側手根伸筋 ➡P.106
- 尺側手根伸筋 ➡P.106
- 総指伸筋 ➡P.106
- 長母指伸筋 ➡P.107
- 長母指外転筋 ➡P.107
- 示指伸筋 ➡P.107

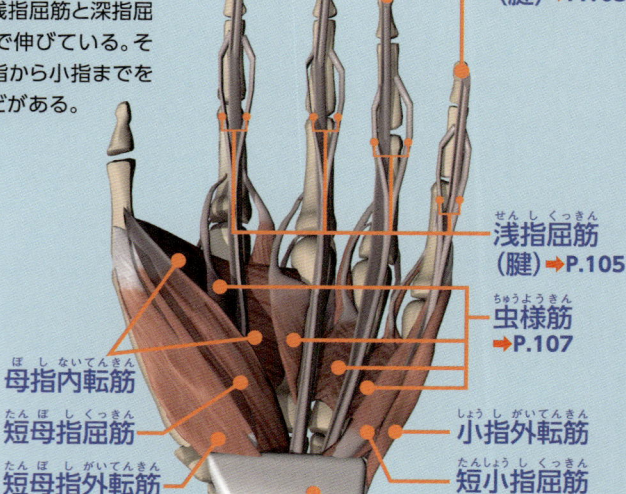

浅指屈筋（せんしくっきん）

手関節掌屈筋・手指屈曲筋

親指を除く手指の屈曲と、手関節掌屈の主働筋。

主な働き
1. 第2～5指PIP（第2）関節の屈曲、
2. 手関節の掌屈（屈曲）

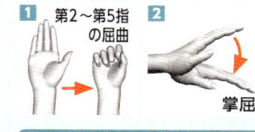

①第2～5指の屈曲
②掌屈

筋DATA（参考値）
筋体積	74㎤
速筋:遅筋(%)	—

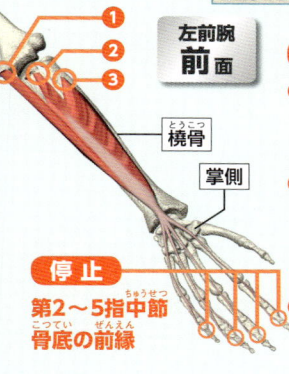

左前腕 前面

起始
① 上腕尺骨頭：上腕骨の内側上顆
② 尺骨頭：尺骨粗面の内側および内側側副靭帯
③ 橈骨頭：橈骨の上方前面

停止
第2～5指中節骨底の前縁

深指屈筋（しんしくっきん）

手関節掌屈筋・手指屈曲筋

浅指屈筋と同様に手指屈曲と、手関節掌屈の主働筋。

主な働き
1. 第2～5指DIP（第1）・PIP（第2）関節の屈曲、
2. 手関節の掌屈（屈曲）

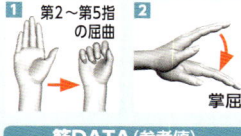

①第2～5指の屈曲
②掌屈

筋DATA（参考値）
筋体積	92㎤
速筋:遅筋(%)	52.7:47.3

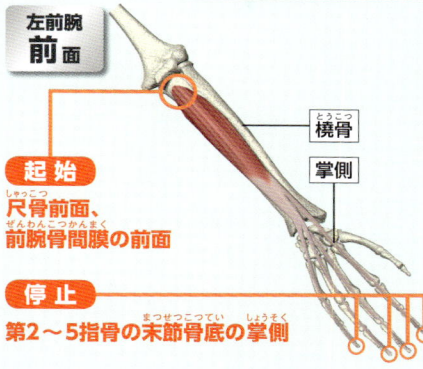

左前腕 前面

起始
尺骨前面、前腕骨間膜の前面

停止
第2～5指骨の末節骨底の掌側

尺側手根屈筋（しゃくそくしゅこんくっきん）

手関節尺屈筋

前腕表層の内側（小指側）を走る手関節尺屈の主働筋。

主な働き
手関節の
1. 尺屈（内転）・
2. 掌屈（屈曲）

①尺屈
②掌屈

筋DATA（参考値）
筋体積	37㎤
速筋:遅筋(%)	55.5:44.5

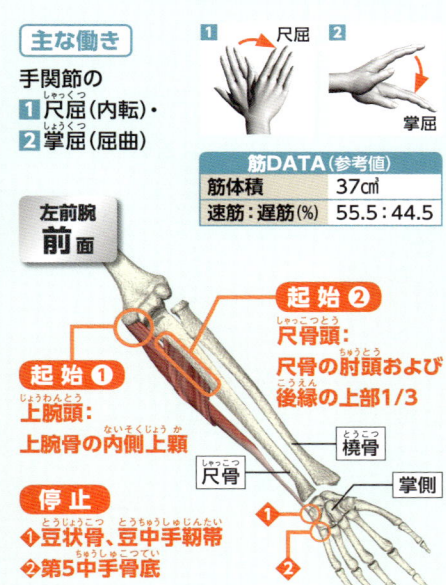

左前腕 前面

起始①
上腕頭：上腕骨の内側上顆

起始②
尺骨頭：尺骨の肘頭および後縁の上部1/3

停止
① 豆状骨、豆中手靭帯
② 第5中手骨底

橈側手根屈筋（とうそくしゅこんくっきん）

手関節掌屈筋

手関節の掌屈や橈屈に作用し、前腕の回内にも働く。

主な働き
手関節の
1. 掌屈（屈曲）・
2. 橈屈（外転）、
3. 前腕（橈尺関節）の回内、
4. 肘関節の屈曲

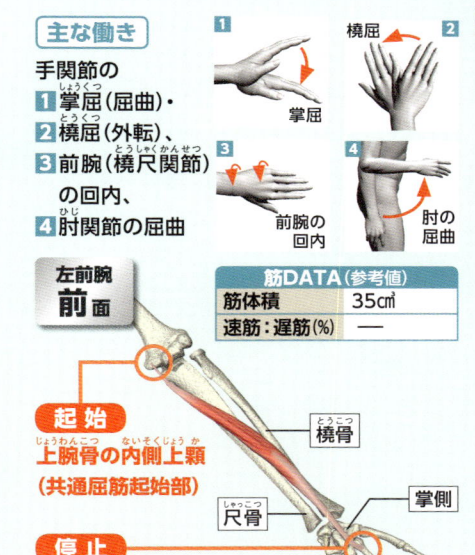

①掌屈
②橈屈
③前腕の回内
④肘の屈曲

筋DATA（参考値）
筋体積	35㎤
速筋:遅筋(%)	—

左前腕 前面

起始
上腕骨の内側上顆（共通屈筋起始部）

停止
第2中手骨底の掌側面

第4章 手関節・足関節の動きと鍛え方

手指伸展筋
総指伸筋（そうししんきん）

親指を除く4指を伸展させることができる唯一の筋。

主な働き
1. 第2～5指DIP（第1）・PIP（第2）・MP（付け根）関節の伸展
2. 手関節の背屈（伸展）

1 第2～5指の伸展　2 背屈

筋DATA（参考値）	
筋体積	29cm²
速筋：遅筋(%)	52.7：47.3

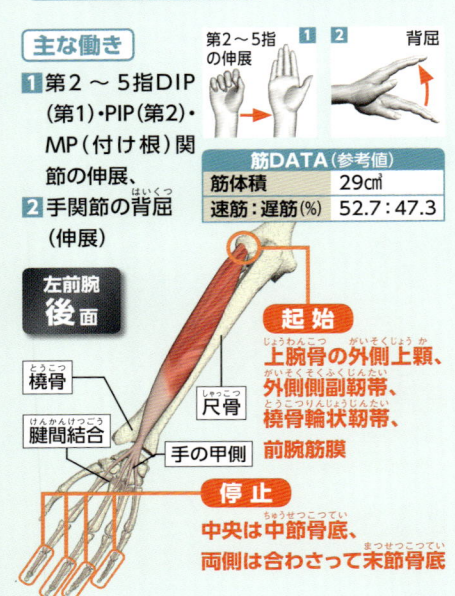

左前腕 後面

- 橈骨
- 尺骨
- 腱間結合
- 手の甲側

起始
上腕骨の外側上顆、外側側副靱帯、橈骨輪状靱帯、前腕筋膜

停止
中央は中節骨底、両側は合わさって末節骨底

手関節尺屈筋
尺側手根伸筋（しゃくそくしゅこんしんきん）

前腕後面の内側（小指側）を走り、手関節尺屈に働く。

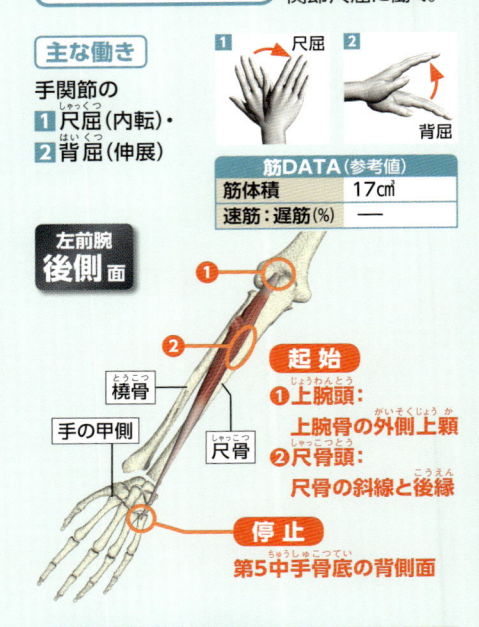

主な働き
手関節の
1. 尺屈（内転）
2. 背屈（伸展）

1 尺屈　2 背屈

筋DATA（参考値）	
筋体積	17cm²
速筋：遅筋(%)	—

左前腕 後側面

- 橈骨
- 尺骨
- 手の甲側

起始
1. 上腕頭：上腕骨の外側上顆
2. 尺骨頭：尺骨の斜線と後縁

停止
第5中手骨底の背側面

手関節橈屈筋
長橈側手根伸筋（ちょうとうそくしゅこんしんきん）

前腕後面の外側（親指側）を走る手関節橈屈の主働筋。

主な働き
手関節の 1. 橈屈（外転）・2. 背屈（伸展）・3. 肘関節の屈曲

1 橈屈　2 背屈　3 肘の屈曲

筋DATA（参考値）	
筋体積	38cm²
速筋：遅筋(%)	—

左前腕 後面

- 橈骨
- 尺骨

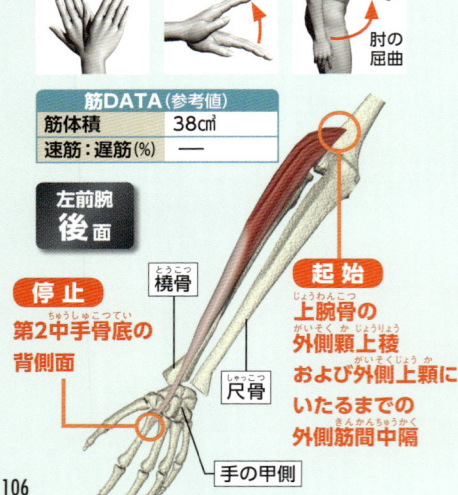

停止
第2中手骨底の背側面

起始
上腕骨の外側顆上稜および外側上顆にいたるまでの外側筋間中隔

手関節背屈筋
短橈側手根伸筋（たんとうそくしゅこんしんきん）

前腕後面で長橈側手根伸筋と並走し、働きもほぼ同じ。

主な働き
手関節の 1. 背屈（伸展）・2. 橈屈（外転）・3. 肘関節の屈曲

1 背屈　2 橈屈　3 肘の屈曲

筋DATA（参考値）	
筋体積	22cm²
速筋：遅筋(%)	—

- 橈骨
- 尺骨
- 手の甲側

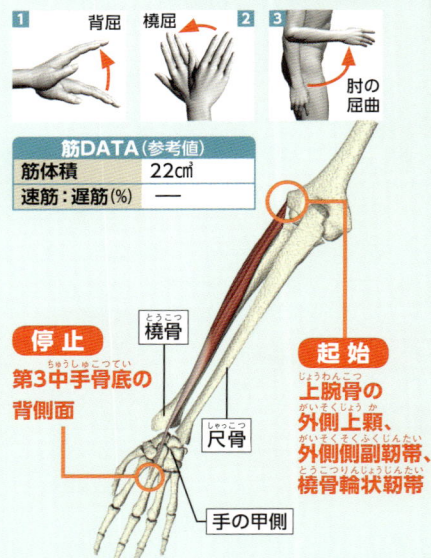

停止
第3中手骨底の背側面

起始
上腕骨の外側上顆、外側側副靱帯、橈骨輪状靱帯

長母指伸筋（ちょうぼししんきん）

親指を手の平から離す母子伸展の主働筋として働く。

主な働き
1. 母指のMP（付け根）関節およびIP（指節間）関節の伸展、
2. CM（親指の第3）関節の橈側外転

- 母指の伸展 [1]
- 母指の外転 [2]

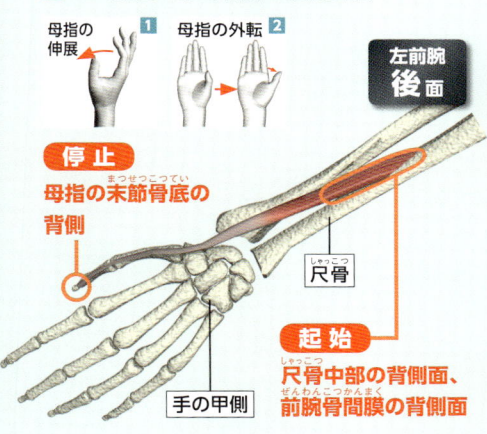

左前腕 後面

停止：母指の末節骨底の背側

起始：尺骨中部の背側面、前腕骨間膜の背側面

（尺骨／手の甲側）

長母指外転筋（ちょうぼしがいてんきん）

親指を人差し指から離す母子外転の主働筋として働く。

主な働き
1. 手関節の橈屈、2. 母指の外転

- 手関節の橈屈 [1]
- 母指の外転 [2]

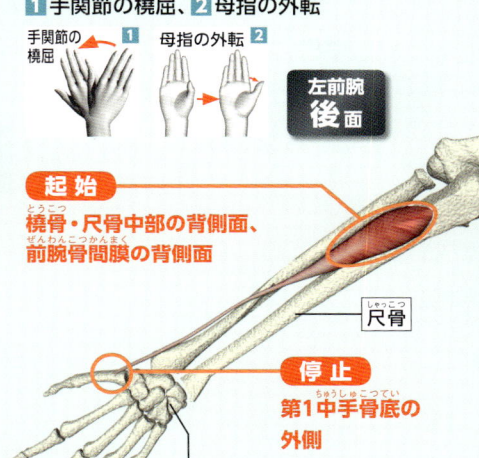

左前腕 後面

起始：橈骨・尺骨中部の背側面、前腕骨間膜の背側面

停止：第1中手骨底の外側

（尺骨／手の甲側）

示指伸筋（じししんきん）

示指（人差し指）を伸展させる働きをもつ細長い筋。

主な働き
1. 示指の伸展、
2. 手関節の背屈

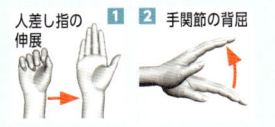

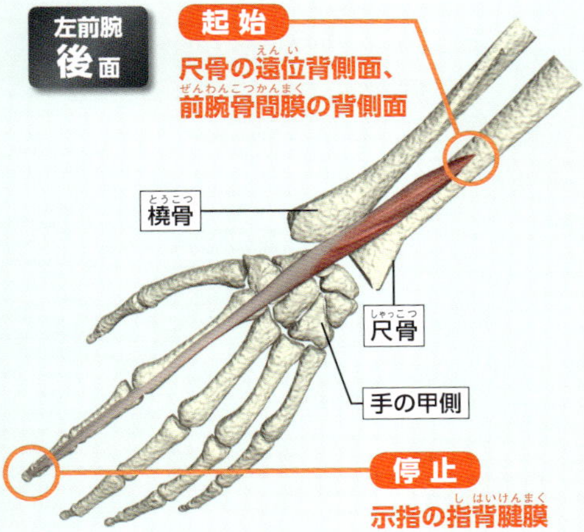

- 人差し指の伸展 [1]
- 手関節の背屈 [2]

左前腕 後面

起始：尺骨の遠位背側面、前腕骨間膜の背側面

（橈骨／尺骨／手の甲側）

停止：示指の指背腱膜

虫様筋（ちゅうようきん）

親指を除く手指の付け根の関節を曲げる働きをもつ筋。

主な働き
第2〜5指MP（付け根）関節の屈曲およびDIP（第1）・PIP（第2）関節の伸展

第2〜5指のMP屈曲・DIP・PIP伸展

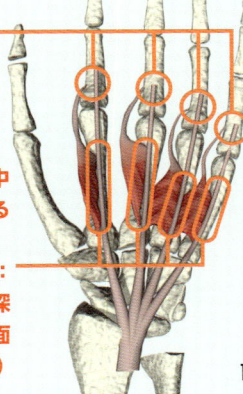

左手掌

停止：伸筋腱膜と中手指節関節の関節包

起始：
橈側2筋（人指し指・中指）：第2・3指にいたる深指屈筋腱の橈側
尺側2筋（薬指・小指）：第3〜5指にいたる深指屈筋腱の相対する面（それぞれ2頭をもつ）

第4章 手関節・足関節の動きと鍛え方

107

手関節の動き ❶ 手関節 掌屈（屈曲）

手首を手の平側に曲げる手関節掌屈。主動筋となる浅指屈筋と深指屈筋は、指（親指を除く）を曲げる手指屈曲の主働筋でもある。尺側手根屈筋など手首をまたぐ前腕前面の筋群が協働筋として働く。

右手掌側

❷ 深指屈筋
❸ 尺側手根屈筋
❶ 浅指屈筋
❹ 橈側手根屈筋
❺ 長掌筋
❻ 長母指屈筋

貢献度ランキング
1. 浅指屈筋 ➡P.105
2. 深指屈筋 ➡P.105
3. 尺側手根屈筋 ➡P.105
4. 橈側手根屈筋 ➡P.105
5. 長掌筋
6. 長母指屈筋

手関節の掌屈（屈曲）トルク

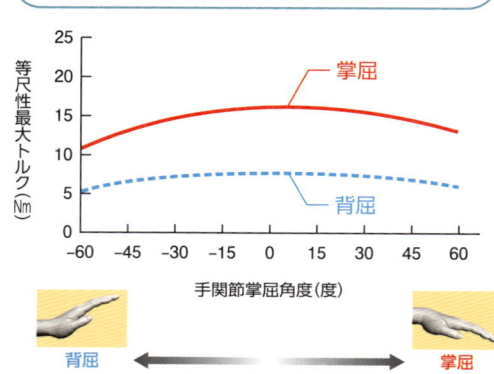

手関節の掌屈動作は、深指屈筋や浅指屈筋など前腕の大きな筋が働くため、背屈動作より強い。掌屈トルクは基本肢位（掌屈角度0度）付近で最大となる。

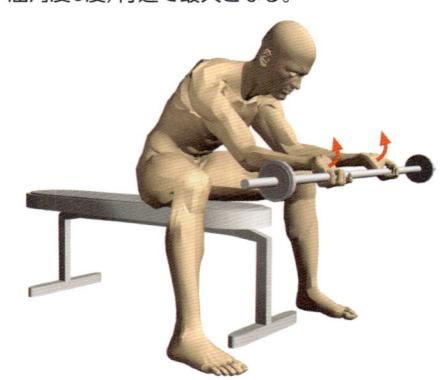

縦軸：等尺性最大トルク（Nm） 0〜25
横軸：手関節掌屈角度（度） −60〜60
掌屈 / 背屈

背屈 ⇔ 掌屈

手関節掌屈トレ❶ 自宅　メイン 浅指屈筋、深指屈筋　サブ 尺側手根屈筋、橈側手根屈筋など
ダンベルリストカール

手首を巻き上げる動きで掌屈を強化。手指を曲げる動きと主働筋が重複するため、指も屈伸させるとより効果的。

1
イスに座り、逆手でダンベルを持つ。太腿の上に腕を乗せ、もう片方の手で前腕部を押さえる。握った手を少し開いてダンベルを下ろし、手首を大きく反らせる。

2
腕を固定したまま、指と手首を丸めるように曲げてダンベルを巻き上げる。指も曲げ伸ばしすることによって握力の強化にもなる。

手関節掌屈トレ❷ ジム　メイン 浅指屈筋、深指屈筋　サブ 尺側手根屈筋、橈側手根屈筋など
バーベルリストカール

バーベルで行うリストカール。ダンベルで行うよりやや掌屈の可動範囲は小さくなるが、両手を一緒に鍛えられる。

1
ベンチに座り、逆手でバーベルを持つ。太腿の上に両腕を乗せ、手の平を伸ばすように指を少し開いてバーベルを下ろし、手首を大きく反らせる。

2
両腕を固定したまま、指と手首を丸めるように曲げてバーベルを巻き上げる。手首が硬い人は、EZバーを「逆ハの字」に握って行うとやりやすい。

手関節掌屈トレ❸ ジム　メイン 浅指屈筋、深指屈筋　サブ 尺側手根屈筋、橈側手根屈筋など
ケーブルリストカール

手首を曲げてケーブルを引く動きで掌屈を強化。ケーブルを下方へ引くため、最後まで負荷が抜けないのが長所。

1
ケーブルの起点を高くセットし、片膝立ちの体勢でグリップを持つ。肘は膝の上で固定する。ケーブルの抵抗で手首は反った状態。

2
手首を丸めるように曲げてケーブルを引く。この時、肘の位置が動くと掌屈の力が発揮しにくくなるので注意。

第4章 手関節・足関節の動きと鍛え方

手関節の動き ② 手関節 背屈（伸展）

背屈

手首を手の甲側に曲げる手関節背屈。主働筋となるのは総指伸筋、長橈側手根伸筋、短橈側手根伸筋といった手首をまたぐ前腕後面の細長い筋群。これらの筋肉は肘関節もまたぐ二関節筋。

右手甲側

❶ 総指伸筋
❷ 長橈側手根伸筋
❸ 短橈側手根伸筋
❹ 尺側手根伸筋

貢献度ランキング

1. 総指伸筋 ➡P.106
2. 長橈側手根伸筋 ➡P.106
3. 短橈側手根伸筋 ➡P.106
4. 尺側手根伸筋 ➡P.106
5. 示指伸筋 ➡P.107
6. 小指伸筋

手関節の背屈（伸展）トルク

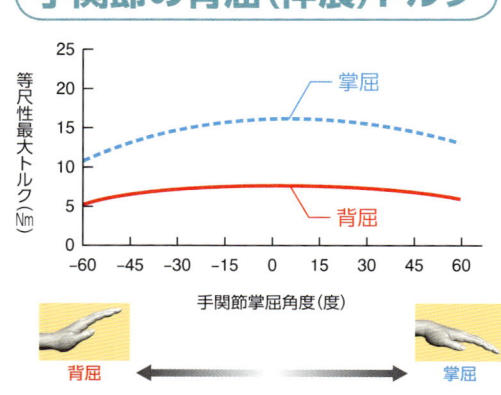

縦軸：等尺性最大トルク（Nm）
横軸：手関節掌屈角度（度）

掌屈
背屈

背屈 ⇔ 掌屈

手関節の背屈動作は、主働筋が小さいため、掌屈動作より弱い。掌屈と同様に、掌屈角度0度付近で最も強いトルクを発揮するが、角度による力の変化は少ない。

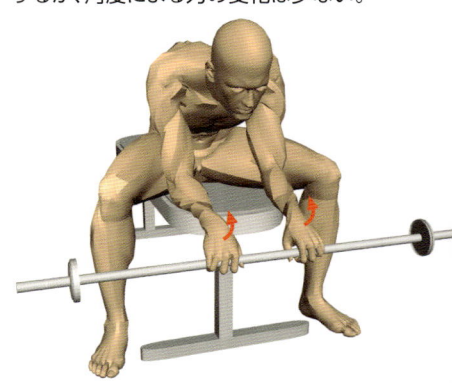

手関節背屈トレ❶ 自宅　メイン 総指伸筋、長橈側手根伸筋、短橈側手根伸筋、尺側手根伸筋など
ダンベルリバースリストカール

ダンベルを持って手首を反り返し、背屈(はいくつ)の動きを強化。空いている手で腕を押さえて固定し、背屈の動きに集中する。

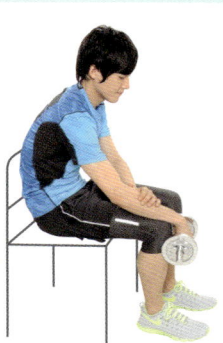

1
イスに座り、順手でダンベルを持つ。太腿の上に腕を乗せ、もう片方の手で前腕部を押さえる。ダンベルの重みで手首を大きく曲げる。

2
腕を固定したまま、手首を返してダンベルを引き上げる。反動を使わないで、手首をできるだけ大きく返す。

手関節背屈トレ❷ ジム　メイン 総指伸筋、長橈側手根伸筋、短橈側手根伸筋、尺側手根伸筋など
バーベルリバースリストカール

バーベルで行うリバースリストカール。EZバーを「ハの字」に握って行うことにより、手首が返しやすくなる。

1
ベンチに座り、EZバーを「ハの字」に握る。太腿の上に両腕を乗せ、バーベルを下ろして手首を大きく曲げる。

2
両腕を固定したまま、手首を返してバーベルを引き上げる。両肘(ひじ)を少し曲げながら手首を返すと、背屈の可動範囲が少し広くなる。

手関節背屈トレ❸ ジム　メイン 腕橈骨筋、長橈側手根伸筋、短橈側手根伸筋　サブ 上腕筋、総指伸筋など
バーベルリバースカール（背屈(はいくつ)プラス）

リバースカールに背屈の動きを加える。背屈の主働筋で、肘関節屈曲筋でもある長橈側手根伸筋(ちょうそくしゅこんしんきん)や短橈側手根伸筋(たんとうそくしゅこんしん)を腕橈骨筋(わんとうこつきん)と一緒に強化。

1
手の甲を上に向け、EZバーを「ハの字」で持つ。手幅は肩幅程度。手首は軽く曲げる。

2
手首を返しながら、両肘を曲げてバーベルを引き上げる。肘を曲げる動きの反動を使うことによって、背屈の動きがやりやすくなる。

第4章 手関節・足関節の動きと鍛え方

手関節の動き ③ 手関節 橈屈（外転）／尺屈（内転）

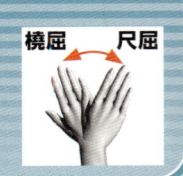

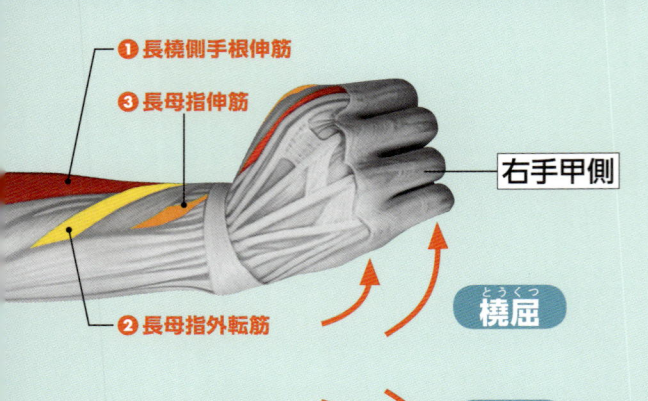

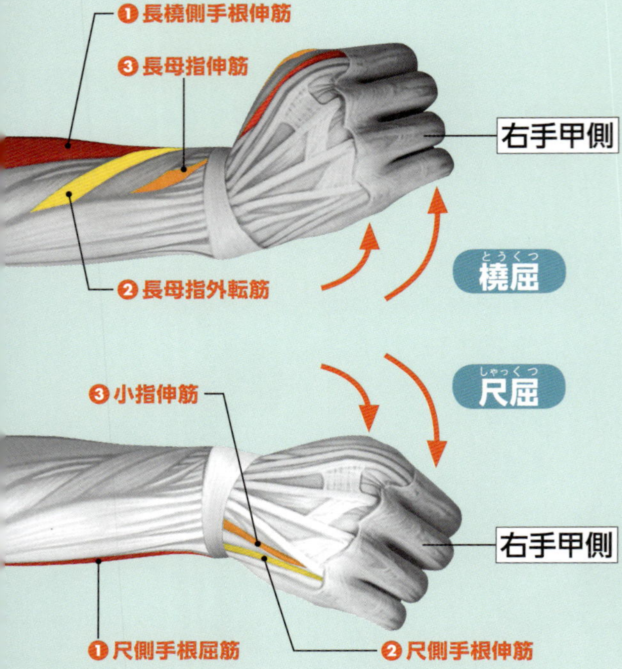

手関節橈屈貢献度ランキング
1. 長橈側手根伸筋 ➡ P.106
2. 長母指外転筋 ➡ P.107
3. 長母指伸筋 ➡ P.107
4. 橈側手根屈筋 ➡ P.105
5. 長母指屈筋

図中ラベル：
- ❶ 長橈側手根伸筋
- ❷ 長母指外転筋
- ❸ 長母指伸筋
- 右手甲側
- 橈屈

手関節橈屈の主働筋は、主に前腕の親指側を通って手首をまたぐ。尺屈の主働筋は、主に前腕の小指側を通って手首をまたぐ。

手関節尺屈貢献度ランキング
1. 尺側手根屈筋 ➡ P.105
2. 尺側手根伸筋 ➡ P.106
3. 小指伸筋

図中ラベル：
- ❶ 尺側手根屈筋
- ❷ 尺側手根伸筋
- ❸ 小指伸筋
- 右手甲側
- 尺屈

手関節橈屈（外転）・尺屈（内転）のトルク

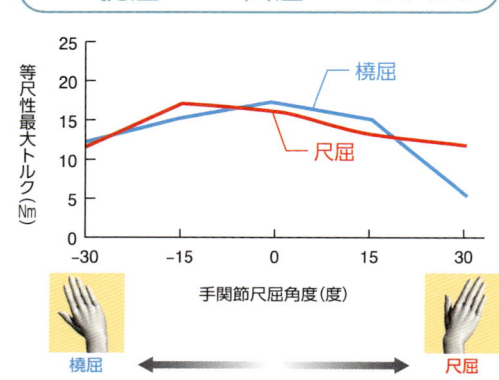

縦軸：等尺性最大トルク（Nm）　0〜25
横軸：手関節尺屈角度（度）　-30〜30

手関節の橈屈と尺屈のトルクはほぼ同程度。橈屈動作は手首が真っすぐの状態（手関節の尺屈角度が0度）で、尺屈動作は橈屈位で最大トルクを発揮する。

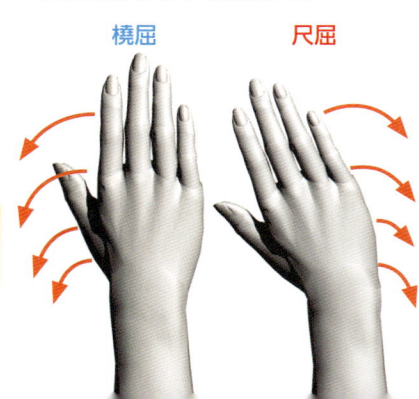

112

手関節橈屈トレ 自宅　メイン 長橈側手根伸筋、長母指外転筋、長母指伸筋、橈側手根屈筋など

アルナーフレクション

手首の力だけでバットを振り上げ、橈屈動作を鍛える。バットの持つ位置で負荷は調節可能。腕を下ろし、肘を伸ばしたまま行うことで、橈屈の動きに集中することができる。

1 バットの先を前方に向けて握り、腕を下ろして肘を伸ばす。バットのヘッドの重みで手首は小指側に曲がり尺屈する。

2 手首を親指側に曲げてバットを振り上げる。腕を下ろしたまま、手首だけを動かすことで橈屈の動きに集中できる。

バットではなく、片端だけプレートを付けたダンベルを使ってもOK。バットより高負荷を設定できる。ただし、負荷をかけすぎると、手首を痛める場合もあるので注意

手関節尺屈トレ 自宅　メイン 尺側手根屈筋、尺側手根伸筋、小指伸筋

レディアルフレクション

バットを後方に振り上げ、尺屈動作を鍛える。バットの持つ位置で負荷は調節可能。腕を下ろし、肘を伸ばしたまま手首を動かすことで、尺屈の動きに集中できる。アルナーフレクションと同様、バットの代わりにダンベルを使えばより高い負荷がかけられる。

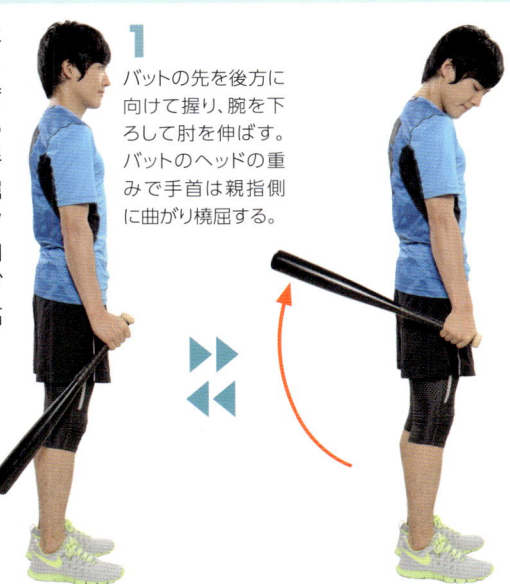

1 バットの先を後方に向けて握り、腕を下ろして肘を伸ばす。バットのヘッドの重みで手首は親指側に曲がり橈屈する。

2 手首を小指側に曲げてバットを振り上げる。腕を下ろしたまま、手首だけを動かすことで尺屈の力をしっかり発揮できる。バットの先をできるだけ高い位置まで振る。

第4章　手関節・足関節の動きと鍛え方

手指の動き
手指の屈曲

屈曲

手指の屈曲

❷ 深指屈筋

右手掌側

❶ 浅指屈筋

貢献度ランキング
❶ 浅指屈筋　　➡P.105
❷ 深指屈筋　　➡P.105

指を曲げる手指屈曲の主働筋は浅指屈筋と深指屈筋。この2筋を鍛えると握力が強くなる。親指を曲げる母指屈曲は、4指（人差し指〜小指）の屈曲とは別の動き。

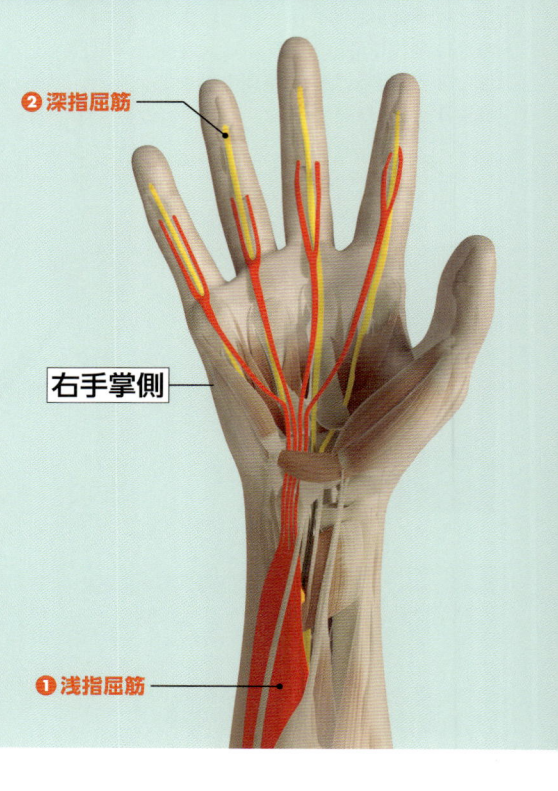

手指屈曲トレ❶ 自宅　メイン 浅指屈筋、深指屈筋
ハンドグリップ

手軽に握力を強化できるお馴染みの筋トレーニング器具。レベル別に販売されているので、自分に合った負荷を選べる。

1 ハンドグリップを持つ。小指までしっかりグリップに掛ける。負荷の選択は、8〜10回程度握って限界となる負荷が目安となる。

2 4指（人差し指〜小指）を曲げて、ハンドグリップをしっかり握り込む。これを繰り返して握力の限界まで握っていく。

手指屈曲トレ❷ 自宅　メイン 浅指屈筋、深指屈筋
フィンガーカール

指を曲げてダンベルを巻き上げ、握力を鍛える。重いダンベルを使うことで浅指屈筋、深指屈筋を強く刺激できる。

1 指先に引っ掛けるようにしてダンベルを持つ。腕を下に垂らしてダンベルを持つことにより、負荷が抜けにくくなる。

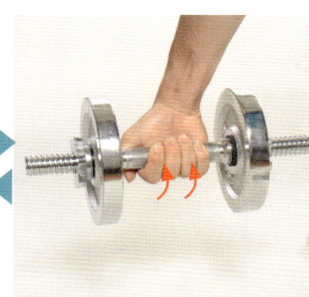

2 グーを作るように指を曲げてダンベルを巻き上げる。同じ筋肉が働くため、指を曲げながら手首が多少掌屈してもOK。

手指屈曲トレ❸ ジム　メイン 浅指屈筋、深指屈筋
ハンギングフィンガーカール

ぶら下がった状態でコブシを握り込むトレーニング。握力で自体重を持ち上げるため、強い負荷をかけられる。最後まで負荷が抜けないのも長所。

1 指先を引っ掛けるようにしてぶら下がる。手幅は肩幅よりやや広め。指先で体重を支え、手の平は伸ばされた状態。この状態でも指先にはすでに強い負荷がかかっている。

2 ぶら下がったまま、手首を返しながら指を曲げて、コブシを強く握り込む。手首を返すと、ターゲットの浅指屈筋と深指屈筋がストレッチされた状態で強い力を発揮することになるため、筋損傷を得やすくなる。

コブシを握り込まず、ただぶら下がっているだけでも握力を強化できる。体重が重い人には特に有効。

第4章　手関節・足関節の動きと鍛え方

足関節・足趾の可動域

足関節（足首）は、上下の動きである底屈・背屈と、左右の動きである内反・外反が可能である。また、足趾（足の指）も手指ほどではないが多方向に動かすことができる。

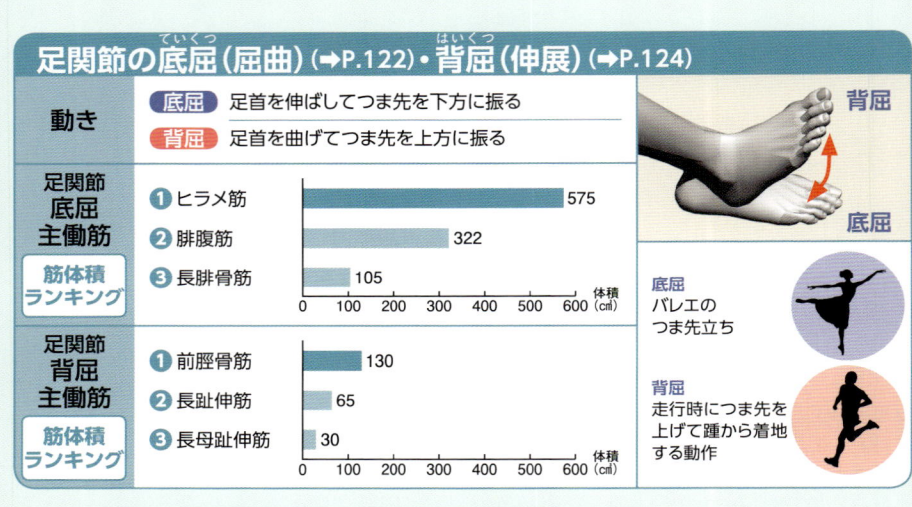

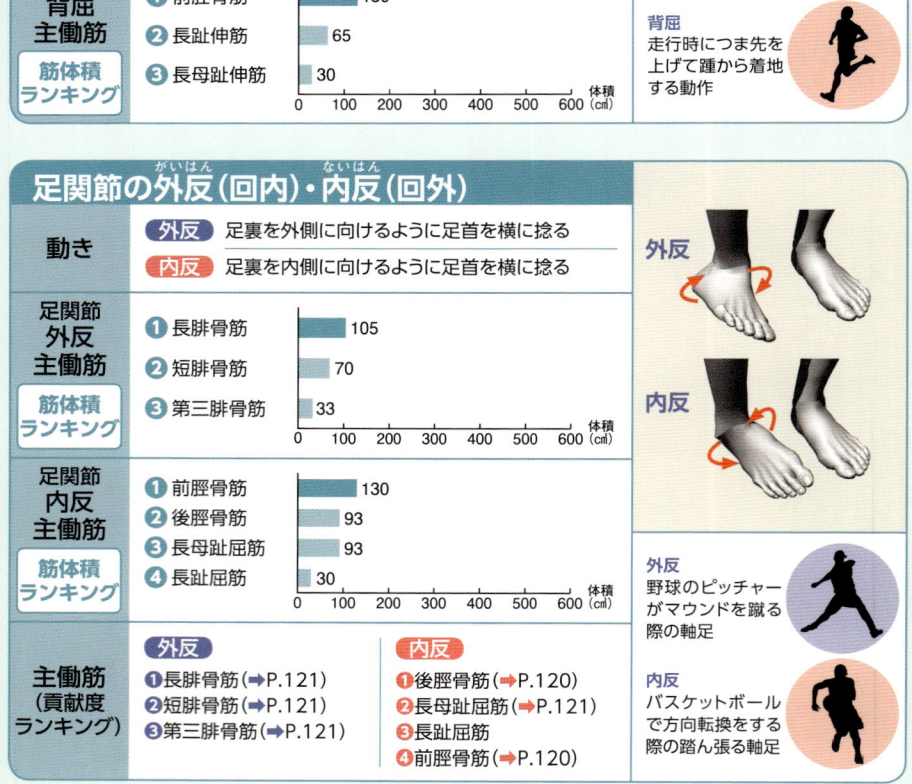

足関節の底屈（屈曲）（➡P.122）・背屈（伸展）（➡P.124）

動き		
	底屈	足首を伸ばしてつま先を下方に振る
	背屈	足首を曲げてつま先を上方に振る

足関節底屈主働筋　筋体積ランキング
- ❶ ヒラメ筋　575
- ❷ 腓腹筋　322
- ❸ 長腓骨筋　105

（体積 cm³、0～600）

足関節背屈主働筋　筋体積ランキング
- ❶ 前脛骨筋　130
- ❷ 長趾伸筋　65
- ❸ 長母趾伸筋　30

（体積 cm³、0～600）

底屈
バレエのつま先立ち

背屈
走行時につま先を上げて踵から着地する動作

足関節の外反（回内）・内反（回外）

動き		
	外反	足裏を外側に向けるように足首を横に捻る
	内反	足裏を内側に向けるように足首を横に捻る

足関節外反主働筋　筋体積ランキング
- ❶ 長腓骨筋　105
- ❷ 短腓骨筋　70
- ❸ 第三腓骨筋　33

（体積 cm³、0～600）

足関節内反主働筋　筋体積ランキング
- ❶ 前脛骨筋　130
- ❷ 後脛骨筋　93
- ❸ 長母趾屈筋　93
- ❹ 長趾屈筋　30

（体積 cm³、0～600）

主働筋（貢献度ランキング）

外反
- ❶長腓骨筋（➡P.121）
- ❷短腓骨筋（➡P.121）
- ❸第三腓骨筋（➡P.121）

内反
- ❶後脛骨筋（➡P.120）
- ❷長母趾屈筋（➡P.121）
- ❸長趾屈筋
- ❹前脛骨筋（➡P.120）

外反
野球のピッチャーがマウンドを蹴る際の軸足

内反
バスケットボールで方向転換をする際の踏ん張る軸足

日常生活で多用する足関節の底屈動作

　足首を伸ばす底屈動作は、体重を支えるために日々使われる動きであり、かなり強い力を発揮できる。それに対し、背屈動作は力は弱いものの、歩行でつまずかないためにつま先を上げる動きなど、日常生活動作において頻繁に使われる。

　また、足首は横方向（内反・外反）にも動かすことができる。特に内反の動きは、捻挫につながりやすいことでも知られる。内反しながら底屈することで靱帯を伸ばしてしまう捻挫を「内返し捻挫」とよぶ。

　足趾（足の指）については、手指ほど複雑な動きはできないが、多方向に動かせる。手指と同様に、複数の足趾をまとめて動かす筋と、1本の足趾を単独で動かす筋がある。

足趾の屈曲・伸展

動き		
	屈曲	つま先を下方に曲げる
	伸展	つま先を上方に反らす

主働筋 筋体積ランキング	屈曲	伸展
	❶長母趾屈筋（93㎠）	❶長母趾伸筋（65㎠）
	❷長趾屈筋（30㎠）	❷長母趾伸筋（30㎠）
	❸短母趾屈筋（―）	❸短母趾伸筋（―）
	❸短趾屈筋（―）	❸短母趾伸筋（―）
	❸足底方形筋（―）	

主働筋（貢献度ランキング）	屈曲	伸展
	❶長母趾屈筋（→P.121）	❶長母趾伸筋（→P.120）
	❷長趾屈筋	❷長趾伸筋（→P.120）
	❸短母趾屈筋	❸短趾伸筋
	❹短趾屈筋	❸短母趾伸筋
	❺足底方形筋	

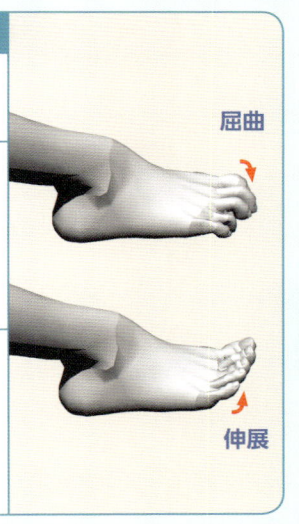

※筋体積のデータがない小さい筋は（―）と表記

屈曲　伸展

足趾の外転・内転

動き		
	外転	足の指を外に開いて離す
	内転	足の指を内に閉じてくっつける

主働筋（貢献度ランキング）※筋体積はデータがないため、ランキングなし	外転	❶母趾外転筋 ❷小趾外転筋 ❸背側骨間筋（※足の）
	内転	❶母趾内転筋 ❷小趾対立筋 ❸虫様筋（※足の） ❹底側骨間筋

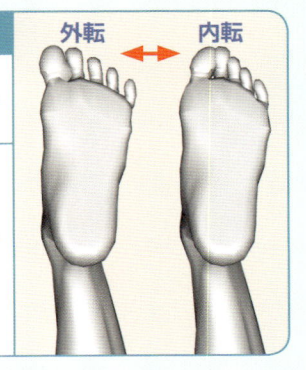

外転　内転

足関節・足趾を動かす筋一覧

足関節を動かす筋は、筋腹が下腿にあり、一部の筋は腱が足の指先まで達している。また、足趾を動かす筋は、筋腹が下腿にある外在筋と、足にある内在筋に分けられる。

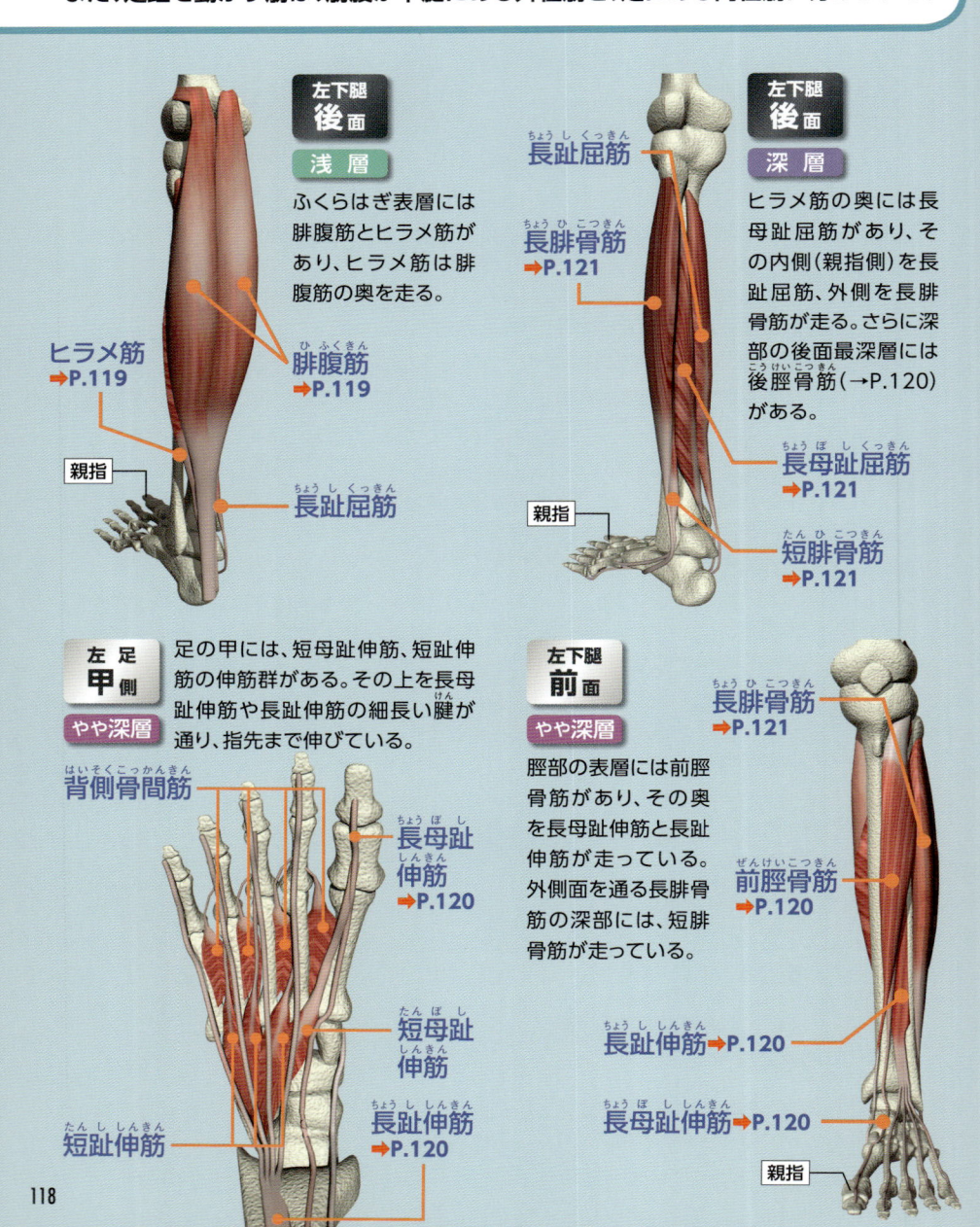

左下腿 後面
浅層
ふくらはぎ表層には腓腹筋とヒラメ筋があり、ヒラメ筋は腓腹筋の奥を走る。

- ヒラメ筋 ➡P.119
- 腓腹筋 ➡P.119
- 長趾屈筋
- 親指

左下腿 後面
深層
ヒラメ筋の奥には長母趾屈筋があり、その内側(親指側)を長趾屈筋、外側を長腓骨筋が走る。さらに深部の後面最深層には後脛骨筋(→P.120)がある。

- 長趾屈筋
- 長腓骨筋 ➡P.121
- 長母趾屈筋 ➡P.121
- 短腓骨筋 ➡P.121
- 親指

左足 甲側
やや深層
足の甲には、短母趾伸筋、短趾伸筋の伸筋群がある。その上を長母趾伸筋や長趾伸筋の細長い腱が通り、指先まで伸びている。

- 背側骨間筋
- 長母趾伸筋 ➡P.120
- 短母趾伸筋
- 短趾伸筋
- 長趾伸筋 ➡P.120

左下腿 前面
やや深層
脛部の表層には前脛骨筋があり、その奥を長母趾伸筋と長趾伸筋が走っている。外側面を通る長腓骨筋の深部には、短腓骨筋が走っている。

- 長腓骨筋 ➡P.121
- 前脛骨筋 ➡P.120
- 長趾伸筋 ➡P.120
- 長母趾伸筋 ➡P.120
- 親指

足関節底屈筋

腓腹筋
下腿三頭筋①

膝関節と足関節をまたぐ二関節筋で、ふくらはぎの膨らみを形成する。ヒラメ筋とともに、足先を下方に振る動き（足関節底屈）の主働筋として働く。"足がつる"状態は、主にこの筋の痙攣が原因となっている場合が多い。

主な働き
1 足関節の底屈、**2** 膝関節の屈曲

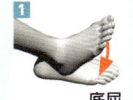

1 底屈
2 膝の屈曲

筋DATA（参考値）
筋体積	322㎤
速筋：遅筋(%)	51.8：48.2

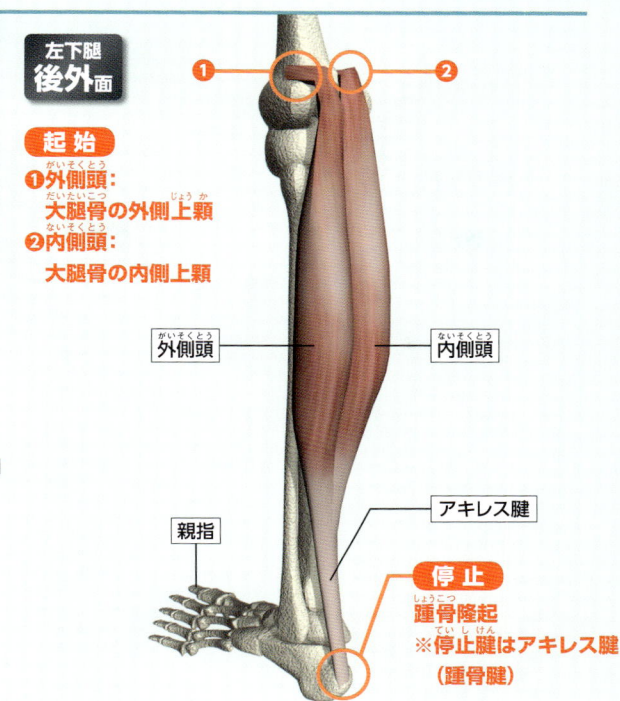

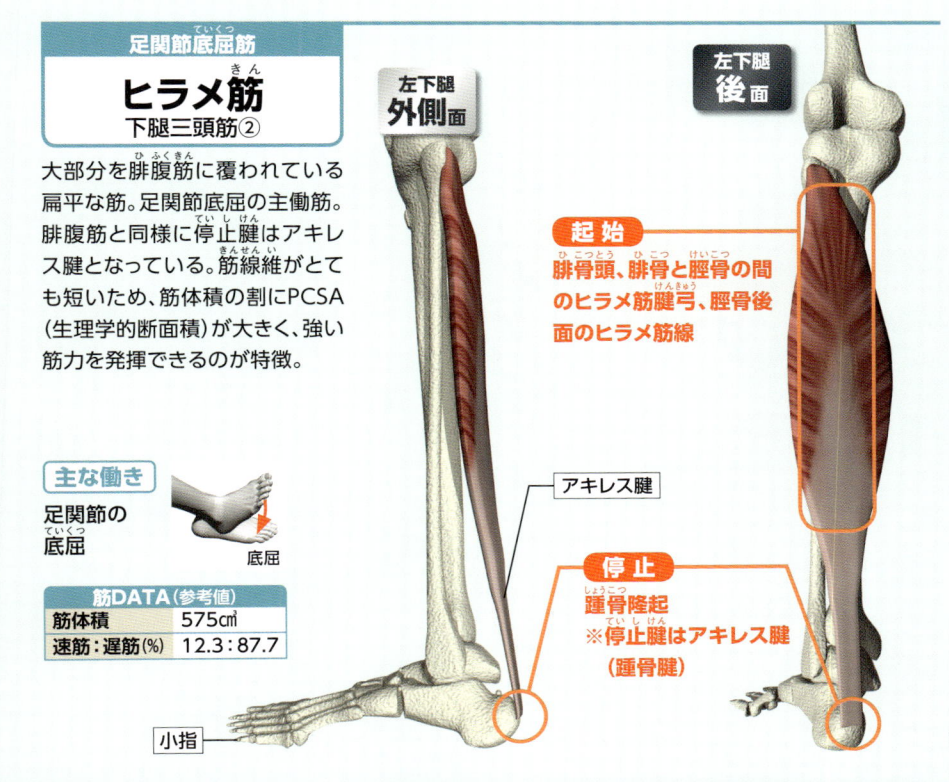

左下腿 後外面

起始
❶外側頭：大腿骨の外側上顆
❷内側頭：大腿骨の内側上顆

外側頭　内側頭

親指

アキレス腱

停止
踵骨隆起
※停止腱はアキレス腱（踵骨腱）

足関節底屈筋

ヒラメ筋
下腿三頭筋②

大部分を腓腹筋に覆われている扁平な筋。足関節底屈の主働筋。腓腹筋と同様に停止腱はアキレス腱となっている。筋線維がとても短いため、筋体積の割にPCSA（生理学的断面積）が大きく、強い筋力を発揮できるのが特徴。

主な働き
足関節の底屈

底屈

筋DATA（参考値）
筋体積	575㎤
速筋：遅筋(%)	12.3：87.7

左下腿 外側面

左下腿 後面

起始
腓骨頭、腓骨と脛骨の間のヒラメ筋腱弓、脛骨後面のヒラメ筋線

アキレス腱

停止
踵骨隆起
※停止腱はアキレス腱（踵骨腱）

小指

第4章 手関節・足関節の動きと鍛え方

足関節背屈筋　前脛骨筋（ぜんけいこつきん）

脛骨の外側を走行する筋。足関節背屈の強力な主働筋。

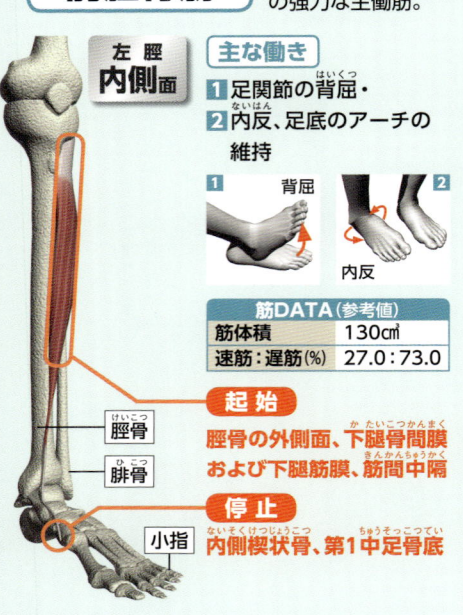

左脛 内側面

主な働き
1. 足関節の背屈・
2. 内反、足底のアーチの維持

筋DATA（参考値）
筋体積	130㎤
速筋：遅筋(%)	27.0：73.0

起始
脛骨の外側面、下腿骨間膜および下腿筋膜、筋間中隔

停止
内側楔状骨、第1中足骨底

足関節底屈・内反筋　後脛骨筋（こうけいこつきん）

ふくらはぎの最も深層の筋。足関節の底屈や内反に働く。

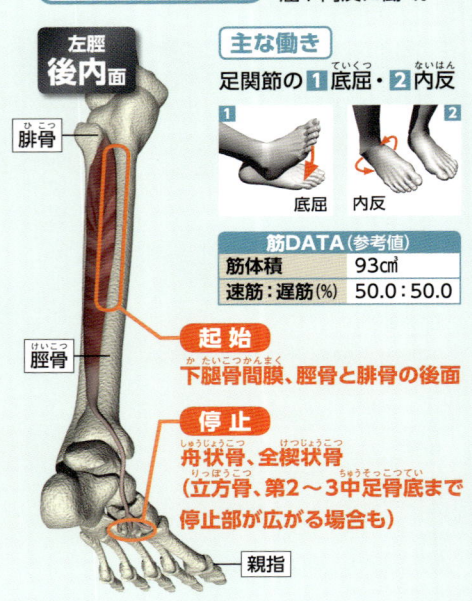

左脛 後内面

主な働き
足関節の 1. 底屈・ 2. 内反

筋DATA（参考値）
筋体積	93㎤
速筋：遅筋(%)	50.0：50.0

起始
下腿骨間膜、脛骨と腓骨の後面

停止
舟状骨、全楔状骨
（立方骨、第2〜3中足骨底まで停止部が広がる場合も）

足趾伸展筋　長趾伸筋（ちょうししんきん）

親指を除く4本の足指を反らす動き（足趾伸展）の主働筋。

左下腿 前外面

主な働き
1. 第2〜5趾の伸展 ※DIP（第1）・PIP（第2）・MP（付け根）関節、足関節の 2. 背屈・ 3. 外反

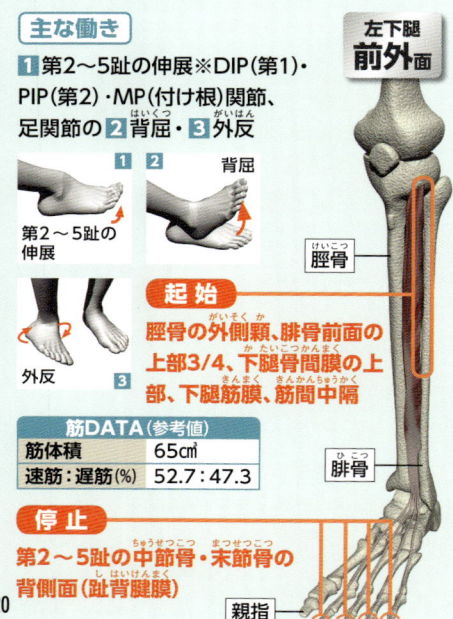

起始
脛骨の外側顆、腓骨前面の上部3/4、下腿骨間膜の上部、下腿筋膜、筋間中隔

筋DATA（参考値）
筋体積	65㎤
速筋：遅筋(%)	52.7：47.3

停止
第2〜5趾の中節骨・末節骨の背側面（趾背腱膜）

母趾伸展筋　長母趾伸筋（ちょうぼししんきん）

足の親指を反らす動きの主働筋。足関節背屈にも働く。

左下腿 前外面

主な働き
1. 母趾IP（指節間）関節の伸展、足関節の 2. 背屈・ 3. 内反

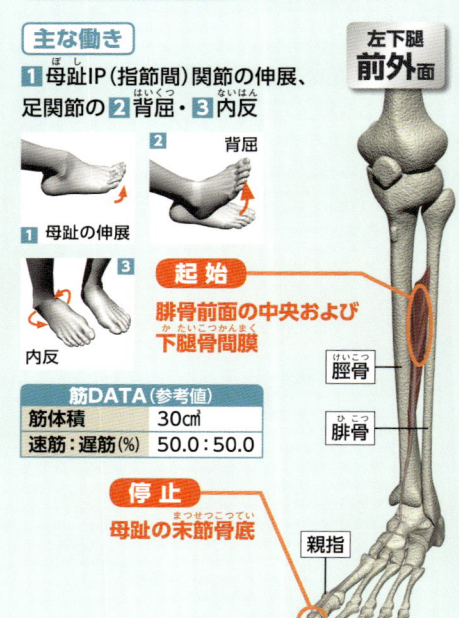

起始
腓骨前面の中央および下腿骨間膜

筋DATA（参考値）
筋体積	30㎤
速筋：遅筋(%)	50.0：50.0

停止
母趾の末節骨底

足関節外反筋　長腓骨筋

ふくらはぎの外側を走行する筋。足関節外反の主働筋。

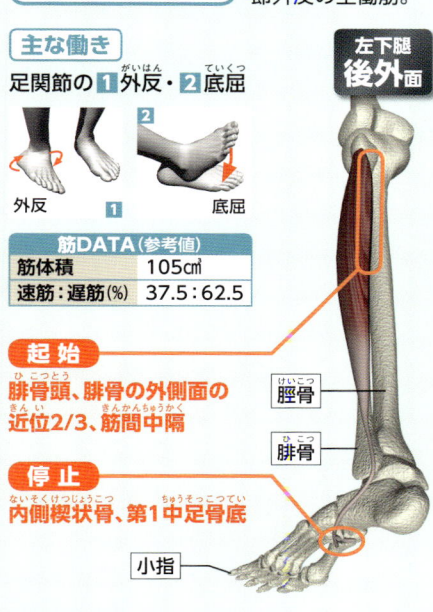

主な働き
足関節の **1** 外反・**2** 底屈

左下腿 後外面

筋DATA（参考値）
筋体積	105㎤
速筋：遅筋(%)	37.5：62.5

起始
腓骨頭、腓骨の外側面の近位2/3、筋間中隔

停止
内側楔状骨、第1中足骨底

脛骨 / 腓骨 / 小指

足関節外反筋　短腓骨筋

長腓骨筋とともに足関節外反の主働筋として働く筋。

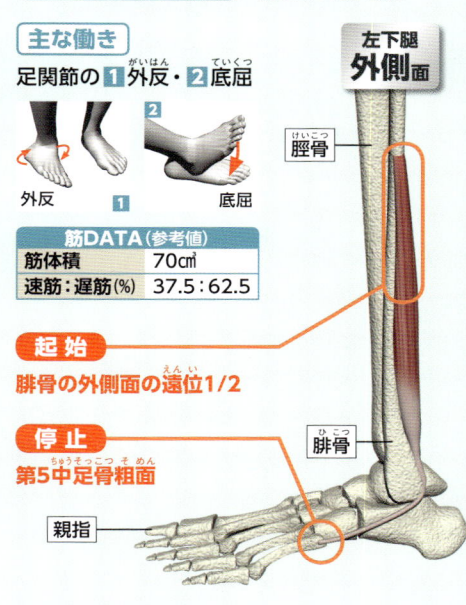

主な働き
足関節の **1** 外反・**2** 底屈

左下腿 外側面

筋DATA（参考値）
筋体積	70㎤
速筋：遅筋(%)	37.5：62.5

起始
腓骨の外側面の遠位1/2

停止
第5中足骨粗面

脛骨 / 腓骨 / 親指

足関節外反筋　第三腓骨筋

足関節の外反や背屈の動きに補助的に働く小さな筋。

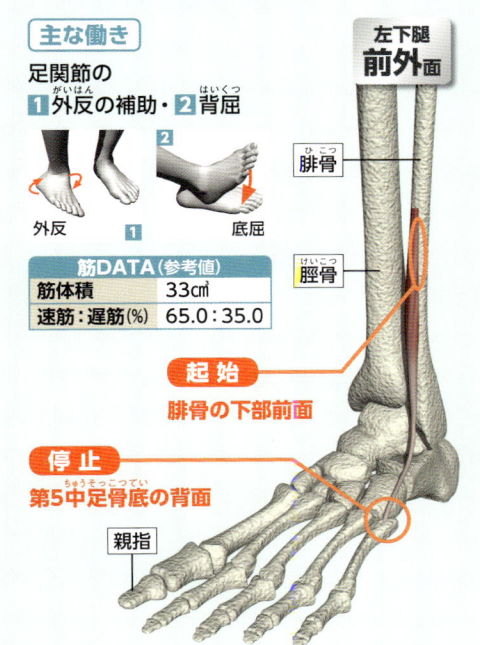

主な働き
足関節の **1** 外反の補助・**2** 背屈

左下腿 前外面

筋DATA（参考値）
筋体積	33㎤
速筋：遅筋(%)	65.0：35.0

起始
腓骨の下部前面

停止
第5中足骨底の背面

腓骨 / 脛骨 / 親指

母趾屈曲筋　長母趾屈筋

足の親指を曲げる動きの主働筋。足関節内反にも働く。

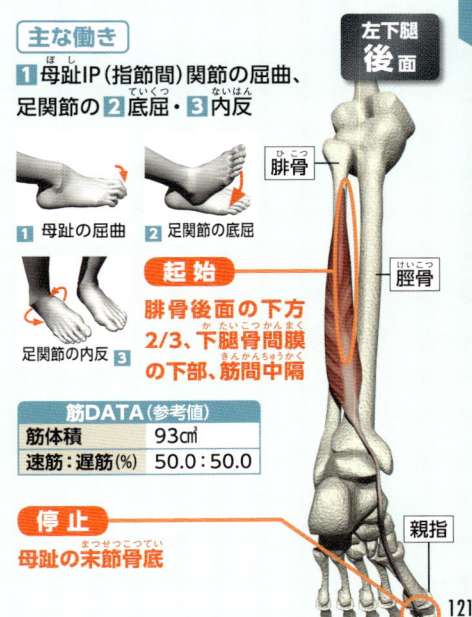

主な働き
1 母趾IP（指節間）関節の屈曲、足関節の **2** 底屈・**3** 内反

左下腿 後面

1 母趾の屈曲　2 足関節の底屈　3 足関節の内反

起始
腓骨後面の下方2/3、下腿骨間膜の下部、筋間中隔

筋DATA（参考値）
筋体積	93㎤
速筋：遅筋(%)	50.0：50.0

停止
母趾の末節骨底

腓骨 / 脛骨 / 親指

第4章　手関節・足関節の動きと鍛え方

足関節の動き ① 足関節 底屈（屈曲）

底屈

貢献度ランキング
1. ヒラメ筋 ➡ P.119
2. 腓腹筋 ➡ P.119
3. 長腓骨筋 ➡ P.121

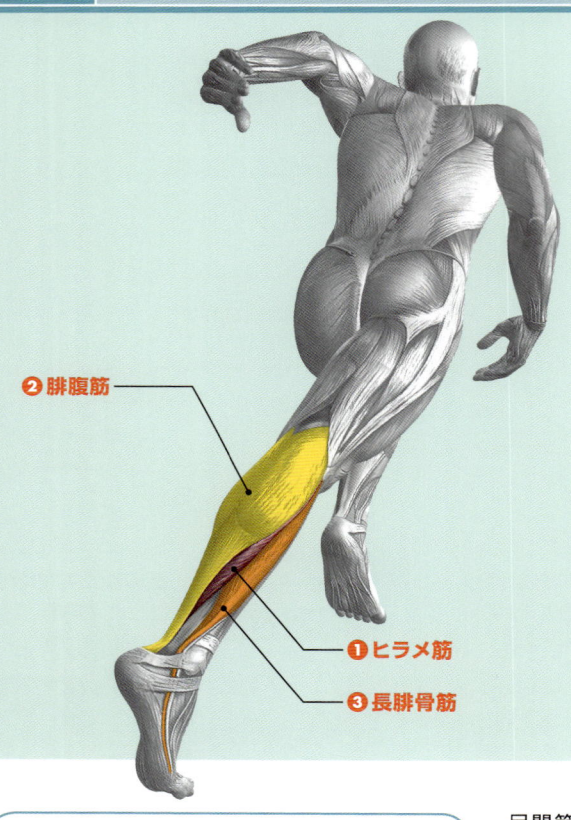

② 腓腹筋
① ヒラメ筋
③ 長腓骨筋

つま先を下方に振る足関節底屈は、ふくらはぎのヒラメ筋と腓腹筋が主働筋。ふくらはぎの外側を通って足首をまたぐ長腓骨筋がその働きを補助する。底屈動作は、スプリントやジャンプなどスポーツにおいても重要な役割を果たす。

足関節の底屈（屈曲）トルク

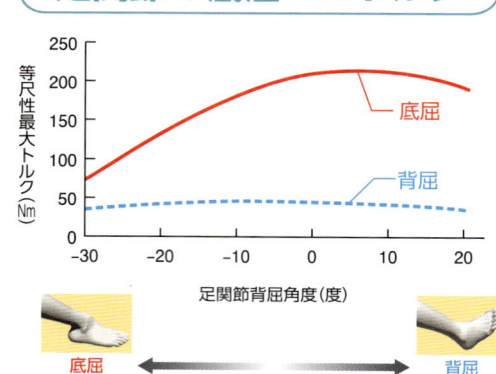

等尺性最大トルク(Nm) / 足関節背屈角度(度)

底屈 ← → 背屈

足関節の底屈動作は、体重を支える力を有しているため、背屈動作より数倍強い。底屈トルクは浅い背屈位で最大となり、底屈位になるほど小さくなる。

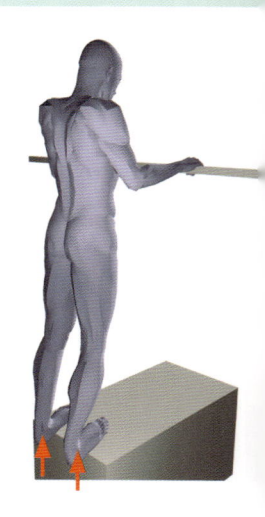

足関節底屈トレ❶ 自宅　メイン ヒラメ筋、腓腹筋　サブ 長腓骨筋ほか下腿筋群
片足カーフレイズ

カカトを上げて足首を伸ばし、底屈の動きを強化する。片足で行うことによって、より高い負荷をかけられる。

1
壁に手をつき、台に片足のつま先を乗せる。膝を伸ばしたまま、足首を曲げてカカトを深く下ろし、ふくらはぎを伸ばす。台が低いとふくらはぎを伸ばせない。

2
カカトをゆっくり上げ、つま先立ちになる。膝を伸ばしたまま行うことによって、膝関節もまたぐ二関節筋の腓腹筋が伸ばされ、より強く刺激できる。

足関節底屈トレ❷ ジム　メイン ヒラメ筋、腓腹筋　サブ 長腓骨筋ほか下腿筋群
マシンカーフレイズ

マシンで行うカーフレイズ。自体重に重い負荷をプラスすることができるため、高負荷のトレーニングができる。

1
両肩にパッドを乗せ、つま先立ちになる。膝を伸ばしたまま、カカトを深く下ろし、ふくらはぎを伸ばす。

2
カカトをゆっくり上げ、つま先立ちになる。膝を伸ばしたまま動作するのは、自体重で行うカーフレイズと同じ。

足関節底屈トレ❸ ジム　メイン ヒラメ筋、腓腹筋　サブ 長腓骨筋ほか下腿筋群
レッグプレスカーフレイズ

レッグプレスマシンを使ったカーフレイズ。カーフレイズマシンがジムにない場合は、この種目でも高負荷のトレーニングが可能。

1
フットプレートの下端に両足のつま先をおく。足幅は腰幅程度。膝を伸ばして足首を曲げ、ふくらはぎを伸ばす。

2
立った状態で行うカーフレイズと同じように、足首を伸ばしてカカトをゆっくり上げ、つま先立ちになる。

第4章 手関節・足関節の動きと鍛え方

足関節の動き❷ 足関節 背屈（伸展）

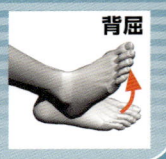

貢献度ランキング
1. 前脛骨筋 ➡P.120
2. 長趾伸筋 ➡P.120
3. 長母趾伸筋 ➡P.120

❶ 前脛骨筋
❷ 長趾伸筋
❸ 長母趾伸筋

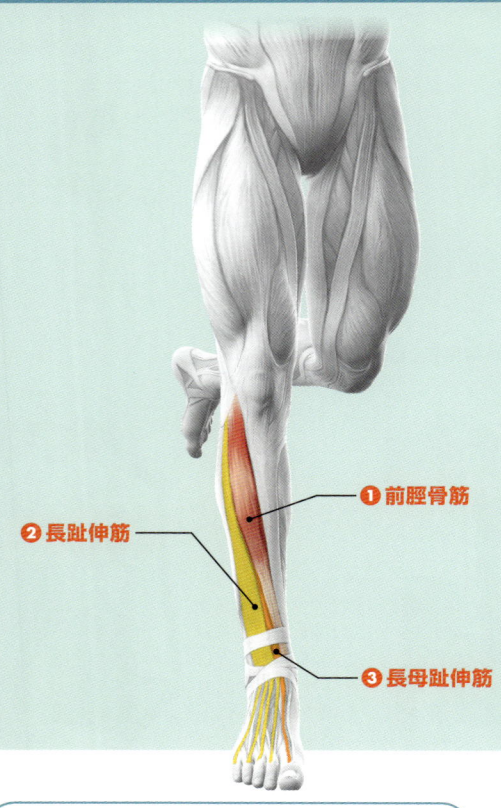

つま先を上方に振る足関節背屈の動きは、スネを通って足首をまたぐ前脛骨筋、長趾伸筋、長母趾伸筋が主働筋。背屈の動きは、衰えると歩行時につま先が上がらなくなり、地面につまずいて転倒の原因にもなる。

足関節の背屈（伸展）トルク

等尺性最大トルク(Nm)／足関節背屈角度(度)

底屈 ←→ 背屈

足関節の背屈動作は、底屈動作に比べて主働筋が小さく、力の強さも劣っている。背屈動作で発揮される関節トルクは、足関節の角度による変化があまりない。

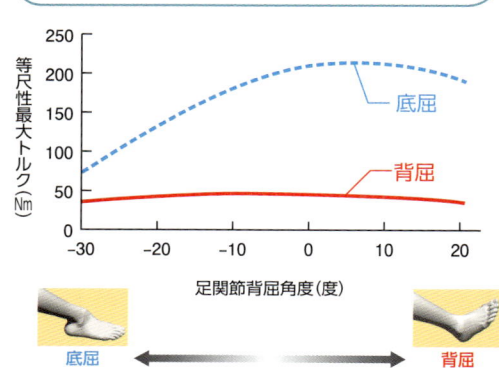

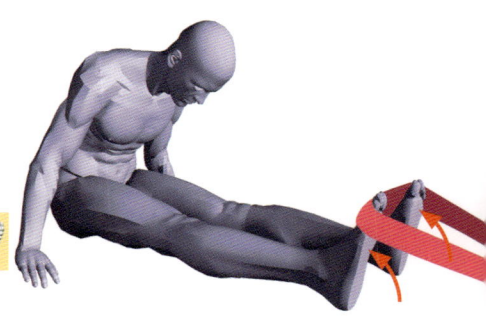

足関節背屈トレ❶ 自宅 　メイン 前脛骨筋　サブ 長趾伸筋、長母趾伸筋
片足トゥレイズ

カカトを支点に足首を伸ばしてつま先を上げ、背屈の動きを鍛える。膝の上に重いものを乗せて負荷を高くする。

1 イスに座り、片足のカカトを台におく。さらにダンベルを持って膝の上に乗せ、つま先を下げてスネを伸ばす。

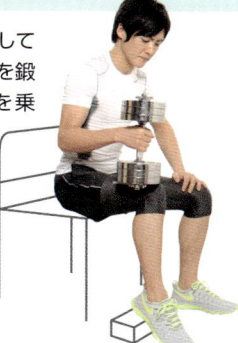

2 カカトを支点に、足首を伸ばしてつま先を高く上げ、スネの筋肉を縮める。ダンベルが背屈動作の負荷になる。

足関節背屈トレ❷ 自宅 　メイン 前脛骨筋　サブ 長趾伸筋、長母趾伸筋
チューブトゥレイズ

寝た状態で行うトゥレイズ。カカトを支点に足首を伸ばしてつま先を上げる動きは、座って行うトゥレイズと同じ。

1 仰向けに寝た状態で柱などに掛けたチューブを片足のつま先に引っ掛ける。チューブの負荷で足首を伸ばし、スネの筋肉を伸ばす。チューブを低い位置に掛けると外れにくい。

2 カカトを支点に、足首を伸ばしてつま先を上げ、スネの筋肉を縮める。カカトを動かさずに足首だけを動かすのがポイント。

足関節背屈トレ❸ ジム 　メイン 前脛骨筋　サブ 長趾伸筋、長母趾伸筋
徒手トゥレイズ

パートナーがつま先を上から押さえて抵抗を加える。背屈動作に対して、強い負荷を的確に全局面でかけ続けられる。

1 イスに座り、片足のカカトを台におく。パートナーがつま先を上から押さえて力を加え、その力に抵抗する。

2 パートナーの押す力に抵抗しながら、カカトを支点につま先を上げる。パートナーは下ろす局面も負荷をかけ続ける。

第4章 手関節・足関節の動きと鍛え方

125

手関節筋・手指筋の
ストレッチ

前腕前面のストレッチ
伸びる筋 手関節屈曲筋群

手首を曲げる手関節屈曲筋群のストレッチ。指を曲げた状態で前腕前面を伸ばすことにより、手首(手関節)だけをまたぐ単関節筋のストレッチに集中できる。

両手でテーブルの手前の端をつかみ、体重をかけて前腕前面を伸ばしていく。力を使わずに強く伸ばすことができる方法。

前腕前面&手指屈曲筋群のストレッチ
伸びる筋 手関節屈曲筋群、手指屈曲筋群

手首の屈曲筋群と手指の屈曲筋群をまとめて伸ばす方法。単関節筋だけでなく、二関節筋もしっかりストレッチできる。

肘を伸ばしたまま、もう片方の手で指先を持ち、手前に引いて手首と手指を反らす。肘関節と手関節をまたぐ二関節筋、手関節と手指の関節をまたぐ二関節筋をまとめて一緒に伸ばせる。

前腕後面&手指伸展筋群のストレッチ
伸びる筋 手関節伸展筋群、手指伸展筋群

手首の伸展筋群と手指の伸展筋群をまとめて伸ばすストレッチ。前腕後面を走る筋群と手甲の筋群を一緒に伸ばすことができる。

手関節と手指を一緒に屈曲させることで、単関節筋だけでなく、二関節筋もしっかりストレッチできる。

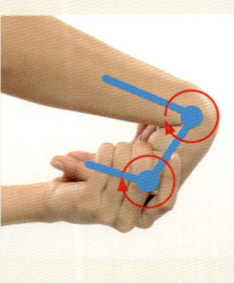

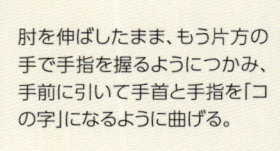

肘を伸ばしたまま、もう片方の手で手指を握るようにつかみ、手前に引いて手首と手指を「コの字」になるように曲げる。

強く伸ばしたい人向け
テーブルや台に手をついて行うと、体重をかけて伸ばせるため、肘から指先までの長い筋群をより高い強度でストレッチできる。

足関節筋・足趾筋のストレッチ

ふくらはぎ（上部）のストレッチ
伸びる筋 腓腹筋

ふくらはぎ上部の盛り上がった部分を伸ばすストレッチ。膝を伸展した状態で足首を背屈し、膝関節と足関節（足首）をまたぐ二関節筋の腓腹筋を伸ばす。

四つんばいの体勢で片足を曲げ、もう片方の脚の膝に足裏を当てる。そこから足裏で膝を押す。この時、伸ばした脚のカカトが浮かないように注意する。

ふくらはぎ（下部）のストレッチ
伸びる筋 ヒラメ筋

膝を曲げて、腓腹筋を緩めた状態で足首を背屈し、足関節のみをまたぐ単関節筋のヒラメ筋を集中的にストレッチする。

しゃがんだ体勢で片膝を立て、両腕をクロスさせて前脚の膝に乗せる。そこから両腕に体重をかけて背屈し、ふくらはぎ下部を伸ばす。動作中に前脚のカカトが浮かないように注意する。

スネのストレッチ
伸びる筋 長趾伸筋、長母趾伸筋など

足趾（足の指）を曲げた状態で足首を底屈させ、スネから足趾まで伸びる多関節筋を伸ばす。足甲の筋群も一緒に伸ばせる。

足を軽く前後に開き、後ろ脚の足趾を丸めて床に押し当てる。そこから足趾に体重をかけて足首を底屈し、足甲とスネをストレッチする。

足裏のストレッチ
伸びる筋 足関節底屈筋群、足趾屈曲筋群

足裏の筋肉を伸ばすストレッチ。足首を背屈しながら、足趾を伸展させることで、足裏の単関節筋と二関節筋をまとめてストレッチする。

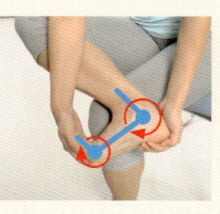

イスに座って足を組み、膝に乗せた足のカカトを手で押さえる。もう片方の手で足趾を反らし、足先が「コの字」になるように足首と足趾を一緒に伸ばしていく。

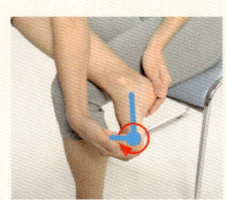

単関節筋を伸ばす方法
足趾関節のみをまたぐ単関節筋を集中的に伸ばす方法。足首を背屈させず、二関節筋を緩めた状態で足趾を反らす。

第4章 手関節・足関節の動きと鍛え方

COLUMN ❹

握力の鍛え方

握力を生み出すのは人差し指〜小指の屈曲筋力

　一般的に、手指を曲げる力を「握力」とよぶが、柔道で相手の道着をつかんだり、クライミングで岩をつかんだり、スポーツで握力を要する場面の多くは、5本指ではなく、親指を除く4本指（人差し指〜小指）の屈曲が主体となっている。体力測定などで使われる握力計も、計測するのは主に4本指の屈曲筋力となる。

　人差し指〜小指（第2〜5指）の屈曲は、浅指屈筋とその深部にある深指屈筋が主働筋。この2筋はいずれも筋腹が前腕の前面にあり、手関節（手首）をまたいで、4本指の指先まで停止腱が伸びている。

　浅指屈筋と深指屈筋はほとんど同じ働きをもち、4本指の屈曲だけでなく、手首を手の平側に曲げる手関節掌屈（屈曲）の主働筋でもある。手指（4本指）屈曲と手関節掌屈は、同じ筋肉が作用するため、手関節掌屈の動きを強化すれば、結果として握力の強化にもつながる。

　ただし、目的が握力強化であれば、P.114〜115で紹介した手指屈曲トレーニングを行ったほうが効果は得やすい。

握力強化＝浅指屈筋・深指屈筋の強化

浅指屈筋が第2〜5指のPIP関節（第2関節）の屈曲に作用するのに対し、より指先まで停止腱が伸びている深指屈筋は、第2〜5指のDIP関節（第1関節）とPIP関節（第2関節）の屈曲に作用する。

手を握る動きは、親指を除く4指が主体となって握る場合が多い

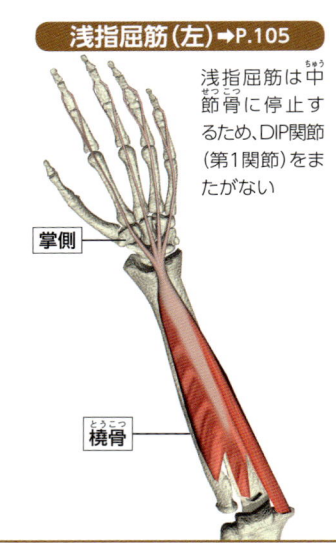

浅指屈筋（左）→P.105
浅指屈筋は中節骨に停止するため、DIP関節（第1関節）をまたがない

掌側
橈骨

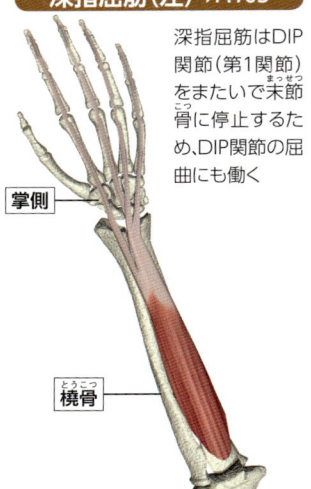

深指屈筋（左）→P.105
深指屈筋はDIP関節（第1関節）をまたいで末節骨に停止するため、DIP関節の屈曲にも働く

掌側
橈骨

第5章
股関節の動きと鍛え方

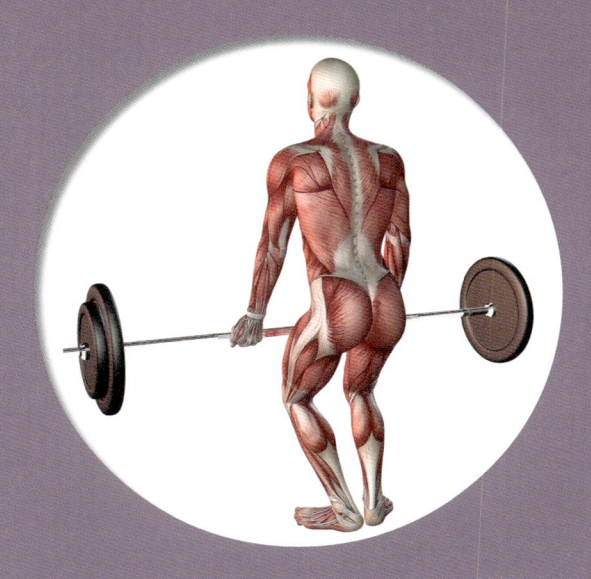

骨盤と大腿骨を関節する股関節は、脚の付け根にあたる部分で、両脚のあらゆる動きの起点となる。殿部の大殿筋・中殿筋、股関節深層の腸腰筋、太腿裏のハムストリング、太腿内側の内転筋群を中心に、大小の筋群が協力して各方向に脚を動かす。

- ●「筋体積」データの出典
- ・Friederich JA and Brand RA, Muscle fiber architecture in the human lower limb. J Biomech,（1990）, 23（1）, 91-5.（死体解剖＝男性37歳・183cm・91kg）
- ※P.130～131の「筋体積ランキング」は各筋の筋体積データをもとに算出
- ●「速筋：遅筋（%）」データの出典
- ・P.135「大腰筋」「腸骨筋」…Pierrynowski MR and Morrison JB,（1985）. A physiological model for the evaluation of muscular forces in human locomotion: Theoretical aspects.Math.Biosci.75：69-101
- ・P.134「大殿筋」、P.137「大内転筋」…Johnson MA, Polgar J, Weightman D and Appleton D,（1973）
- ・P.134「中殿筋」、P.136「小殿筋」「大腿筋膜張筋」「薄筋」、P.137「長内転筋」、P.138「短内転筋」「恥骨筋」「大腿方形筋」、P.139「外閉鎖筋」「内閉鎖筋」「梨状筋」…White SC, Yack HJ and Winter DA,（1989）. A three-dimensional musculoskeletal model for gait analysis. Anatomical variability estimates. J.Biomech.22：885-893
- ※筋体積のデータは、すべて左右の片側だけの数値（以下同）
- ●「最大トルクと関節角度」のグラフデータの出典
- ・股関節の屈曲、外転・内転…Arnold et al.（2010）
- ・股関節の伸展、外転・内転…Anderson et al.（2007）より改編
- ※股関節の外旋・内旋のグラフは、データが揃っていないため掲載なし

股関節の可動域

股関節は太腿(大腿部)の付け根にあたる関節。骨盤の外側にある寛骨臼が半球状の大腿骨頭を包み込むように連結している。ほかの関節より体のやや深層にある。

関与する筋肉の総量が最も多い股関節

股関節は、肩関節と同じ球関節であるため、前後・左右・捻りの3次元方向に動かすことができる。ただし、関節構造や靭帯の結合が硬く、脱臼などを起こしにくいことが肩関節との大きな違いである。

脚の付け根にあたる関節でもあり、さまざまな運動における下半身動作の起点として重要な役割を担っている。特に、太腿を後方に振る股関節伸展の動作は、膝関節伸展動作と並んで極めて力の強い関節運動であり、立つ、歩くといった日常生活動作をはじめ、あらゆる動作で使われる。股関節の動きに関与する筋肉の総量は、人体の関節の中で最大となる。

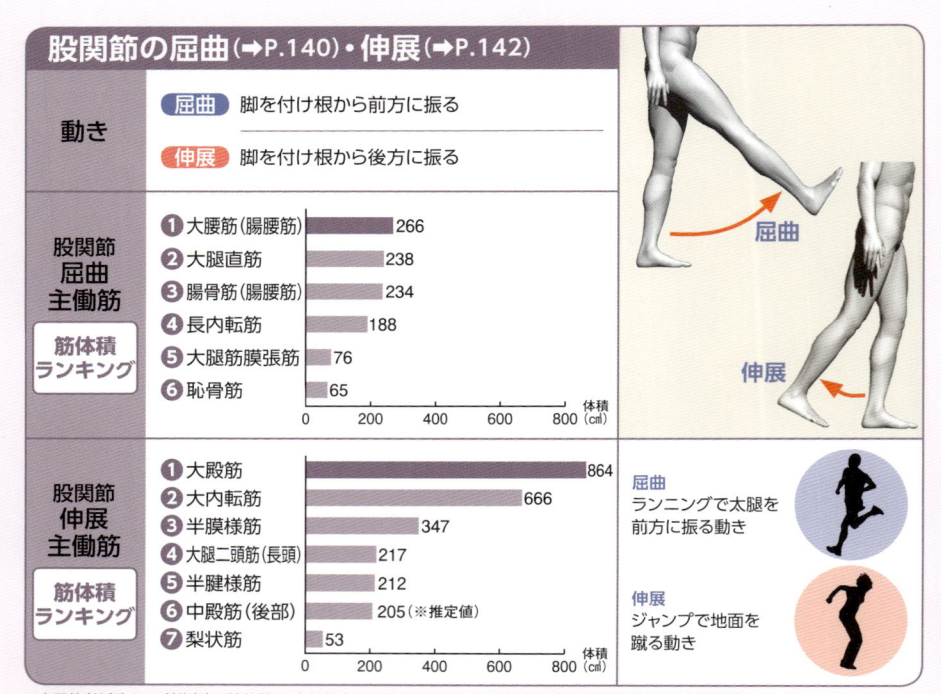

股関節の屈曲(→P.140)・伸展(→P.142)

動き		
	屈曲	脚を付け根から前方に振る
	伸展	脚を付け根から後方に振る

股関節屈曲主働筋 筋体積ランキング

1. 大腰筋(腸腰筋) 266
2. 大腿直筋 238
3. 腸骨筋(腸腰筋) 234
4. 長内転筋 188
5. 大腿筋膜張筋 76
6. 恥骨筋 65

(体積 cm³)

股関節伸展主働筋 筋体積ランキング

1. 大殿筋 864
2. 大内転筋 666
3. 半膜様筋 347
4. 大腿二頭筋(長頭) 217
5. 半腱様筋 212
6. 中殿筋(後部) 205 (※推定値)
7. 梨状筋 53

(体積 cm³)

屈曲 ランニングで太腿を前方に振る動き

伸展 ジャンプで地面を蹴る動き

※中殿筋(前部)および(後部)の筋体積は、中殿筋全体の筋体積(411cm³)を前部・後部に2等分して算出した推定値

股関節の外転(➡P.146)・内転(➡P.149)

動き
- 外転：脚を付け根から外側に開く
- 内転：開いた脚を付け根から内側に閉じる

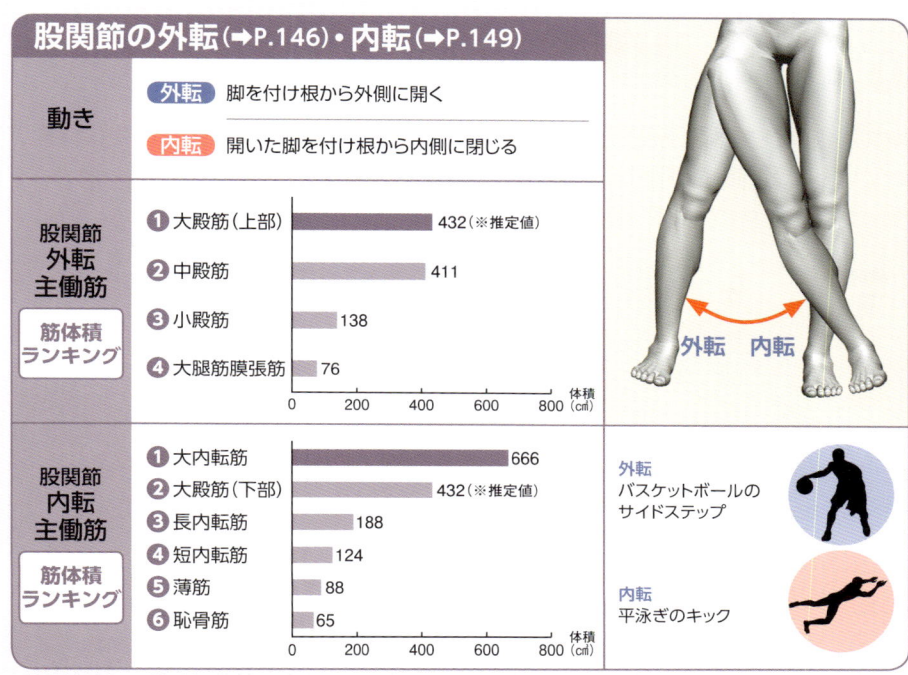

股関節外転主働筋　筋体積ランキング

順位	筋	体積(cm³)
1	大殿筋（上部）	432（※推定値）
2	中殿筋	411
3	小殿筋	138
4	大腿筋膜張筋	76

股関節内転主働筋　筋体積ランキング

順位	筋	体積(cm³)
1	大内転筋	666
2	大殿筋（下部）	432（※推定値）
3	長内転筋	188
4	短内転筋	124
5	薄筋	88
6	恥骨筋	65

- 外転：バスケットボールのサイドステップ
- 内転：平泳ぎのキック

※大殿筋（上部）および（下部）の筋体積は、大殿筋全体の筋体積（864cm³）を上部・下部に2等分して算出した推定値

股関節の外旋(➡P.152)・内旋(➡P.154)

動き
- 外旋：太腿を回転軸にして、脚を付け根から外向きに回旋する
- 内旋：太腿を回転軸にして、脚を付け根から内向きに回旋する

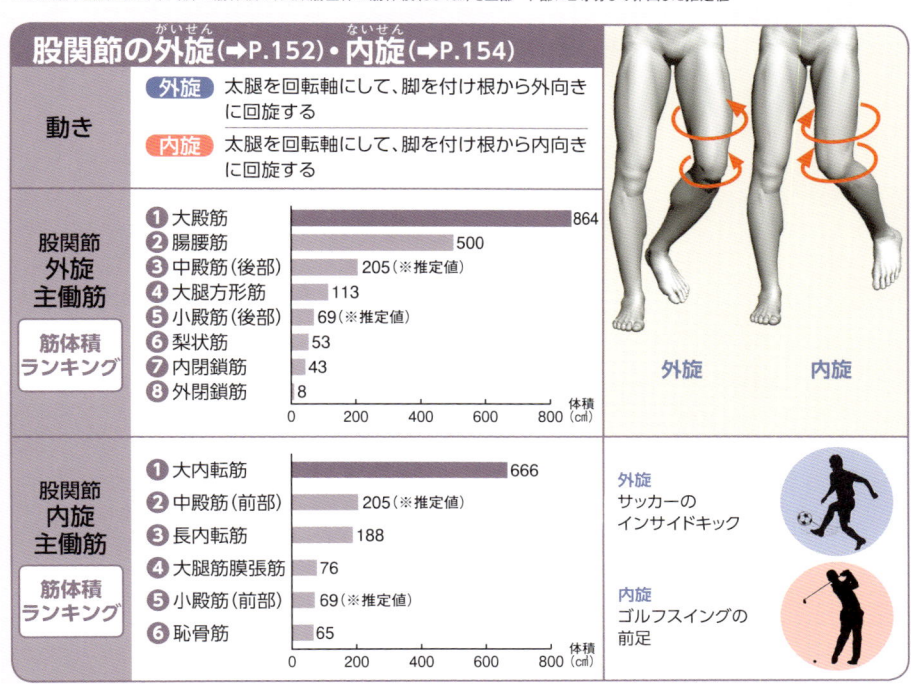

股関節外旋主働筋　筋体積ランキング

順位	筋	体積(cm³)
1	大殿筋	864
2	腸腰筋	500
3	中殿筋（後部）	205（※推定値）
4	大腿方形筋	113
5	小殿筋（後部）	69（※推定値）
6	梨状筋	53
7	内閉鎖筋	43
8	外閉鎖筋	8

股関節内旋主働筋　筋体積ランキング

順位	筋	体積(cm³)
1	大内転筋	666
2	中殿筋（前部）	205（※推定値）
3	長内転筋	188
4	大腿筋膜張筋	76
5	小殿筋（前部）	69（※推定値）
6	恥骨筋	65

- 外旋：サッカーのインサイドキック
- 内旋：ゴルフスイングの前足

※小殿筋（前部）および（後部）の筋体積は、小殿筋全体の筋体積（138cm³）を前部・後部に2等分して算出した推定値

第5章　股関節の動きと鍛え方

股関節を動かす筋一覧

股関節を動かす筋は、股関節前面の筋群、深部の外旋筋群、殿部の筋群で主に構成されている。縫工筋や薄筋にように股関節と膝関節をまたぐ細長い二関節筋もある。

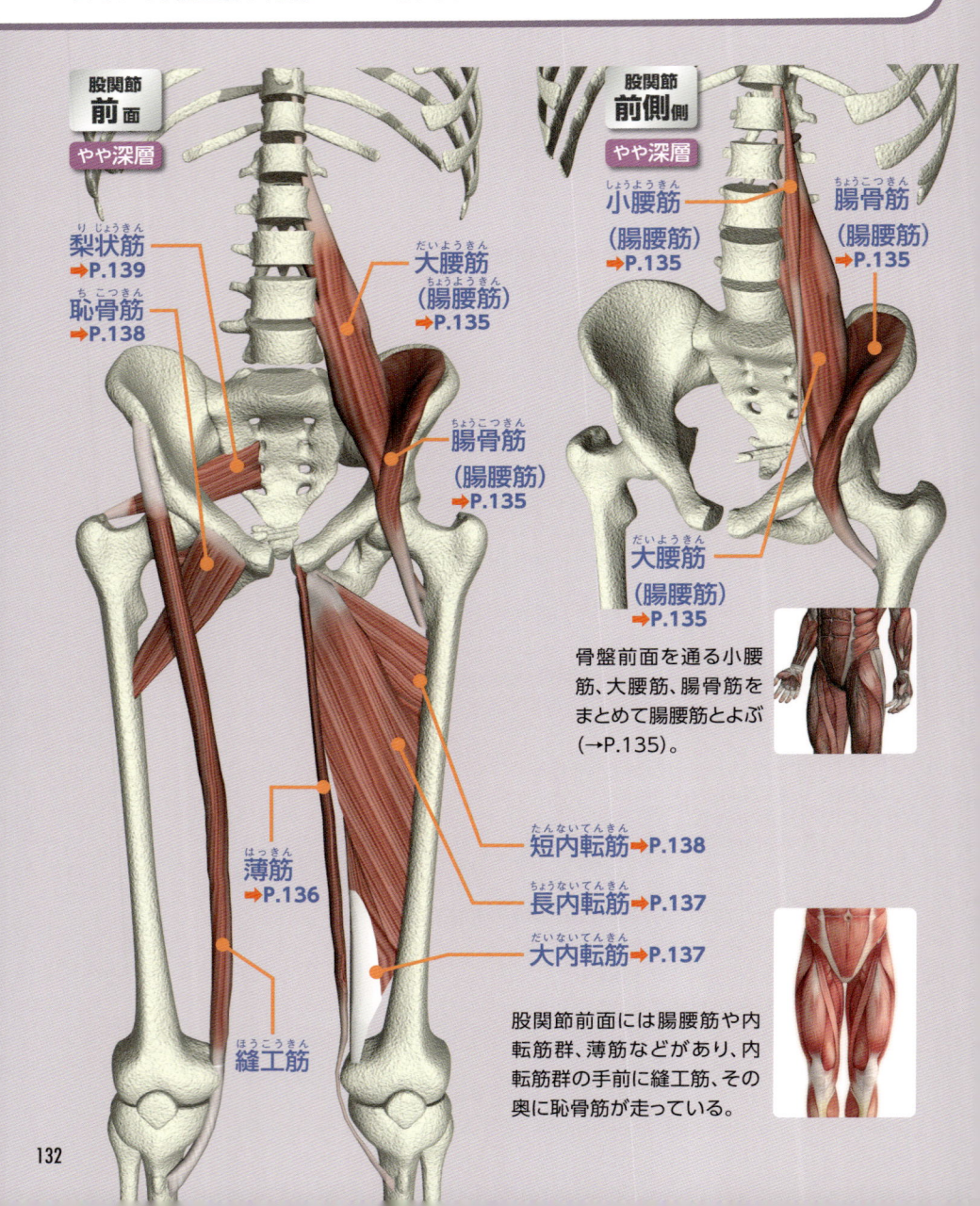

股関節 前面
やや深層

- 梨状筋 →P.139
- 恥骨筋 →P.138
- 大腰筋(腸腰筋) →P.135
- 腸骨筋(腸腰筋) →P.135
- 薄筋 →P.136
- 縫工筋

股関節 前側側
やや深層

- 小腰筋(腸腰筋) →P.135
- 腸骨筋(腸腰筋) →P.135
- 大腰筋(腸腰筋) →P.135
- 短内転筋 →P.138
- 長内転筋 →P.137
- 大内転筋 →P.137

骨盤前面を通る小腰筋、大腰筋、腸骨筋をまとめて腸腰筋とよぶ(→P.135)。

股関節前面には腸腰筋や内転筋群、薄筋などがあり、内転筋群の手前に縫工筋、その奥に恥骨筋が走っている。

骨盤後面 やや深層

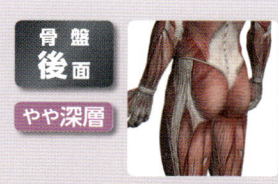

骨盤後面の深層にある外閉鎖筋は、下双子筋や大腿方形筋に覆われている。

- 梨状筋 ➡P.139
- 外閉鎖筋 ➡P.139
- 恥骨筋 ➡P.138
- 縫工筋

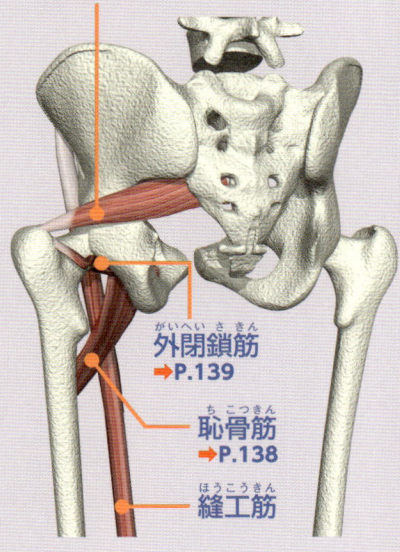

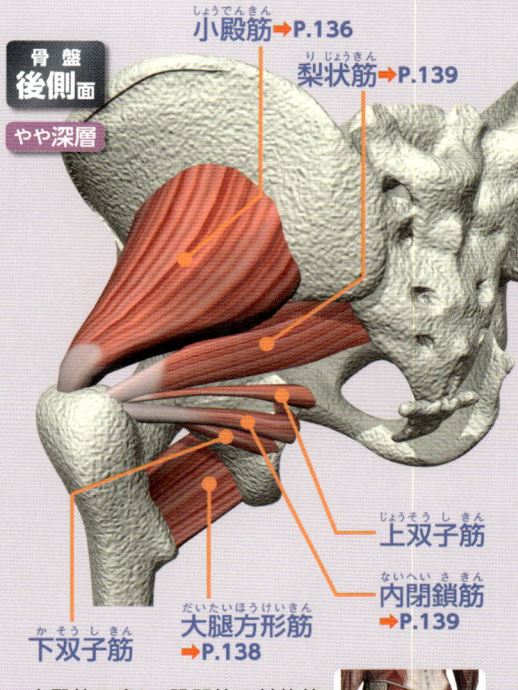

骨盤後側面 やや深層

- 小殿筋 ➡P.136
- 梨状筋 ➡P.139
- 上双子筋
- 内閉鎖筋 ➡P.139
- 下双子筋
- 大腿方形筋 ➡P.138

小殿筋の奥に、股関節の外旋筋群である梨状筋、上双子筋、内閉鎖筋、下双子筋、大腿方形筋、外閉鎖筋が集まっている。

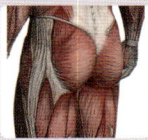

骨盤後側面 浅層

大殿筋が中殿筋の一部を覆い、中殿筋は小殿筋を覆っている。大腿筋膜張筋の腱は太もも側面の腸脛靭帯につながる。

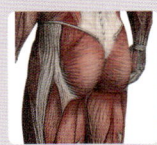

- 中殿筋 ➡P.134
- 大腿筋膜張筋 ➡P.136
- 大殿筋 ➡P.134

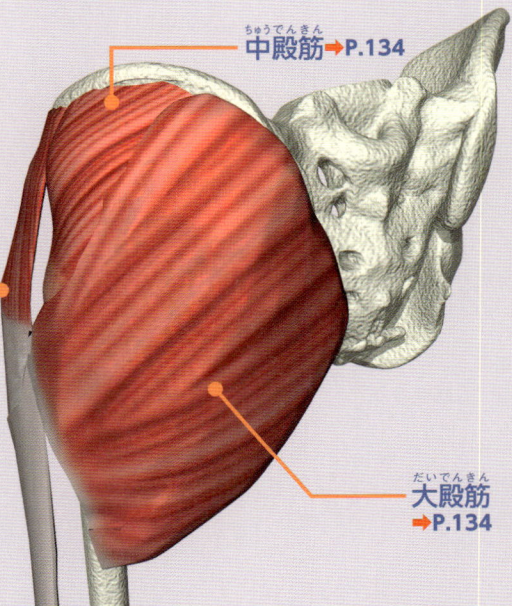

第5章 股関節の動きと鍛え方

股関節伸展・外旋筋
大殿筋

お尻を形成する大きな筋。単一筋としては人体の筋で最大。主に太腿を後方に振る動き(股関節伸展)の主働筋として働く。股関節外旋の主働筋でもある。停止部の大腿筋膜は腸脛靭帯に移行する。大殿筋は歩行や走行など片足立ちの状態でより貢献度が高まる。

起始
1. 浅部：腸骨稜、上後腸骨棘、仙骨、尾骨
2. 深部：腸骨翼の殿筋面、仙結節靭帯

停止
1. 上側：大腿筋膜の外側部で腸脛靭帯に移行
2. 下側：大腿骨の殿筋粗面

骨盤 後側面

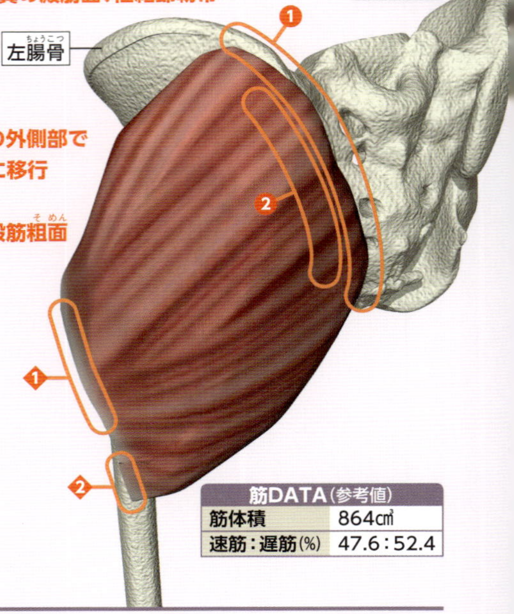

左腸骨

主な働き
1. 股関節の伸展(全体)
2. 股関節の外旋(全体)
3. 股関節の外転(上側)
4. 股関節の内転(下側)

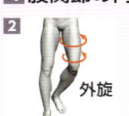

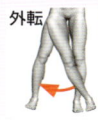

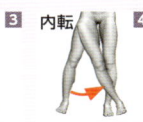

1 伸展　2 外旋　3 外転　4 内転

筋DATA (参考値)
筋体積	864㎤
速筋：遅筋(%)	47.6：52.4

股関節外転・内旋筋
中殿筋

大殿筋の上部に位置し、大部分を大殿筋に覆われている。太腿を側方に振る動き(股関節外転)の主働筋。股関節内旋の主働筋でもある。片足時に骨盤が落ちないように維持する役割も担っている。

起始
腸骨翼の殿筋面(前殿筋線と後殿筋線の間)、腸骨稜の外唇、殿筋腱膜

停止
大腿骨の大転子の尖端と外側面

骨盤 後側面

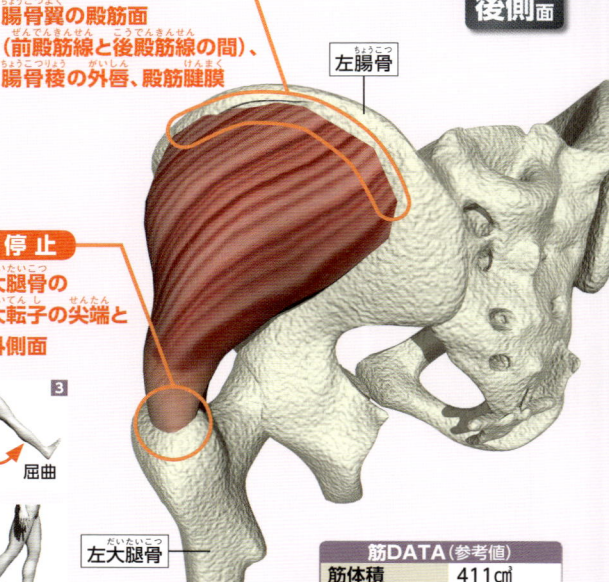

左腸骨

左大腿骨

主な働き
全体：股関節の 1 外転 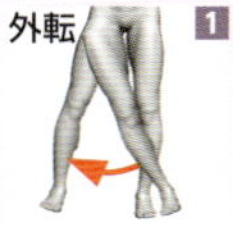
前部：股関節の 2 内旋・3 屈曲 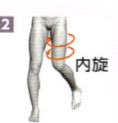
後部：股関節の 2 外旋・3 伸展

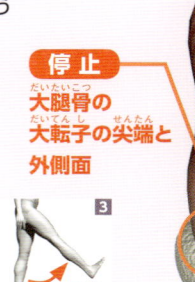

1 外転　2 内旋　3 屈曲　2 外旋　3 伸展

筋DATA (参考値)
筋体積	411㎤
速筋：遅筋(%)	50.0：50.0

股関節屈曲筋
大腰筋
腸腰筋①

腸骨筋、小腰筋とともに股関節深層の腸腰筋を構成する。大腰筋は腰椎の側面から起始し、太腿の付け根に停止する筋で、股関節屈曲筋としては最も強力。腸骨筋とともに歩行や正しい姿勢の維持に重要な役割を果たしている。

筋DATA（参考値）

筋体積	266cm³
速筋：遅筋(%)	50.0：50.0

主な働き
股関節の 1 屈曲・2 わずかに外旋、3 脊柱の安定に貢献

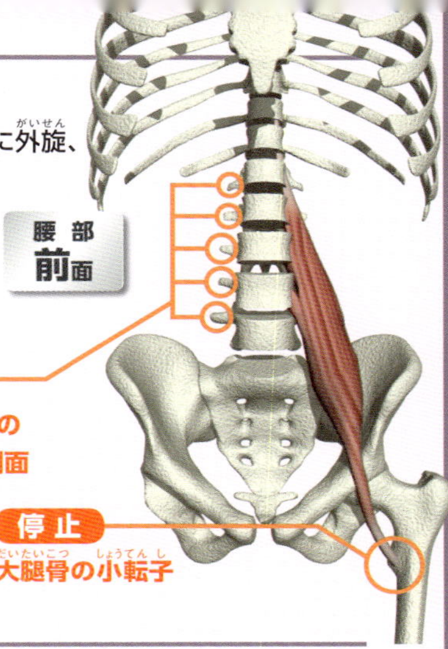

1 屈曲　2 わずかに外旋

腰部前面

起始
①浅頭：第12胸椎～第4腰椎の椎体側面および椎間円板側面
②深頭：全腰椎の肋骨突起

停止
大腿骨の小転子

股関節屈曲筋
腸骨筋
腸腰筋②

骨盤の腸骨内面に付着し、腸腰筋の中で最も深層に位置する。大腰筋とともに太腿を前方に振る動き（股関節屈曲）の主働筋として働く。筋が腸骨前面にあたって折れ曲がったまま、スライドして働く。

主な働き
股関節の 1 屈曲・2 外旋

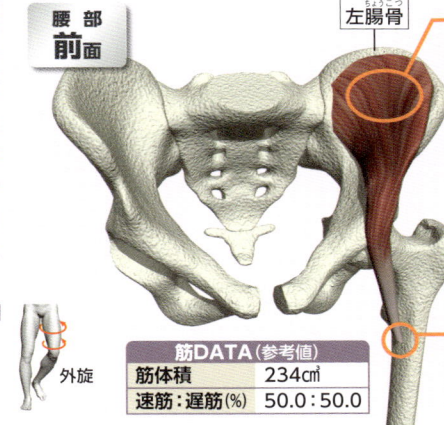

1 屈曲　2 外旋

腰部前面　左腸骨

起始
腸骨窩および下前腸骨棘

筋DATA（参考値）

筋体積	234cm³
速筋：遅筋(%)	50.0：50.0

停止
大腿骨の小転子の下方

股関節屈曲筋
小腰筋
腸腰筋③

もともと大腰筋からの分束であり、約半数の人にしか存在しない特殊な筋。腸腰筋膜に停止し、腸腰筋の腱を引っ張るので、股関節屈曲の動きに作用するが、補助的な働きであり、貢献度は小さい。

主な働き
股関節の屈曲

屈曲

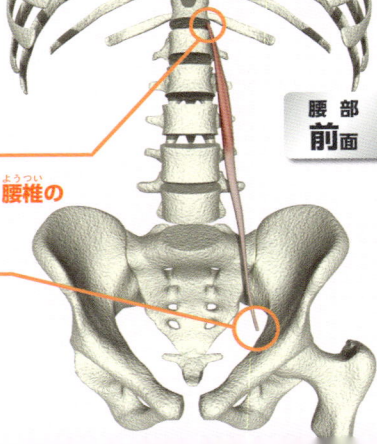

腰部前面

起始
第12胸椎および第1腰椎の椎体外側面

停止
腸恥隆起と付近の筋膜

筋DATA（参考値）

筋体積	—
速筋：遅筋(%)	—

第5章 股関節の動きと鍛え方

股関節外転筋
小殿筋（しょうでんきん）

お尻の上部側面にあり、中殿筋の深部に位置する。中殿筋とほぼ同じ作用をもつ。股関節外転の主働筋として働き、脚を内向きにひねる股関節内旋の動きにもわずかに作用する。中殿筋とともに足を横に踏み出す動きに強く働く。

起始：腸骨翼の殿筋面（前殿筋線と下殿筋線の間）

主な働き：股関節の ① 外転・② わずかな内旋

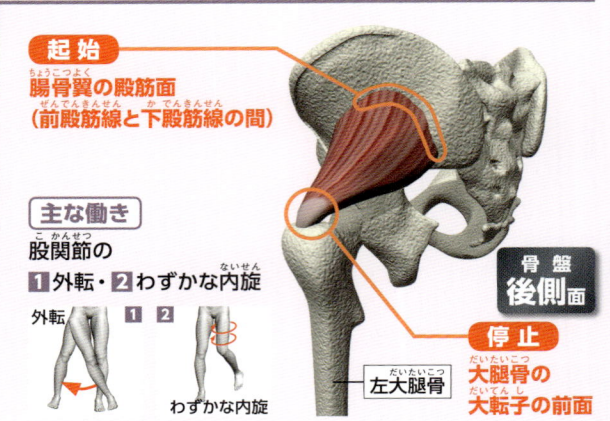

停止：大腿骨の大転子の前面（左大腿骨）

骨盤 後側面

筋DATA（参考値）	
筋体積	138cm³
速筋：遅筋(%)	50.0：50.0

股関節外転筋
大腿筋膜張筋（だいたいきんまくちょうきん）

股関節外転に働く筋。股関節屈曲の際、股関節の外旋を防ぎ、脚の向きを調整する働きもある。

主な働き：股関節の ① 外転・② 屈曲・③ 内旋、大腿筋膜の緊張

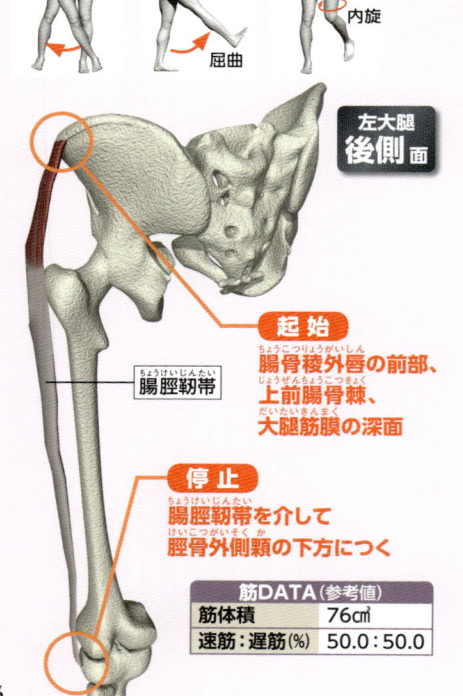

左大腿 後側面

起始：腸骨稜外唇の前部、上前腸骨棘、大腿筋膜の深面

停止：腸脛靱帯を介して脛骨外側顆の下方につく

筋DATA（参考値）	
筋体積	76cm³
速筋：遅筋(%)	50.0：50.0

股関節内転筋
薄筋（はっきん）

股関節と膝関節をまたぐ内転筋群で唯一の二関節筋。ほかの内転筋群と股関節内転に働く。

主な働き：
① 股関節の内転
② 膝関節の屈曲
③ 股関節の屈曲
④ 下腿の内旋

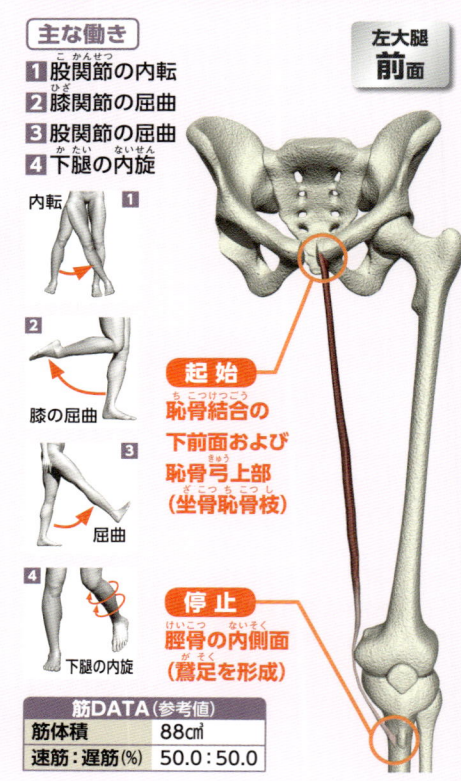

左大腿 前面

起始：恥骨結合の下前面および恥骨弓上部（坐骨恥骨枝）

停止：脛骨の内側面（鵞足を形成）

筋DATA（参考値）	
筋体積	88cm³
速筋：遅筋(%)	50.0：50.0

股関節内転筋　大内転筋

内転筋群の中では最大の筋で、最も強い筋力を発揮する。前側の内転筋部と、後側のハムストリング部に分かれていて、それぞれ起始部・停止部が異なる。開いた脚を内側に閉じる動き（股関節内転）の主働筋であり、股関節内旋や股関節伸展の動きにも作用する。

主な働き
全体：股関節の **1** 内転・**3** 内旋
後部：**2** 伸展

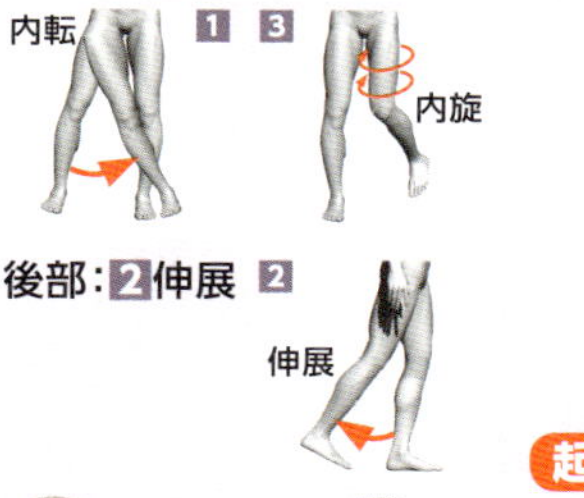

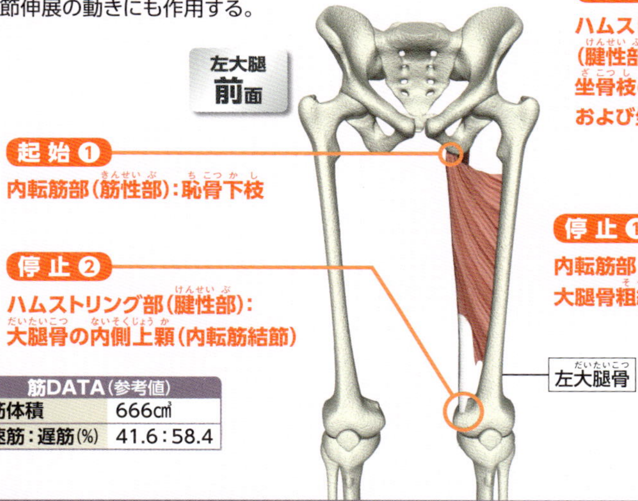

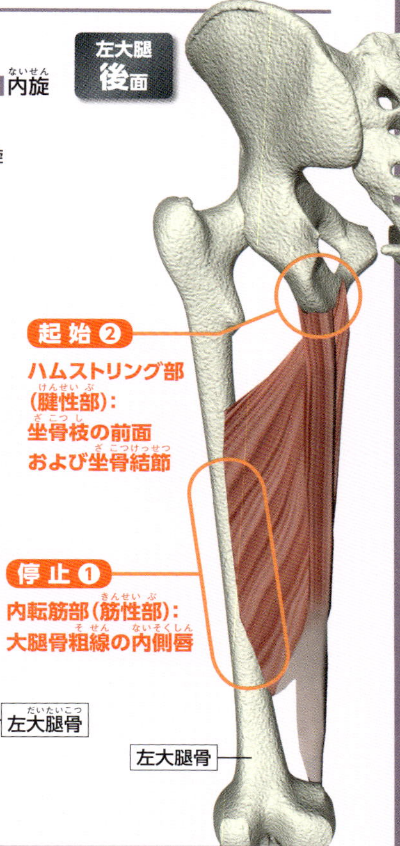

起始 ❶ 内転筋部（筋性部）：恥骨下枝

起始 ❷ ハムストリング部（腱性部）：坐骨枝の前面および坐骨結節

停止 ❶ 内転筋部（筋性部）：大腿骨粗線の内側唇

停止 ❷ ハムストリング部（腱性部）：大腿骨の内側上顆（内転筋結節）

筋DATA（参考値）
筋体積	666cm³
速筋：遅筋(%)	41.6：58.4

股関節内転筋　長内転筋

恥骨筋の下部と並走する筋で、大内転筋の前側に位置する。ほかの内転筋群とともに、開いた脚を内側に閉じる動き（股関節内転）に働く。停止部が骨盤の前側にあるため、太腿を前方に振る股関節屈曲の動きにも作用する。

主な働き
股関節の **1** 内転・**2** 屈曲・**3** 外転位で内旋

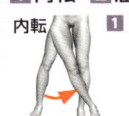

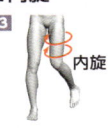

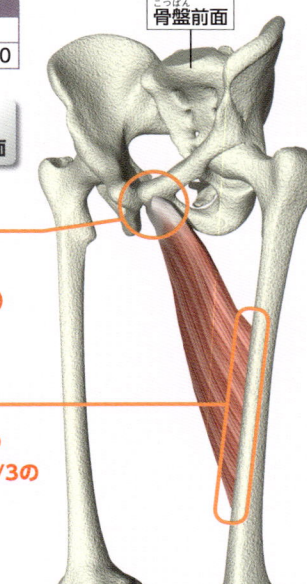

起始 恥骨上枝（恥骨結節の下方）

停止 大腿骨粗線の内側唇中部1/3の範囲

筋DATA（参考値）
筋体積	188cm³
速筋：遅筋(%)	50.0：50.0

第5章　股関節の動きと鍛え方

股関節内転筋
短内転筋
（たんないてんきん）

恥骨筋と長内転筋に覆われ、大内転筋の前を走行する内転筋群のひとつ。通常は長内転筋とともに作用し、股関節の内転に働く。わずかながら股関節内旋および股関節屈曲の動きにも作用する。

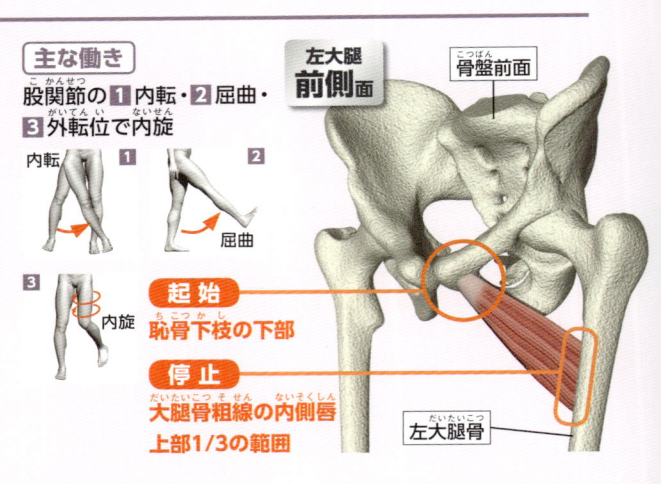

主な働き
股関節の 1 内転・2 屈曲・3 外転位で内旋

筋DATA（参考値）	
筋体積	124㎤
速筋：遅筋(%)	50.0：50.0

起始：恥骨下枝の下部
停止：大腿骨粗線の内側唇 上部1/3の範囲

左大腿前側面　骨盤前面　左大腿骨

股関節内旋筋
恥骨筋
（ちこつきん）

内転筋群の中で最も上部に位置する扁平な筋。大腰筋と長内転筋の間を走る。主に脚を内側にひねる動き（股関節内旋）に働くが、起始部が前寄りの恥骨櫛にあるため、股関節屈曲にも作用する。

主な働き
股関節の 1 内旋・2 屈曲・3 内転

筋DATA（参考値）	
筋体積	65㎤
速筋：遅筋(%)	50.0：50.0

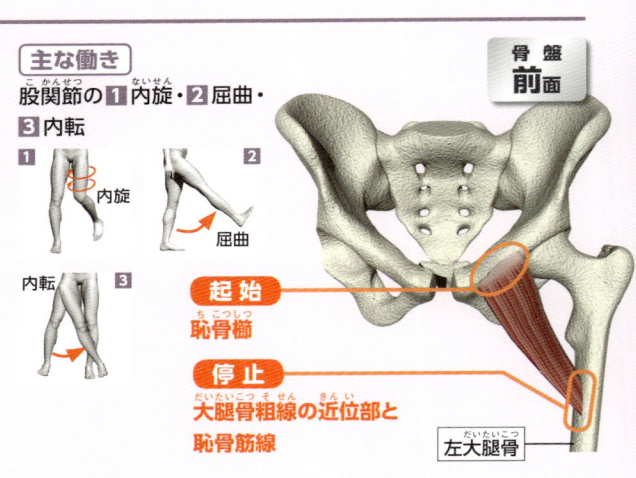

起始：恥骨櫛
停止：大腿骨粗線の近位部と恥骨筋線

骨盤前面　左大腿骨

股関節外旋筋
大腿方形筋
（だいたいほうけいきん）

四角い扁平な筋で、下双子筋の下に位置する。内閉鎖筋とともに股関節の最も強力な外旋筋として、脚を外向きにひねる動き（股関節外旋）に強く働く。股関節の内転作用も併せもっている。

主な働き
股関節の 1 外旋・2 わずかに内転

筋DATA（参考値）	
筋体積	113㎤
速筋：遅筋(%)	50.0：50.0

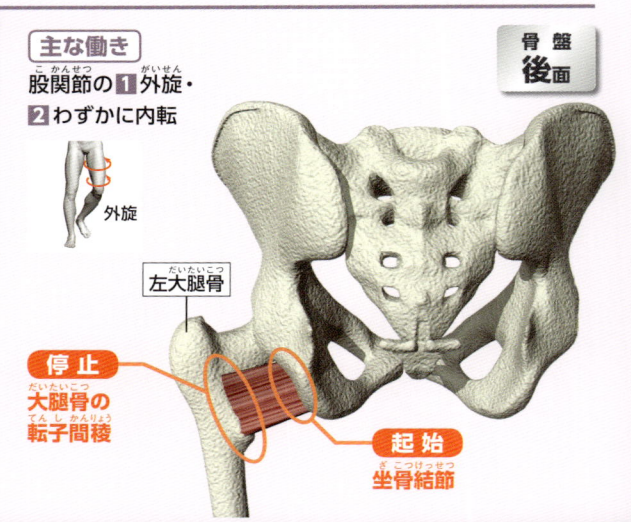

起始：坐骨結節
停止：大腿骨の転子間稜

骨盤後面　左大腿骨

股関節外旋筋
外閉鎖筋
がいへいさきん

股関節外旋筋群の中で最も深層にある筋。下双子筋と大腿方形筋に覆われている。ほかの外旋筋群とともに、脚を外向きにひねる股関節外旋の動きに働く。微弱ながら股関節内転にも作用する。

主な働き
股関節の ❶ 外旋・❷ わずかに内転

停止 大腿骨の大転子の転子窩（左大腿骨）

起始 閉鎖孔の内側骨縁の外面と閉鎖膜

骨盤 後面

筋DATA（参考値）	
筋体積	8cm³
速筋：遅筋(%)	50.0：50.0

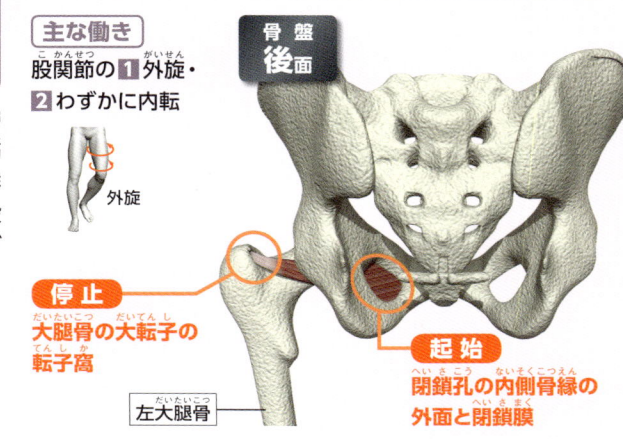

股関節外旋筋
内閉鎖筋
ないへいさきん

大腿方形筋と並んで最も強力な外旋筋であり、股関節外旋の主働筋として働く。外旋作用のある大腿方形筋、内閉鎖筋、外閉鎖筋、梨状筋、上双子筋、下双子筋を総称し、「股関節外旋六筋」とよぶ。

主な働き
股関節の外旋

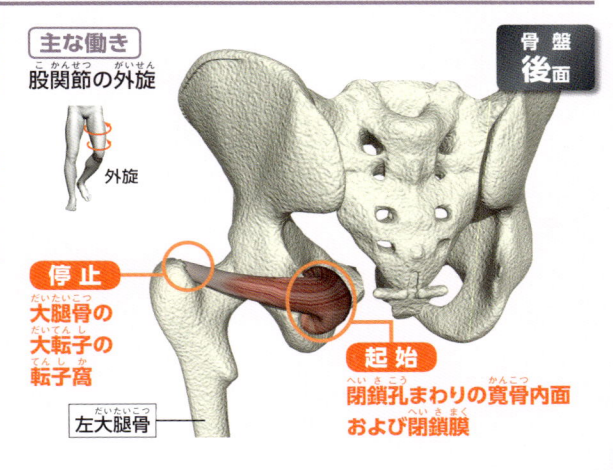

停止 大腿骨の大転子の転子窩（左大腿骨）

起始 閉鎖孔まわりの寛骨内面および閉鎖膜

骨盤 後面

筋DATA（参考値）	
筋体積	43cm³
速筋：遅筋(%)	50.0：50.0

股関節外旋筋
梨状筋
りじょうきん

大殿筋の深部にあるインナーマッスル。梨の形に見えるのが筋名の由来。股関節外旋六筋のひとつであり、股関節外旋の主働筋として働く。脚を外側に開く股関節外転の動きにもわずかに作用する。

主な働き
股関節の ❶ 外旋・❷ わずかに外転

起始 仙骨の前面で第2〜4前仙骨孔の間とその外側、大坐骨切痕の縁

停止 大腿骨の大転子の尖端内側面（左大腿骨）

骨盤 前面

筋DATA（参考値）	
筋体積	53cm³
速筋：遅筋(%)	50.0：50.0

第5章 股関節の動きと鍛え方

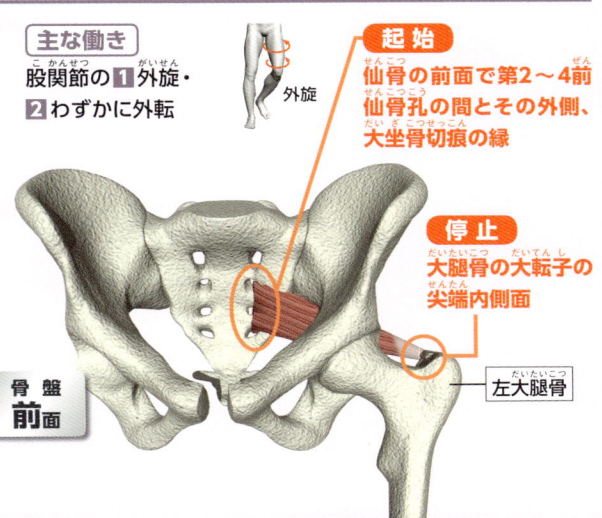

股関節の動き❶ 股関節 屈曲（くっきょく）

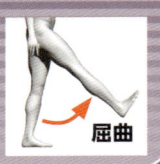

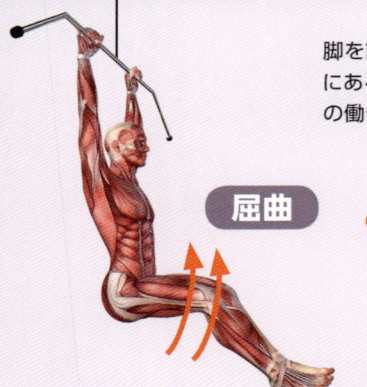

脚を前方に振って太腿を持ち上げる股関節屈曲。主働筋は下腹深部にある腸腰筋。太腿前面の大腿直筋や太腿側面の大腿筋膜張筋がその働きを補助する。走力の向上に股関節屈曲の強化は欠かせない。

股関節前面（深層）

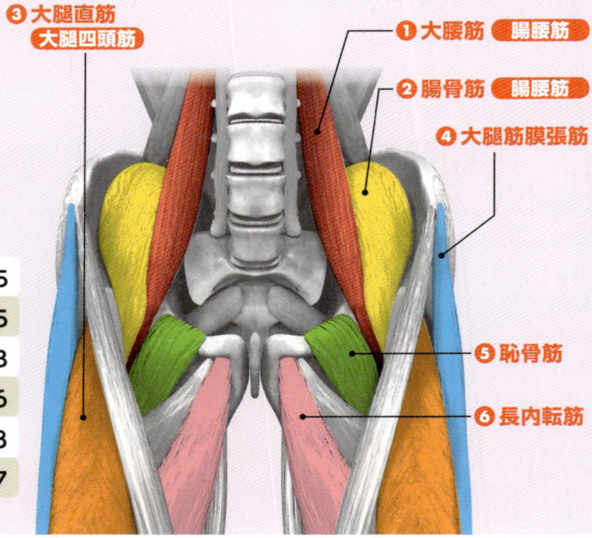

- ❶ 大腰筋　腸腰筋
- ❷ 腸骨筋　腸腰筋
- ❸ 大腿直筋　大腿四頭筋
- ❹ 大腿筋膜張筋
- ❺ 恥骨筋
- ❻ 長内転筋

貢献度ランキング

	筋肉	ページ
❶	大腰筋（腸腰筋）	→P.135
❷	腸骨筋（腸腰筋）	→P.135
❸	大腿直筋（大腿四頭筋）	→P.163
❹	大腿筋膜張筋	→P.136
❺	恥骨筋	→P.138
❻	長内転筋	→P.137

股関節の屈曲トルク

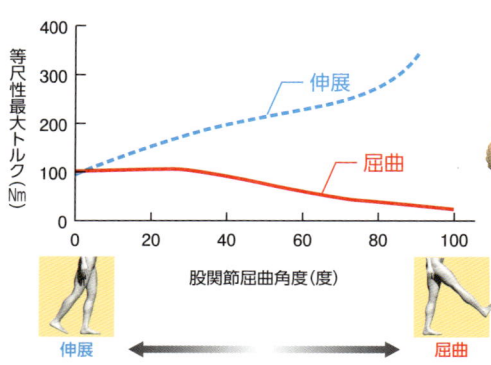

縦軸：等尺性最大トルク（Nm） 0〜400
横軸：股関節屈曲角度（度） 0〜100
伸展 ←→ 屈曲

股関節の屈曲動作は、人体でも最強レベルの力を発揮する伸展動作に比べ、それほど強くない。屈曲動作は股関節が浅い屈曲位の時に強いトルクを発揮する。

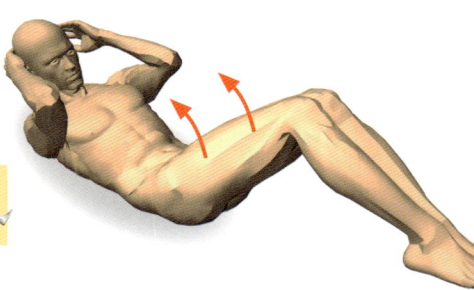

股関節屈曲トレ❶ 自宅　メイン 腹直筋（下部）、腸腰筋　サブ 大腿直筋
レッグレイズ

上体を固定し、両脚の重さを負荷にして股関節屈曲の動きを強化する。腹筋種目でもあり腹直筋下部も鍛えられる。

1 仰向けの状態で柱などにつかまり、両脚を揃えて高く上げる。腸腰筋への負荷が抜けるので垂直までは上げない。

2 上体を固定したまま、股関節から両脚を振り下ろし、カカトが床につく直前で止める。ここで腸腰筋がストレッチされた状態で刺激される。

股関節屈曲トレ❷ ジム　メイン 腹直筋（下部）、腸腰筋　サブ 大腿直筋
ハンギングレッグレイズ

ぶら下がった状態で行うレッグレイズ。ストレッチポジションの負荷は低くなるが、脚を上げても負荷が抜けない。

1 バーにぶら下がる。手幅は肩幅よりやや広め。股関節をわずかに屈曲し、太腿付け根前面の腸腰筋に力を入れる。

2 両脚を揃えたまま、股関節だけを動かし、脚を水平以上まで持ち上げる。この時、膝が曲がると負荷が低下する。

股関節屈曲トレ❸ ジム　メイン 腸腰筋　サブ 腹直筋（下部）、大腿直筋
徒手レッグレイズ

パートナーが膝を押さえて抵抗を加える。通常のレッグレイズより、股関節屈曲の動きに負荷を集中できる。

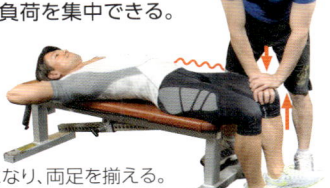

1 ベンチで仰向けになり、両足を揃える。パートナーが片脚の膝を上から押さえて力を加え、その力に抵抗する。

2 パートナーの押す力に抵抗しながら、股関節を支点に太腿を振り上げる。パートナーは下ろす局面も負荷をかけ続ける。

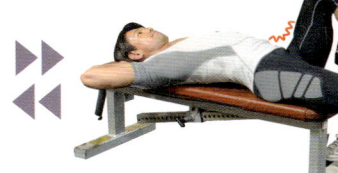

第5章　股関節の動きと鍛え方

股関節の動き ② 股関節 伸展

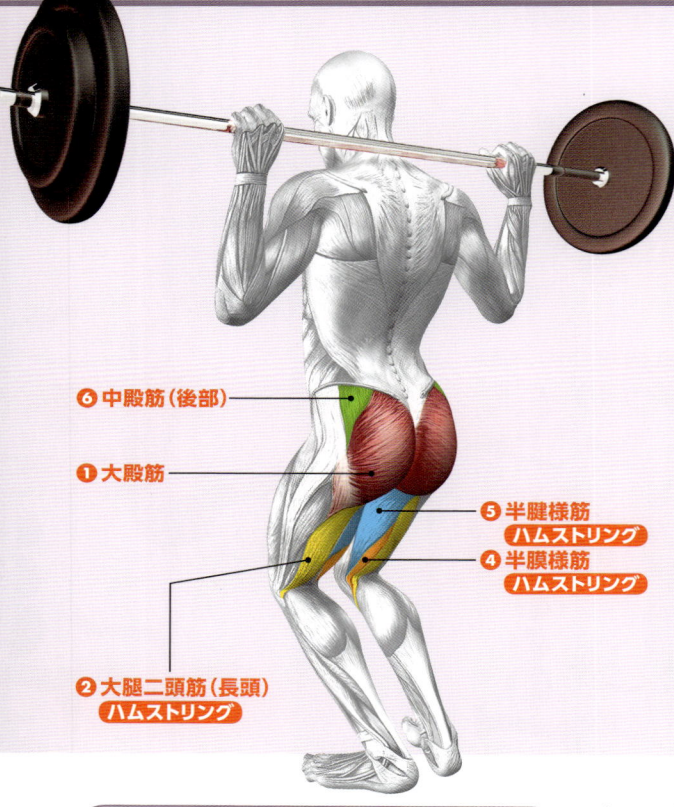

貢献度ランキング

1. 大殿筋 ➡ P.134
2. 大腿二頭筋（長頭） ハムストリング ➡ P.166
3. 大内転筋 ➡ P.137
4. 半膜様筋 ハムストリング ➡ P.165
5. 半腱様筋 ハムストリング ➡ P.165
6. 中殿筋（後部） ➡ P.134
7. 梨状筋 ➡ P.139

脚を後方に振る股関節伸展。主働筋はお尻の大殿筋と、ハムストリングの大腿二頭筋（長頭）。大内転筋や半膜様筋、半腱様筋などが協働筋として働く。股関節伸展の動きは、大殿筋がターゲットの種目と、ハムストリングがターゲットの種目を取り入れて強化すると良い。

図中ラベル:
- ⑥ 中殿筋（後部）
- ① 大殿筋
- ⑤ 半腱様筋 ハムストリング
- ④ 半膜様筋 ハムストリング
- ② 大腿二頭筋（長頭） ハムストリング

股関節の伸展トルク

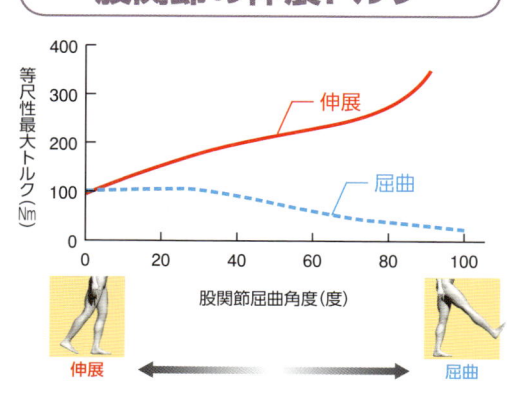

等尺性最大トルク（Nm） 縦軸：0, 100, 200, 300, 400
横軸：股関節屈曲角度（度） 0, 20, 40, 60, 80, 100

伸展／屈曲

大きな大殿筋が主働筋である股関節の伸展動作は、人体で最強レベルの力を発揮する。股関節から体を折り曲げ、屈曲位が深くなるほど強いトルクを発揮する。

股関節伸展トレ❶ 自宅　メイン 大殿筋　サブ ハムストリング
プローンシングルレッグレイズ

脚を付け根から後方に引く動きで股関節伸展を鍛える。大殿筋を刺激しやすく、道具を使わず、負荷も軽めなので初心者に最適な種目。

1 四つんばいになって片脚を浮かす。股関節を屈曲して膝を前方に出し、お尻の大殿筋を軽くストレッチする。

2 前に出した脚を後方に振って引き伸ばす。脚の付け根から太腿を高く引き上げることで、大殿筋が強く刺激できる。

股関節伸展トレ❷ 自宅　メイン ハムストリング　サブ 大殿筋
ヒップリフト（片足）

お尻を上げる動きで股関節伸展を強化。足を遠くにつき、カカトを支点にすると、ハムストリングに刺激が集まる。

1 仰向けになり、イスか台に片足を乗せ、カカトを支点にしてお尻を浮かす。足先の位置が遠いほど負荷は高くなる。

2 カカトを支点にしてお尻を高く持ち上げる。ハムストリングがストレッチされた状態で負荷がかかるため、筋損傷を得やすい。初心者は両足でOK。

股関節伸展トレ❸ 自宅　メイン 大殿筋（上部～中央）　サブ ハムストリング、大腿四頭筋、内転筋群、股関節外旋筋群
ダンベルランジ

片足で行う多関節種目。片足を前方に踏み出す動きで股関節伸展を鍛える。ダンベルを持って負荷を高め、大殿筋の上部から中央を刺激する。

1 両手にダンベルを持って背すじを伸ばす。前方へ踏み出すため、バランスを取りながら片足を上げる。

2 背すじを伸ばしたまま、上げた片足を大きく前方に踏み出し、重心を深く沈める。ここから前足を踏み込んで股関節を伸展し、1の体勢に戻る。

第5章 股関節の動きと鍛え方

股関節伸展トレ❹ ジム　メイン 大殿筋、ハムストリング、脊柱起立筋　サブ 広背筋、僧帽筋、大腿四頭筋
デッドリフト

バーベルを持って上体を起こし、股関節伸展を強化する多関節種目。高重量を扱うため、腰を痛めないように正しいフォームで行う。

1 背すじを伸ばし、上体を45度前後まで前傾してバーを握る。足幅は肩幅程度。前傾しすぎると力が入らないので注意。

2 背すじを伸ばしたまま、上体を起こして胸を張る。スネから太腿へとバーを擦りつけるようにバーベルを引き上げる。

股関節伸展トレ❺ ジム　メイン ハムストリング　サブ 大殿筋、脊柱起立筋
ルーマニアンデッドリフト

膝を伸ばし気味で行うデッドリフト。ハムストリングをストレッチした状態で強い負荷をかけられるため、太腿裏の筋肥大効果が高い。

1 背すじを伸ばし、上体を水平程度まで前傾してバーを握る。ここで膝を伸ばし気味にして太腿裏を伸ばす。両足は少し離れてもOK。

2 背すじを伸ばしたまま、股関節伸展の動きで上体を起こす。バーベルは体にバーを擦りつけるように引き上げる。

股関節伸展トレ❻ ジム　メイン 大殿筋(下部)、脊柱起立筋、内転筋群、大腿四頭筋　サブ ハムストリング
バーベルスクワット

下半身強化の代表的な多関節種目。膝を伸ばしながら股関節を伸展する動きで、下半身を総合的かつハードに鍛える。

1 バーベルを両肩に担ぎ、背すじを伸ばして立つ。足幅は肩幅程度で、つま先を少し外側に開く。手幅が広いとバーベルが安定する。

2 背すじを伸ばしたまま、太腿が水平程度になるまでしゃがみ込む。上体を前傾し、お尻を引きながらしゃがむ。ここから股関節を伸展し、1の体勢に戻る。

股関節伸展トレ⑦ ジム

メイン 大殿筋（上部〜中央）、中殿筋　**サブ** ハムストリング、内転筋群、大腿四頭筋、股関節外旋筋群

ブルガリアンスクワット

ベンチに後ろ脚を乗せ、片足で行うスクワット。通常のスクワットより、前脚側の大殿筋を強烈に刺激できる。ハードな片足の多関節種目。

1
両手にダンベルを持って背すじを伸ばす。片膝を曲げ、足先をベンチに乗せて片足立ちになる。

2
背すじを伸ばしたまま、前足に体重を乗せて重心を沈める。ここから前足を踏み込んで、1の体勢に戻る。

股関節伸展トレ⑧ ジム

メイン 大殿筋（上部〜中央）、中殿筋　**サブ** ハムストリング、内転筋群、大腿四頭筋、股関節外旋筋群

片足デッドリフト

ベンチに後ろ脚を乗せ、片足で行うデッドリフト。ブルガリアンスクワット以上に大殿筋をハードに鍛えられる。中・上級者向けの種目。

1
両手にダンベルを持って背すじを伸ばす。片膝を曲げ、足先をベンチに乗せて片足立ちになる。

2
前足に体重をかけて重心を沈めながら、背すじを伸ばして上体を前傾する。ここから前足を踏み込んで股関節を伸展し、1の体勢に戻る。

※初心者は片手片足デッドリフト（→P.148）からはじめると良い

股関節伸展トレ⑨ ジム

メイン 大殿筋、ハムストリング

股関節バックエクステンション（片足）

下半身を固定した状態で上体を起こし、股関節伸展動作を鍛える。片足で行うことにより、大殿筋とハムストリングをハードに強化できる。

1
45度のバックエクステンション台に片足をかけ、パッドを骨盤のやや下の位置に当てる。そこから股関節を屈曲し、上体を「くの字」に折り曲げる。

2
背すじを伸ばしたまま、股関節を伸展し、全身が真っすぐになるまで上体を起こす。過度に腰を反ると腰痛の原因にもなるので注意。

第5章　股関節の動きと鍛え方

股関節の動き❸ 股関節 外転

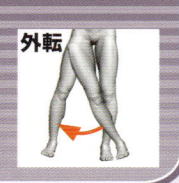

貢献度ランキング
1. 中殿筋 ➡P.134
2. 大殿筋（上部）➡P.134
3. 大腿筋膜張筋 ➡P.136
4. 小殿筋 ➡P.136

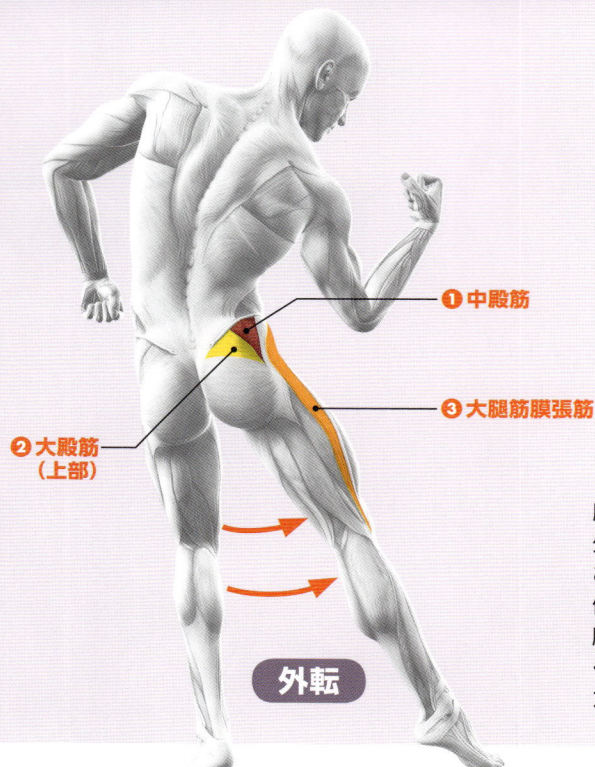

❶ 中殿筋
❷ 大殿筋（上部）
❸ 大腿筋膜張筋

外転

脚を付け根から外側に開く股関節外転。主働筋はお尻上部の側面にある中殿筋と大殿筋上部。太腿の側面で腸脛靭帯につながる大腿筋膜張筋や小殿筋も協働筋として働く。股関節外転には、片足時にバランスを安定させる役割もある。

股関節の外転トルク

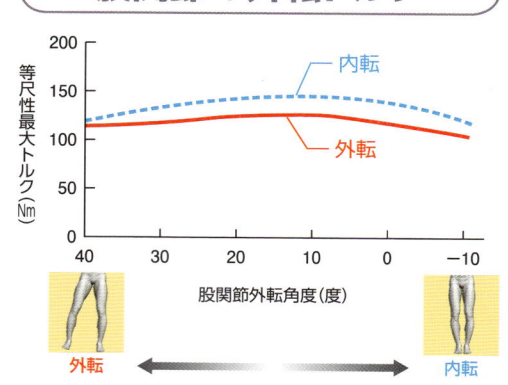

等尺性最大トルク（Nm）

内転
外転

股関節外転角度（度）
40　30　20　10　0　−10

外転 ←→ 内転

太腿を側方に開く股関節の外転動作は、内転動作よりやや弱い傾向にある。内転動作と同様に、可動域の広い範囲で最大レベルの関節トルクを発揮できる。

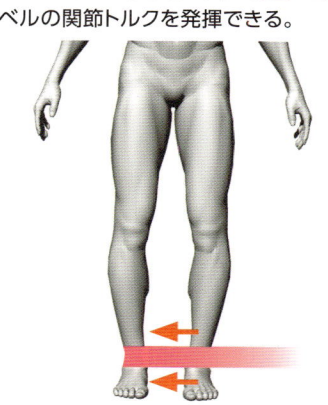

股関節外転トレ① 自宅　メイン 中殿筋　サブ 大殿筋（上部）、大腿筋膜張筋
外転サイドブリッジ

横向きに寝て、股関節外転の動きで骨盤を側方に振る。中殿筋強化の基本種目。負荷が軽いので初心者に最適。

1 横向きに寝て肘先をつく。お尻側部に力を入れ、骨盤を床から浮かす。上側の脚は適度に曲げてバランスを取る。

2 股関節を外転し、全身が「への字」になるまで骨盤を側方に持ち上げる。骨盤を高く上げることで中殿筋が刺激される。

股関節外転トレ② ジム　メイン 中殿筋、大腿筋膜張筋　サブ 大殿筋（上部）
マシンアブダクション

座って太腿を大きく開く動きで中殿筋を鍛える。中殿筋はダイレクトに刺激を入れにくいので、このマシン種目は有効。

1 マシンに座って股関節を閉じ、膝の外側にパッドを当てる。両脚を閉じた時に負荷が抜けるのがこのマシンの短所。少し脚を開くと負荷がかかる。

2 股関節を外転して両脚を開く。戻す時は、負荷が抜けないギリギリの局面まで両脚を閉じて、反復していく。

股関節外転トレ③ ジム　メイン 大殿筋（上部～中央）、中殿筋　サブ ハムストリング、大腿四頭筋、内転筋群、股関節外旋筋群
バーベルランジ

バーベルを担いで行うランジは、バランスを取る股関節外転の動きがより作用するため、中殿筋も強化できる。

1 両肩にバーベルを担いで背すじを伸ばす。前方へ踏み出すため、バランスを取りながら片足を上げる。バーベルは手幅を広くして担いだほうがバランスは安定する。

2 背すじを伸ばしたまま、上げた片足を大きく前方に踏み出し、重心を深く沈める。ここから前足を踏み込んで、1の体勢に戻る。

第5章 股関節の動きと鍛え方

股関節外転トレ④ ジム　メイン 大殿筋（上部）、中殿筋　サブ ハムストリング、脊柱起立筋、股関節外旋筋群
片手片足デッドリフト

片足で行うデッドリフト。通常のデッドリフトでは刺激が入りにくい大殿筋上部から中殿筋にかけて鍛えられる。

1 片足立ちになり、対角の手でダンベルを持つ。もう片方の手をベンチにおき、背すじを伸ばして股関節から上体を倒す。

2 背すじを伸ばしたまま、股関節を伸展して上体を起こす。股関節で起き上がることにより、大殿筋、中殿筋に刺激が入る。

股関節外転トレ⑤ ジム　メイン 中殿筋、大殿筋（上部）　サブ 大腿筋膜張筋、小殿筋
ケーブルアブダクション

ケーブルで行うアブダクション。股関節が深く内転した状態から負荷をかけられ、最後まで負荷が抜けないのも長所。

1 ケーブルを低い位置にセットし、足首にストラップを付ける。ケーブルの負荷で引っぱられ、股関節は大きく内転した状態となる。

2 股関節を外転して太腿を外側に振り、ケーブルを引く。柱やマシンフレームに手をつくと股関節外転の動きに集中しやすい。

股関節外転トレ⑥ ジム　メイン 中殿筋　サブ 大殿筋（上部）、大腿筋膜張筋、小殿筋
徒手アブダクション

パートナーが股を閉じるように抵抗を加える。動きの全局面で負荷がかかり、中殿筋をダイレクトに刺激できる。

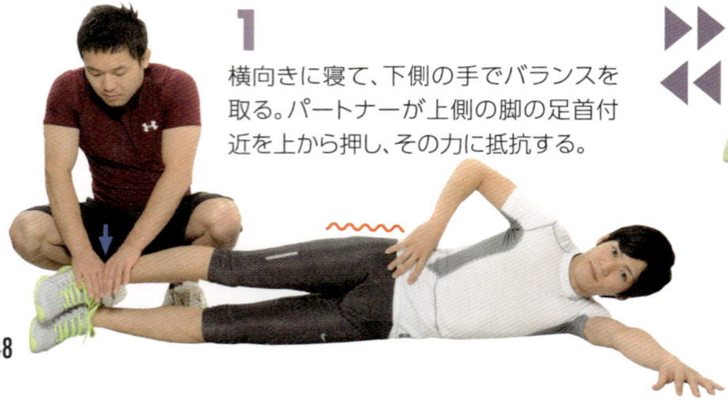

1 横向きに寝て、下側の手でバランスを取る。パートナーが上側の脚の足首付近を上から押し、その力に抵抗する。

2 パートナーの押す力に抵抗しながら、上側の脚を側方に開き、股関節を外転する。パートナーは脚を下ろす局面も負荷をかけ続ける。

股関節の動き ④ 股関節 内転（ないてん）

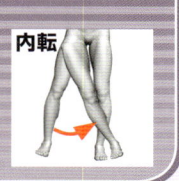

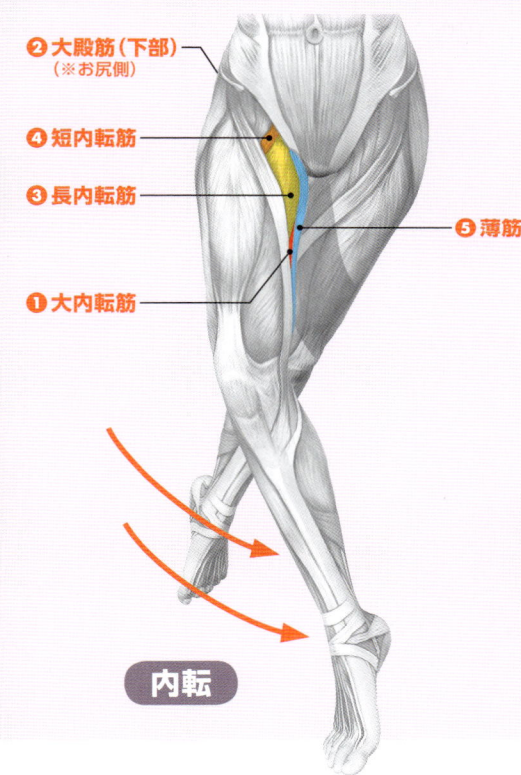

貢献度ランキング

1. 大内転筋（だいないてんきん） ➡ P.137
2. 大殿筋（下部）（だいでんきん） ➡ P.134
3. 長内転筋（ちょうないてんきん） ➡ P.137
4. 短内転筋（たんないてんきん） ➡ P.138
5. 薄筋（はっきん） ➡ P.136
6. 恥骨筋（ちこつきん） ➡ P.138

図中ラベル：
- ❷ 大殿筋（下部）（※お尻側）
- ❹ 短内転筋
- ❸ 長内転筋
- ❺ 薄筋
- ❶ 大内転筋
- 内転

脚を付け根から内側に閉じる股関節内転は、内転筋群と大殿筋の下部が主働筋。太腿内側を通る細長い薄筋や股関節の深層にある恥骨筋がその働きを補助する。股関節内転の動きには、骨盤を回して動くことが多いスポーツ動作において、股を締めて下半身のバランスを安定させる重要な役割もある。

股関節の内転トルク

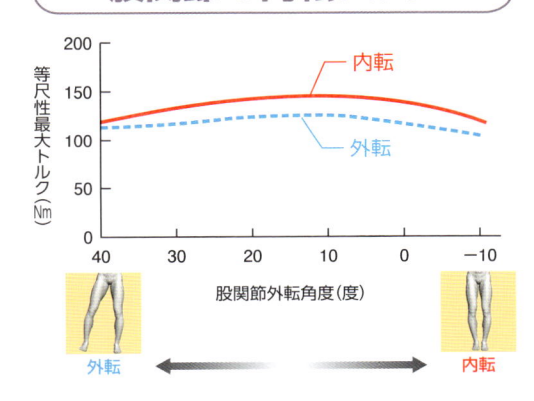

等尺性最大トルク（Nm）

- 内転
- 外転

股関節外転角度（度）： 40　30　20　10　0　−10

← 外転　　内転 →

股関節の内転動作は、外転動作よりやや強い傾向にある。内転動作は関節角度による力の変化が少なく、広い範囲で最大レベルの関節トルクを発揮できる。

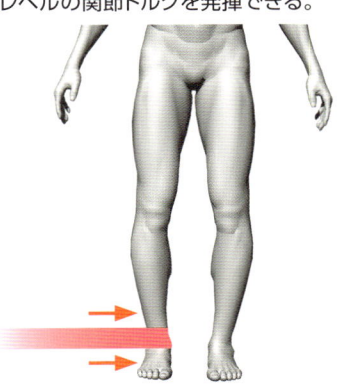

第5章　股関節の動きと鍛え方

149

股関節内転トレ❶ 自宅　メイン 内転筋群、大殿筋(下部)、大腿四頭筋　サブ ハムストリング
ワイドスクワット

足幅を広げ、股関節内転の動きで立ち上がるスクワット。上体の前傾も抑えられるため、内転筋群に負荷が集中する。ダンベルを持つことで、負荷を高められる。

1
体の中心でダンベルを持ち、背すじを伸ばして立つ。足幅は肩幅の2倍程度に広げ、つま先を外側に開く。

2
背すじを伸ばしたまま、太腿が水平程度になるまでしゃがみ込む。ガニ股になり、深く重心を沈める。ここから股関節を内転して立ち上がり、1の体勢に戻る。

股関節内転トレ❷ 自宅　メイン 内転筋群　サブ 大殿筋(下部)
内転サイドブリッジ

股関節内転の動きで骨盤を側方に振る。負荷が軽く初心者向け。上側の足をイスや台に乗せると可動範囲が広がる。

1
横向きに寝て肘先をつき、下側の足を曲げる。上側の脚の太腿内側に力を入れ、床から下側の足を浮かす。

2
股関節を内転し、全身が「への字」になるまで骨盤を側方に持ち上げる。この時、体が前に倒れると内転筋への負荷が低くなる。

股関節内転トレ❸ ジム　メイン 内転筋群、大腿四頭筋　サブ 大殿筋、ハムストリング、脊柱起立筋
ワイドデッドリフト

足幅を広げ、股関節内転の動きで立ち上がるデッドリフト。ワイドスクワットより、さらに高重量を扱うことができる。

1
背すじを伸ばし、足幅を肩幅の2倍程度に広げる。股を割ってお尻を沈め、バーを握る。上体の前傾は浅め。

2
背すじを伸ばしたまま、股関節を内転して立ち上がる。バーベルの引き上げ方は通常のデッドリフトと同じ。

股関節内転トレ④ ジム　メイン 内転筋群　サブ 股関節内旋筋群
マシンアダクション

太腿を内側に振る動きで、内転筋群を鍛える。座ったまま股関節屈曲位で両脚を閉じるため、股関節内旋筋群も刺激できる。

1
マシンに座り、股関節を開き、膝の内側にパッドを当てる。この時、両脚を大きく広げることで内転筋群がストレッチされる。

2
股関節を内転して両脚を閉じる。戻す時も内転筋群が伸びる1の体勢まで戻し、広い可動範囲で反復する。

股関節内転トレ⑤ ジム　メイン 内転筋群　サブ 薄筋、恥骨筋など
ケーブルアダクション

ケーブルで行うアダクション。片足で行うため股関節内転の可動範囲が広がる。最後まで負荷が抜けないのも長所。

1
ケーブルを低い位置にセットし、足首にストラップを付ける。柱やマシンフレームに手をつくと股関節内転の動きに集中しやすい。

2
股関節を内転して太腿を内側に振り、ケーブルを引く。前方に振ると股関節屈曲の動きに近くなるので注意。

股関節内転トレ⑥ ジム　メイン 内転筋群　サブ 薄筋、恥骨筋など
徒手アダクション

パートナーが両脚を開くように抵抗を加える。股関節内転動作に全局面で負荷がかかり、内転筋群を強化できる。

1
床に座り、両足を揃えて膝を曲げる。パートナーが膝の内側に手足を当てて股を開き、その力に抵抗する。

2
パートナーの押す力に抵抗しながら、股関節から両脚を内側に閉じる。パートナーは両脚を開く局面にも負荷をかけ続ける。

第5章 股関節の動きと鍛え方

151

股関節の動き ⑤ 股関節 外旋

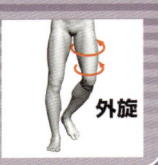

脚を付け根から外向きにひねる股関節外旋。主動筋は大殿筋と、大腿方形筋をはじめとする股関節外旋筋群。股関節外旋には、骨盤のブレを抑え、安定させる働きもある。

貢献度ランキング

1. 大殿筋 ➡P.134
2. 大腿方形筋 ➡P.138
3. 内閉鎖筋 ➡P.139
4. 中殿筋（後部）➡P.134
5. 小殿筋（後部）➡P.136
6. 腸腰筋 ➡P.135
7. 外閉鎖筋 ➡P.139
8. 梨状筋 ➡P.139

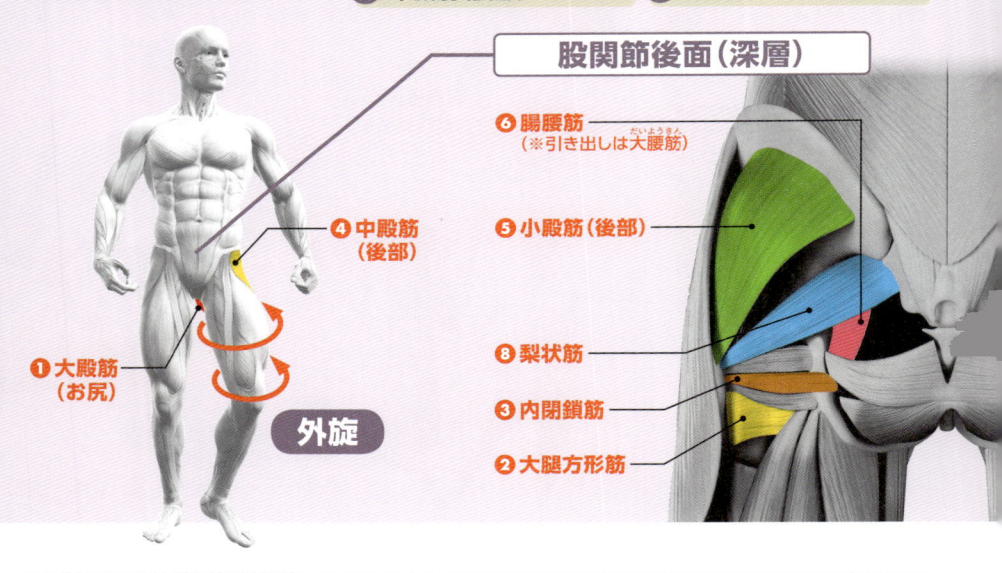

股関節後面（深層）

- ❶ 大殿筋（お尻）
- ❹ 中殿筋（後部）
- ❻ 腸腰筋（※引き出しは大腰筋）
- ❺ 小殿筋（後部）
- ❽ 梨状筋
- ❸ 内閉鎖筋
- ❷ 大腿方形筋

外旋

股関節外旋トレ❶ 自宅
メイン 大殿筋（上部～中央） **サブ** 内転筋群、股関節外旋筋群、大腿四頭筋、ハムストリング

ランジ

片足を前方に大きく踏み出すランジの動きは、股関節外転とともに、股関節外旋の動きでバランスを取る力が作用する。

1 背すじを伸ばし、両手を腰に軽く添える。前方へ踏み出すため、バランスを取りながら片足を上げる。

2 背すじを伸ばしたまま、上げた片足を大きく前方に踏み出し、重心を深く沈める。ここから前足を踏み込んで股関節を伸展し、1の体勢に戻る。

股関節外旋トレ❷ ジム　メイン 大殿筋、中殿筋　サブ 内転筋群、大腿四頭筋、股関節外旋筋群など
バーベルランジ

バーベルランジは、バーベルの重さでバランスを取る動きがより強く働くため、股関節外旋筋群も刺激できる。

1 両肩にバーベルを担いで背すじを伸ばす。前方へ踏み出すため、バランスを取りながら片足を上げる。バランスが不安定な場合は、無理せず負荷（重量）を下げる。

2 背すじを伸ばしたまま、上げた片足を大きく前方に踏み出し、重心を深く沈める。ここから前足を踏み込んで、1の体勢に戻る。

股関節外旋トレ❸ ジム　メイン 中殿筋、大殿筋（上部）　サブ ハムストリング、股関節外旋筋群など
片手片足デッドリフト

不安定な片足でデッドリフトを行うことにより、大殿筋とともに、刺激が入りにくい股関節外旋筋群も強化できる。

1 片足立ちになり、対角の手でダンベルを持つ。もう片方の手をベンチにおき、背すじを伸ばして股関節から上体を前方に倒す。

2 背すじを伸ばしたまま、股関節を伸展して上体を起こす。不安定な片足で起き上がることにより、股関節外旋の動きも作用する。

股関節外旋トレ❹ ジム　メイン 中殿筋、小殿筋　サブ 内転筋群、股関節外旋筋群など
徒手アブダクション（外旋アレンジ）

徒手アブダクションのバリエーション種目。股関節を外旋し、脚を付け根から外向きにひねる動きで抵抗する。

1 横向きに寝た状態で両脚を揃え、膝を曲げる。パートナーが上側の脚の膝を上から押し、その力に抵抗する。

2 パートナーの押す力に抵抗しながら股関節を開く。股関節外転ではなく、脚を付け根から外向きにひねる股関節外旋の動きを意識して抵抗する。

第5章 股関節の動きと鍛え方

股関節の動き 6

股関節 内旋

脚を付け根から内向きにひねる股関節内旋。主働筋は、お尻上部側面にある中殿筋と小殿筋、太腿内側の大内転筋など。股関節内旋は、足を真っすぐ前方に踏み出す動きや、股関節をひねるスイング動作にも作用する。

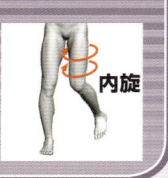

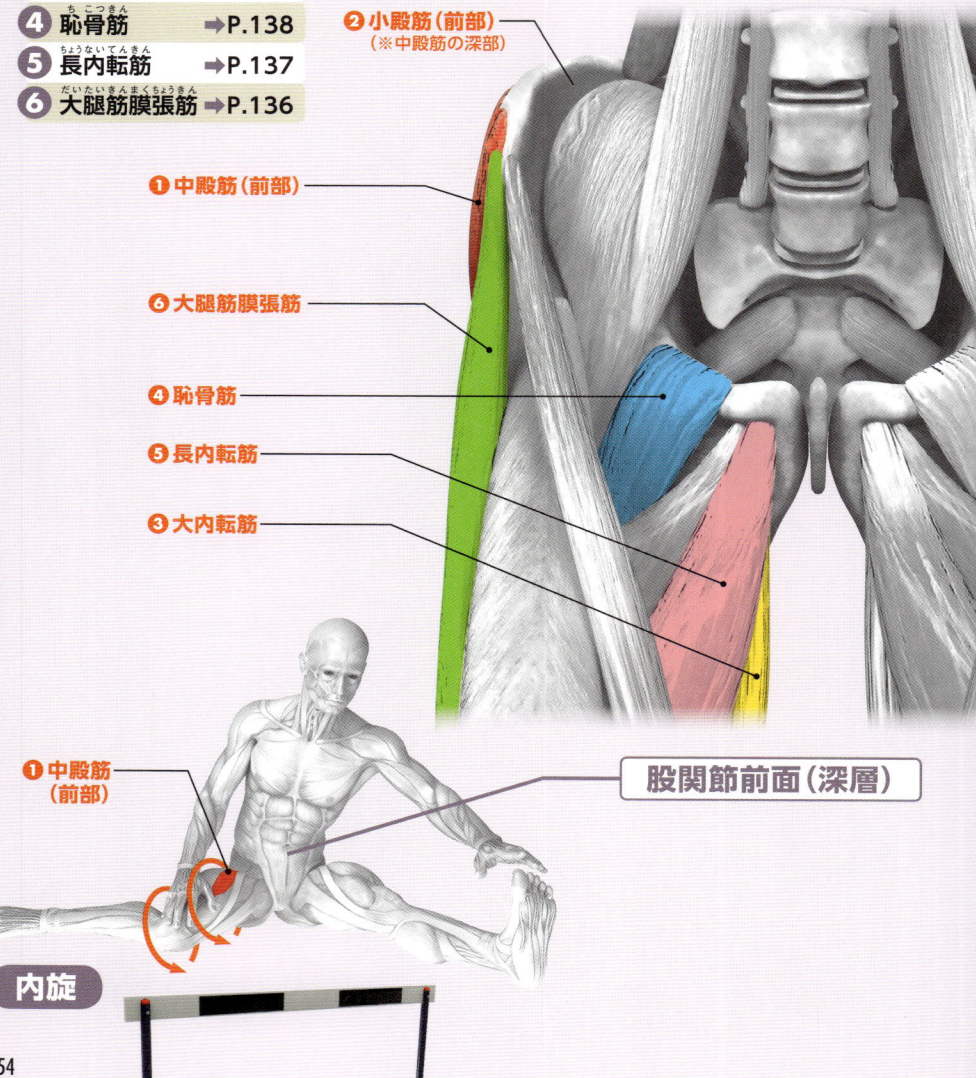

貢献度ランキング
1. 中殿筋（前部） ➡ P.134
2. 小殿筋（前部） ➡ P.136
3. 大内転筋 ➡ P.137
4. 恥骨筋 ➡ P.138
5. 長内転筋 ➡ P.137
6. 大腿筋膜張筋 ➡ P.136

❷ 小殿筋（前部）（※中殿筋の深部）
❶ 中殿筋（前部）
❻ 大腿筋膜張筋
❹ 恥骨筋
❺ 長内転筋
❸ 大内転筋

股関節前面（深層）

❶ 中殿筋（前部）

内旋

股関節内旋トレ❶ ジム　メイン 大内転筋群　サブ 股関節内旋筋群
マシンアダクション（内旋アレンジ）

マシンアダクションのバリエーション種目。両脚を開こうとする強い負荷に抵抗することで、股関節の内旋をともなった内転の動きにしっかり負荷がかかる。

1 マシンに座り、負荷を高めに設定し、両膝の内側にパッドを当てる。そこから両手でパッドを押して補助しながら、太腿を内側に閉じる。

2 マシンの負荷に抵抗しつつ、耐えられず太腿を外側に開いていく。この時の強い負荷に抵抗する動きは、股関節内転だけでなく、股関節内旋の動きも働く。

3 両脚が開ききるまで抵抗する。マシンの負荷は、全力で抵抗しても両脚が開いてしまう負荷に設定して行うのがポイント。

股関節内旋トレ❷ ジム　メイン 中殿筋、小殿筋、大内転筋　サブ 恥骨筋、長内転筋など
徒手アダクション（内旋アレンジ）

パートナーが両脚を開くように抵抗を加える徒手アダクションのバリエーション。股関節を内旋し、脚を付け根から内向きにひねる動きを意識して抵抗する。

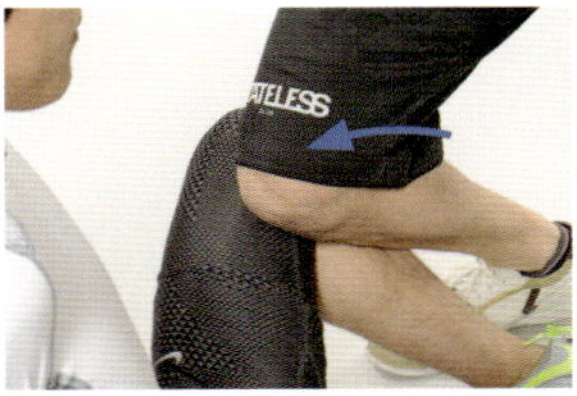

パートナーは脚も使って抵抗を加える。膝の外側部分をトレーニング実践者の膝の内側に当て、外側へ開くように脚の力で押していく

1 床に座り、両脚を揃えて膝を曲げる。パートナーが膝の内側に手足を当てて両脚を開くように力を加え、その力に抵抗する。

2 パートナーの押す力に抵抗しながら、股関節から両脚を内側に閉じる。股関節内転の動きではなく、脚を付け根から内向きにひねる股関節内旋の動きを意識して抵抗する。

第5章 股関節の動きと鍛え方

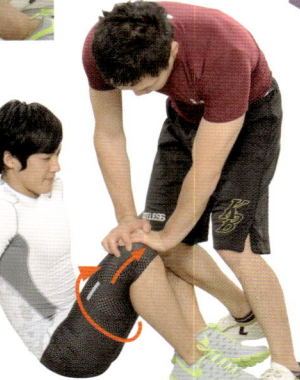

股関節筋のストレッチ

お尻のストレッチ
伸びる筋 大殿筋

股関節を屈曲して大殿筋を片側ずつ伸ばしていくストレッチ。大殿筋は体積が大きいため、しっかり伸ばしていくことが大切となる。

座って片膝を立て、もう片方の脚のスネ下部を太腿に乗せて足を組む。立て膝の角度は90度が目安。そこから背すじを伸ばして、股関節から上体を前に倒す。背中が丸まっていると股関節が屈曲せず、大殿筋が伸びない。

お尻(下部)のストレッチ
伸びる筋 大殿筋(下部)

伸ばしにくい大殿筋の下部をストレッチする方法。股関節を深く屈曲させることで、大殿筋を強く伸ばしていく。

脚を前後に開き、前足をイスに乗せる。そこから前足を踏みこむように体重をかけ、前足側の大殿筋を伸ばす。前足はカカトに重心をかけていく。

お尻側部のストレッチ
伸びる筋 中殿筋

お尻側面の上部にある中殿筋をストレッチする方法。伸ばす側の股関節を内転し、骨盤の左右の高さを傾ける。

足を肩幅程度に開き、お尻を側方へ突き出して骨盤を傾ける。骨盤ごと上体を側方に倒すと、お尻側面をより伸ばしやすくなる。

下腹深部(前面)のストレッチ
伸びる筋 腸腰筋

股関節を伸展し、脚を大きく後方へ振る動きで、股関節深層の腸腰筋をストレッチする。

足を前後に開き、後ろ脚の膝をイスの座面に乗せる。そこから背すじを伸ばし、腰を前方に押し出しながら上体を沈めて、後ろ脚付け根の前面部分を伸ばす。後ろ脚を真後ろへ振るように意識する。

太腿内側のストレッチ
伸びる筋 内転筋群

膝を伸ばした状態で上体を側方に傾け、股関節を外転する動きで、大内転筋をはじめとする太腿内側の内転筋群を伸ばすストレッチ。

片足を側方へ伸ばし、つま先をやや外側に向ける。そこから背すじを伸ばし、伸ばした脚を支点にして、骨盤から上体を真横に倒す。骨盤は伸ばした足側に傾ける。

外旋筋のストレッチ
伸びる筋 股関節外旋筋群

お尻の深部後面にある股関節外旋筋群のストレッチ。組んだ脚の重さを利用して脚を内側に倒し、股関節をしっかり内旋させる。

座って片足を外側に開き、膝を90度程度に曲げる。そこから股関節を内旋して膝を内側に倒し、もう片方の足を引っ掛けてさらに内旋する。この時、お尻が浮かないように注意。

内旋筋のストレッチ
伸びる筋 大腿筋膜張筋、中殿筋、小殿筋

大腿筋膜張筋をはじめとする股関節内旋筋群のストレッチ。手で脚を押して股関節を外旋させる。

座って片脚を伸ばし、もう片方の脚を曲げて、伸ばした脚の膝に足首を乗せる。下からくるぶしを持って、脚が動かないようにしっかり固定する。

空いている手で上側の脚の膝を上から押して、股関節を外旋させる。骨盤を固定したまま、股関節だけを動かすのがポイント。

第5章 股関節の動きと鍛え方

COLUMN 5

大殿筋の鍛え方

> **大殿筋を強く刺激するなら両脚種目ではなく片脚種目**

　股関節伸展の主働筋である大殿筋の強化は、あらゆるスポーツのパフォーマンス向上につながる。大殿筋の強化種目としては、スクワット（→P.144）が代表格として認識されているものの、実際のところ、スクワットだけでは大殿筋への刺激は不十分。ランジ（→P.143・147）やブルガリアンスクワット（→P.145）といった片脚種目のほうが、より効果的に大殿筋を鍛えられる。

　両脚で行うスクワットは、通常ややガニ股で行うため、起き上がる局面では、股関節が内転をともないながら伸展する。そのためスクワットを行った翌日は、股関節の伸展および内転に作用する大殿筋下部や内転筋群が筋肉痛になる。

　一方、片脚で行うランジなどは、前脚をやや外方向に蹴り出して起き上がるため、股関節は外転および外旋をともなって伸展。ランジを行った翌日は、股関節の伸展および外転・外旋に作用する大殿筋の上部から中央にかけて筋肉痛になる。

　大殿筋の筋線維は外方向へ斜行しているため、前脚を外方向に蹴り出して起き上がる片脚種目のほうが、大殿筋をよりダイレクトに刺激できるのだ。

　片脚で蹴り出す動きを支える大殿筋の上部は、片脚種目でしか鍛えられないため、スクワットだけでなく、ランジやブルガリアンスクワットも取り入れて、大殿筋全体をしっかり強化していこう。

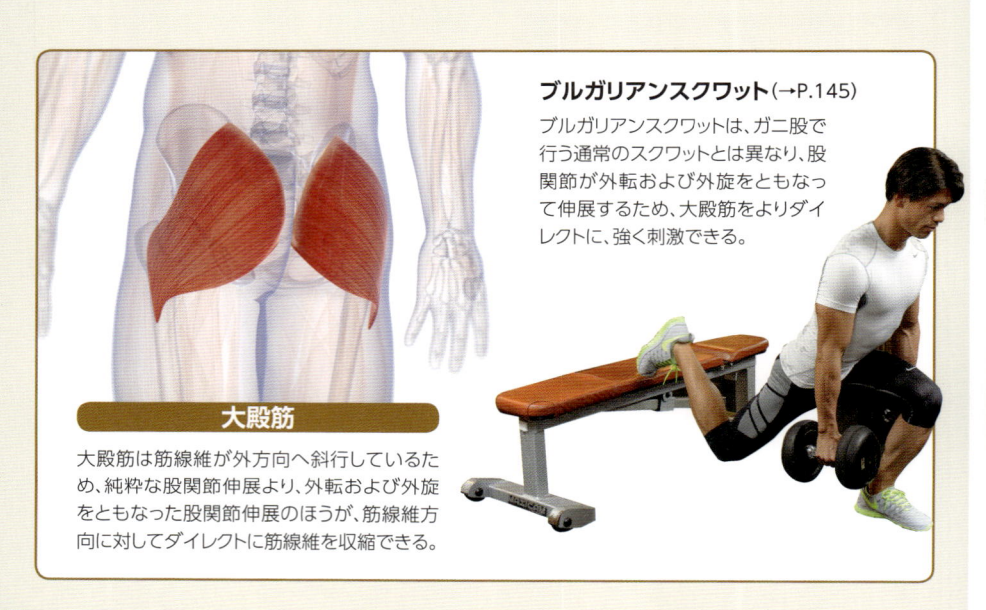

大殿筋

大殿筋は筋線維が外方向へ斜行しているため、純粋な股関節伸展より、外転および外旋をともなった股関節伸展のほうが、筋線維方向に対してダイレクトに筋線維を収縮できる。

ブルガリアンスクワット（→P.145）

ブルガリアンスクワットは、ガニ股で行う通常のスクワットとは異なり、股関節が外転および外旋をともなって伸展するため、大殿筋をよりダイレクトに、強く刺激できる。

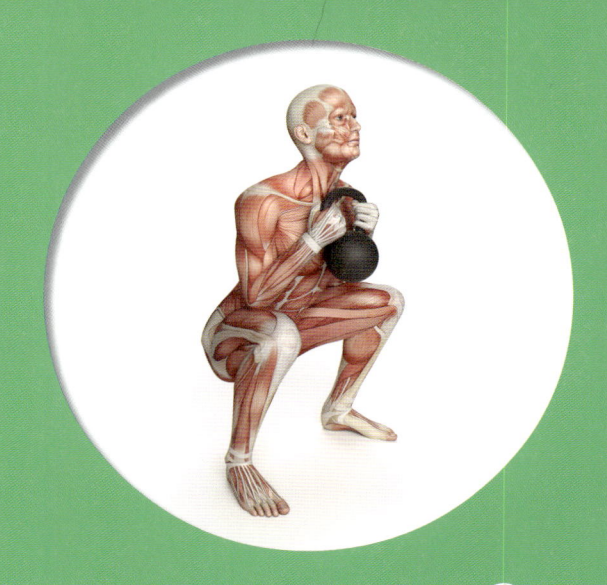

第6章
膝関節の動きと鍛え方

膝関節は、ほぼ屈曲と伸展に可動するのみで、太腿前面の大腿四頭筋と太腿裏のハムストリングが主働筋となる。これらの筋の多くは股関節の動きにも働く二関節筋であるため、膝関節の動きは、股関節動作と一緒に強化する種目が多い。

- ●「筋体積」データの出典
- ・Friederich JA and Brand RA, Muscle fiber architecture in the human lower limb. J Biomech,(1990), 23(1), 91-5.(死体解剖＝男性37歳・183cm・91kg)
- ・P.166「膝窩筋」…Wickiewicz TL et al., Muscle architecture of the human lower limb. Clin Orthop Relat Res,(1983), 179, 275-83.(死体解剖＝被験者番号Iの死体解剖データ：性別・身長・体重不明 ※筋体積は筋重量を密度(1.056)で除して算出 ※PCSAは羽状角を無視して算出)
- ※P.160～161の「筋体積ランキング」は各筋の筋体積データをもとに算出
- ●「速筋：遅筋(％)」データの出典
- ・P.163「中間広筋」、P.165「半腱様筋」「半膜様筋」…White SC, Yack HJ and Winter DA,(1989). A three-dimensional musculoskeletal model for gait analysis. Anatomical variability estimates. J.Biomech.22：885-893
- ・P.163「大腿直筋」、P.164「内側広筋」「外側広筋」、P.166「大腿二頭筋」…Johnson MA, Polgar J, Weightman D and Appleton D,(1973)
- ・P.166「膝窩筋」…Pierrynowski MR and Morrison JB,(1985). A physiological model for the evaluation of muscular forces in human locomotion: Theoretical aspects.Math.Biosci.75：69-101
- ※筋体積のデータは、すべて左右の片側だけの数値(以下同)
- ●「最大トルクと関節角度」のグラフデータの出典
- ・膝関節の屈曲…Anderson et al.(2007)より改編
- ・膝関節の伸展…Van Eijden et al.(1987)より改編

膝関節の可動域

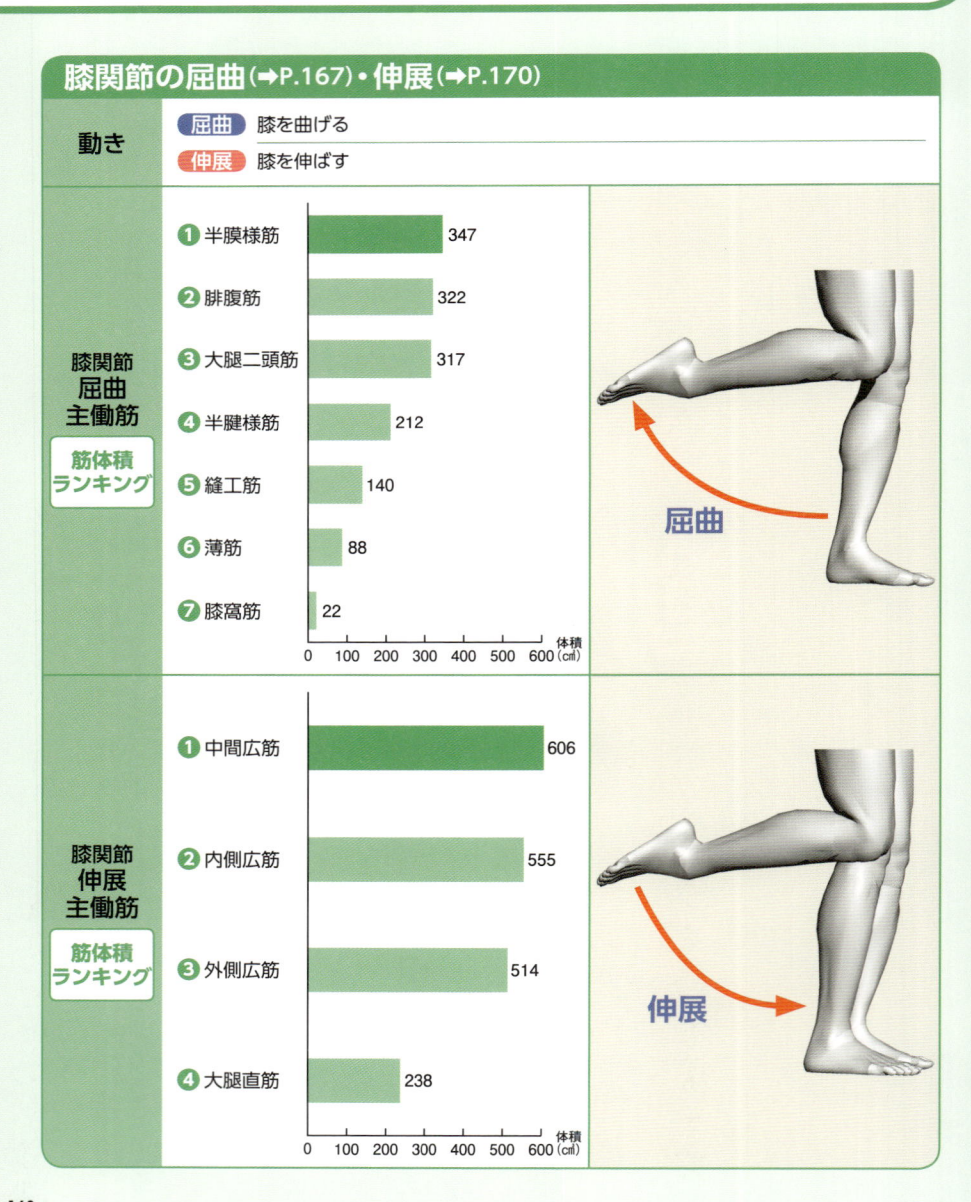

膝関節は、肘関節と同様にほぼ蝶番に近い動きをする関節であり、主に屈曲・伸展の動きが可能となる。わずかながら膝下をひねる内旋・外旋の動きも可能である。

膝関節の屈曲（➡P.167）・伸展（➡P.170）

動き
- 屈曲：膝を曲げる
- 伸展：膝を伸ばす

膝関節屈曲主働筋 筋体積ランキング

順位	筋肉	体積(cm³)
1	半膜様筋	347
2	腓腹筋	322
3	大腿二頭筋	317
4	半腱様筋	212
5	縫工筋	140
6	薄筋	88
7	膝窩筋	22

屈曲

膝関節伸展主働筋 筋体積ランキング

順位	筋肉	体積(cm³)
1	中間広筋	606
2	内側広筋	555
3	外側広筋	514
4	大腿直筋	238

伸展

膝の伸展は最も強力な関節動作のひとつ

膝関節の動きはドアの蝶番（ヒンジ）に近い。しかし、曲げる角度の変化にともなって関節の回転軸自体がわずかに動くのが特徴である。軸が動くのは、少し凹んだ形をしている脛骨の上面が、大腿骨の下端に沿って滑るように動くため。その形状から骨の構造による結合は弱く、それを補うために、数本の強固な靭帯によって関節がつなぎ止められている。

膝の伸展は、人体で最も強力な関節動作のひとつである。歩く、立つといった日常生活動作から、走る、跳ぶなどのスポーツ動作にいたるまで、膝関節はあらゆる動きで体重を支える重要な役割を果たしている。

※膝が横に曲がる「内反・外反」の動きが起こるといわれることがある。これは、膝が内旋・外旋しながら屈曲した際に、仮想的に横に曲がったように見える現象であり、みずからの意志で膝を純粋に横に曲げることはできない

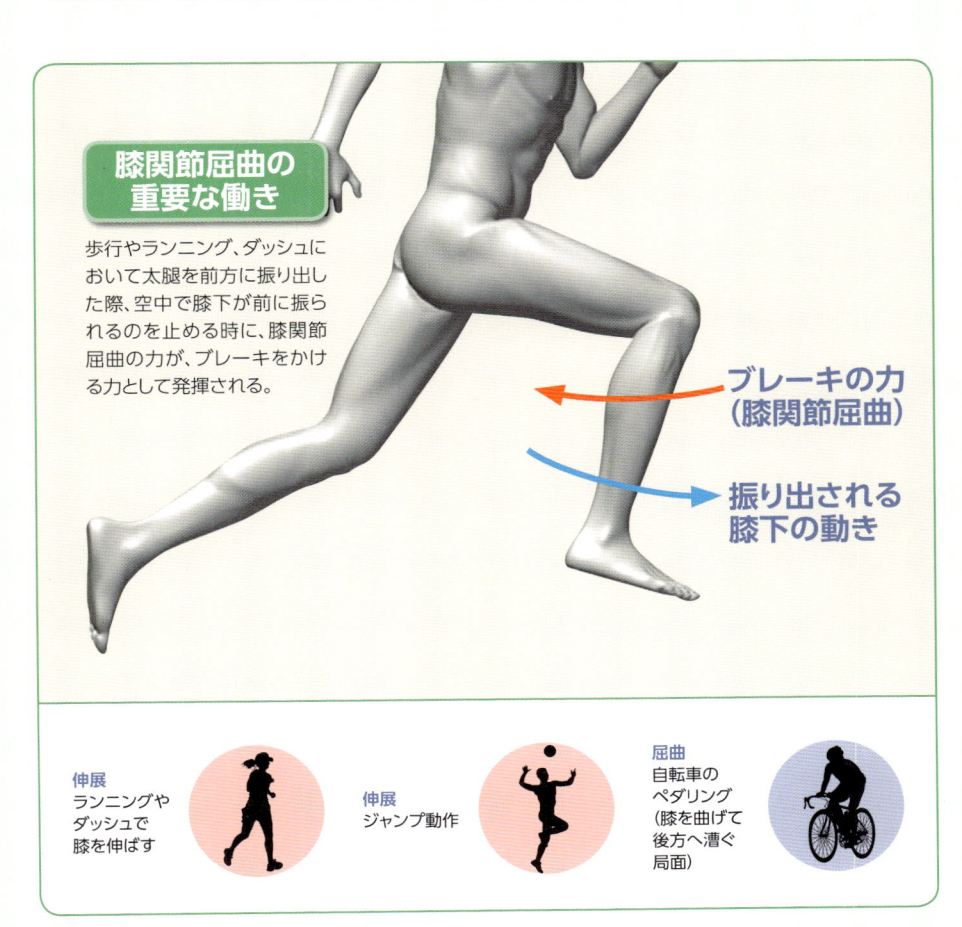

第6章 膝関節の動きと鍛え方

膝関節屈曲の重要な働き

歩行やランニング、ダッシュにおいて太腿を前方に振り出した際、空中で膝下が前に振られるのを止める時に、膝関節屈曲の力が、ブレーキをかける力として発揮される。

ブレーキの力（膝関節屈曲）

振り出される膝下の動き

伸展 ランニングやダッシュで膝を伸ばす

伸展 ジャンプ動作

屈曲 自転車のペダリング（膝を曲げて後方へ漕ぐ局面）

161

膝関節を動かす筋一覧

膝関節の動きには、主に太腿前部の大腿四頭筋と、太腿裏のハムストリングが働く。大腿四頭筋には、大腿骨から起始する単関節筋と、骨盤から起始する二関節筋がある。

※カッコ（　）内は膝関節以外の筋

左大腿 前面

大腿部(太腿)前面には、大腿四頭筋を構成する大腿直筋、外側広筋、内側広筋があり、大腿直筋の深部に中間広筋(→P.163)が位置する。

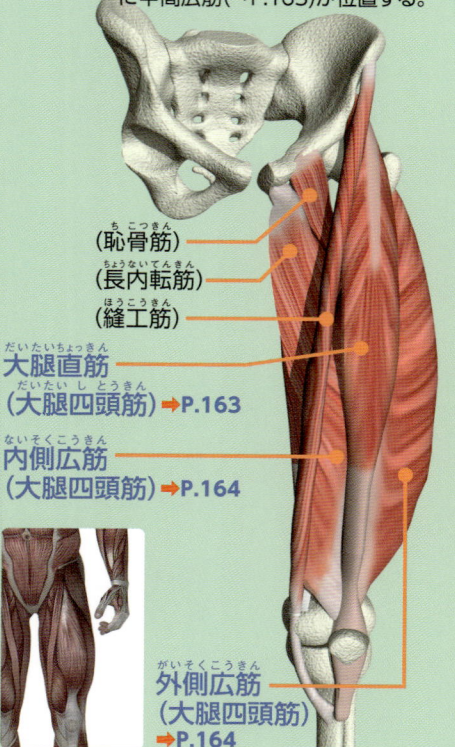

- (恥骨筋)
- (長内転筋)
- (縫工筋)
- 大腿直筋（大腿四頭筋）➡P.163
- 内側広筋（大腿四頭筋）➡P.164
- 外側広筋（大腿四頭筋）➡P.164

左大腿 後面

大腿部後面には、ハムストリングを構成する大腿二頭筋、半腱様筋、半膜様筋があり、半膜様筋は細長い半腱様筋の奥で重なるように走行している。また、大腿二頭筋の短頭は、長頭の奥で大腿骨に付着している。

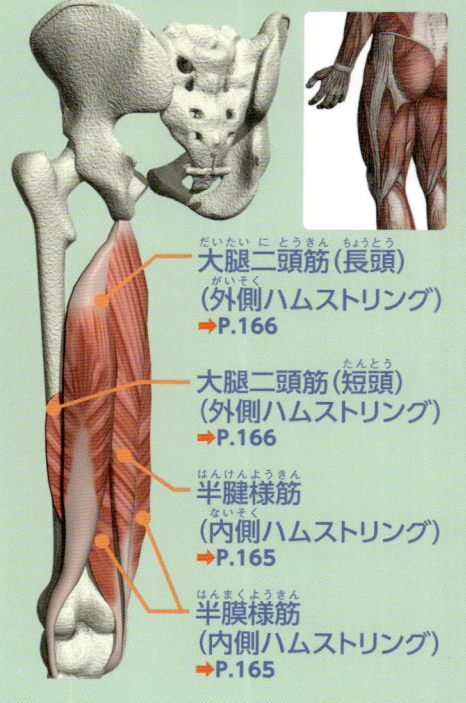

- 大腿二頭筋(長頭)（外側ハムストリング）➡P.166
- 大腿二頭筋(短頭)（外側ハムストリング）➡P.166
- 半腱様筋（内側ハムストリング）➡P.165
- 半膜様筋（内側ハムストリング）➡P.165

左大腿 外側面

膝まわりには大腿四頭筋やハムストリングに属する筋群の腱が集中。脛骨で停止する大腿四頭筋の腱は膝蓋腱(膝蓋靭帯)とよばれる。膝の外側部分には膝裏を斜行する膝窩筋の起始部がある。

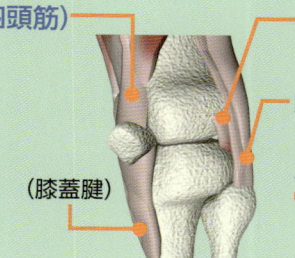

- 大腿直筋(大腿四頭筋) ➡P.163
- (膝蓋腱)
- 膝窩筋 ➡P.166
- 大腿二頭筋（外側ハムストリング）➡P.166

膝関節伸展筋
大腿直筋
大腿四頭筋①

膝関節伸展の主働筋である大腿四頭筋の中心に位置する筋。大腿四頭筋唯一の二関節筋で膝関節と股関節をまたぐ。起始部が骨盤の前面にあるため、股関節屈曲の動きにも働く。広筋群より瞬発的な動きへの貢献度が高い。

主な働き
1. 膝関節の伸展
2. 股関節の屈曲

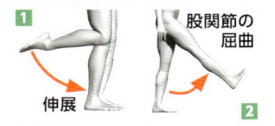

筋DATA (参考値)	
筋体積	238cm²
速筋：遅筋(%)	61.9：38.1

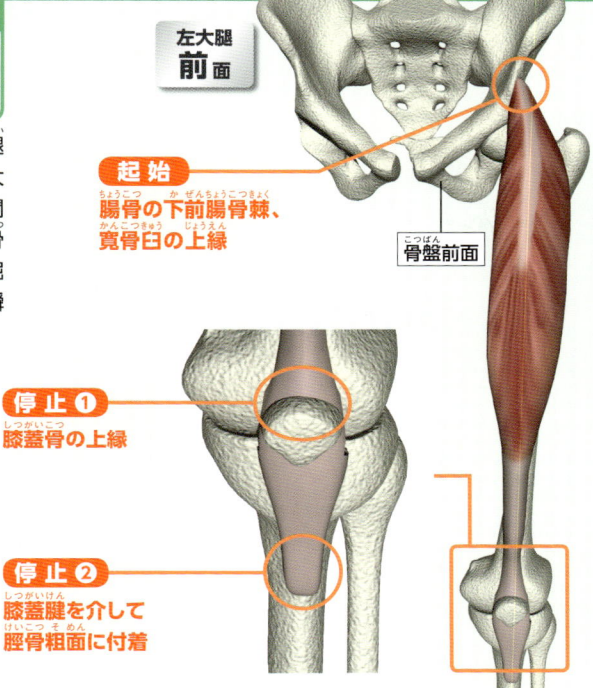

左大腿 前面

起始 腸骨の下前腸骨棘、寛骨臼の上縁

骨盤前面

停止① 膝蓋骨の上縁

停止② 膝蓋腱を介して脛骨粗面に付着

膝関節伸展筋
中間広筋
大腿四頭筋②

大腿直筋に覆われた太腿前面の深部にある強力な筋。膝を伸ばす動き（膝関節伸展）に働く大腿四頭筋のひとつ。大腿骨の前面から起始し、膝蓋骨（膝の皿）を介して膝蓋腱につながり、脛骨に停止する。広筋群の3筋はいずれも大腿直筋より体積が大きい。

主な働き
膝関節の伸展

筋DATA (参考値)	
筋体積	606cm²
速筋：遅筋(%)	50.0：50.0

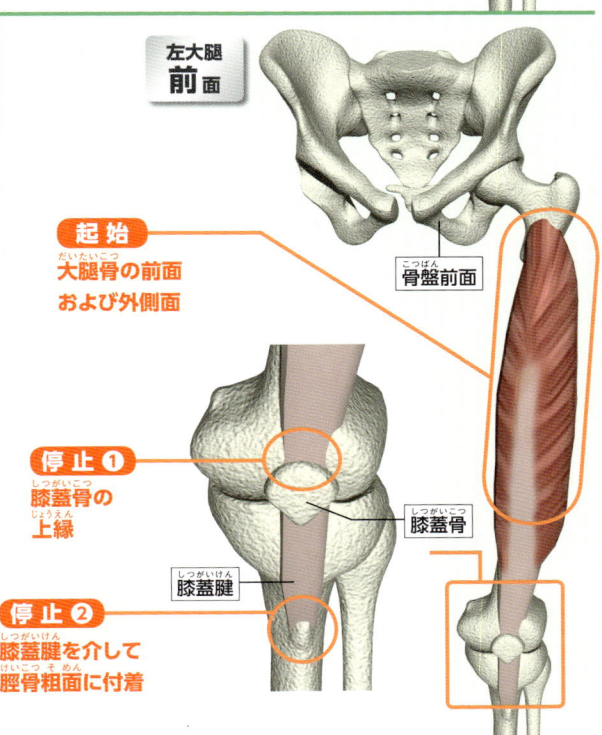

左大腿 前面

起始 大腿骨の前面および外側面

骨盤前面

停止① 膝蓋骨の上縁

膝蓋骨
膝蓋腱

停止② 膝蓋腱を介して脛骨粗面に付着

第6章 膝関節の動きと鍛え方

膝関節伸展筋
内側広筋
大腿四頭筋③

太腿前面の内側にある筋。大腿四頭筋の中で最も低い位置に筋腹がある。同じ広筋群の外側広筋や中間広筋と同様に、膝を伸ばす働き（膝関節伸展）の主働筋として働く。特に膝下やつま先を外に向けた状態（膝関節外旋位）で膝を伸ばす時に貢献度が高くなる。

主な働き
膝関節の伸展
（特に外旋位）
伸展

筋DATA(参考値)	
筋体積	555cm³
速筋：遅筋(%)	47.4：52.6

起始
大腿骨の転子間線から伸びる大腿骨粗線の内側唇

骨盤前面

停止❶
膝蓋骨の上縁および内側縁

停止❷
膝蓋腱を介して脛骨粗面に付着

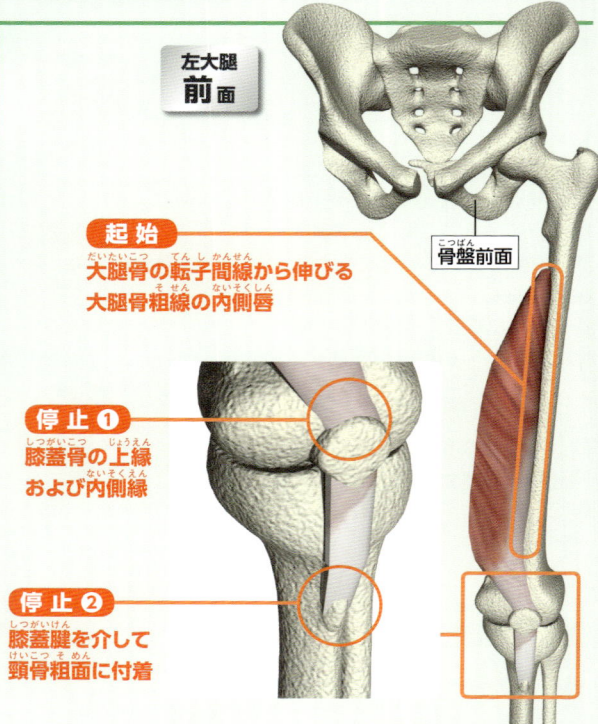

膝関節伸展筋
外側広筋
大腿四頭筋④

太腿前部の外側にある筋。ほかの広筋群と同様に、膝関節伸展の主働筋として働く。特に膝下やつま先を内側に向けた状態（膝関節内旋位）で膝を伸ばす時に貢献度が高くなる。大腿四頭筋は走行時に膝下が前方へ振られる動きにブレーキをかける働きもある。

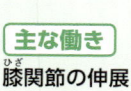

主な働き
膝関節の伸展
伸展

筋DATA(参考値)	
筋体積	514cm³
速筋：遅筋(%)	58.5：41.5

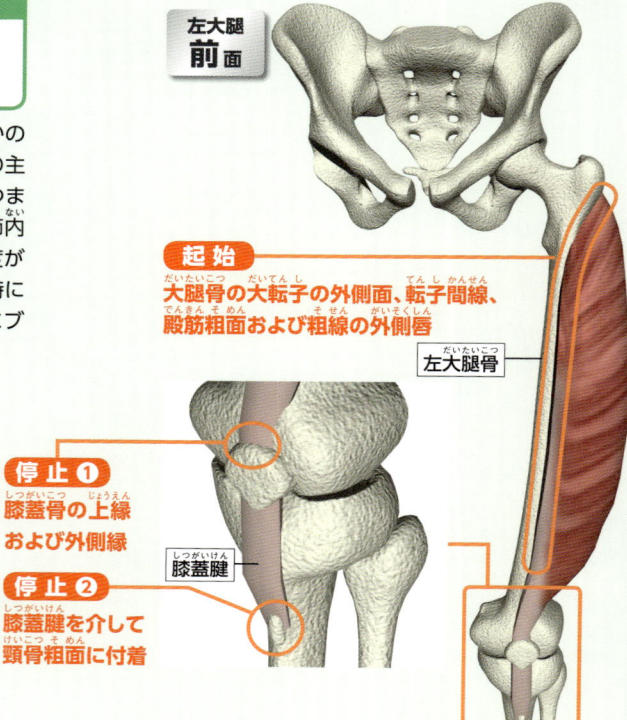

起始
大腿骨の大転子の外側面、転子間線、殿筋粗面および粗線の外側唇

左大腿骨

停止❶
膝蓋骨の上縁および外側縁

膝蓋腱

停止❷
膝蓋腱を介して脛骨粗面に付着

膝関節屈曲筋
半腱様筋
ハムストリング①

半膜様筋、大腿二頭筋とともに太腿裏でハムストリングを形成する。ハムストリングの筋群はすべて膝関節と股関節をまたぐ二関節筋。膝関節屈曲の主働筋で、股関節の伸展にも働く。半腱様筋は半膜様筋を覆うように走行し、筋線維が長く、筋腹が上寄りにある。短距離選手に発達が見られる筋。

主な働き
1. 膝関節の屈曲
   （膝屈曲時に下腿を内旋）、
2. 股関節の伸展

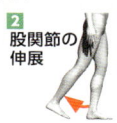

筋DATA（参考値）	
筋体積	212㎤
速筋：遅筋(%)	50.0：50.0

左大腿 後面

起始：坐骨結節の内側面
骨盤後面
左大腿骨
停止：脛骨粗面の内側（鵞足を形成）

第6章 膝関節の動きと鍛え方

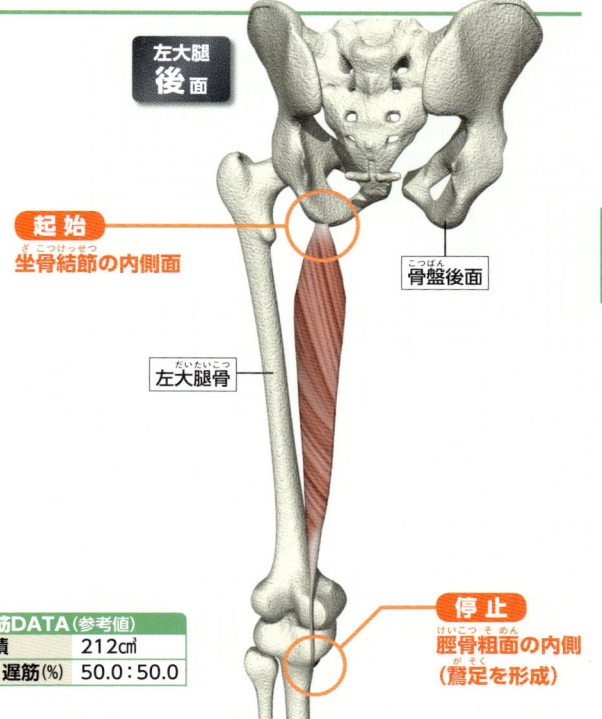

膝関節屈曲筋
半膜様筋
ハムストリング②

ハムストリングのひとつとして、膝関節屈曲と股関節伸展の動きに働く。半腱様筋と比べて筋腹は膝寄りにあり、筋線維も短い。ハムストリングの中では、股関節伸展より、膝関節屈曲の動きへの貢献度が比較的高い。筋の位置から半膜様筋と半腱様筋は、「内側ハムストリング」ともよばれる。

主な働き
1. 膝関節の屈曲
   （膝屈曲時に下腿を内旋）、
2. 股関節の伸展

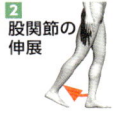

筋DATA（参考値）	
筋体積	347㎤
速筋：遅筋(%)	50.0：50.0

左大腿 後面

起始：坐骨結節
骨盤後面
停止：脛骨の内側顆、顆間線および外側顆、斜膝窩靭帯

165

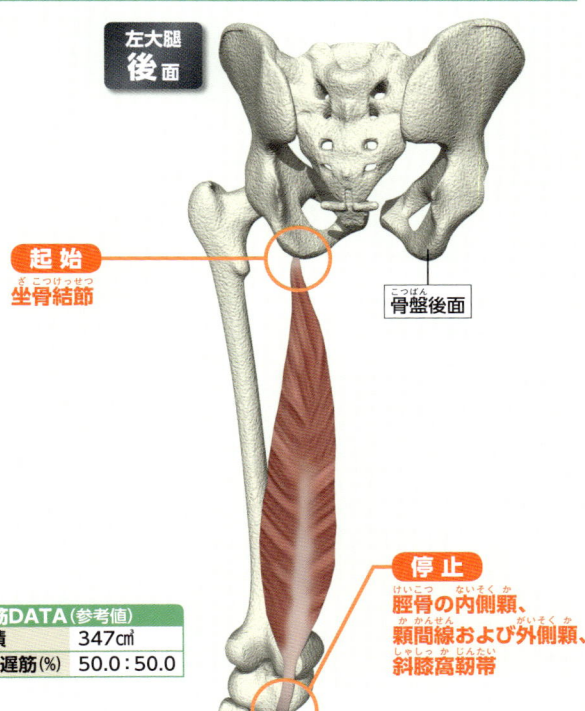

膝関節屈曲筋
大腿二頭筋
ハムストリング③

ハムストリングの中で最も外側にある筋で、「外側ハムストリング」ともよばれる。起始部が2頭に分かれていて、短頭は大腿骨から、長頭は骨盤の坐骨結節から起始する。2頭とも膝関節屈曲の動きに働くが、長頭は股関節伸展に対する貢献度のほうが高い。短頭は股関節の動きには作用しない。

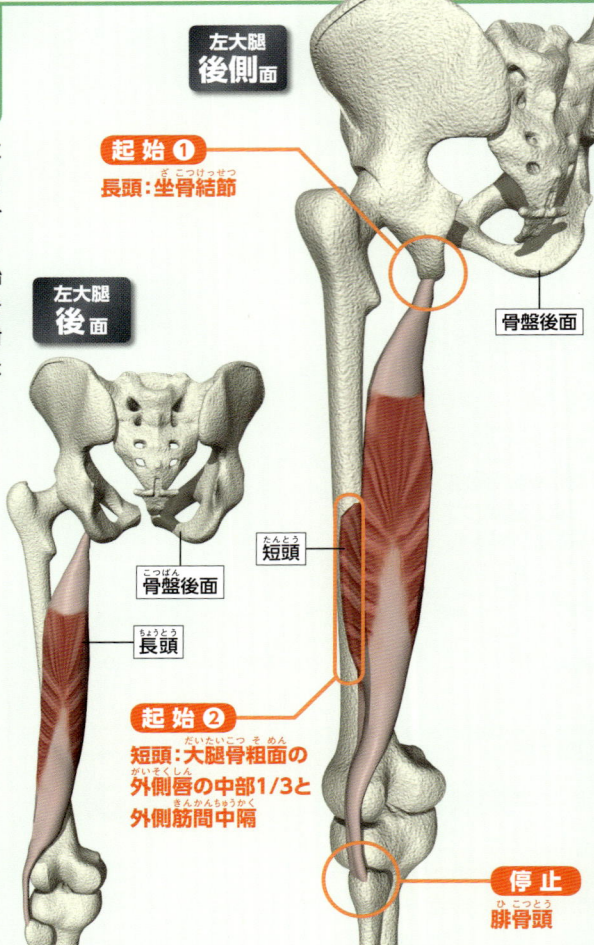

左大腿後側面

起始❶ 長頭：坐骨結節

骨盤後面

左大腿後面

短頭
骨盤後面
長頭

起始❷ 短頭：大腿骨粗面の外側唇の中部1/3と外側筋間中隔

停止 腓骨頭

主な働き
1. 股関節の伸展、
2. 膝関節の屈曲
   （膝屈曲時に下腿を外旋）

1 股関節の伸展
2 屈曲

筋DATA (参考値)	
筋体積	317㎤
速筋：遅筋(%)	33.1：66.9

膝関節屈曲筋
膝窩筋

腓腹筋に覆われている小さな筋。膝の外側で大腿骨の先端から起始し、膝裏を斜行して脛骨に停止する。主に膝を曲げる動き（膝関節屈曲）に作用するが、わずかに膝関節内旋の作用もある。

主な働き
1. 膝関節の屈曲・
2. わずかな内旋

1 屈曲
2 膝のわずかな内旋

左膝後面

起始 大腿骨の外側上顆

停止 脛骨の上部後面

腓骨　脛骨

筋DATA (参考値)	
筋体積	22㎤
速筋：遅筋(%)	50.0：50.0

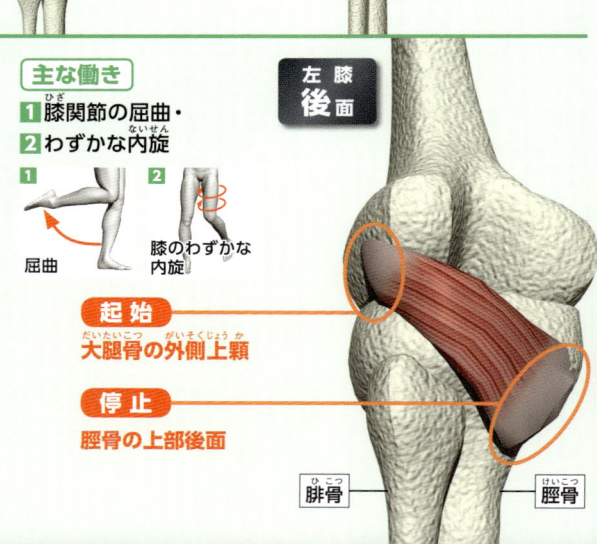

膝関節の動き ① 膝関節 屈曲

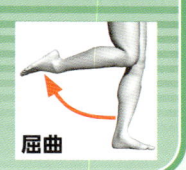

膝を曲げる膝関節屈曲の動きは、太腿裏のハムストリングが主働筋。ハムストリングは、股関節と膝関節をまたぐ二関節筋であるため、股関節伸展の動きを加えて鍛える種目も多い。膝関節屈曲の筋力強化は、スプリントのスピードアップに不可欠。

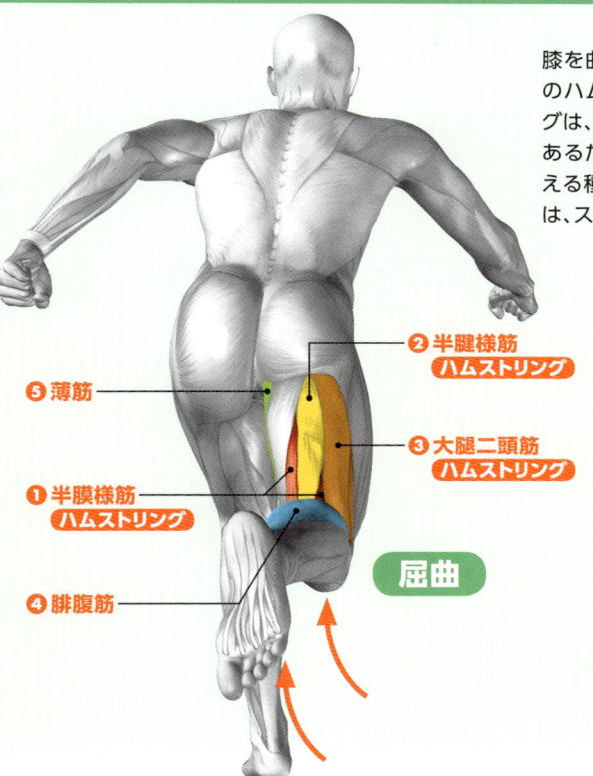

第6章 膝関節の動きと鍛え方

貢献度ランキング

1. 半膜様筋（ハムストリング） ➡P.165
2. 半腱様筋（ハムストリング） ➡P.165
3. 大腿二頭筋（ハムストリング） ➡P.166
4. 腓腹筋 ➡P.119
5. 薄筋 ➡P.136
6. 縫工筋
7. 膝窩筋 ➡P.166

図中ラベル：
- ① 半膜様筋（ハムストリング）
- ② 半腱様筋（ハムストリング）
- ③ 大腿二頭筋（ハムストリング）
- ④ 腓腹筋
- ⑤ 薄筋

膝関節の屈曲トルク

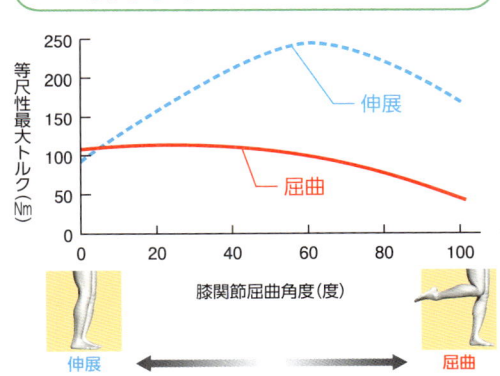

太腿裏のハムストリングが主働筋となる膝関節の屈曲動作は、伸展動作に比べて力はかなり劣る。屈曲動作は膝を軽く曲げた屈曲位で最大トルクを発揮する。

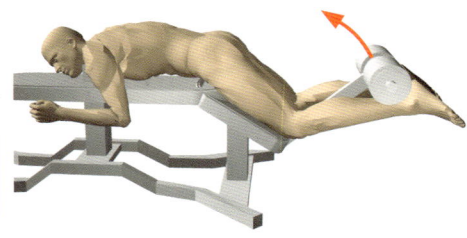

グラフ：等尺性最大トルク(Nm) 縦軸 0〜250、横軸 膝関節屈曲角度(度) 0〜100、伸展（破線）・屈曲（実線）

167

膝関節屈曲トレ❶ 自宅　メイン ハムストリング　サブ 腓腹筋
ダンベルレッグカール

両足にダンベルを挟んで膝を曲げ、ハムストリングを鍛える。ダンベルを落とさないように注意して行う。

1 イスの座面に両膝を乗せ、両足でダンベルを挟む。ゆっくり体を前方に倒して両手をつき、全身を水平にする。

2 両膝を曲げてダンベルを持ち上げる。膝下が垂直になるまで上げるのが目安。戻す時もダンベルを落とさないように注意する。

膝関節屈曲トレ❷ 自宅　メイン ハムストリング　サブ 大殿筋
ヒップリフト

膝を曲げながらお尻を持ち上げてハムストリングを鍛える。ハムストリングが強く伸びた状態で負荷をかけられる。

1 仰向けになり、イスか台に両足を乗せ、カカトを支点にしてお尻を浮かす。足先の位置が遠いほど負荷は高くなる。

2 カカトを支点にして、両膝を曲げながらお尻を持ち上げる。足を遠くにつくことにより、ハムストリングがストレッチした状態で強く刺激できる。

膝関節屈曲トレ❸ ジム　メイン ハムストリング　サブ 腓腹筋
マシンレッグカール

座った体勢で両膝を曲げるマシン種目。シンプルな動きでハムストリングに負荷が集中するため初心者に最適。

1 シートに座り、足首にパッドをセットする。さらに脚を固定するパッドで、太腿が動かないようにしっかり固定する。

2 太腿裏に力を入れ、両膝を90度以上まで曲げる。戻す時は負荷が抜ける直前まで、膝を伸ばしていく。

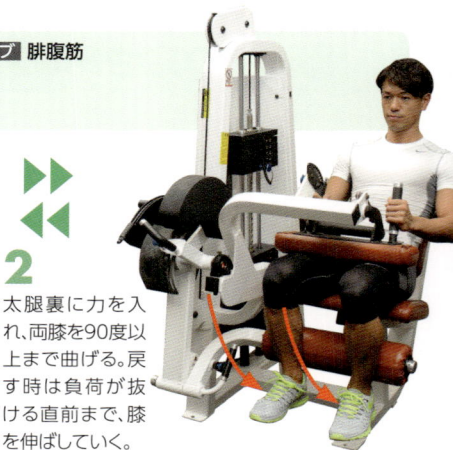

膝関節屈曲トレ④ ジム　メイン ハムストリング
グルートハムレイズ（45度）

股関節伸展と膝関節屈曲の動きで、二関節筋のハムストリングを両端から強烈に刺激する。筋損傷を得やすい。

1 45度のバックエクステンション台に両足をかけ、パッドを骨盤のやや下の位置に当てる。膝を少し曲げたまま、上体を折り曲げ、太腿裏を伸ばす。

2 両膝を曲げながら、全身が真っすぐになるまで上体を起こす。足をつま先立ちにして行うと、ハムストリングにより効かせやすくなる。

第6章 膝関節の動きと鍛え方

膝関節屈曲トレ⑤ ジム　メイン ハムストリング
グルートハムレイズ（床）

自体重を負荷にしてハムストリングを鍛える。両膝が伸ばされる動きに、膝関節屈曲の動きでブレーキをかけ、太腿裏を刺激する。

1 クッションを敷いて両膝立ちになり、パートナーに両足をしっかり押さえてもらう。股関節をやや屈曲させ、両手をつく準備をする。

2 両膝を伸ばして上体を前方に倒す。膝が伸びる動きにブレーキをかけることで、ハムストリングに刺激が入る。ハムストリングが硬い人は注意して行う。

膝関節屈曲トレ⑥ ジム　メイン ハムストリング
徒手レッグカール

パートナーが膝を曲げるように抵抗を加える。膝が伸びても負荷が抜けないため、ハムストリングを追い込める。

1 イスに座り、パートナーが片足を押さえて固定する。もう片方の手で足首を持って手前に引き、その力に抵抗する。

2 パートナーが足首を引っ張る力に抵抗しながら膝を曲げていく。パートナーは戻す局面も負荷をかけ続ける。

169

膝関節の動き❷ 膝関節 伸展(しんてん)

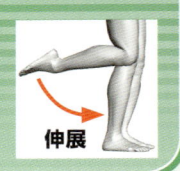

貢献度ランキング
1. 中間広筋 大腿四頭筋 ➡P.163
2. 外側広筋 大腿四頭筋 ➡P.164
3. 内側広筋 大腿四頭筋 ➡P.164
4. 大腿直筋 大腿四頭筋 ➡P.163

- ❹ 大腿直筋 大腿四頭筋
- ❷ 外側広筋 大腿四頭筋
- ❸ 内側広筋 大腿四頭筋
- ❶ 中間広筋 大腿四頭筋（※大腿直筋の深部）

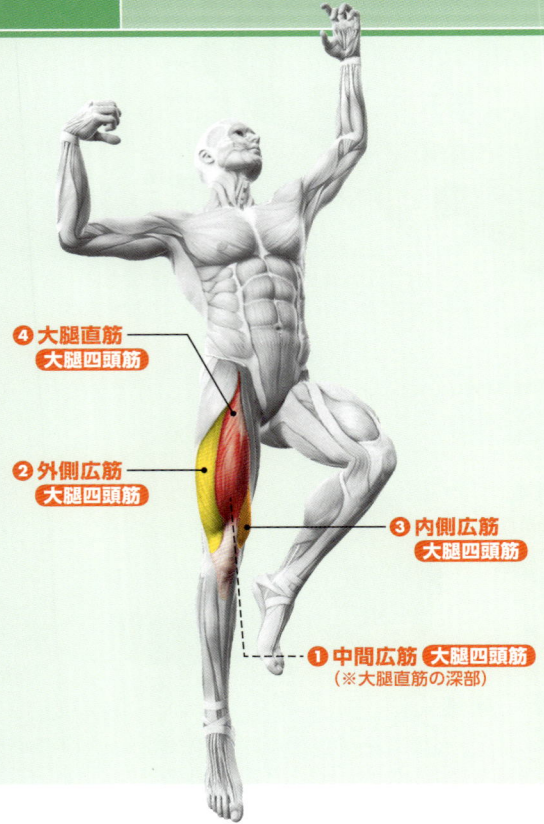

膝を伸ばす膝関節伸展の主働筋は、太腿前面の大腿四頭筋。ハムストリングと異なり、股関節もまたぐ二関節筋は大腿直筋のみ。膝関節伸展は、立ち上がる、歩く、走る、ジャンプするといった重要な動作で大きな役割を果たす。

膝関節の伸展トルク

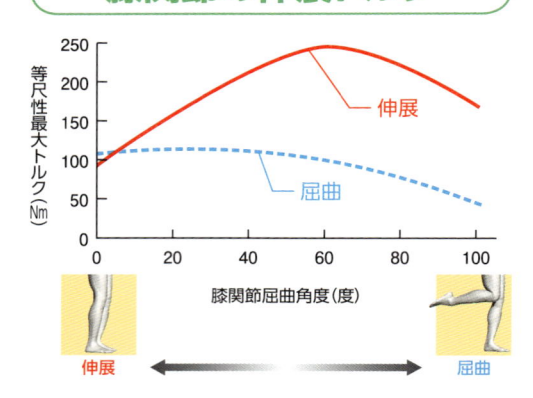

縦軸: 等尺性最大トルク (Nm) 0〜250
横軸: 膝関節屈曲角度(度) 0〜100
実線: 伸展
破線: 屈曲

← 伸展　屈曲 →

太腿前側の大腿四頭筋が主働筋となる膝関節の伸展動作は、股関節伸展と並んで最強の関節動作。膝が60度程度に曲がった屈曲位(くっきょくい)で最大トルクを発揮する。

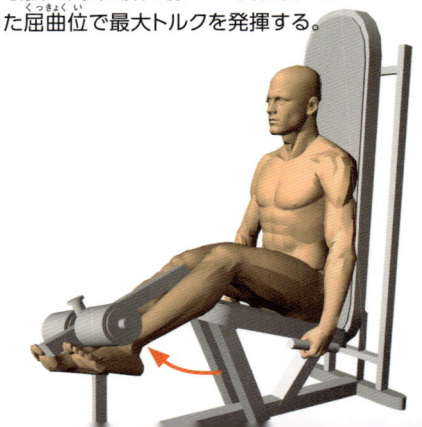

膝関節伸展トレ❶ 自宅　メイン 大殿筋（下部）、大腿四頭筋、内転筋群　サブ ハムストリング、脊柱起立筋

スクワット

自重で行うスクワット。大殿筋や内転筋群とともに大腿四頭筋も強化できる。自重種目は負荷が軽いので初心者向き。

1
背すじを伸ばし、両足を肩幅程度に開き、つま先を少し外側に開いて立つ。両膝を軽く曲げ、両手は耳の後ろ付近に添える。

2
背すじを伸ばしたまま、太腿が水平程度になるまでしゃがみ込む。上体を前傾し、お尻を引きながらしゃがむ。ここから両膝を伸ばしながら上体を起こし、1の体勢に戻る。しゃがむ時に膝が前に出すぎると、膝を痛めるので注意。

第6章　膝関節の動きと鍛え方

膝関節伸展トレ❷ 自宅　メイン 大殿筋、大腿四頭筋、内転筋群　サブ ハムストリング

片足スクワット

片足で行うことによって負荷を高めるスクワット。膝を伸ばす動きに集中するため、柱や机につかまってバランスを安定させた状態で行う。

1
背すじを伸ばし、片足立ちになり、膝を軽く曲げる。片手を柱や机に添えてバランスを安定させる。

2
片足立ちのまま、太腿が水平程度になるまでしゃがみ込む。ここから膝を伸ばしながら上体を起こし、1の体勢に戻る。

膝関節伸展トレ❸ 自宅　メイン 大腿四頭筋（特に大腿直筋）

シシースクワット

腰を前方に突き出す動きで、大腿四頭筋をフルにストレッチする。二関節筋である大腿直筋が特に強く刺激される。

1
背すじを伸ばし、両足を肩幅程度に開き、膝を軽く曲げる。片手で柱やポールにつかまり、もう片方の手は腰に添える。

2
体全体を後傾させながら腰を前方に突き出す。太腿前面のストレッチを感じながら、両膝を90度かそれ以上まで曲げていく。

171

膝関節伸展トレ❹ ジム　メイン 大腿四頭筋
マシンレッグエクステンション

座った体勢で両膝を伸ばすマシン種目。大腿四頭筋に負荷が集中する。膝を深く曲げないので膝関節にやさしい。

1
シートに座り、左右のバーをしっかり握る。動作中にお尻が浮かないように、バーを引く力で体を押さえ付ける。

2
シートにお尻を固定したまま、両膝をしっかり伸ばす。下ろす時も負荷が抜ける直前まで戻し、可動範囲を広くする。

膝関節伸展トレ❺ ジム　メイン 大腿四頭筋　サブ 大殿筋、内転筋群、ハムストリング
ハックスクワット

安全かつ高重量で大腿四頭筋を強化できるマシン種目。高重量を扱ってもフォームが乱れにくいのも長所。

1
両肩にパッドが当たるようにセットする。背すじを伸ばして背中をシートにつけ、手前のバーを握る。足幅は腰幅程度で両膝を軽く曲げる。両足は前におくほど大殿筋の負荷が高まる。

2
背中をシートにつけ、背すじを伸ばしたたまま深くしゃがみ込む。ここから両膝を伸ばし、1の体勢に戻る。

膝関節伸展トレ❻ ジム　メイン 大腿四頭筋、大殿筋（下部）、内転筋群　サブ 脊柱起立筋、ハムストリング
バーベルスクワット（前傾抑えめ）

上体の前傾を抑えることで、膝関節伸展の動きを強調するスクワット。通常のスクワットより両膝が前に出ることで、大腿四頭筋への負荷が高まる。

1
バーベルを両肩に担ぎ、背すじを伸ばして立つ。足幅は肩幅程度で、つま先を少し外側に開く。

2
背すじを伸ばしたまま、太腿が水平程度になるまでしゃがみ込む。通常のスクワットより上体の前傾を抑える。この時、両膝が前に出すぎると膝を痛めるので注意。

膝関節伸展トレ ⑦ ジム
フロントスクワット

メイン 大腿四頭筋　**サブ** 大殿筋（下部）、内転筋群（大内転筋）

体の前でバーベルを担ぐことで、上体の前傾が自然に抑えられ、大腿四頭筋に負荷が集中する。中・上級者向け。

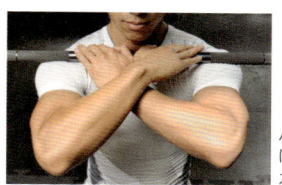

1 バーベルを体の前で担ぎ、背すじを伸ばして立つ。足幅は肩幅程度で、つま先を少し外側に開く。

バーを両肩（三角筋）に乗せ、両腕を持ち替えてクロスして握る

2 背すじを伸ばしたまま、太腿が水平程度になるまでしゃがみ込む。通常のスクワットより両膝が前に出る。あまり膝が前に出すぎると膝を痛めるので注意する。

第6章 膝関節の動きと鍛え方

膝関節筋のストレッチ

太腿前面のストレッチ
伸びる筋 大腿四頭筋

膝を深く曲げた状態で股関節を伸展し、太腿前面の大腿四頭筋を伸ばすストレッチ。股関節をまたぐ二関節筋の大腿直筋もしっかり伸ばせる。

壁に手をつき、片足を曲げてつま先を持つ。そこからつま先を引いて、太腿を後方に振っていく。足甲を持つとストレッチ効果が下がるので注意。

太腿後面のストレッチ
伸びる筋 ハムストリング

膝を伸ばした状態で股関節を屈曲し、太腿後面のハムストリングを両端から伸ばすストレッチ。硬くなりやすい部分なので入念に伸ばす。

足を前後に開き、前脚の膝を伸ばす。両手は前脚の膝に当てる。そこから背すじを伸ばしたまま、股関節から上体を前方に倒す。硬い人は前脚の膝を少し曲げてもOK。

COLUMN 6

大腿四頭筋でブレーキをかける

重心移動にブレーキをかける 大腿四頭筋の重要な働き

膝を伸ばす動き（膝関節伸展）の主働筋である太腿前面の大腿四頭筋（大腿直筋、中間広筋、内側広筋、外側広筋）は、複合筋として人体で最も体積が大きい筋群であり、強い筋力を発揮する。

大腿四頭筋の力は、ブレーキをかける動きに使われる。ジャンプの着地や走行のストップ、スピードを抑えて坂道を下るといった局面で膝の伸展トルクを発揮しながら、体全体の勢いを止める重要な役割を果たしている。

膝関節伸展の動きには、大腿直筋より広筋群の貢献度が高い。しかし、瞬発的な膝関節伸展の動きに対する貢献度は、大腿直筋のほうが高くなる。

単関節筋の広筋群と 二関節筋の大腿直筋

広筋群と大腿直筋の大きな違いは、広筋群が膝関節のみをまたぐ単関節筋であるのに対し、大腿直筋は股関節と膝関節をまたぐ二関節筋であること。膝関節伸展のみに働く広筋群に対し、大腿直筋は股関節屈曲の動きにも作用する。

大腿直筋の強化には、膝関節伸展の強化種目だけでなく、股関節屈曲の強化種目も取り入れるとより筋全体を刺激できる。大腿直筋は、膝を曲げた膝関節屈曲位で股関節を屈曲する動きに関与が高まるため、膝を曲げて行うシットアップ（→P.190）やデクラインシットアップ（→P.190）を行えば、腹直筋や腸腰筋とともに大腿直筋も刺激できる。

膝関節伸展で重心移動にブレーキをかける

大腿四頭筋でブレーキをかける動きは、片足を踏み出すスポーツにおいて特に重要となる。フェンシングの踏み込み動作でも、大腿四頭筋の力で前脚の膝関節の伸展トルクが発揮され、重心移動にブレーキをかけている

重心の流れ

膝関節の伸展トルク

ブレーキの力

第7章
体幹・頸部の動きと鍛え方

本書では脊柱を動かす筋のうち、主に胸椎と腰椎を動かす筋を体幹の筋、頸椎を動かす筋を頸部の筋として分類する。体幹動作は、スポーツだけでなく、日常生活でも重要な役割を果たし、腹部の腹筋群、背面深部の脊柱起立筋が強化の標的となる。

● 「筋体積」データの出典
・P.182「腹直筋」、P.183「外腹斜筋」「内腹斜筋」、P.184「脊柱起立筋(※胸最長筋、腰腸肋筋)」、P.185「腰方形筋」…Christophy M et al., A musculoskeletal model for the lumbar spine. Biomech Model Mechanobiol, (2012), 11(1-2), 19-34.(複数の解剖学的先行研究データをもとに筋-骨格モデルを作成)
・P.184「脊柱起立筋(※頭最長筋、頸最長筋、頸腸肋筋)」、P.185「頭半棘筋、頸半棘筋」、P.186「頭板状筋、頸板状筋」、P.187「前斜角筋、中斜角筋、後斜角筋」…Borst J et al., Muscle parameters for musculoskeletal modelling of the human neck. Clin Biomech, (2011) 26(4), 343-51.(死体解剖=男性86歳・171cm・75kg)
※P.176～177の「筋体積ランキング」は各筋の筋体積データをもとに算出

● 「速筋:遅筋(%)」データの出典
・P.182「腹直筋」…Johnson MA, Polgar J, Weightman D and Appleton D, (1973)
・P.184「脊柱起立筋(※頭最長筋、頸最長筋、胸最長筋、頸腸肋筋)」、P.185「頭半棘筋、頸半棘筋」、P.186「頭板状筋、頸板状筋」、P.187「前斜角筋、中斜角筋、後斜角筋」…Daru KR, (1989)
※筋体積のデータは、すべて左右の片側だけの数値(以下同)
※体幹・頸部の動きに関する「最大トルクと関節角度」のグラフは、データが揃っていないため掲載なし

体幹の可動域

本書では、椎骨が縦に連なって構成される脊柱のうち、上部の頸椎と下部の仙骨・尾骨を除く、胸椎・腰椎部分が曲がったりひねられたりする動きを体幹の動きとする。

「体幹の動き」とは胸椎と腰椎の動き

脊柱を構成する33個の椎骨のうち、上部の24個（頸椎・胸椎・腰椎）には可動性があり、骨盤と融合している下部の仙骨・尾骨には可動性がない。本書では、可動性のある上部24個の椎骨のうち、胸椎と腰椎の動きを体幹の動きと定義する。

各胸椎、各腰椎の間には椎間関節とよばれる関節があり、そのひとつひとつの可動域は小さい。しかし、体幹全体として考えると、総合的に大きな可動域で曲げることが可能となる。つまり、実際には数多く存在する小さな関節の集合体を、ひとつの大きな関節と見なしたものが、いわゆる「体幹」なのである。

※脊柱起立筋の筋体積（250～300㎤）は、脊柱起立筋を構成する各筋の体積を足して算出した推定値

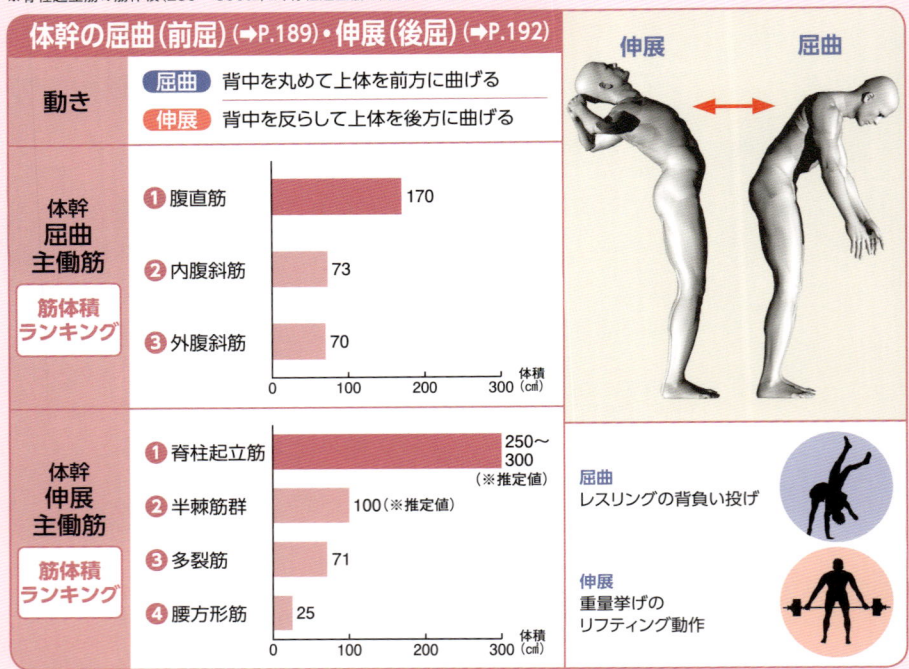

体幹の屈曲（前屈）（→P.189）・伸展（後屈）（→P.192）

動き		
屈曲	背中を丸めて上体を前方に曲げる	
伸展	背中を反らして上体を後方に曲げる	

体幹屈曲主働筋 筋体積ランキング

	筋	体積(㎤)
1	腹直筋	170
2	内腹斜筋	73
3	外腹斜筋	70

体幹伸展主働筋 筋体積ランキング

	筋	体積(㎤)
1	脊柱起立筋	250～300（※推定値）
2	半棘筋群	100（※推定値）
3	多裂筋	71
4	腰方形筋	25

屈曲：レスリングの背負い投げ

伸展：重量挙げのリフティング動作

※半棘筋群の筋体積（100㎤）は、データのない胸半棘筋の筋体積を、頭半棘筋とほぼ同じ大きさと仮定して算出した推定値

体幹の側屈 (→P.194)

動き | 側屈 上体を横(側方)に曲げる

体幹側屈主働筋 筋体積ランキング

順位	筋肉	体積(cm³)
❶	脊柱起立筋	250〜300 (※推定値)
❷	内腹斜筋	73
❸	外腹斜筋	70
❹	腰方形筋	25

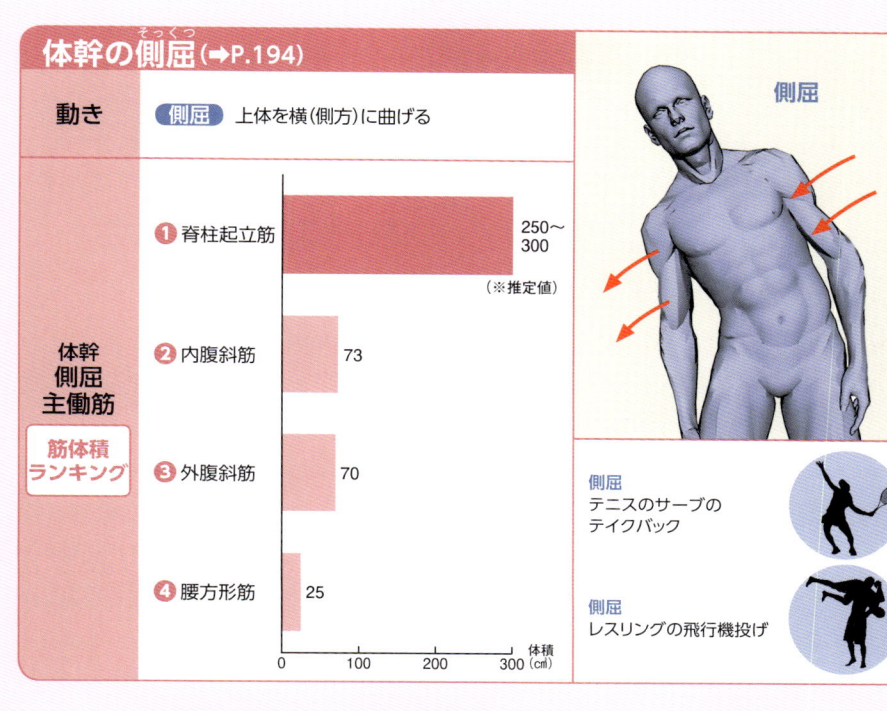

側屈
テニスのサーブのテイクバック

側屈
レスリングの飛行機投げ

体幹の回旋 (→P.196)

動き | 回旋 脊柱を回転軸にして、上体を左右に捻る

体幹回旋主働筋 筋体積ランキング

順位	筋肉	体積(cm³)
❶	脊柱起立筋	250〜300 (※推定値)
❷	内腹斜筋(同側回旋)	73
❸	外腹斜筋(反対側回旋)	70
❹	回旋筋	※データなし

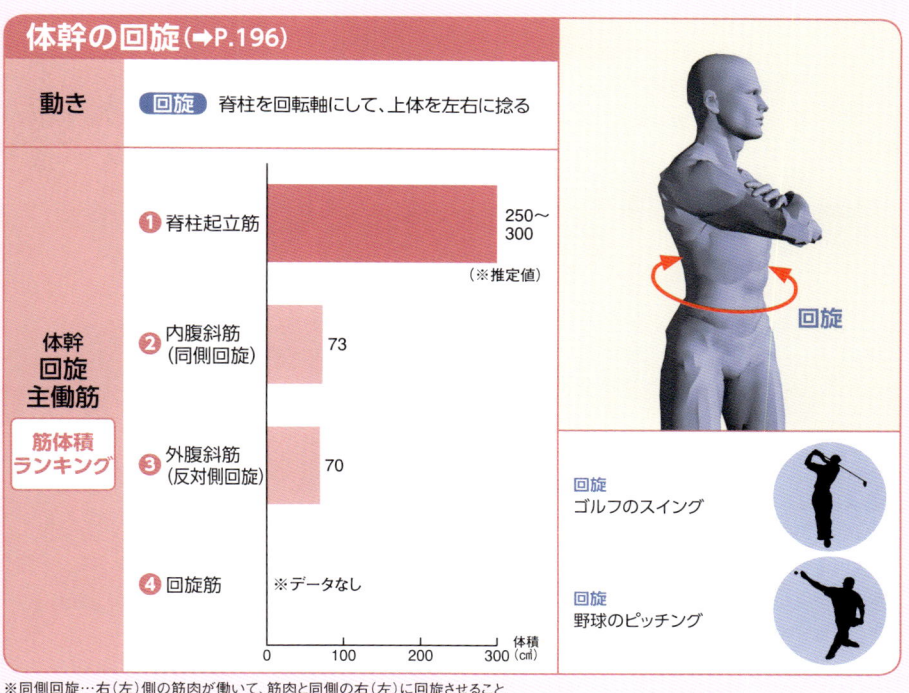

回旋
ゴルフのスイング

回旋
野球のピッチング

※同側回旋…右(左)側の筋肉が働いて、筋肉と同側の右(左)に回旋させること
※反対側回旋…右(左)側の筋肉が働いて、筋肉と反対側の左(右)に回旋させること

第7章 体幹・頸部の動きと鍛え方

頸部の可動域

頸部の動きは、椎骨が縦に連なって構成される脊柱の上部にあたる頸椎部分の動きのことを指す。体幹と同様に、前後左右に曲げたり、ひねったりする動きが可能である。

頸部を動かす複数の椎間関節

脊柱を構成する椎骨の上部7つからなる頸椎は、体幹の胸椎や腰椎と同様に、各椎骨間に椎間関節があるが、体幹に比べて頸部の椎間関節は可動域が大きく、頭部を大きく動かすことができる。動きも体幹と同じように、屈曲・伸展、側屈、回旋と、3次元の動きが可能である。

頸部は椎骨が7個しかないにもかかわらず、胸椎と腰椎で計17個の椎骨がある体幹と同じかそれ以上の可動域をもっていることが大きな特徴といえる。ただし、胸椎や腰椎と比較して、頸椎は椎骨のひとつひとつが小さいこともあり、怪我が起こりやすいという側面もある。

※脊柱起立筋の筋体積（250〜300㎤）は、脊柱起立筋を構成する各筋の体積を足して算出した推定値

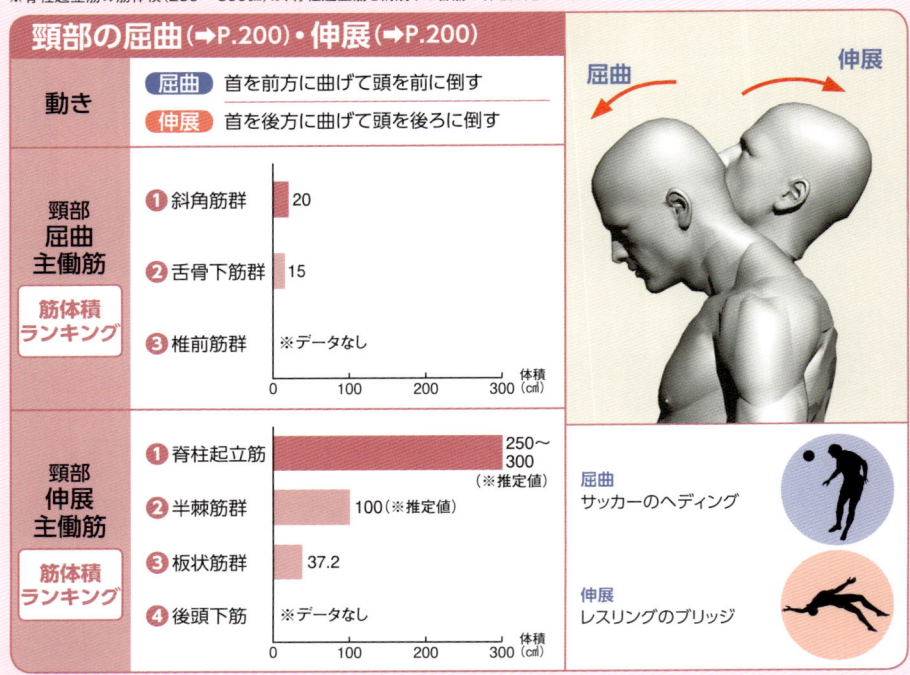

頸部の屈曲(➡P.200)・伸展(➡P.200)

動き		
屈曲	首を前方に曲げて頭を前に倒す	
伸展	首を後方に曲げて頭を後ろに倒す	

頸部屈曲主働筋 筋体積ランキング

	筋	体積(㎤)
❶	斜角筋群	20
❷	舌骨下筋群	15
❸	椎前筋群	※データなし

頸部伸展主働筋 筋体積ランキング

	筋	体積(㎤)
❶	脊柱起立筋	250〜300（※推定値）
❷	半棘筋群	100（※推定値）
❸	板状筋群	37.2
❹	後頭下筋	※データなし

屈曲：サッカーのヘディング
伸展：レスリングのブリッジ

※半棘筋群の筋体積（100㎤）は、データのない胸半棘筋の筋体積を、頭半棘筋とほぼ同じ大きさと仮定して算出した推定値。斜角筋群の筋体積（20㎤）は、前斜角筋（3.8㎤）・中斜角筋（11㎤）・後斜角筋（5.2㎤）の合算値

頸部の側屈

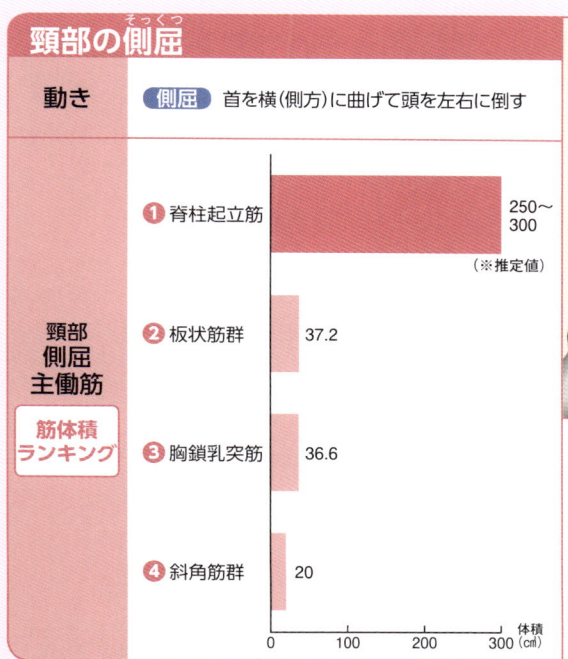

動き 　側屈　首を横（側方）に曲げて頭を左右に倒す

頸部 側屈 主働筋

筋体積ランキング

順位	筋肉	体積 (cm³)
❶	脊柱起立筋	250〜300（※推定値）
❷	板状筋群	37.2
❸	胸鎖乳突筋	36.6
❹	斜角筋群	20

側屈　ボブスレーの高速カーブで頭部が左右に倒れないように耐える動き

側屈　バスケットボールで方向転換をする時に頭部を固定する動き

※板状筋群の筋体積（37.2cm³）は、頭板状筋（27.1cm³）と頸板状筋（10.1cm³）の合算値

頸部の回旋

動き 　回旋　頸椎を回転軸にして、首を左右に回す

頸部 回旋 主働筋

筋体積ランキング

順位	筋肉	体積 (cm³)
❶	脊柱起立筋	250〜300（※推定値）
❷	板状筋（同側回旋）	37.2
❸	胸鎖乳突筋（反対側回旋）	36.6
❹	回旋筋	※データなし

回旋　クロールの息つぎで首をひねる動作

回旋　スノーボードで進行方向を見る動作

※同側回旋…右（左）側の筋肉が働いて、筋肉と同側の右（左）に回旋させること
※反対側回旋…右（左）側の筋肉が働いて、筋肉と反対側の左（右）に回旋させること

第7章　体幹・頸部の動きと鍛え方

体幹・頸部を動かす筋一覧

体幹・頸部を動かす筋は、背中側の脊柱起立筋を中心とした脊柱まわりの筋群と、腹部の筋群に分けられる。胸鎖乳突筋は頸椎に付着していないが頭部を動かす。

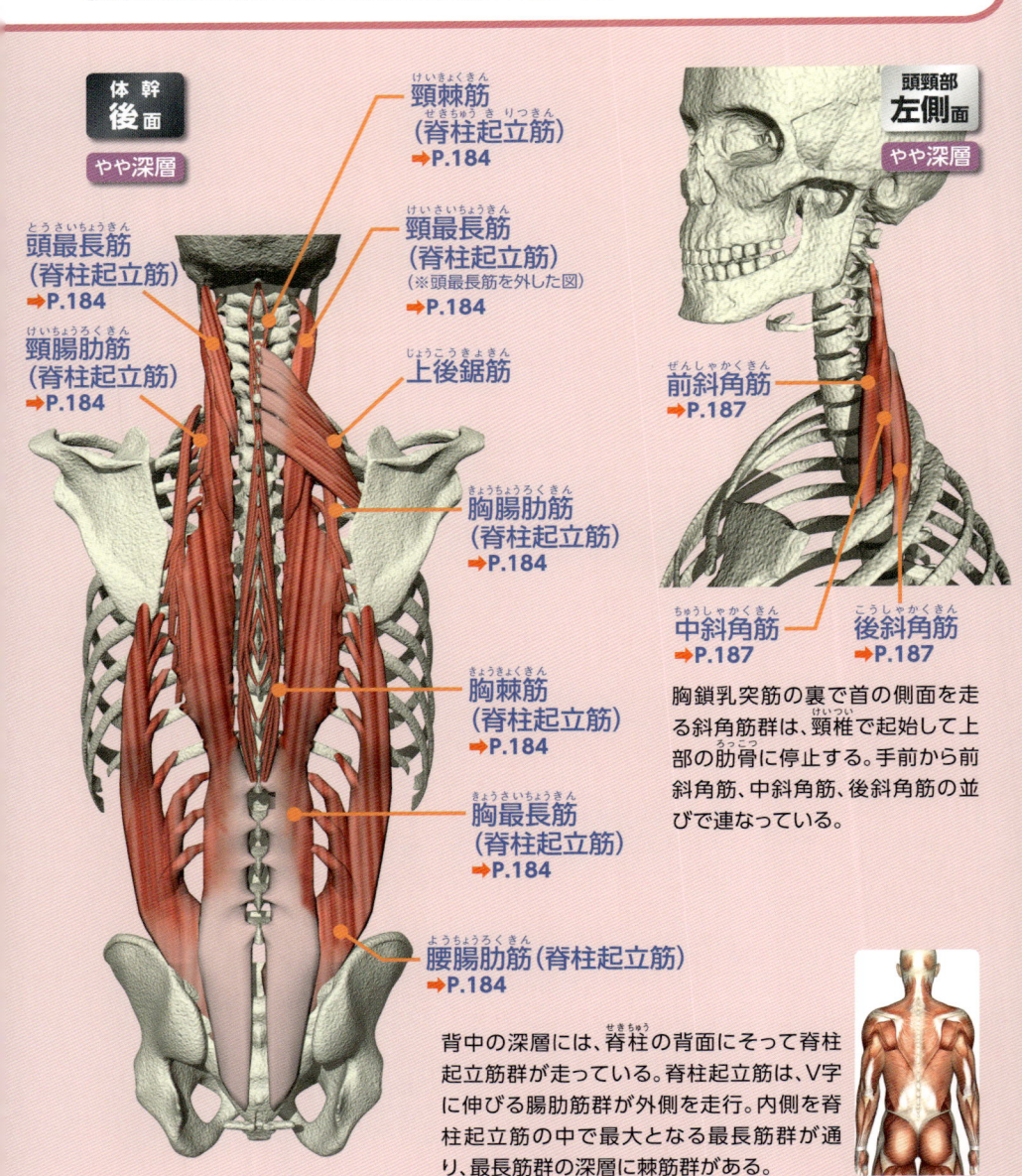

体幹 後面 やや深層

- 頸棘筋（脊柱起立筋） ➡P.184
- 頸最長筋（脊柱起立筋）（※頭最長筋を外した図）➡P.184
- 頭最長筋（脊柱起立筋）➡P.184
- 頸腸肋筋（脊柱起立筋）➡P.184
- 上後鋸筋
- 胸腸肋筋（脊柱起立筋）➡P.184
- 胸棘筋（脊柱起立筋）➡P.184
- 胸最長筋（脊柱起立筋）➡P.184
- 腰腸肋筋（脊柱起立筋）➡P.184

頭頸部 左側面 やや深層

- 前斜角筋 ➡P.187
- 中斜角筋 ➡P.187
- 後斜角筋 ➡P.187

胸鎖乳突筋の裏で首の側面を走る斜角筋群は、頸椎で起始して上部の肋骨に停止する。手前から前斜角筋、中斜角筋、後斜角筋の並びで連なっている。

背中の深層には、脊柱の背面にそって脊柱起立筋群が走っている。脊柱起立筋は、V字に伸びる腸肋筋群が外側を走行。内側を脊柱起立筋の中で最大となる最長筋群が通り、最長筋群の深層に棘筋群がある。

体幹 後面 深層

この図では、頭板状筋、頸板状筋と頸半棘筋がやや浅層に位置する。脊柱起立筋よりさらに奥の体幹深層には多裂筋や回旋筋が走行している。腰方形筋は腰椎から骨盤まで体幹の側方に伸びる筋。

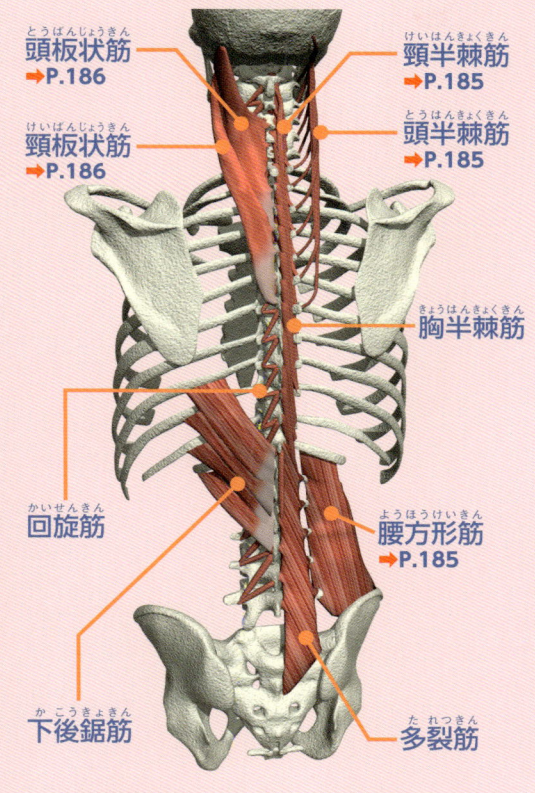

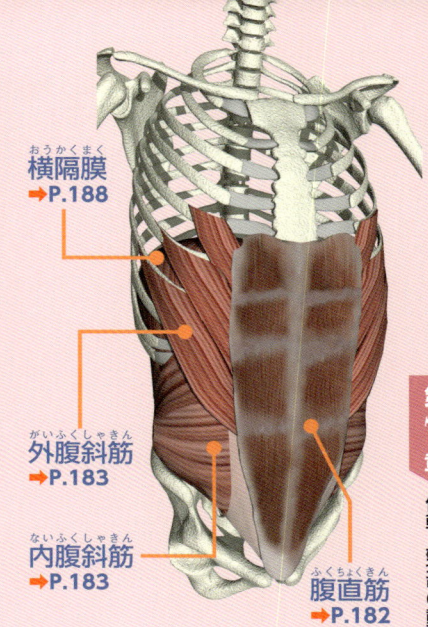

- 頭板状筋 ➡P.186
- 頸板状筋 ➡P.186
- 頸半棘筋 ➡P.185
- 頭半棘筋 ➡P.185
- 胸半棘筋
- 回旋筋
- 腰方形筋 ➡P.185
- 下後鋸筋
- 多裂筋

- 横隔膜 ➡P.188
- 外腹斜筋 ➡P.183
- 内腹斜筋 ➡P.183
- 腹直筋 ➡P.182

体幹 前側面 浅層

腹部の表層には、正面に腹直筋があり、脇腹にあたる左右の側面に外腹斜筋がある。内腹斜筋は外腹斜筋の深部にあり、腹横筋はそのさらに深層に位置する。また、横隔膜は胸郭の下部をふさぐように付着している。

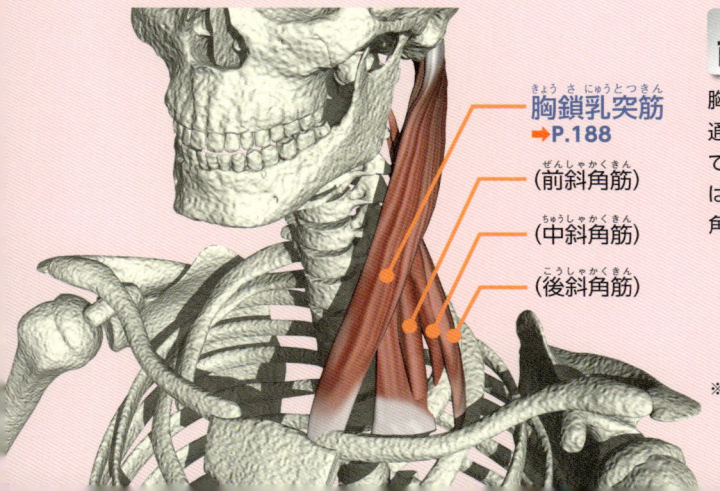

第7章 体幹・頸部の動きと鍛え方

頭頸部 前側面

- 胸鎖乳突筋 ➡P.188
- (前斜角筋)
- (中斜角筋)
- (後斜角筋)

胸鎖乳突筋は筋腹が頸部を通っているが、頸椎に付着していない。胸鎖乳突筋の裏には、頸部の側面を走行する斜角筋群が連なっている。

※カッコ（ ）内は頭部以外の筋

体幹屈曲筋
腹直筋
（ふくちょくきん）

一般的に「腹筋」と同義語の多腹筋。腹部の前面にあり、筋腹が上下4〜5段に分かれている。背中（脊柱）を前方に丸める働きをもつ体幹屈曲の主働筋。スポーツなどの激しい動作時は、体幹のブレを抑える動きにも貢献する。内臓を保護する役割も担っている。

主な働き
体幹の屈曲、胸郭前壁の引き下げ、腹腔内圧の拡大

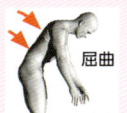

屈曲

筋DATA（参考値）	
筋体積	170cm³
速筋：遅筋(%)	53.9：46.1

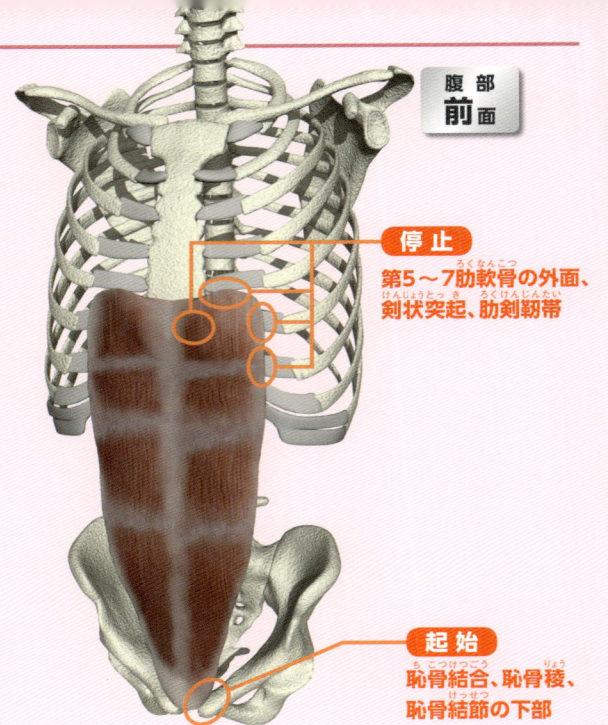

腹部前面

停止
第5〜7肋軟骨の外面、剣状突起、肋剣靭帯

起始
恥骨結合、恥骨稜、恥骨結節の下部

呼吸筋
腹横筋
（ふくおうきん）

内腹斜筋に覆われ、側腹の筋では最も深層にある。腹腔の内部を圧迫し、お腹を凹ませる働きがあり、呼吸において息を吐く動き（呼気）の主働筋として作用する。横隔膜に対して拮抗的に働く性質をもっている。体幹の筋ではあるが、脊柱の動きには関与しない。

主な働き
下位肋骨を下に引き、腹腔内圧を拡大

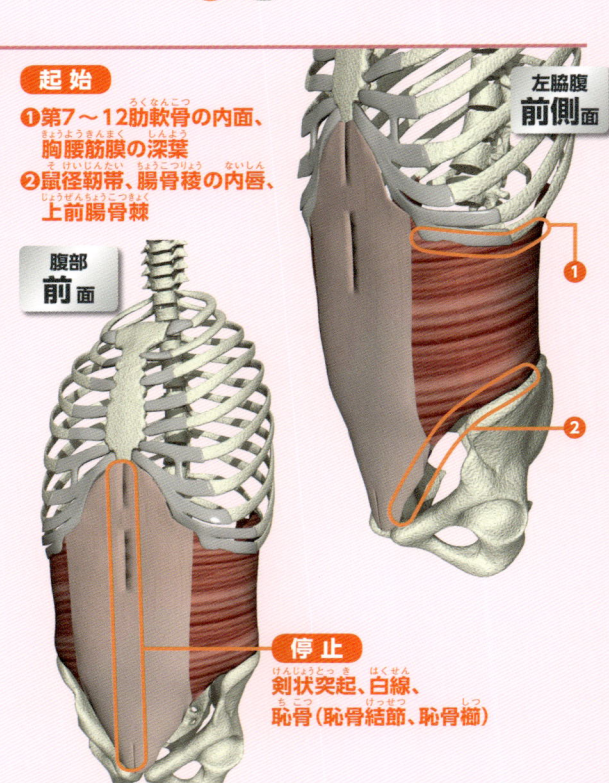

筋DATA（参考値）	
筋体積	—
速筋：遅筋(%)	—

起始
❶第7〜12肋軟骨の内面、胸腰筋膜の深葉
❷鼠径靭帯、腸骨稜の内唇、上前腸骨棘

腹部前面

左脇腹前側面

停止
剣状突起、白線、恥骨（恥骨結節、恥骨櫛）

体幹側屈筋
外腹斜筋
（がいふくしゃきん）

側腹で最も表層にある筋。後部は広背筋に覆われている。背中（脊柱）を横に曲げる動き（体幹側屈）や、反対側へひねる動き（体幹回旋※反対側）の主働筋。腹直筋とともに体幹屈曲にも働き、体幹を固定する動きにも貢献する。

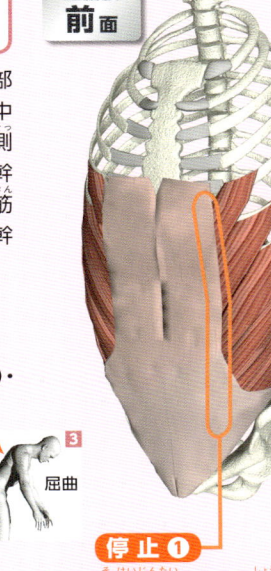

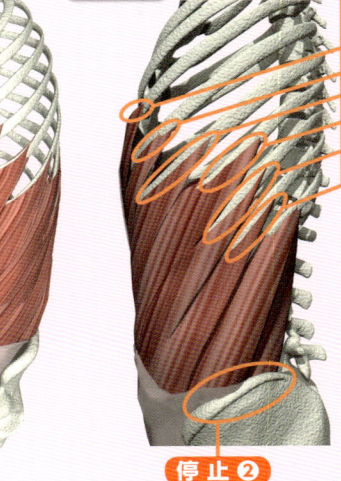

主な働き
体幹（脊柱）の
1. 側屈（同側）・ 2. 回旋（反対側）・
3. 屈曲、胸郭の引き下げ

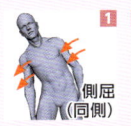

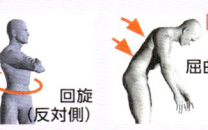

1. 側屈（同側）
2. 回旋（反対側）
3. 屈曲

筋DATA（参考値）
筋体積	70cm²
速筋：遅筋(%)	―

左脇腹 前面 / 左脇腹 側面

起始 第5〜12肋骨の外面

停止① 鼠径靭帯、腹直筋鞘前葉（第5〜9肋骨から起始する線維）

停止② 腸骨稜の外唇（第10〜12肋骨から起始する線維）

体幹回旋筋
内腹斜筋
（ないふくしゃきん）

外腹斜筋の深部にある筋で、外腹斜筋や腹横筋と内臓を収める腹腔の壁（腹壁）を形成する。外腹斜筋とともに体幹側屈および体幹回旋（※同側）の主働筋として働く。腹直筋や外腹斜筋とともに体幹を固定する働きもある。

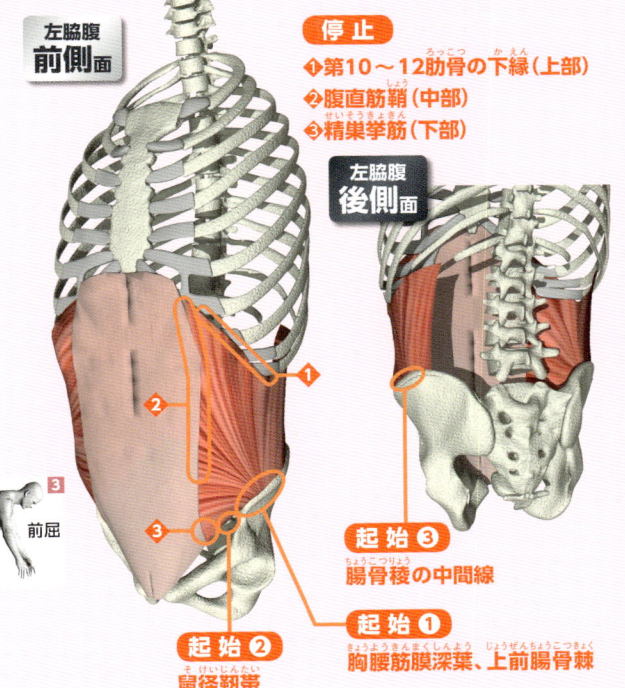

主な働き
体幹（脊柱）の
1. 回旋（同側）・ 2. 側屈（同側）・
3. 前屈、胸郭の引き下げ

1. 回旋（同側）
2. 側屈（同側）
3. 前屈

筋DATA（参考値）
筋体積	73cm²
速筋：遅筋(%)	―

左脇腹 前側面 / 左脇腹 後側面

停止
① 第10〜12肋骨の下縁（上部）
② 腹直筋鞘（中部）
③ 精巣挙筋（下部）

起始① 胸腰筋膜深葉、上前腸骨棘
起始② 鼠径靭帯
起始③ 腸骨稜の中間線

第7章 体幹・頸部の動きと鍛え方

体幹伸展筋
脊柱起立筋 複合筋

脊髄神経の後枝に支配される背面筋群の総称。脊柱に沿って走行し、浅層に腸肋筋群、中間層に最長筋群、深層に棘筋群があり、場合によっては半棘筋群や板状筋群も含む。主に背中（脊柱）を反らす動き（体幹伸展）の主働筋として働く。重力に抗する動きに作用するため、「抗重力筋」ともいわれる。拮抗して働く腹直筋より日常生活での使用頻度が高く、遅筋線維の比率が高いのが特徴。腹筋群とともにスポーツの激しい動作時は、体幹を固定する動きに貢献する。

※脊柱起立筋を構成する各筋肉の「起始」「停止」「筋体積」「速筋：遅筋%」は、巻末の筋一覧（→P.250）を参照

主な働き
1 体幹の伸展 
2 体幹の回旋・側屈、頸部の伸展  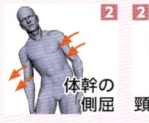 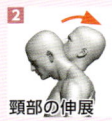
3 頸部の回旋・側屈

体幹後面

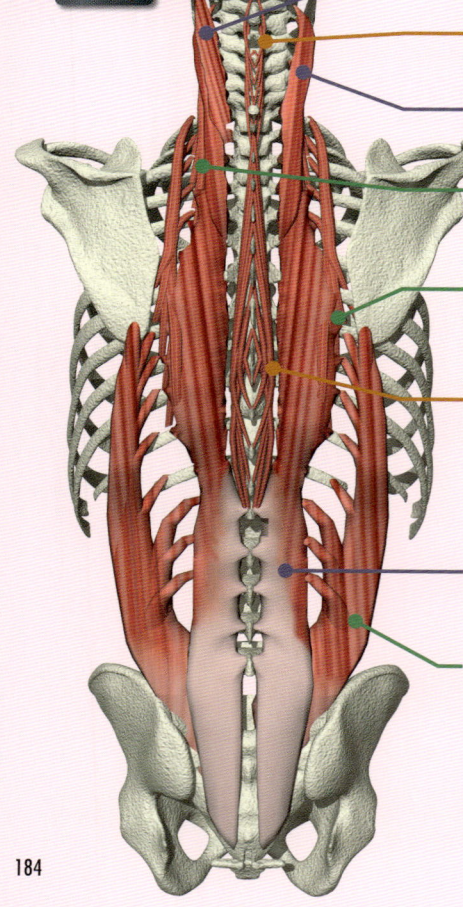

頭最長筋
[主な働き：頸椎の 1 伸展・2 側屈（同側）・3 回旋（同側）]

頸棘筋（※深層）
[主な働き：頸椎の 1 伸展・2 側屈（同側）]

頸最長筋（※頭最長筋を外した図）
[主な働き：1 胸椎・頸椎の伸展、2 頸椎の側屈（同側）]

頸腸肋筋
[主な働き：頸椎の 1 伸展・2 側屈（同側）]

胸腸肋筋
[主な働き：胸椎の 1 伸展・2 側屈（同側）]

胸棘筋（※深層）
[主な働き：胸椎・腰椎の 1 伸展・2 側屈（同側）]

胸最長筋
[主な働き：胸椎・腰椎の 1 伸展・2 側屈（同側）]

腰腸肋筋
[主な働き：胸椎の 1 伸展・2 側屈（同側）]

脊柱に沿って走行する脊柱起立筋群は、3層に分かれ、外側に腸肋筋群、内側に最長筋群、深層に棘筋群がある

体幹側屈筋
腰方形筋（ようほうけいきん）

体幹の深層で腰椎の両側に位置する長方形の筋。大部分を脊柱起立筋に覆われている。主に背中（脊柱）を横に曲げる動き（体幹側屈）と、後ろに反らす動き（体幹伸展）に働く。停止部の一部である第12肋骨を引きつけて下制する作用ももつ。

筋DATA（参考値）

筋体積	25㎤
速筋：遅筋(%)	—

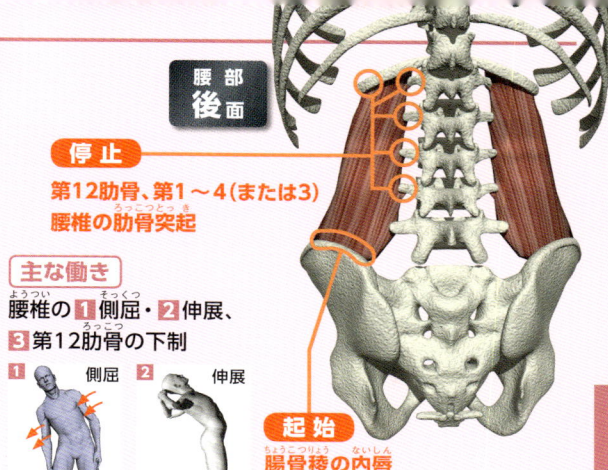

腰部 後面

停止
第12肋骨、第1〜4（または3）腰椎の肋骨突起

主な働き
腰椎の 1 側屈・2 伸展、3 第12肋骨の下制

1 側屈　2 伸展

起始
腸骨稜の内唇

頸部伸展筋
半棘筋（はんきょくきん）（群）

脊柱起立筋群の深層を走る筋群で、頭半棘筋・頸半棘筋・胸半棘筋からなる。頭半棘筋と頸半棘筋は、板状筋群とともに首を後方に曲げる動き（頸部伸展）の主働筋として作用する。

頭半棘筋（とうはんきょくきん）

主な働き
頸部の 1 伸展・2 側屈（同側）・3 回旋（反対側）

1 頸部の伸展　2 頸部の側屈（同側）　3 頸部の回旋（反対側）

筋DATA（参考値）

筋体積	42.5㎤
速筋：遅筋(%)	55.0：45.0

※「速筋：遅筋」の数値は、半棘筋群のデータ

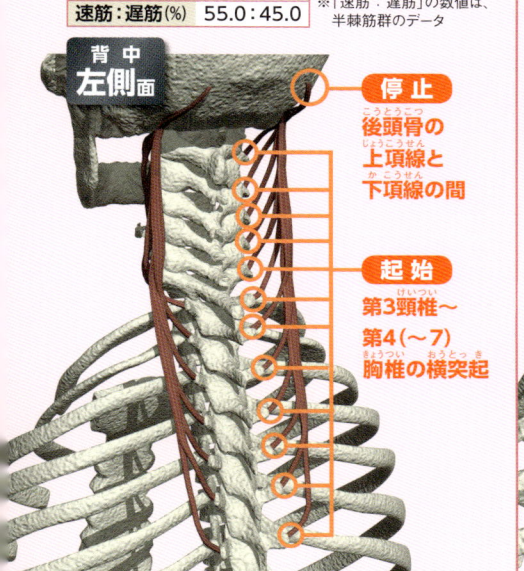

背中 左側面

停止
後頭骨の上項線と下項線の間

起始
第3頸椎〜第4（〜7）胸椎の横突起

頸半棘筋（けいはんきょくきん）

主な働き
1 脊柱の安定、胸椎・頸椎の 2 伸展・3 側屈（同側）・4 回旋（反対側）

2 胸椎・頸椎の伸展　3 胸椎・頸椎の側屈（同側）　4 胸椎・頸椎の回旋（反対側）

筋DATA（参考値）

筋体積	18.2㎤
速筋：遅筋(%)	55.0：45.0

※「速筋：遅筋」の数値は、半棘筋群のデータ

背中 左側面

停止
第2（または3か4）〜6（または5）頸椎の棘突起

起始
第1〜6胸椎の横突起

第7章 体幹・頸部の動きと鍛え方

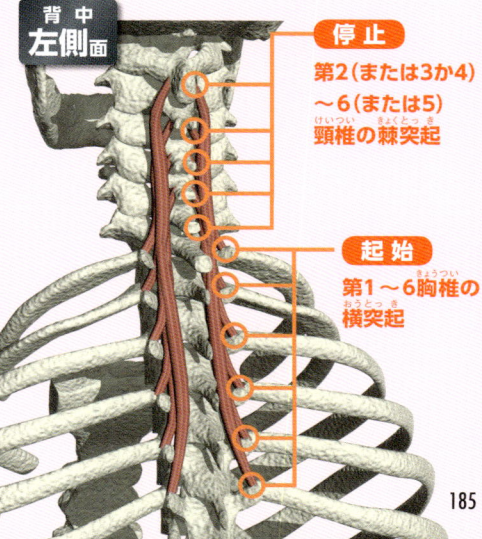

頸部伸展筋
頭板状筋 (とうばんじょうきん)

頭頸部 左後面

首の後面にある比較的大きな筋。僧帽筋の筋腹の内側を走行し、筋腹に触れることもできる。頭板状筋とともに、首を後ろに反らす動き（頸部伸展）の主働筋として働く。片側だけが働く場合は、首を回す作用（頸部回旋※同側）もある。

停止：側頭骨の乳様突起、後頭骨の上項線の外側部

起始：第4頸椎～第3胸椎の棘突起、項靭帯

主な働き
頸部の **1** 伸展・**2** 回旋（同側）・**3** 側屈（同側）

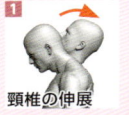

1. 頸椎の伸展
2. 頸椎の回旋（同側）
3. 頸椎の側屈（同側）

筋DATA (参考値)	
筋体積	27.1㎤
速筋：遅筋(%)	75.0：25.0

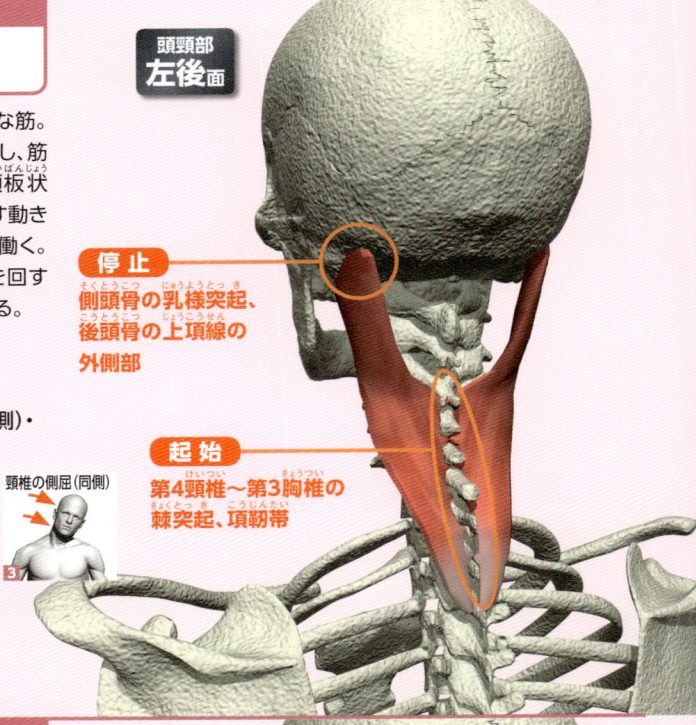

頸部伸展筋
頸板状筋 (けいばんじょうきん)

頭頸部 左後面

頭板状筋のやや前方を走行する筋。首後面の側部で筋腹に触れることができる。頭板状筋とともに、首を後ろに反らす動き（頸部伸展）の主働筋として働く。首を横に曲げる動き（頸部側屈）の作用もある。板状筋群や半棘筋群は、動作時に頭頸部を固定する動きにも貢献している。

停止：第1～2（または3）頸椎の横突起の後結節

起始：第3（または4）～6（または5）胸椎の棘突起

主な働き
頸部の **1** 伸展・**2** 側屈（同側）・**3** 回旋（同側）

1. 頸椎の伸展
2. 頸椎の側屈（同側）
3. 頸椎の回旋（同側）

筋DATA (参考値)	
筋体積	10.1㎤
速筋：遅筋(%)	50.0：50.0

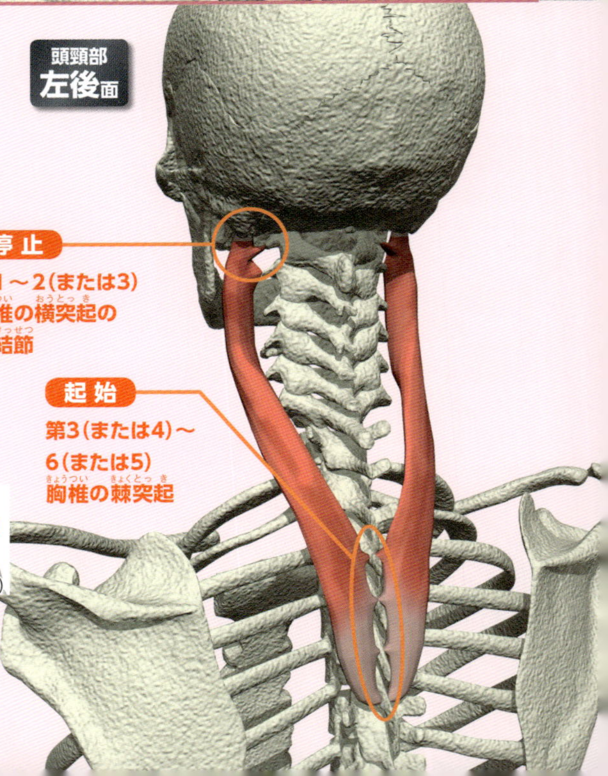

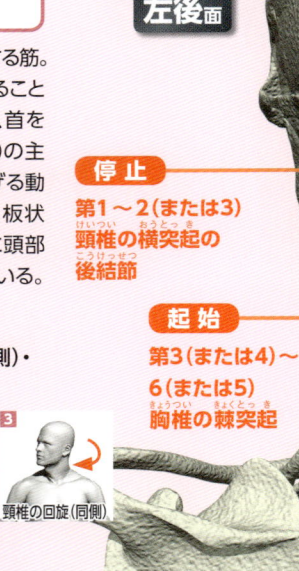

頸部屈曲筋・呼吸筋
前斜角筋
（ぜんしゃかくきん）

首を前方に曲げる動き（頸部屈曲）の主働筋である斜角筋群のひとつ。肋骨が固定されている状態で、頸部屈曲や頸部側屈に働く。肋骨を引き上げる作用があり、胸郭を広げて息を吸う時にも作用する。

筋DATA（参考値）
筋体積	3.8㎤
速筋：遅筋(%)	70.0：30.0

※「速筋：遅筋」の数値は、斜角筋群のデータ

主な働き
1. 第1肋骨の挙上、頸椎の
2. 屈曲・
3. 側屈（同側）

2 頸椎の屈曲
3 頸椎の側屈（同側）

起始：第3（または4）〜7（または6）頸椎の横突起の前結節

停止：第1肋骨の前斜角筋結節（リスフラン結節）

頸部左後面

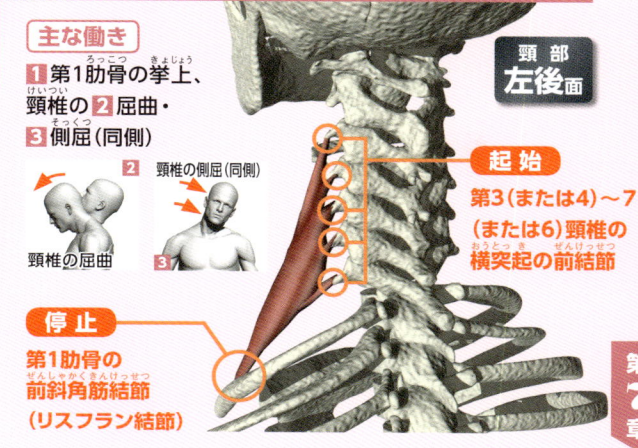

頸部屈曲筋・呼吸筋
中斜角筋
（ちゅうしゃかくきん）

前斜角筋と同じ呼吸筋で、中斜角筋のほうが少し体積が大きい。働きも前斜角筋とほとんど同じで、肋骨を引き上げる作用があり、胸郭を広げて息を吸う時に使われる。頸部屈曲や頸部側屈には補助的に働く。

筋DATA（参考値）
筋体積	11.0㎤
速筋：遅筋(%)	70.0：30.0

※「速筋：遅筋」の数値は、斜角筋群のデータ

主な働き
1. 第1肋骨の挙上、頸椎の
2. 屈曲・
3. 側屈（同側）

2 頸椎の屈曲
3 頸椎の側屈（同側）

起始：第2（または1）〜7頸椎の横突起の後結節

停止：第1肋骨の周辺に広く停止

頸部左後面

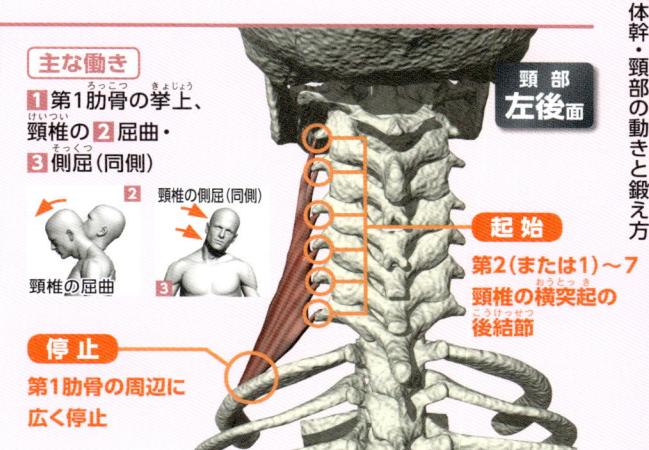

頸部屈曲筋・呼吸筋
後斜角筋
（こうしゃかくきん）

頸椎から第2肋骨につながる呼吸筋。この筋は欠如している人も多い。ほかの斜角筋と同様に、肋骨を引き上げる働きがあり、胸郭を広げて息を吸う時に使われる。頸部屈曲や頸部側屈にも補助的に働く。

筋DATA（参考値）
筋体積	5.2㎤
速筋：遅筋(%)	70.0：30.0

※「速筋：遅筋」の数値は、斜角筋群のデータ

主な働き
1. 第2肋骨の挙上、頸椎の
2. 屈曲・
3. 側屈（同側）

2 頸椎の屈曲
3 頸椎の側屈（同側）

起始：第5〜7頸椎の横突起の後結節

停止：第2（または3）肋骨

頸部左側面

第7章　体幹・頸部の動きと鍛え方

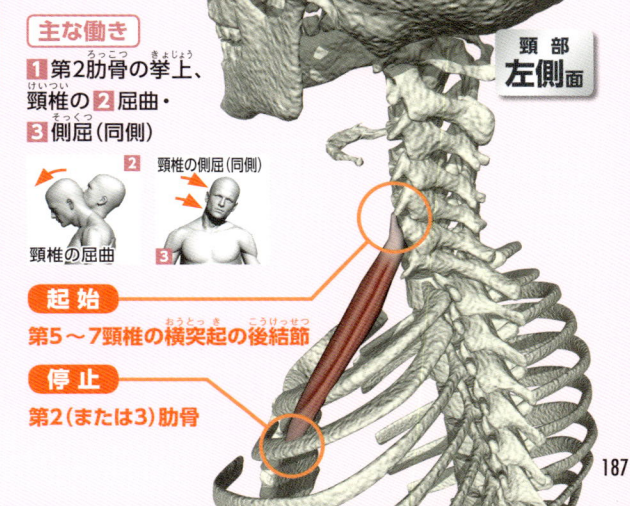

頸部回旋筋
胸鎖乳突筋
（きょうさにゅうとつきん）

首の側面を斜めに通る帯状の筋で、速筋線維の占める割合が高い。横を向いた時に浮き出る筋であり、反対側に首を回す動き（頸部回旋※反対側）の主働筋として働く。頸部の屈曲にも作用するが、主に回旋をともなった屈曲（斜め下を向く動き）に貢献する。

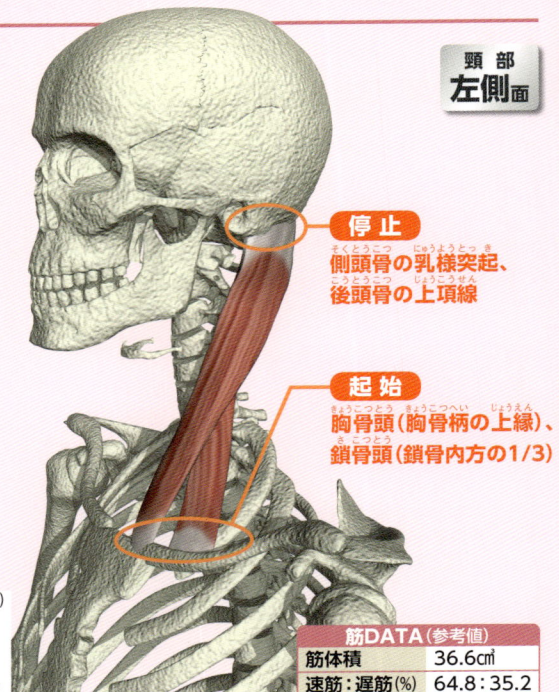

主な働き
1. 頸部の回旋（反対側）
2. 頸部の回旋をともなった屈曲（斜め下を向く動作）
3. 頸部の側屈（同側）

頸部 左側面

停止
側頭骨の乳様突起、後頭骨の上項線

起始
胸骨頭（胸骨柄の上縁）、鎖骨頭（鎖骨内方の1/3）

筋DATA（参考値）	
筋体積	36.6cm³
速筋：遅筋(%)	64.8：35.2

呼吸筋
横隔膜
（おうかくまく）

名称から膜と間違われやすいが、ほかの骨格筋と同じ横紋筋。胸郭の下部をふさぐように位置し、凸の形状をしている。腹式呼吸の吸気に主働筋として作用し、腹横筋と拮抗的に働く。

主な働き
吸気の主力呼吸筋（腹式呼吸）。筋線維が収縮し、横隔膜が下制することで胸郭内の胸腔を拡大し、空気が強制的に入り込み、息が吸い込まれる。

筋DATA（参考値）	
筋体積	—
速筋：遅筋(%)	—

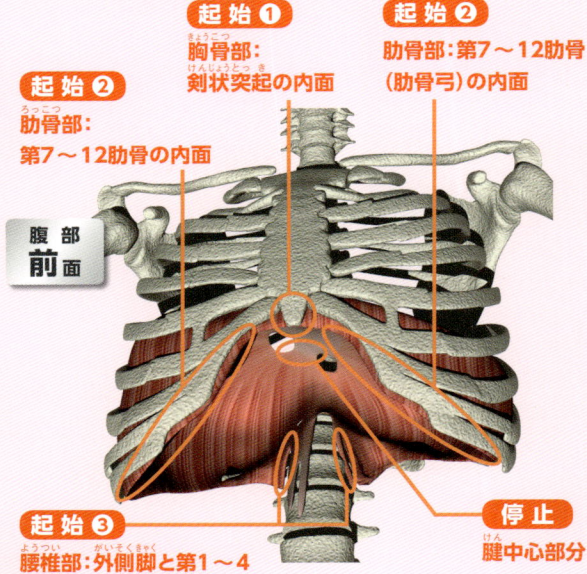

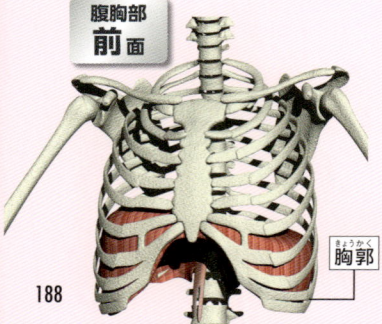

腹胸部 前面

胸郭

起始❶ 胸骨部：剣状突起の内面
起始❷ 肋骨部：第7～12肋骨（肋骨弓）の内面
起始❷ 肋骨部：第7～12肋骨の内面
起始❸ 腰椎部：外側脚と第1～4腰椎にかけての内側脚

腹部 前面

停止
腱中心部分

体幹の動き ① 体幹 屈曲

屈曲

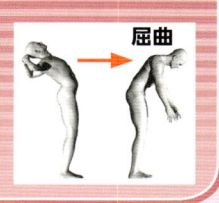

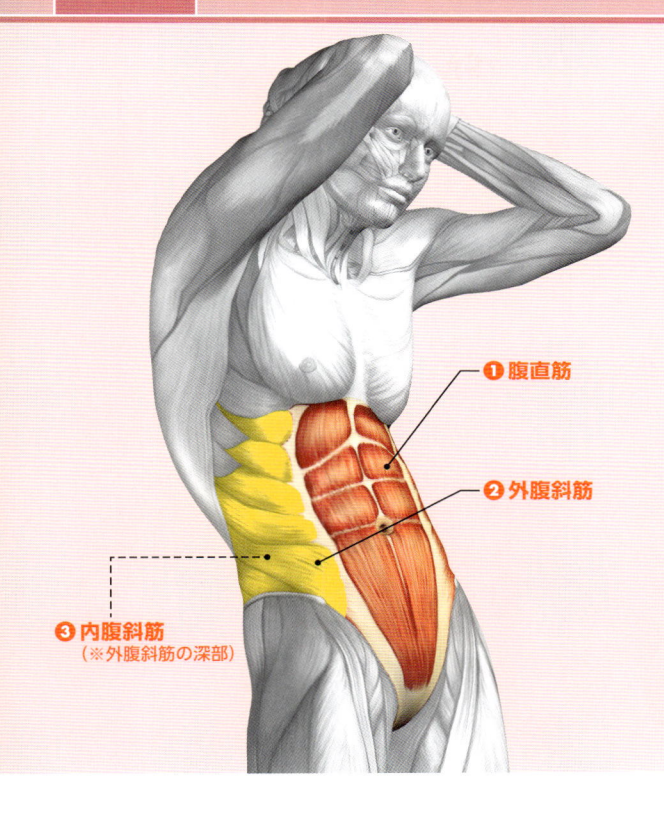

貢献度ランキング
1. 腹直筋 ➡ P.182
2. 外腹斜筋 ➡ P.183
3. 内腹斜筋 ➡ P.183

第7章 体幹・頸部の動きと鍛え方

① 腹直筋
② 外腹斜筋
③ 内腹斜筋（※外腹斜筋の深部）

脊柱を曲げて、上体を前方に丸める体幹屈曲。主働筋は腹部前面の腹直筋。脇腹の複斜筋群が協働筋として働く。体幹屈曲の動きは手足の動きと連動させることによって大きなパワーを生み出す。腹直筋は縦に長い筋なので、部分ごとに別の種目で鍛えると良い。

体幹屈曲トレ① 自宅　メイン 腹直筋（上部）
クランチ

仰向けの状態から脊柱を曲げる腹筋種目。上体を丸める動きに集中できるため、腹直筋上部を中心に鍛えられる。

1 仰向けの状態で両膝を曲げ、太腿を垂直に上げる。両手は耳の後ろ付近に当てる。頭部を浮かし、腹筋に力を入れる。

2 みぞおちを中心に、頭部から背中を丸めていく。床から肩甲骨が離れるまで丸まる。おへそを覗き込むように上体を丸めるのがポイント。

体幹屈曲トレ❷ 自宅　メイン 腹直筋　サブ 腸腰筋、大腿直筋
シットアップ

仰向けの状態で、上体を丸めながら起き上がる基本的な腹筋種目。股関節屈曲の動きが加わり、腸腰筋も刺激できる。

1 仰向けの状態で両膝を90度程度に曲げる。両手は耳の後ろ付近に当てる。頭部を浮かし、腹筋に力を入れる。

2 みぞおちを中心に、頭部から背中を丸めながら起き上がる。背中を伸ばして起き上がると、腰を痛める場合があるのでNG。

体幹屈曲トレ❸ 自宅　メイン 腹直筋
アブローラー

腹筋強化器具を使うトレーニング。腹直筋が強くストレッチされた状態で負荷がかかるため、筋損傷を得やすい。

1 両膝立ちになり、アブローラーを床においてセットする。そこから背中を丸め、腹筋が縮まった状態にする。

2 腹筋を縮めて力を入れたまま、ローラーを前方に転がして上体を伸ばす。この時、背中が反ると腰を痛めるので注意する。

体幹屈曲トレ❹ ジム　メイン 腹直筋、腸腰筋　サブ 大腿直筋
デクラインシットアップ

腹筋台で角度をつけて負荷を高めるシットアップ。両足を固定することによって、股関節屈曲に働く腸腰筋への負荷も高くなる。

1 斜めにセットした腹筋台に仰向けで両足をかけ、手を耳の後ろ付近に当てる。頭部を浮かし、腹筋に力を入れる。

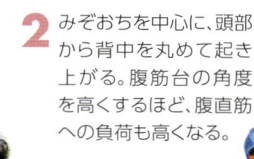

2 みぞおちを中心に、頭部から背中を丸めて起き上がる。腹筋台の角度を高くするほど、腹直筋への負荷も高くなる。

体幹屈曲トレ❺ ジム　メイン 腹直筋（下部）　サブ 腸腰筋、大腿直筋
ハンギングレッグレイズ（体幹屈曲プラス）

背中を丸めながら、体幹を軸にして両脚を持ち上げるハンギングレッグレイズ。腹直筋下部への負荷が高まる。

1
バーにぶら下がる。手幅は肩幅程度。この腹部前面がストレッチされた状態で、腹筋に力を入れる。

2
背中を丸めて両脚を高く持ち上げる。体幹を軸にした動きで脚を上げることによって、腹直筋下部に強い刺激が入る。

体幹屈曲トレ❻ ジム　メイン 腹直筋（上部）
ケーブルクランチ

上体を丸めながらケーブルを引く動きで腹直筋上部を強化する。自重のクランチより高い負荷をかけられる。

1
ケーブルの起点を高い位置にセットする。両膝立ちになり、両脇を締めて頭上でプーリー（二股ロープ）を握る。

2
背中を丸めながら、体幹の動きでケーブルを引き下げる。両膝立ちで行うことで、体幹屈曲の動きに集中できる。

体幹屈曲トレ❼ ジム　メイン 腹直筋　サブ 腸腰筋、大腿直筋
ドラゴンフラッグ

体幹屈曲の筋力で体重を支える上級者向けの腹筋種目。腹直筋が強烈にストレッチされるため、筋損傷を得やすい。

1
ベンチに仰向けになり、両手でベンチの端をつかむ。そこから上体を丸めて肩甲骨から下の部分を持ち上げる。ベンチには重りをおいて、動作中に浮かないようにする。

2
股関節ではなく、脊柱主導の動きで両脚を下ろす。股関節屈曲位をキープしたまま背中を反らし、腹直筋を伸ばす。

第7章 体幹・頸部の動きと鍛え方

体幹の動き❷ 体幹 伸展（しんてん）

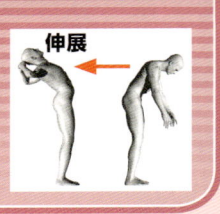

脊柱（せきちゅう）を反らして上体を伸ばす体幹伸展。主働筋は、背中の深層で脊柱の頸椎から骨盤（こつばん）にかけて連なる複合筋の脊柱起立筋。体幹伸展の動きは、正しい姿勢の維持や、動作中のバランス維持などにも貢献する最も重要な体幹動作のひとつ。

体幹背面（深層）
- ❸ 半棘筋（※引き出し部分は頭半棘筋（とうはんきょくきん））
- ❶ 脊柱起立筋
- ❹ 多裂筋（※脊柱起立筋の深層）

腰部前面（深層）
- ❷ 腰方形筋（※脊柱起立筋の深層）

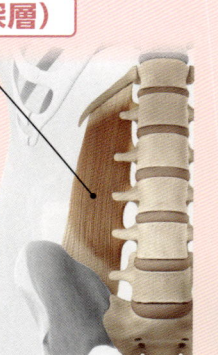

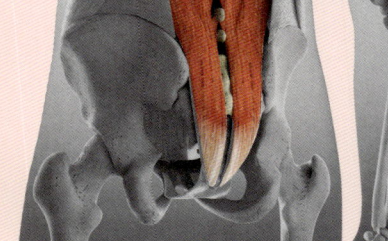

貢献度ランキング
1. 脊柱起立筋（せきちゅうきりつきん） ➡ P.184
2. 腰方形筋（ようほうけいきん） ➡ P.185
3. 半棘筋（はんきょくきん） ➡ P.185
4. 多裂筋（たれつきん）

体幹伸展トレ❶ 自宅　メイン 脊柱起立筋、大殿筋、ハムストリング
バックエクステンション

体幹（たいかん）伸展の動きを中心に全身を反らせる。イスを使うと可動範囲が広がり、大殿筋（だいでんきん）やハムストリングも刺激できる。

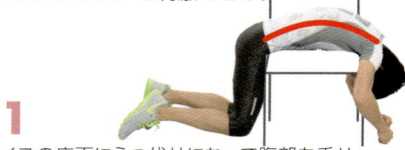

1 イスの座面にうつ伏せになって腹部を乗せ、背中を丸めて脊柱起立筋を伸ばす。座面が硬ければタオルやクッションを敷いて行う。

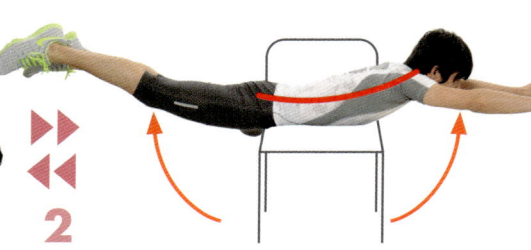

2 背中を反らせる動きを中心に、両腕・両脚を持ち上げ、全身を反らせる。手足ではなく、背中の動きを意識する。

体幹伸展トレ❷ ジム　メイン 脊柱起立筋
体幹バックエクステンション

骨盤を固定し、体幹の動きのみで上体を起こすバックエクステンション。脊柱起立筋を集中的に強化できる。

1 負荷を高めるバーベルプレートを抱え、45度のバックエクステンション台に両足をかける。パッドを骨盤に当てて、背中を丸める。

2 みぞおちを中心に、背中を反らして上体を起こす。骨盤をパッドに乗せることで、体幹伸展の動きに集中できる。

体幹伸展トレ❸ ジム　メイン 脊柱起立筋、大殿筋、ハムストリング　サブ 広背筋、僧帽筋、大腿四頭筋
デッドリフト

デッドリフトは股関節伸展だけでなく、体幹伸展の動きも強化できる多関節種目。脊柱起立筋にも高い負荷をかけられる。

1 背すじを伸ばし、上体を45度前後まで前傾してバーを握る。足幅は肩幅程度。前傾しすぎると上体を起こせないので注意。

2 背すじを伸ばしたまま上体を起こして胸を張る。スネから太腿へとバーを擦りつけるようにバーベルを引き上げる。

体幹伸展トレ❹ ジム　メイン 脊柱起立筋、大殿筋（下部）、内転筋群、大腿四頭筋　サブ ハムストリング
バーベルスクワット

スクワットはバーベルを担ぐことで、体幹伸展動作への負荷が高まる。しゃがむ局面でも脊柱起立筋には負荷がかかる。

1 バーベルを担ぎ、背すじを伸ばす。足幅は肩幅程度で、つま先を少し外側に開く。背すじを伸ばすことで脊柱起立筋が働く。

2 背すじを伸ばしたまま、太腿が水平程度になるまでしゃがみ込む。上体を前傾し、お尻を引きながらしゃがむ。ここから股関節を伸展し、1の体勢に戻る。

第7章 体幹・頸部の動きと鍛え方

体幹の動き ❸ 体幹 側屈(そっくつ)

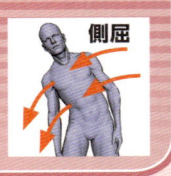

側屈

体幹背面（深層）
- ❸ 腰方形筋（※脊柱起立筋の深層）
- ❹ 脊柱起立筋

腹部前面（深層）

貢献度ランキング
1. 外腹斜筋（がいふくしゃきん） → P.183
2. 内腹斜筋（ないふくしゃきん） → P.183
3. 腰方形筋（ようほうけいきん） → P.185
4. 脊柱起立筋（せきちゅうきりつきん） → P.184

脊柱を側方に曲げる体幹側屈。主働筋は、脇腹の外腹斜筋と、その奥にある内腹斜筋。体幹の深層で脊柱に付着する腰方形筋と脊柱起立筋が補助的に働く。体幹側屈の動きは、スポーツなどの激しい動作中、体幹のブレを抑えてバランスを安定させる動きにも貢献する。

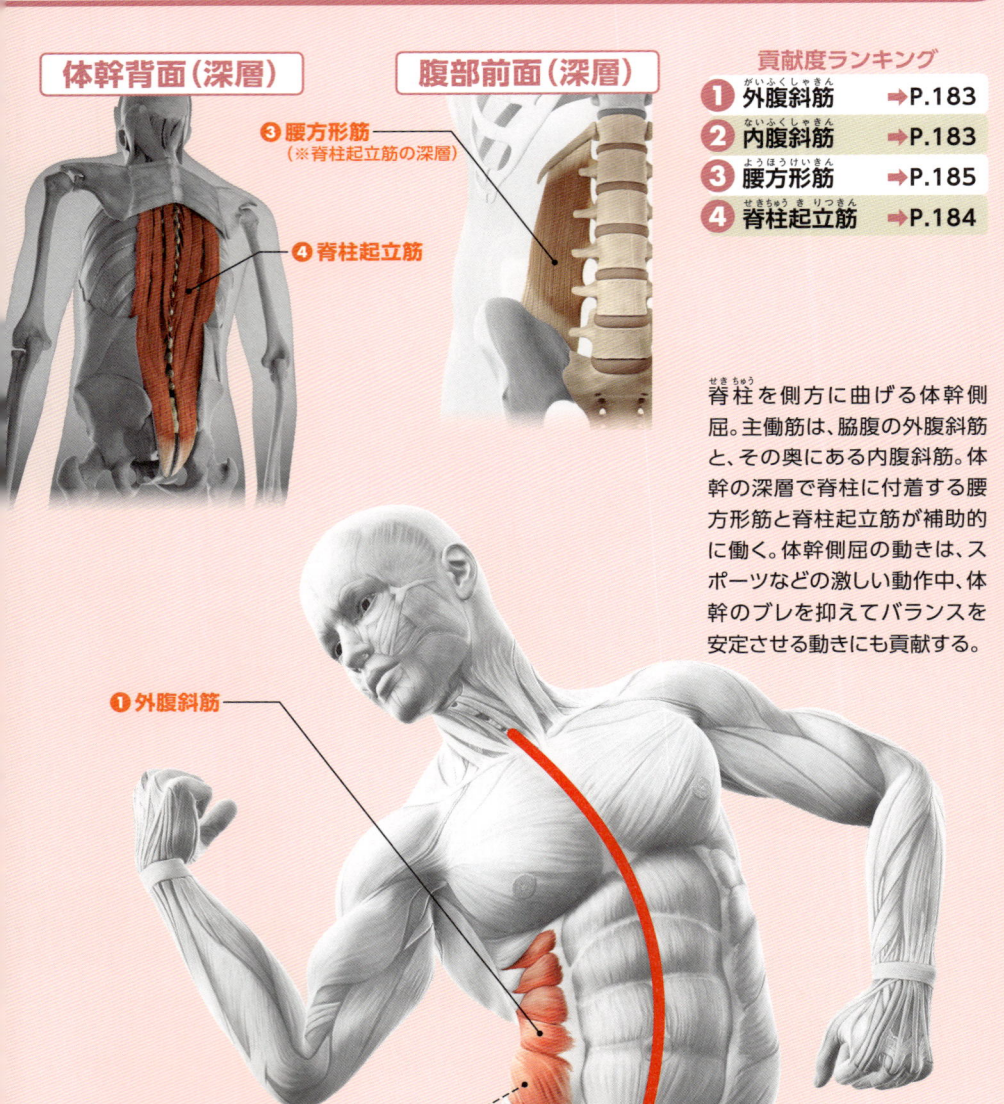

- ❶ 外腹斜筋
- ❷ 内腹斜筋（※外腹斜筋の深部）

体幹側屈トレ❶ 自宅
メイン 外腹斜筋(上部)、内腹斜筋(上部)
サイドクランチ

横向きに寝た状態で脊柱を側方に曲げ、腹斜筋上部を中心に鍛える。手を脇腹に当てると腹斜筋の収縮が意識しやすい。

1
横向きに寝て両膝を曲げ、上体が倒れないように安定させる。手を脇腹に当て、もう片方の手は耳の後ろ付近に添える。

2
脊柱を側方に曲げて上体を持ち上げる。脇腹を縮めるように意識して動くのがコツ。上げた位置で1秒キープすると、負荷が高まる。

体幹側屈トレ❷ ジム
メイン 外腹斜筋、内腹斜筋、腰方形筋
サイドシットアップ

横向きに寝た状態から、体幹側屈の動きで起き上がる。両足を固定することによって、腹斜筋に負荷をかけやすくなる。

1
横向きに寝て両膝を軽く曲げ、パートナーが両足をしっかり押さえる。一人なら腹筋台に両足をかけて行う方法でも良い。

2
脊柱を側方に曲げて上体を高く持ち上げる。脇腹を縮めるように意識して動くのがコツ。脊柱だけを動かすため、骨盤は床から離れない。

体幹側屈トレ❸ ジム
メイン 外腹斜筋、内腹斜筋、腰方形筋
サイドベント

体幹側屈の動きでダンベルを引き上げ、腹斜筋を強化。ダンベルを片手だけ持つことで腰方形筋も刺激できる。

1
片手に持ったダンベルを下ろしながら、みぞおちを中心に脊柱を横に曲げ、腹斜筋を縮める。骨盤を固定し、脊柱だけを動かす。

2
みぞおちを中心に、脊柱を逆側へ側屈する動きでダンベルを引き上げる。腹斜筋に力を入れたまま伸ばしていくのがポイント。

第7章 体幹・頸部の動きと鍛え方

体幹の動き④ 体幹 回旋（かいせん）

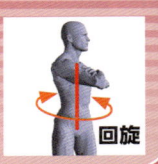

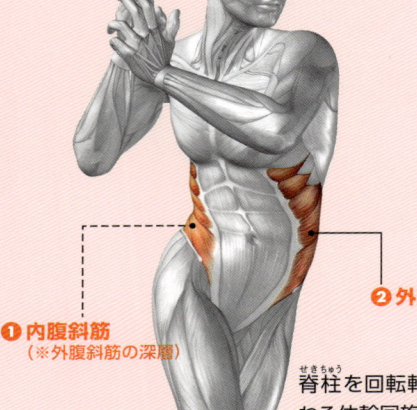

体幹背面（深層）

- ❶ 内腹斜筋（※外腹斜筋の深層）
- ❷ 外腹斜筋
- ❸ 脊柱起立筋
- ❹ 回旋筋（※脊柱起立筋の深層）

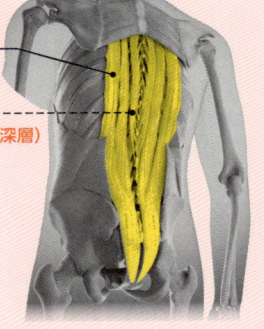

脊柱を回転軸に上体をひねる体幹回旋は、側屈と同じ内腹斜筋と外腹斜筋が主働筋。体幹を右にひねる時は、右の内腹斜筋と左の外腹斜筋が働く。体幹のパワーを手足に伝える体幹回旋動作は、球技や格闘技で重要となる。

貢献度ランキング

1. 内腹斜筋（同側回旋） ➡P.183
2. 外腹斜筋（反対側回旋） ➡P.183
3. 脊柱起立筋 ➡P.184
4. 回旋筋（反対側回旋）

体幹回旋トレ❶ 自宅　メイン 外腹斜筋　サブ 内腹斜筋、腹直筋

ツイストクランチ

上体をひねりながら行うクランチ。体幹回旋の動きで上体を起こす。下半身は上半身と逆にひねって外腹斜筋を中心に脇腹を伸ばす。

1 仰向けで両膝を曲げる。対角の肘と膝を近づけるように、上体を丸めながら体幹をひねる。ひねった位置で1秒キープ。両手は耳の後ろ付近に当てる。

2 反対側へもひねる。左右交互ではなく、同側を続けてひねる方法もある。上体が起き上がると体幹屈曲の動きになり、腹斜筋への負荷が下がるので注意。

体幹回旋トレ❷ 自宅　メイン 内腹斜筋、外腹斜筋
ツイストレッグレイズ

両脚の重さで脊柱を強くひねり、腹斜筋を強化する。上体を床に固定することで、体幹回旋の動きに集中できる。

1 仰向けの状態で両脚を伸ばして揃え、垂直に上げる。そこから両脚を側方へ倒して脊柱をひねる。脚が床につく寸前までひねる。

2 反対側へもひねる。両脚は垂直に上げたまま、振り子のように左右へ振る。両脚を倒す時は、両肩が床から浮かないように注意する。

体幹回旋トレ❸ ジム　メイン 外腹斜筋　サブ 内腹斜筋、腹直筋、腸腰筋、大腿直筋
デクラインツイストシットアップ

上体のひねりを加えたシットアップ。角度をつけて負荷を高める。腹筋台で両足が固定され、体幹を回旋しやすい。

1 斜めにセットした腹筋台に仰向けで両足をかけ、手を耳の後ろ付近に当てる。頭部を浮かし、腹筋に力を入れる。

2 上体をひねりながら背中を丸めて起き上がる。起き上がりの序盤からひねらないと腹斜筋に効かない。左右交互にひねる。

体幹回旋トレ❹ ジム　メイン 外腹斜筋、内腹斜筋　サブ 腹直筋、広背筋
ウインドシールドワイパー

ぶら下がった状態で両脚を振り、体幹を回旋する上級者向けの種目。可動範囲が広いため、腹斜筋を強く伸ばせる。

1 逆手でバーにぶら下がる。手幅は肩幅程度。そこから両脚を垂直になるまで持ち上げる。上体は水平に近い状態となる。

2 両脚を伸ばしたまま、側方へ倒して体幹をひねる。そこから振り子のように両脚を反対側へ倒していく。動作中にお尻が下がると腹斜筋への負荷が下がる。

第7章　体幹・頸部の動きと鍛え方

体幹回旋トレ❺ ジム　メイン 外腹斜筋、内腹斜筋　サブ 内転筋群
ライイングトランクツイスト

横向きに寝た状態で両腕を振り上げ、体幹（たいかん）を回旋する。上体のみの動きで回旋するため、腹斜筋（ふくしゃきん）に効かせやすい。

1 ベンチに横向きで寝て、両足を挟んで下半身を固定する。そこから上体をひねり、バーベルプレートを両手で持つ。ベンチに重りをおいて、動作中に浮かないようにする。

2 上体をひねって両腕を大きく振り上げる。骨盤（こつばん）が一緒に回ると体幹の回旋が小さくなり、腹斜筋に効かなくなる。

体幹回旋トレ❻ ジム　メイン 外腹斜筋、内腹斜筋　サブ 腹直筋
ツイストドラゴンフラッグ

体幹回旋の動きを加えたドラゴンフラッグ。腹斜筋（ふくしゃきん）が力を入れた状態で強くストレッチされる。難易度が高いため上級者向け。

1 ベンチに仰向け（あおむ）けになり、両手でベンチの端をつかむ。そこから上体を丸めて肩甲骨（けんこうこつ）から下の部分を持ち上げる。ベンチには重りをおいて、動作中に浮かないようにする。

2 下半身をひねって体幹を回旋しながら、脊柱（せきちゅう）の動き主導で両脚を下ろしてキープ。そこから1の体勢に戻り、次は逆側へひねりながら脚を下ろす。

体幹回旋トレ❼ ジム　メイン 内腹斜筋、外腹斜筋
シャフトスイング

体幹回旋の動きでバーベルシャフトを左右に大きく振る。スポーツ動作に近い動きで腹斜筋（ふくしゃきん）を鍛えられる。

1 片側だけプレートをはめたバーベルシャフトの片端を、床においたバーベルプレートの穴に差す。シャフトのプレート側の端を両手でつかみ、頭上に持ち上げる。足幅は肩幅より広め。

2 上体をひねり、弧を描くようにシャフトを側方へ振る。そこから反対側へ振っていく。腕の力ではなく、腹斜筋の力で振る。

腹横筋収縮トレ 自宅　メイン 腹横筋

ドローイン

体幹の深層にある腹横筋を意識して使えるようにするトレーニング。ドローインで腹横筋を収縮させると、腹腔内圧（腹圧）が高まり、腹腔が胸郭下面の横隔膜を押し上げるため、胸郭の肋骨が持ち上げられ、脊柱が伸展する。この作用が脊柱起立筋の働きを補助する。

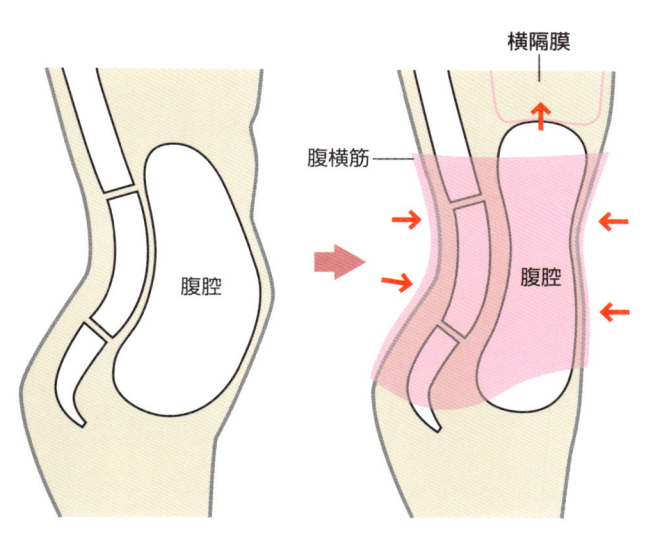

腹横筋

横隔膜

腹横筋

腹腔

腹腔

腹横筋による体幹伸展トルク

腹横筋を収縮させると、内臓を収める腹腔が内部から圧迫され、張った状態となる。この圧力（腹腔内圧）が体幹伸展トルクとなる。

1
立位で胸を張る。初心者は腹部に手を当てて行うと、腹圧をかける動きが意識しやすくなる。

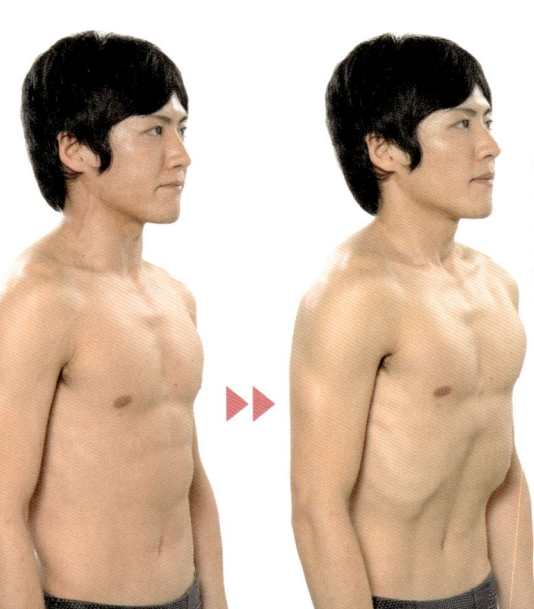

2
胸を張ったまま、できる限りお腹を凹ませ、20～30秒キープする。胸を張ることで胸郭が広がり、お腹を凹ませやすくなる。

第7章　体幹・頸部の動きと鍛え方

頸部の動き　頸部 屈曲・伸展

頸部屈曲 貢献度ランキング 【屈曲】
1. 斜角筋群 → P.187
2. 舌骨下筋群
3. 椎前筋群

首を前方に曲げる頸部屈曲の動きは、頸部前面にある斜角筋群や舌骨下筋群が主働筋。首を横に曲げる頸部側屈や、首を回す頸部回旋の動きは、頸椎に付着していない胸鎖乳突筋が主働筋として働く。

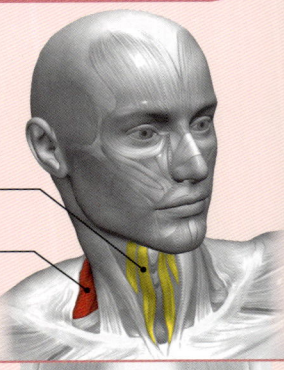

- ❷ 舌骨下筋群
- ❶ 斜角筋群

頸部伸展 貢献度ランキング 【伸展】
1. 板状筋群 → P.186
2. 半棘筋群 → P.185
3. 脊柱起立筋 → P.184
4. 後頭下筋群

頸部の筋群には、スポーツ動作において首を固定し、頭部が振られないようにする重要な働きがある。首を後方に曲げる頸部伸展の動きは、頸部後面の深層にある板状筋群や半棘筋群が主働筋として働く。

頸部後面（深層）
- ❹ 後頭下筋群
- ❷ 半棘筋群（引き出し部分は頸半棘筋）
- ❶ 板状筋群

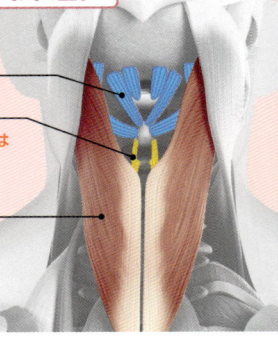

頸部伸展トレ❶【自宅】　メイン：板状筋群、半棘筋群など頸部伸展筋群
ネックエクステンション

首の後面にある頸部伸展筋群を鍛えるトレーニング。自分でタオルを引く力に抵抗し、頭部を後方に倒していく。

1 タオルの両端を持ち、中央部分を後頭部に掛ける。頭部を前方に倒し、首の後面を伸ばした状態でタオルを引き、その力に抵抗する。

2 タオルを引く力に抵抗しながら、頭部を後方へ倒していく。戻す時もタオルを引く力に抵抗しながら、1の状態まで戻していく。

頸部伸展トレ② ジム
メイン 板状筋群、半棘筋群など頸部伸展筋群

後ブリッジ

首後面の頸部伸展筋群をハードに鍛える自重トレーニング。首の力で体重を支えながら、頭部を後方に振っていく。

1 ベンチにタオルを敷いて後頭部を乗せ、後頭部と両足の3点ブリッジを作る。この時、首はやや屈曲させて頸部後面が伸びた状態にする。

2 首の力で頭部を後方に振って起き上がる。自重では物足りないという場合は、写真のようにバーベルプレートを抱えて行う。

頸部屈曲トレ① 自宅
メイン 斜角筋群、舌骨下筋群など頸部屈曲筋群

ネックフレクション

首の前面にある頸部屈曲筋群を強化するトレーニング。両手の親指で押す力に抵抗し、頭部を前方に倒していく。

1 頭部を後方に倒して首の前面を伸ばす。両手を合わせ、親指の腹をアゴに当てて押し上げ、その力に抵抗する。

2 アゴを下から押す力に抵抗しながら、頭部を前方に倒していく。戻す時も親指で押す力に抵抗しながら、1の状態まで戻していく。

頸部屈曲トレ② ジム
メイン 斜角筋群、舌骨下筋群など頸部屈曲筋群

前ブリッジ

頭部を前方に振る頸部屈曲の動きで体重を支え、首前面の頸部屈曲筋群を強い負荷で強化する。

ベンチにタオルを敷いて額を乗せ、額と両足の3点ブリッジを作る。この体勢を10〜20秒キープする。できる人はこの体勢からさらに頭部を前方に振っていく。

頸部側屈トレ ジム
メイン 胸鎖乳突筋、斜角筋群など

横ブリッジ

前ブリッジの体勢から、首をひねって頭部を転がし、首の側部を刺激すると、頸部側屈筋群のトレーニングになる。

第7章 体幹・頸部の動きと鍛え方

体幹・頸部のストレッチ

腹部のストレッチ
伸びる筋 腹直筋

脊柱を反らす体幹伸展の動きで、腹部前面の腹直筋を伸ばす。腹直筋が硬くなると腰痛の原因にもなる。

1 足を肩幅程度に開き、背すじを伸ばす。そこから両腕を前方に伸ばす。

2 両腕を後方へ振り上げながら背中を反らしていく。この時、腰が反りすぎないように注意。息を吸いながら行うと、腹部前面のストレッチを感じやすくなる。腰が反りやすい人は、両手を腰に当てて行う。

背中のストレッチ
伸びる筋 脊柱起立筋

脊柱を丸める体幹屈曲の動きで、背中の脊柱起立筋を伸ばす。脊柱起立筋が硬くなると、体幹の動きが悪くなるので日常的にストレッチを行うと良い。

足を腰幅程度に開いて両膝を軽く曲げ、頭から上体を丸めて膝裏を持つ。そこからみぞおち付近を中心に背中を丸めていく。膝裏をしっかり持つことで背中を強く伸ばせる。

脇腹の回旋ストレッチ
伸びる筋 内腹斜筋、外腹斜筋

下半身をひねって脊柱を回旋させるストレッチ。股関節ではなく脊柱のひねりを意識する。脇腹の腹斜筋群を伸ばすとともに、脊柱まわりもほぐせる。

1 仰向けになり、片膝を上げる。両腕は左右に伸ばして上体を安定させる。

2 上げた片膝を90度前後に曲げたまま、内側へ大きく倒して、体幹をひねっていく。動作中に肩が浮いてしまうと、脊柱が回旋しないので注意。

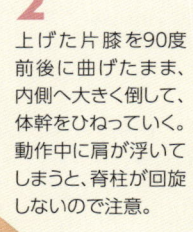

脇腹の側屈ストレッチ
伸びる筋 外腹斜筋、内腹斜筋

脊柱を横に曲げる側屈の動きで、脇腹の腹斜筋群を伸ばす。体幹側屈の柔軟性は、体幹のしなやかな動きにもつながる。

1 あぐらをかくように座って骨盤を固定する。そこから胸を張り、両手を耳の後ろ付近に当てる。

2 骨盤を固定したまま、脊柱を横に曲げる。みぞおち付近を中心に曲げる意識で行う。動作中にお尻が浮いたり、上体が前方に倒れると、腹斜筋群が伸びなくなるので注意。

首前面のストレッチ
伸びる筋 頸部屈曲筋群

手でアゴを押し上げて、首の前面を伸ばすストレッチ。デスクワークなどで下を向いている時間が長い人にも有効。

両手を合わせ、親指の腹をアゴに当てて押し、首の前面を伸ばす。下アゴを出し、しゃくれさせながら行うと、より強く伸ばせる。

首後面のストレッチ
伸びる筋 頸部伸展筋群

手で頭部を引き下げ、首の後面を伸ばすストレッチ。首の筋群は硬くなりやすいので、多方向に伸ばすと良い。

後頭部で両手を組み、頭部を前方へ倒すように引き下げる。動作中に背中が丸まると、首の後面が伸びないので注意。

首側面のストレッチ
伸びる筋 頸部側屈筋群

手で頭部を横に倒し、首の側面を伸ばすストレッチ。胸鎖乳突筋や斜角筋群が伸びる。肩コリの予防や緩和にも有効。

手を反対側の側頭部に当て、頭部を横へ倒すように引いていく。上半身を固定し、首だけを動かすことで、首の側面が伸びる。

第7章 体幹・頸部の動きと鍛え方

COLUMN 7

ベルトを締める効果

高負荷の筋トレにおける腰痛予防の必需品

バーベルスクワット（→P.144・172）やデッドリフト（→P.144・193）のように、脊柱に大きな負荷がかかる種目は、腰を痛める危険があるため、高重量で行う場合、ベルト（パワーベルトともよぶ）を腰に巻いて行うと腰痛予防になる。

ベルトを巻くことで、腹腔内圧（腹圧）の上昇がサポートされ、ベルトを巻かないで行うよりも、体幹がしっかり固定される。腹腔内圧が上昇した腹腔は、胸郭下部の横隔膜を下から押し上げ、体幹伸展トルクを発揮。腹腔が胸郭および肋骨を持ち上げることで脊柱が伸展し、脊柱起立筋の働きを補助する。

ただし、ベルトを巻く効果を得るためには、ベルトをかなりきつく締める必要がある。ベルトを巻く時は、お腹を引っ込めた状態で、できる限り強い力で引っ張って締めるのがポイント。また、骨盤は前下がりになっているため、水平に巻くとベルトが骨盤に当たって痛みを感じる。ベルトは水平に巻くのではなく、お腹側をやや下げて斜めに巻くと良い。

太いベルトを巻くほうが腹腔内圧は高まる

フリーウエイトスペースのあるジムでは、施設利用者が使えるベルトを備えている場合も多いが、自分のベルトを持参する人も少なくない。

ベルトを購入する場合は、なるべく幅の太いタイプのベルトを選ぶことが大切。ベルトが太いほど、腹腔内圧が高まり、体幹がしっかり固定される。

ベルトには細いタイプから太いタイプまであるが、腰痛予防には太いタイプが最適

ベルトはすぐに外したくなるぐらいの強さで締めることが重要。締める力が足りない人は、ベルトの先を柱などに巻きつけて握り、そこからもたれかかるように体重を預けて締めると、より強くベルトを締めることができる

第 8 章

人体動作のメカニズム

本章では、日常生活動作から各種スポーツの主要動作まで、著者が機能解剖とバイオメカニクスの研究報告に基づいて、関節トルクの働きをグラフ化。各スポーツ動作で重要な役割を果たしている関節動作を見極めることによって、競技力向上を目指す人は、それぞれ自分が取り組むべき筋トレ種目を知ることができる。

● 「関節トルク&筋の働き」の出典および参考文献
「PMID：19027828」「PMID：17608922」「PMID：19849859」「PMID：4008501」
「PMID：20719600」「doi：10.1186/1475-925X-6-26」「doi：10.1186/1475-925X-8-27」「Dynamics of the Shoulder and Elbow Joints of the Throwing Arm During a Baseball Pitch, Feltner and Dapena 1986」「ISSN:0021-9290」「ISSN:0021-9290」「doi：0021-9290(95) 00067-4」「doi：0021-9290(92) 90031-U」
「doi：0021-9290(88) 90175-3」「doi：S0966636202000693」
「doi：0021-9290(95) 00054-2」「doi：0021-9290(94) 90029-9」「Sasagawaら2009」
「馬場2000」「阿江1988」「Jobe 1984」「風井1976」「Gowan 1987」「Fleisis」「Putnum1993」「Robertson and Mosher1985」「Ryan and Gregor1992」「Gregor and Cavanagh1985」「Winter1996」「Havens et al,2015」「Rand et al,2000」
「野球の投球動作における体幹および投球腕の力学的エネルギー・フローに関する3次元解析/宮西智久、藤井範久、阿江通良、功力靖雄、岡田守彦/体力科学/46(1)/pp.55-68, 1997-02」「野球の投球動作におけるボール速度に対する体幹および投球腕の貢献度に関する3次元的研究/宮西智久、藤井久、阿江通良、功力靖雄、岡田守彦/体育學研究/41(1)/pp.23-37, 1996-05」「投げる科学(大修館書店、桜井伸二著)」
「打つ科学」(大修館書店、左海伸夫・平野裕一著)、「走る科学」(大修館書店、小林寛道著)、「跳ぶ科学」(大修館書店、深代千之著)、「テニスのフォアハンド・ストロークのキネティクス的分析、道上静香ほか、日本体育学会大会号(52), 370, 2001」

直立姿勢の維持

人体はただ立っているだけでも、直立した姿勢を維持するために、いくつかの関節が働いている。直立姿勢の維持に貢献する部位は主に足関節と体幹・股関節周辺である。

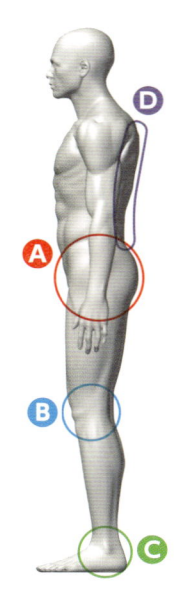

通常の直立姿勢は、くるぶしと肩が直線でつながる位置にくる。足首（足関節）は自然肢位（関節角度0度）ではなく、やや背屈（伸展）し、全身がわずかに前傾した状態となっている。

直立姿勢のポイント

直立姿勢は主に二つの機構によって維持される。ひとつは、わずかに前傾している体が倒れないように、足関節底屈の働きで支える機構である。もうひとつは、体幹および股関節の伸展・屈曲によって、体全体を「くの字」に折り曲げてバランスをとる機構である（Sasagawaら2009）。真っすぐに立っているつもりでも、実は無意識で体はわずかに前後へ曲がっているのである。

貢献度の高い関節動作

1. 足関節底屈　　　　　　➡P.122
1. 体幹伸展　　　　　　　➡P.192
1. 股関節屈曲➡P.140・伸展➡P.142

関節トルク

- **A** 股関節（伸展・屈曲）　↑伸展／↓屈曲
- **B** 膝関節（伸展・屈曲）　↑伸展／↓屈曲
- **C** 足関節（底屈）　↑底屈／↓背屈
- **D** 体幹（伸展）　↑伸展／↓屈曲

筋の働き

- ヒラメ筋（足関節底屈筋）
- 脊柱起立筋（体幹伸展筋）

片脚立ちの維持

片脚立ちになると、横方向にもバランスを取る必要が生じるため、働く関節動作は直立姿勢と少し異なる。ここでは片脚立ちの維持に貢献する関節トルクを解説する。

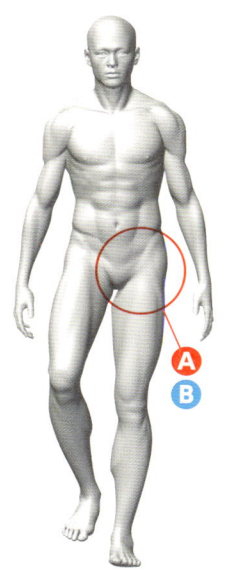

片脚立ちの状態になると、骨盤が片側の支えを失う。骨盤が傾いてしまわないように支える横方向の関節動作が働く。これが両脚直立動作との違いである。

片脚で立つポイント

片脚立ちの姿勢では、片側の支えを失った骨盤を持ち上げるために、軸足側の股関節で外転の力が発揮され、中殿筋が働く。これが両脚直立姿勢との主な違い。通常、体幹を側屈させる腹斜筋群はほとんど働くことはないが、上体を横に傾けていくと、上体を支えるために反対側の腹斜筋群が働くようになる。

貢献度の高い関節動作

1. 股関節外転 ➡ P.146
1. 股関節屈曲 ➡ P.140・伸展 ➡ P.142
3. 体幹側屈 ➡ P.194

第8章 人体動作のメカニズム

関節トルク

A 股関節（左）（伸展・屈曲）
↑伸展
↓屈曲

B 股関節（左）（外転）
↑外転
↓内転

筋の働き

中殿筋（股関節外転筋）

立ち上がる（イスから）

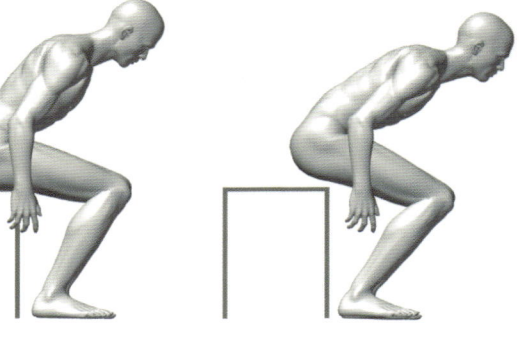

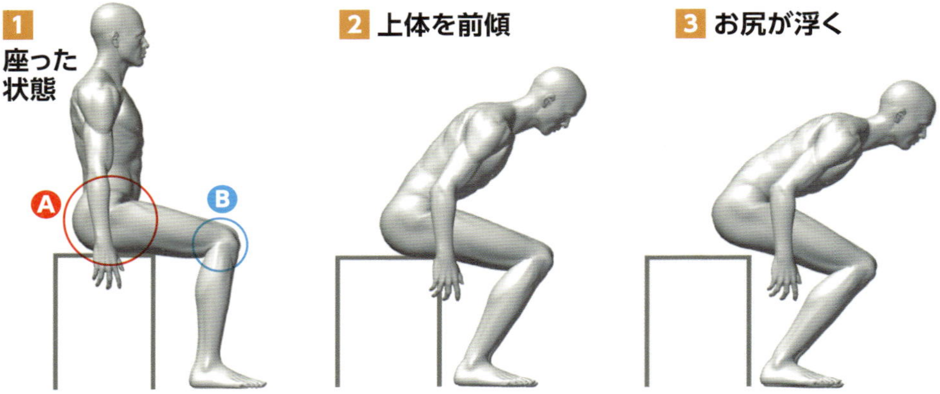

イスから立ち上がる動作は、主に股関節と膝関節の同時伸展動作ととらえられる。ここでは、一般的な高さのイスから手を使わずに立ち上がる動きを題材にして解説する。

座った状態。座面が低いほど、膝関節が深く曲がり、力を発揮しにくい角度となり、動作の難度が上がる。

股関節を屈曲し、上体を前傾する。重心を足底の真上に乗せてから、股関節と膝関節の伸展動作がはじまる。

股関節と膝関節の伸展トルクが発揮されるタイミングは、膝関節よりも股関節のほうが少し先行する。

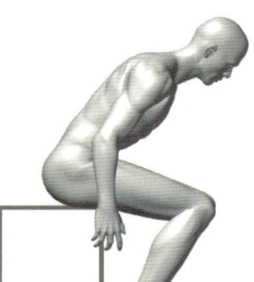

1 座った状態

2 上体を前傾

3 お尻が浮く

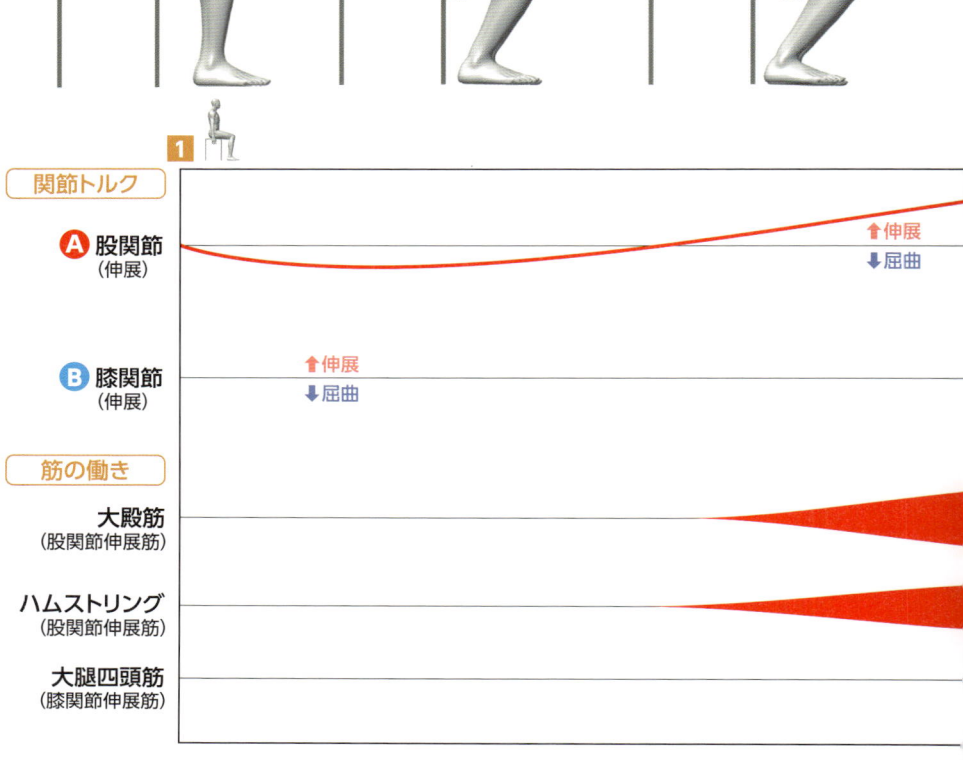

関節トルク
- Ⓐ 股関節（伸展） ↑伸展 ↓屈曲
- Ⓑ 膝関節（伸展） ↑伸展 ↓屈曲

筋の働き
- 大殿筋（股関節伸展筋）
- ハムストリング（股関節伸展筋）
- 大腿四頭筋（膝関節伸展筋）

立ち上がる動作のポイント

立ち上がる動作は、股関節と膝関節の連動した伸展動作で行われ、膝関節より股関節が少し先行して働く。股関節伸展筋として大殿筋とともにハムストリングも動員される。

貢献度の高い関節動作
1. 股関節伸展 ➡P.142
2. 膝関節伸展 ➡P.170

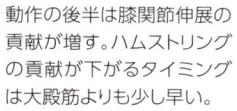

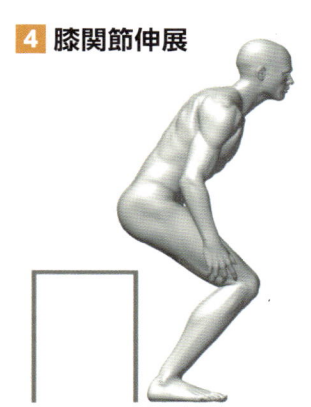

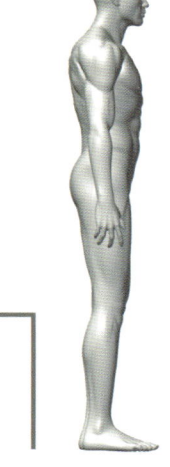

動作の後半は膝関節伸展の貢献が増す。ハムストリングの貢献が下がるタイミングは大殿筋よりも少し早い。

4 膝関節伸展

5 立った状態

膝関節と股関節が伸展を続けて、立ち上がる動作が完了。（※ここでは手で座面を押したり、腕を振り上げる動きを使わない場合を例にとって解説している）

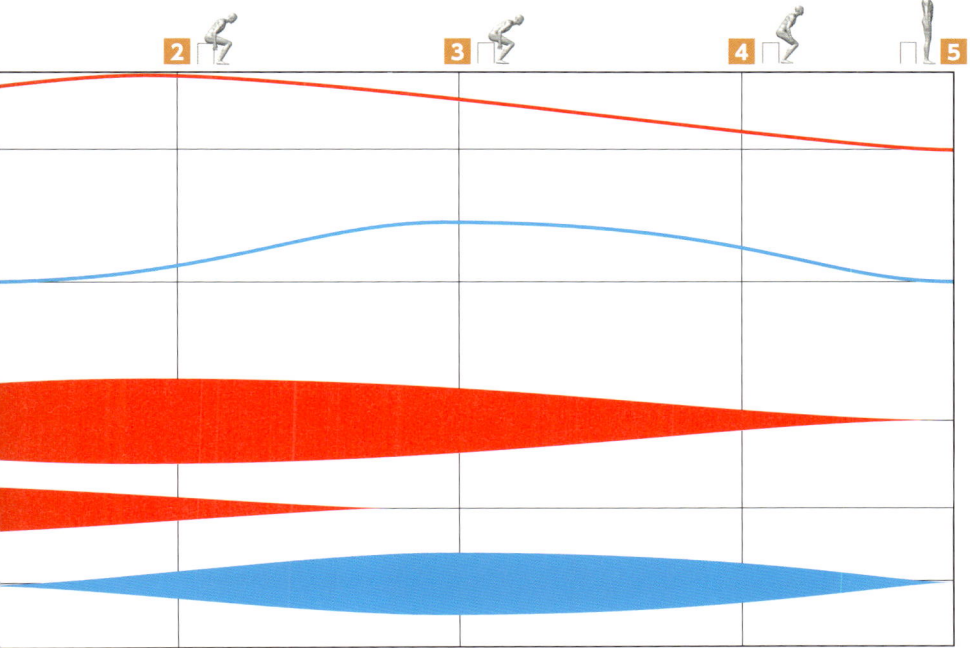

第8章 人体動作のメカニズム

209

歩行

二足歩行は、両脚が地面に接地している「両脚支持期」と、片脚が浮いている「片脚支持期」が交互に訪れる。ここでは右脚の1歩行周期における関節トルクを解説する。

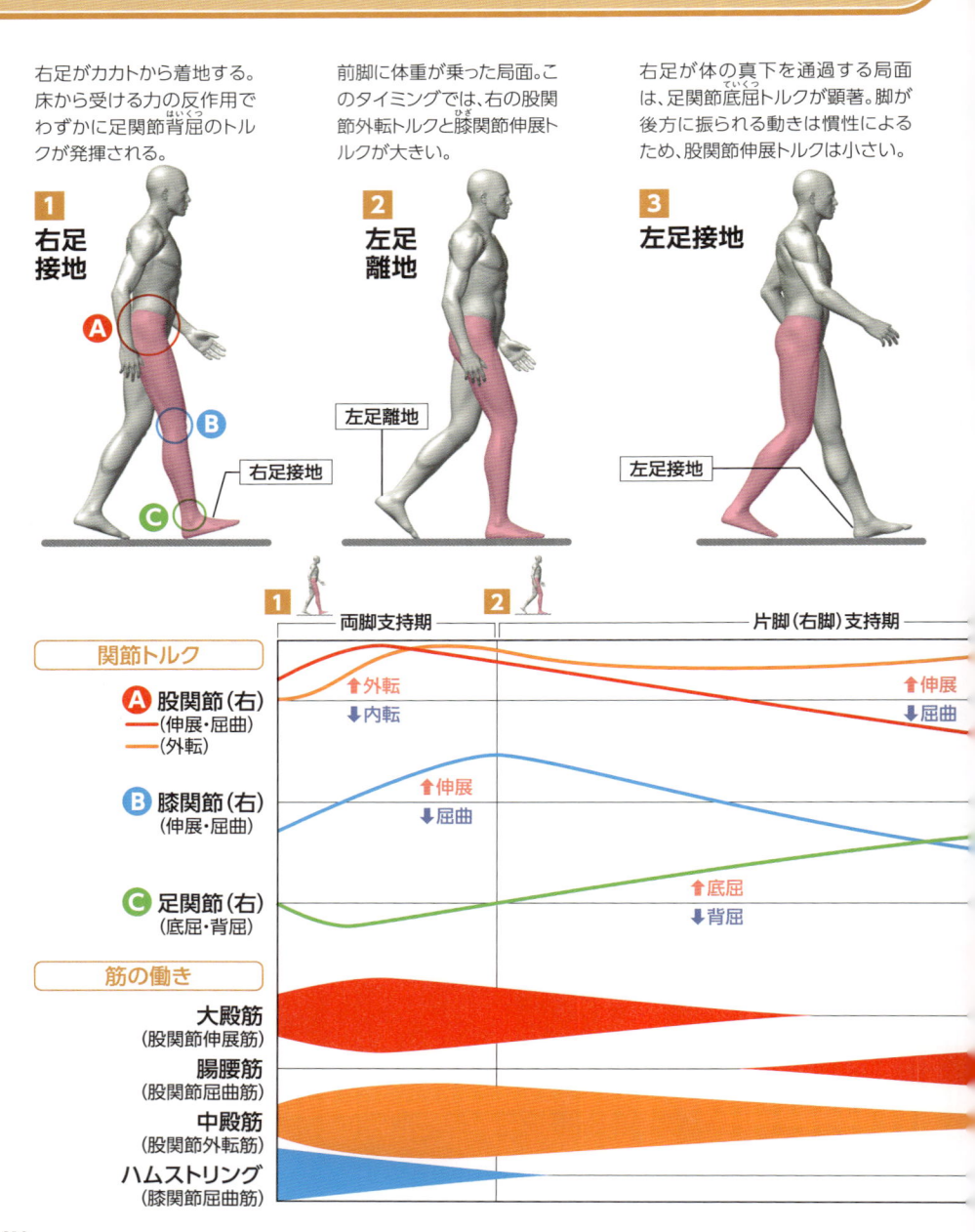

1 右足接地
右足がカカトから着地する。床から受ける力の反作用でわずかに足関節背屈のトルクが発揮される。

2 左足離地
前脚に体重が乗った局面。このタイミングでは、右の股関節外転トルクと膝関節伸展トルクが大きい。

3 左足接地
右足が体の真下を通過する局面は、足関節底屈トルクが顕著。脚が後方に振られる動きは慣性によるため、股関節伸展トルクは小さい。

- A 股関節（右）
- B 膝関節（右）
- C 足関節（右）

関節トルク

A 股関節（右）
（伸展・屈曲）
（外転）
↑外転 ↓内転 ↑伸展 ↓屈曲

B 膝関節（右）
（伸展・屈曲）
↑伸展 ↓屈曲

C 足関節（右）
（底屈・背屈）
↑底屈 ↓背屈

両脚支持期 / 片脚（右脚）支持期

筋の働き

- 大殿筋（股関節伸展筋）
- 腸腰筋（股関節屈曲筋）
- 中殿筋（股関節外転筋）
- ハムストリング（膝関節屈曲筋）

歩行動作のポイント

歩行動作は脚を振り子のように使うため、どの部位の関節トルクも小さい傾向にある。慣性（物体が運動の状態を続けようとする性質）の影響で、脚を前後に振る動き（股関節伸展：**2**～**3**、股関節屈曲：**4**～**5**）より前のタイミングで各トルクが発揮される（股関節伸展トルク：**1**の前後、股関節屈曲トルク：**3**の前後）ことに注意。また、片脚立ちになる局面においては股関節外転トルクが顕著となる。

貢献度の高い関節動作
1. 股関節伸展 ➡ P.142
1. 股関節屈曲 ➡ P.140
1. 股関節外転 ➡ P.146

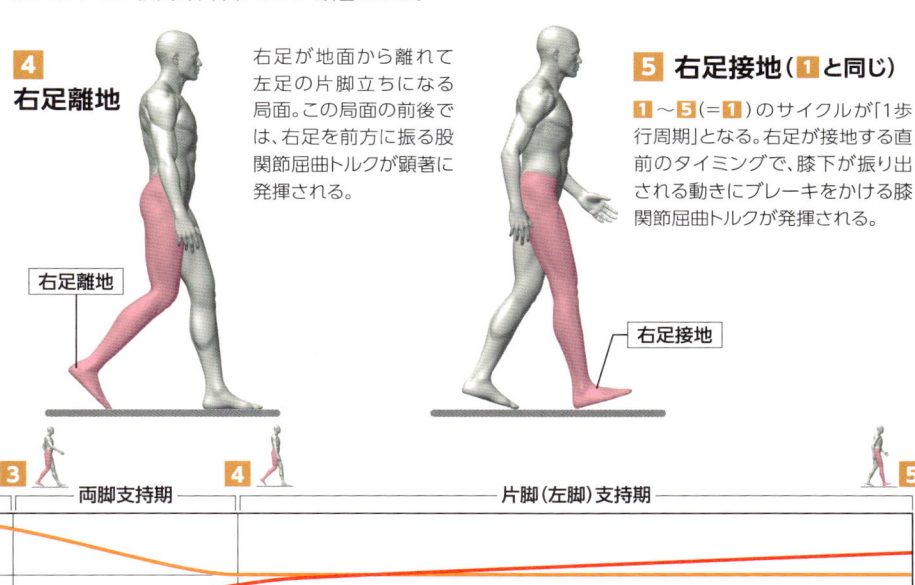

4 右足離地

右足が地面から離れて左足の片脚立ちになる局面。この局面の前後では、右足を前方に振る股関節屈曲トルクが顕著に発揮される。

5 右足接地（**1**と同じ）

1～**5**（=**1**）のサイクルが「1歩行周期」となる。右足が接地する直前のタイミングで、膝下が振り出される動きにブレーキをかける膝関節屈曲トルクが発揮される。

第8章 人体動作のメカニズム

階段上り（昇段動作）

脚を振り子として使う歩行動作と異なり、昇段動作は重力に対抗するために、より大きな関節トルクが発揮される。ここでは1周期中の右脚の動きについて解説する。

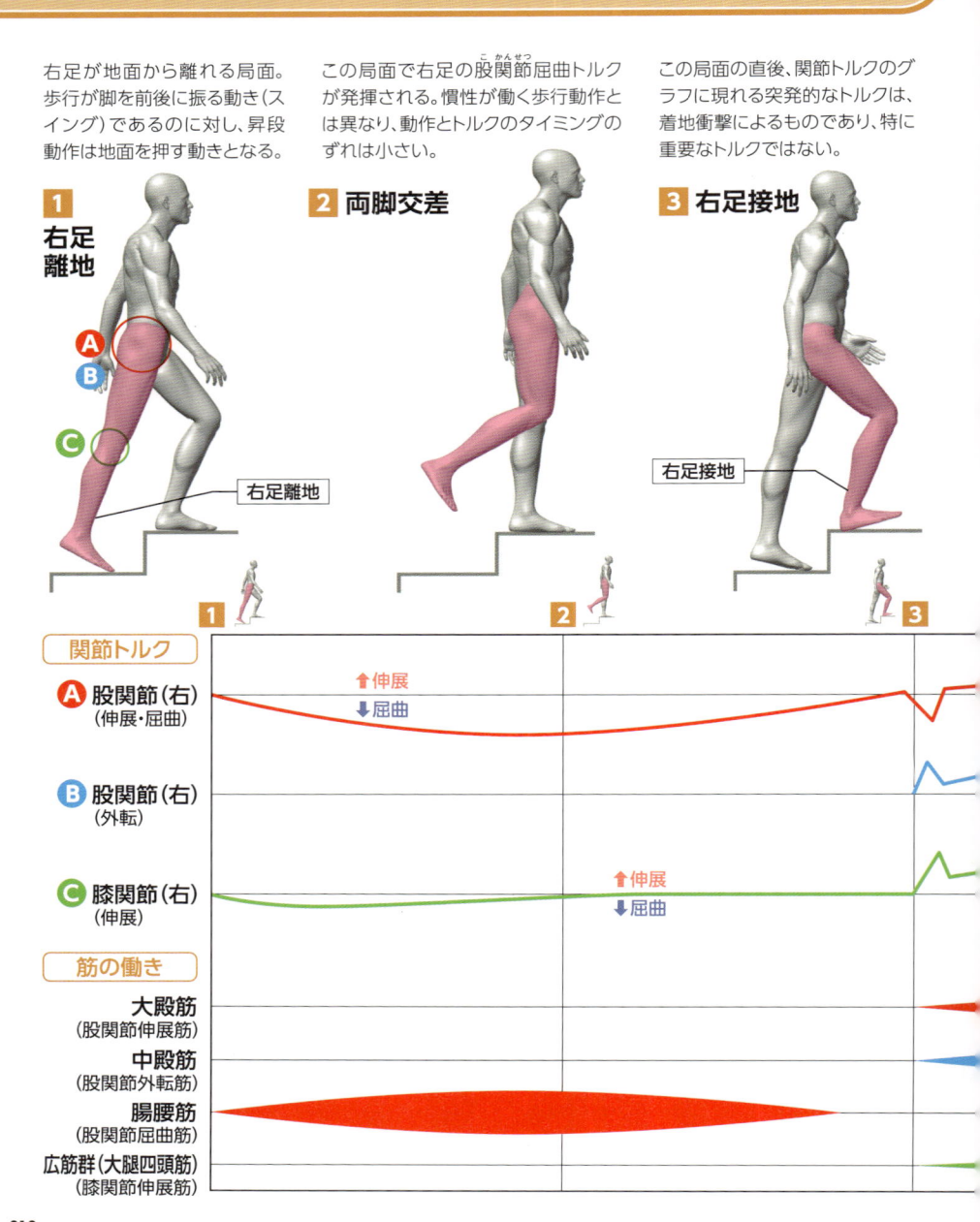

1 右足離地
右足が地面から離れる局面。歩行が脚を前後に振る動き（スイング）であるのに対し、昇段動作は地面を押す動きとなる。

2 両脚交差
この局面で右足の股関節屈曲トルクが発揮される。慣性が働く歩行動作とは異なり、動作とトルクのタイミングのずれは小さい。

3 右足接地
この局面の直後、関節トルクのグラフに現れる突発的なトルクは、着地衝撃によるものであり、特に重要なトルクではない。

関節トルク

- Ⓐ 股関節（右）（伸展・屈曲） ↑伸展 ↓屈曲
- Ⓑ 股関節（右）（外転）
- Ⓒ 膝関節（右）（伸展） ↑伸展 ↓屈曲

筋の働き

- 大殿筋（股関節伸展筋）
- 中殿筋（股関節外転筋）
- 腸腰筋（股関節屈曲筋）
- 広筋群（大腿四頭筋）（膝関節伸展筋）

階段上りのポイント

貢献度の高い関節動作
① 股関節伸展 ➡ P.142
② 股関節外転 ➡ P.146
② 膝関節伸展 ➡ P.170
③ 股関節屈曲 ➡ P.140

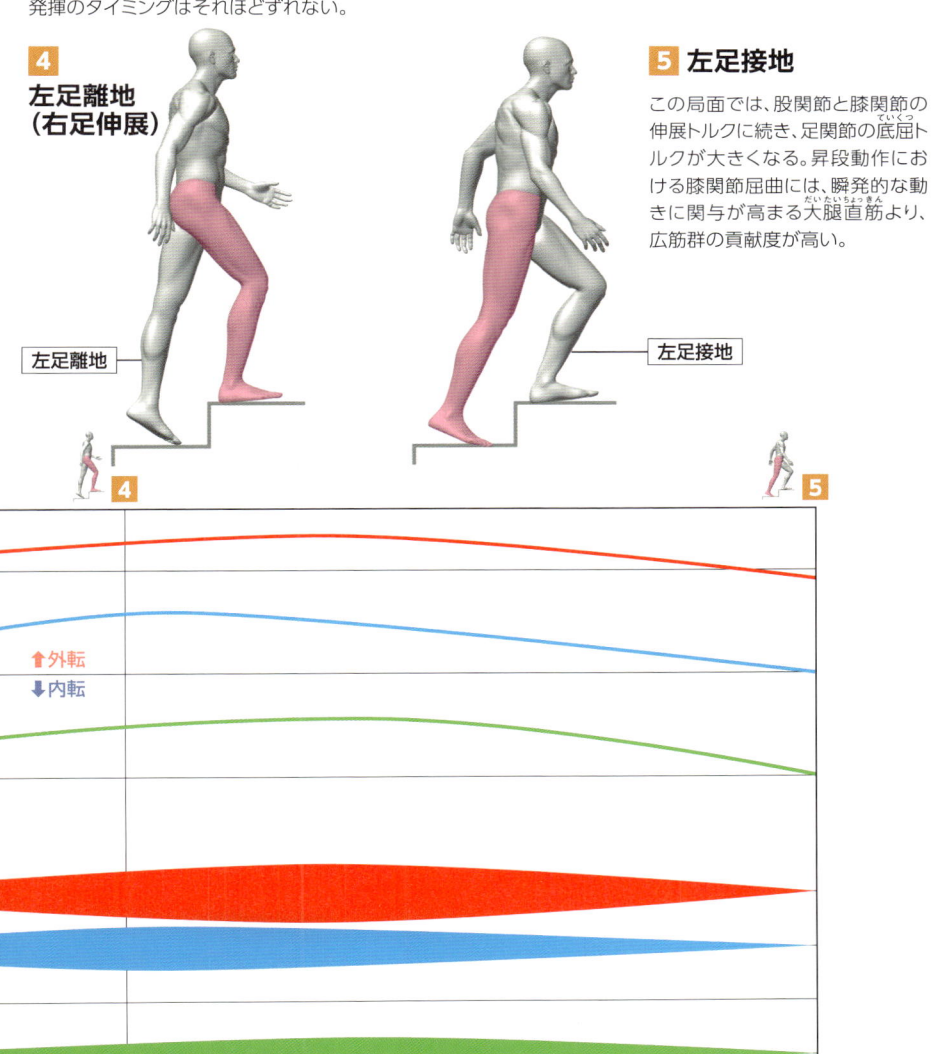

昇段動作は、歩行動作よりも筋に対する負担が大きい。重力に対する負荷の影響が主となる昇段動作では、歩行と違い、動きのタイミングがトルク発揮とあまりずれない。

右足が地面を押す局面で、股関節伸展・外転、膝関節伸展のトルクが顕著に発揮される。歩行動作と比べ、動きとトルク発揮のタイミングはそれほどずれない。

4 左足離地（右足伸展）

左足離地

5 左足接地

この局面では、股関節と膝関節の伸展トルクに続き、足関節の底屈トルクが大きくなる。昇段動作における膝関節屈曲には、瞬発的な動きに関与が高まる大腿直筋より、広筋群の貢献度が高い。

左足接地

↑外転
↓内転

第8章 人体動作のメカニズム

持ち上げる（リフティング）

リフティング動作は、股関節を深く曲げるか、膝関節を深く曲げるかによって使われる関節や筋肉が変わってくる。ここでは腰への負担が少ない膝を曲げる方法を解説する。

膝関節を屈曲してしゃがみ込み、荷物の下に両手を差し込む。腰の位置が高いまま股関節を深く曲げる方法より、腰椎への負担が小さい。

1 準備

膝関節と股関節を伸展して荷物を持ち上げる。上体を前方に大きく倒すほど、膝関節のトルクが減り、股関節のトルクが増える。

2 箱が浮く

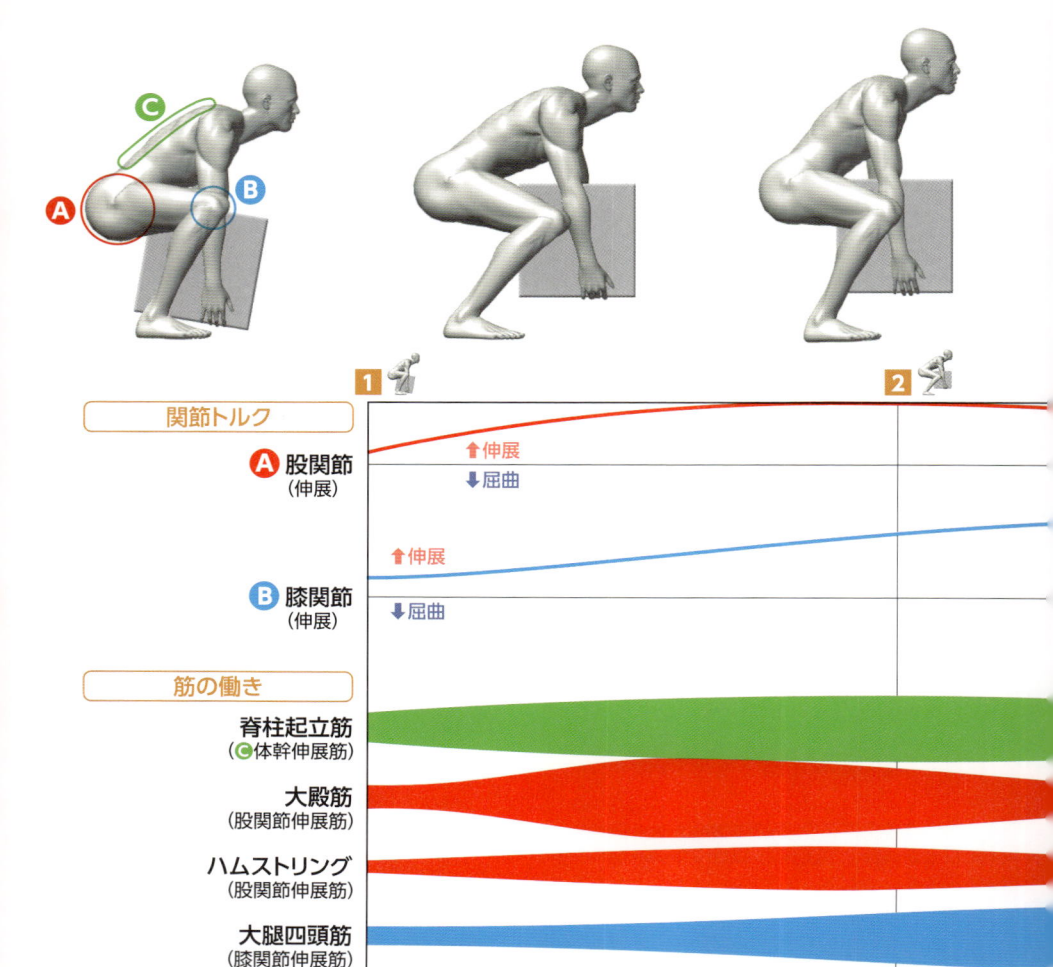

荷物を持ち上げながら、体の重心に近づける。荷物を体に擦りつけるように持ち上げると、より小さいトルクで持ち上げることができる。

3 持ち上げる

関節トルク
- A 股関節（伸展）　↑伸展　↓屈曲
- B 膝関節（伸展）　↑伸展　↓屈曲

筋の働き
- 脊柱起立筋（C 体幹伸展筋）
- 大殿筋（股関節伸展筋）
- ハムストリング（股関節伸展筋）
- 大腿四頭筋（膝関節伸展筋）

リフト動作のポイント

上体を倒すほど、膝関節のトルクが減って股関節や体幹のトルクが増える。荷物を体に近づけて擦るように持ち上げると、持ち上げるのに必要なトルクが全体的に小さくなる。

貢献度の高い関節動作
1. 股関節伸展 ➡ P.142
2. 膝関節伸展 ➡ P.170
3. 体幹伸展 ➡ P.192

荷物が持ち上がるにつれて股関節や体幹のトルクは小さくなる。動作を通し、体幹伸展の力で背中を真っすぐに保つと腰を傷めにくい。

4 さらに持ち上げる

5 リフティング完了

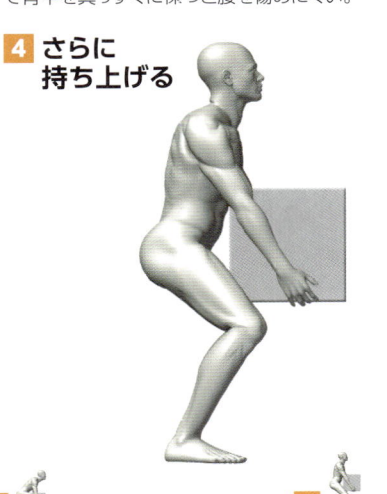

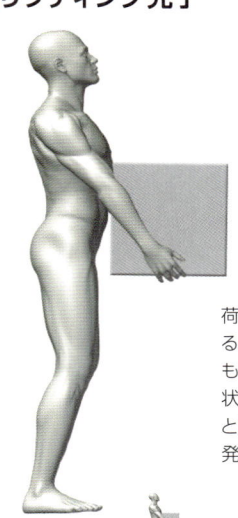

荷物が完全に持ち上がる。荷物の重心が体よりも前にあるため、抱えた状態においても体幹伸展と股関節伸展のトルクは発揮されている。

各種スポーツでも使われているリフティング動作

膝を深く曲げるリフティング動作は、日常生活だけでなく、相撲で相手をつり上げる動きやレスリングで低いタックルから相手をリフトする動き、重量挙げでバーベルを挙げる動きなどでも使われる。

スプリント(加速局面)

スプリントは、スタートしてスピードを上げていく加速期と、トップスピードに乗った定速期で、動きが大きく異なる。ここではスタート時の右脚の関節トルクを解説する。

後ろ脚で地面を蹴った後、両脚が浮いた両脚遊脚期に入る。スタートダッシュは両脚遊脚期が比較的短い。

足が接地する直前のタイミングで、前脚(右脚)の膝下が前方へ振られる動きにブレーキをかけるために、膝関節屈曲トルクが発揮される。

股関節、膝関節、足関節が複合的に動いて体を推進させるが、トルクの発揮は股関節が最も早く、足関節が最も遅いタイミングとなる。

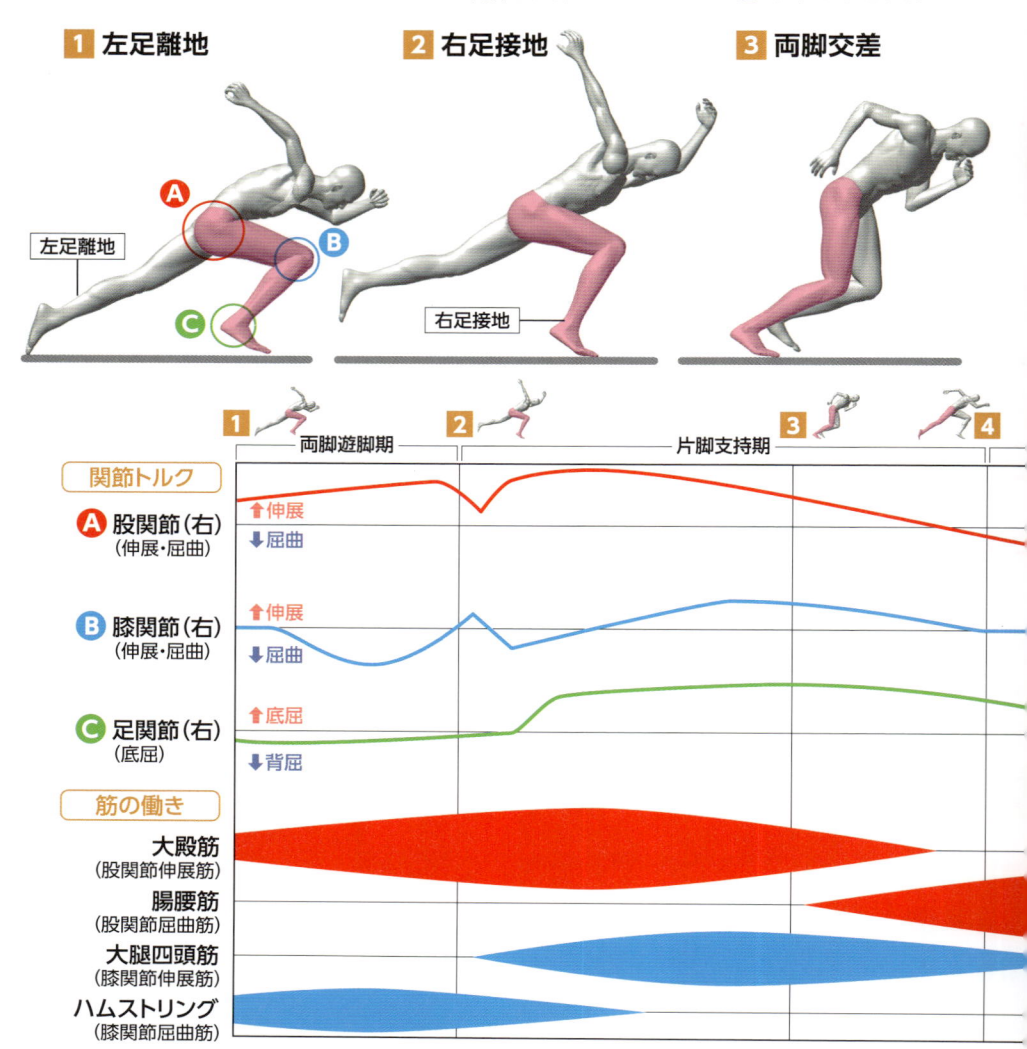

1 左足離地

A
B
C
左足離地

2 右足接地

右足接地

3 両脚交差

両脚遊脚期 / 片脚支持期

関節トルク

- **A 股関節(右)** (伸展・屈曲) — ↑伸展 ↓屈曲
- **B 膝関節(右)** (伸展・屈曲) — ↑伸展 ↓屈曲
- **C 足関節(右)** (底屈) — ↑底屈 ↓背屈

筋の働き

- 大殿筋 (股関節伸展筋)
- 腸腰筋 (股関節屈曲筋)
- 大腿四頭筋 (膝関節伸展筋)
- ハムストリング (膝関節屈曲筋)

スタートのポイント

加速力の強化には、下肢3関節（股・膝・足）すべての伸展筋力が重要で、なかでも特に股関節の重要度が高い。脚を素早く前方へ振り戻すために股関節屈曲の強化も不可欠。

貢献度の高い関節動作
1. 股関節伸展 ➡ P.142
2. 膝関節伸展 ➡ P.170
2. 股関節屈曲 ➡ P.140

右足が離地し、両脚遊脚期に移行した前後で、後ろ脚の股関節屈曲トルクが高まる。股関節屈曲の動きよりもトルク発揮のタイミングが早い。

左足が接地した後のタイミングで、右の股関節が屈曲していく。この時、股関節屈曲のトルクはすでに小さくなっている。

再び左足が離地。ここまでが1周期。前脚（右脚）は接地する前から膝関節屈曲が働き、膝下を前方に振る動きにブレーキをかける。

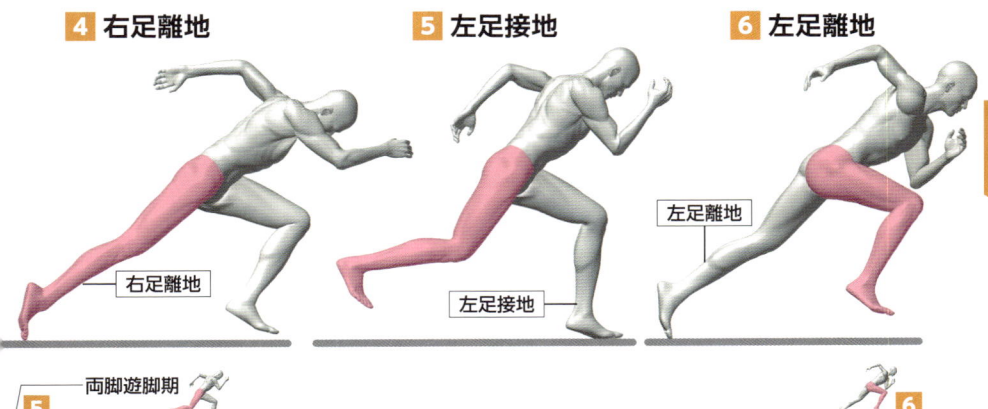

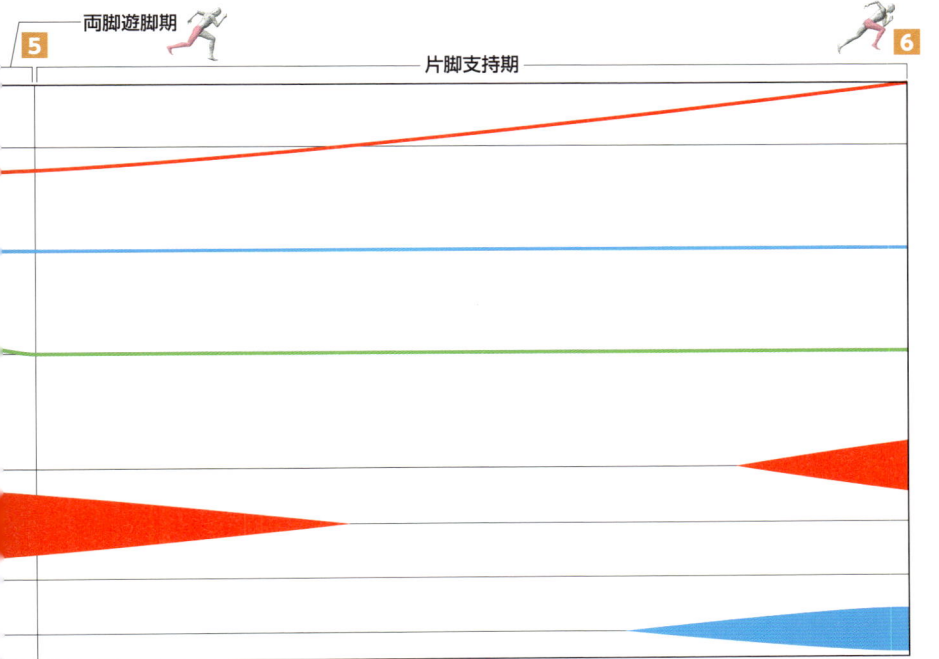

4 右足離地

5 左足接地

6 左足離地

第8章 人体動作のメカニズム

両脚遊脚期　片脚支持期

217

スプリント（中間疾走局面）

定速期のスプリントは、地面を強く押す加速期とは異なり、脚を付け根の股関節から振るスイング動作となる。ここでは定速期（中間疾走局面）の右脚の関節トルクを解説する。

右足が接地する前後は、股関節伸展トルクがすでに減少しはじめている。ここで現れる瞬発的なトルクは着地衝撃によるもので、筋の働きとはあまり関連しない。

スプリントの定速期は、加速期と比べて接地時間が短い。離地の前後は、動きとしては股関節が伸展しているものの、関節トルクはむしろ屈曲方向への発揮が高まる。

脚を付け根から前方に振る股関節屈曲トルクは、離地の直後にピークとなり、両脚遊脚期の中盤以降は減少する。

1 右足接地

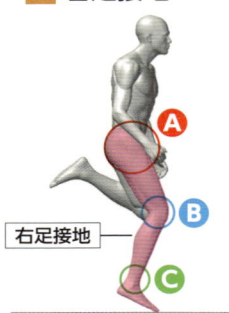

2 右足離地

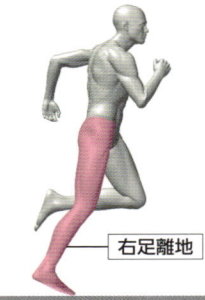

3 両脚遊脚期

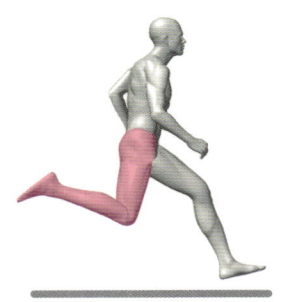

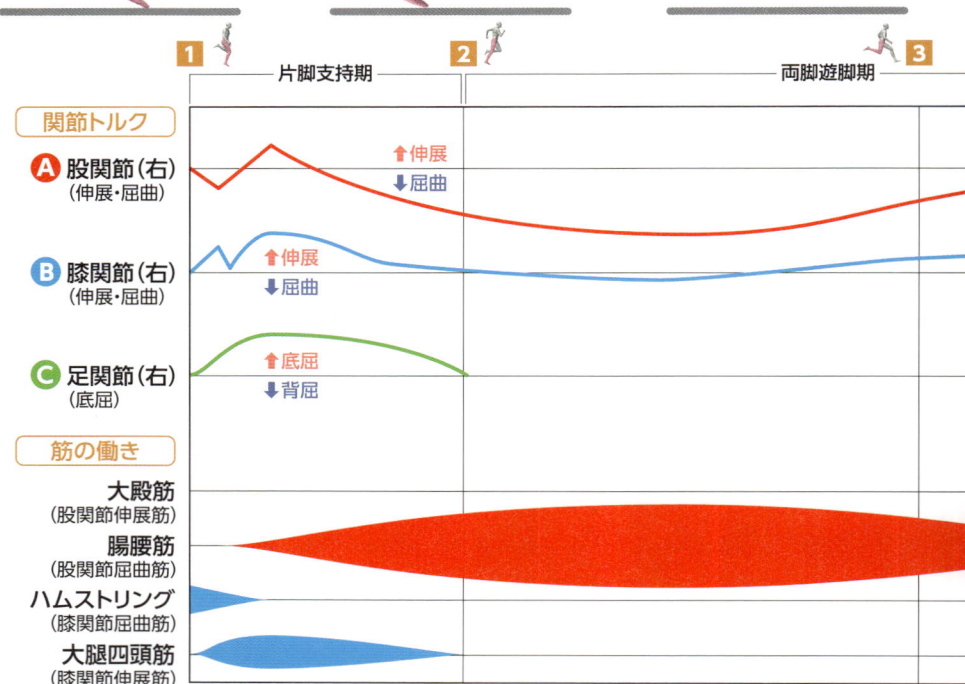

片脚支持期 ｜ **両脚遊脚期**

関節トルク

- **A** 股関節（右）（伸展・屈曲）　↑伸展　↓屈曲
- **B** 膝関節（右）（伸展・屈曲）　↑伸展　↓屈曲
- **C** 足関節（右）（底屈）　↑底屈　↓背屈

筋の働き

- 大殿筋（股関節伸展筋）
- 腸腰筋（股関節屈曲筋）
- ハムストリング（膝関節屈曲筋）
- 大腿四頭筋（膝関節伸展筋）

スプリント（定速期）のポイント

トップスピードでは、強い股関節屈曲で脚を前方へ速く振ることが重要。脚を速く振るほど、その動きにブレーキをかける股関節伸展、膝関節伸展の動作にも強いトルクが働く。

貢献度の高い関節動作
1. 股関節屈曲 → P.140
1. 股関節伸展 → P.142
3. 膝関節屈曲 → P.167

前脚が接地する前後では、後ろ脚（右脚）の股関節屈曲トルクはほぼ消失し、脚が惰性で前方へ振られる。ここで発揮される膝関節伸展トルクは、膝の角度を調節するための小さな出力。

後ろ脚が離地する前後で、前脚（右脚）の股関節は伸展トルクが高まり、前脚が前方へ振られる動きにブレーキがかかる。

再び右足が接地して1周期。膝関節屈曲トルクが最大となるのは、接地より前のタイミング（両脚遊脚期中）。このトルクによって膝下の振り出しにブレーキをかける。

4 左足接地　　**5** 左足離地　　**6** 右足接地（**1**と同じ）

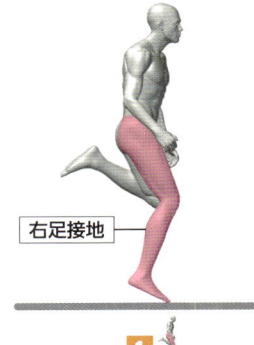

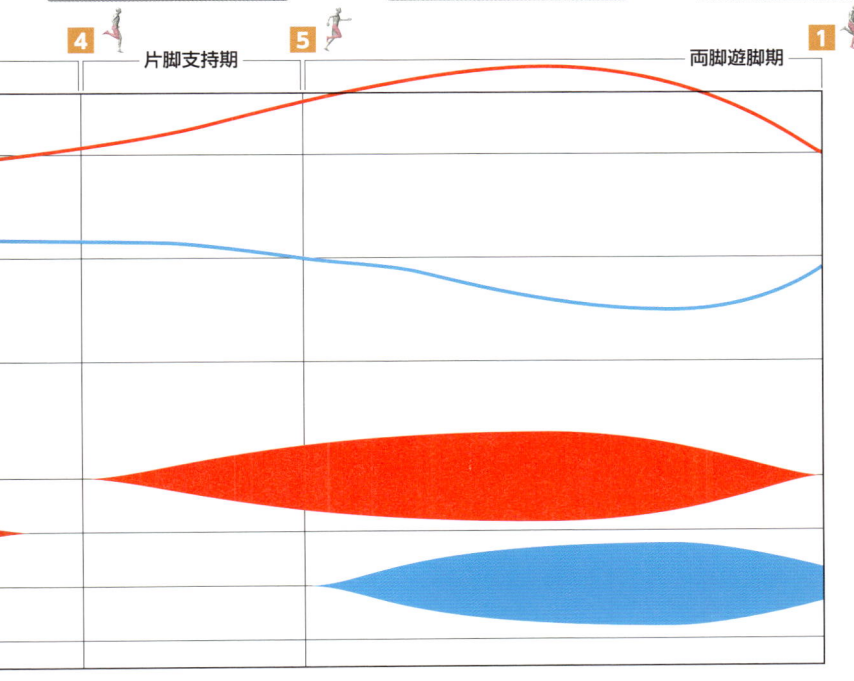

片脚支持期　　両脚遊脚期

※定速期は、股関節の動き（伸展・屈曲）と関節トルク発揮のタイミングが完全にずれている点に注意

方向転換（カッティング）

走行中に方向転換する動きをカッティング動作とよぶ。カッティング動作にはいくつか種類があるが、ここでは脚を交差せずに外側の足で蹴るカッティング動作を解説する。

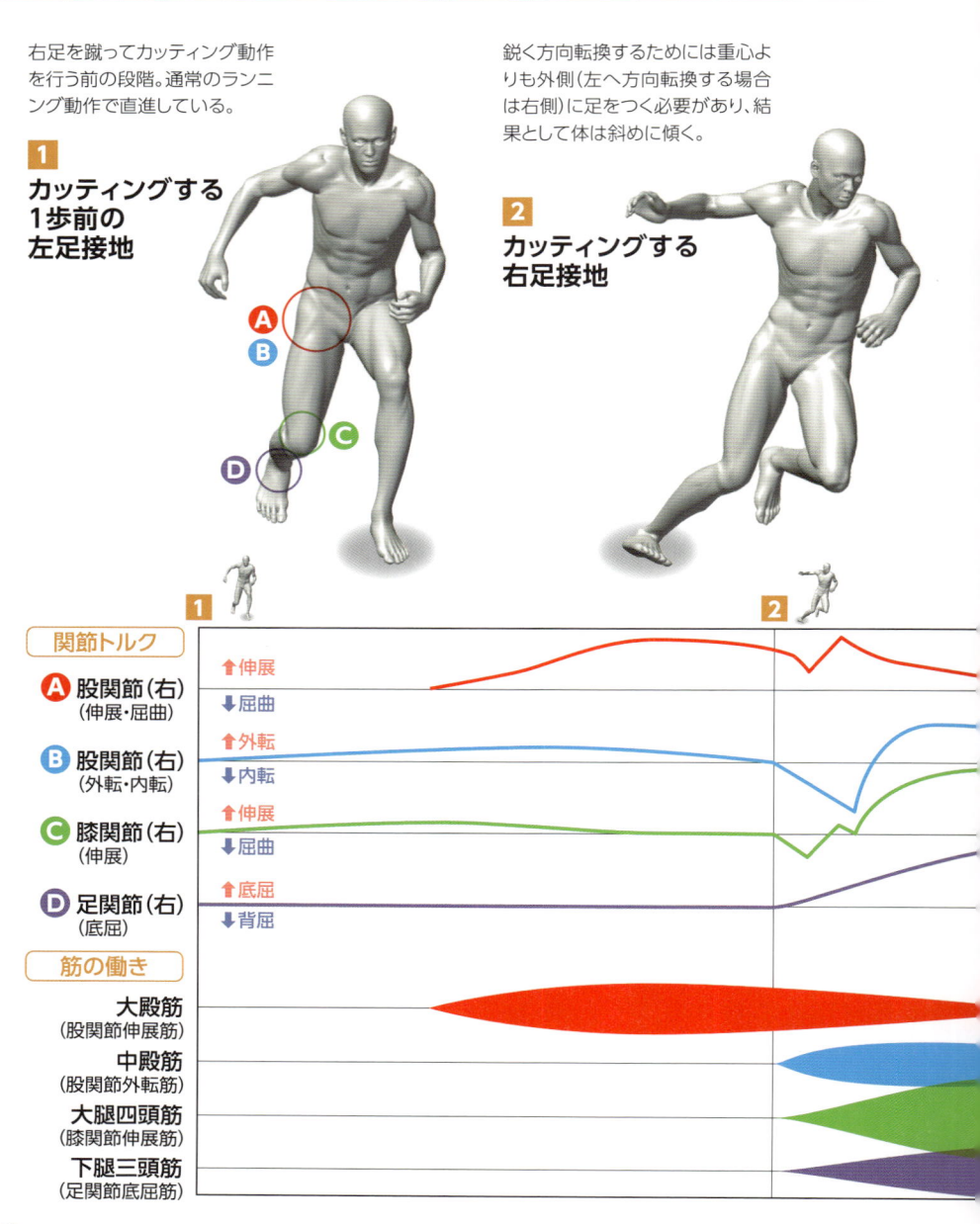

右足を蹴ってカッティング動作を行う前の段階。通常のランニング動作で直進している。

1 カッティングする1歩前の左足接地

鋭く方向転換するためには重心よりも外側（左へ方向転換する場合は右側）に足をつく必要があり、結果として体は斜めに傾く。

2 カッティングする右足接地

関節トルク
- Ⓐ 股関節（右）（伸展・屈曲） ↑伸展 ↓屈曲
- Ⓑ 股関節（右）（外転・内転） ↑外転 ↓内転
- Ⓒ 膝関節（右）（伸展） ↑伸展 ↓屈曲
- Ⓓ 足関節（右）（底屈） ↑底屈 ↓背屈

筋の働き
- 大殿筋（股関節伸展筋）
- 中殿筋（股関節外転筋）
- 大腿四頭筋（膝関節伸展筋）
- 下腿三頭筋（足関節底屈筋）

方向転換動作のポイント

カッティングは、ランニング動作よりも大きな股関節外転トルクが必要となるものの、より強い筋力が求められる股関節伸展トルクや膝関節伸展トルクのほうが重要度は高い。

貢献度の高い関節動作
1. 膝関節伸展 →P.170
2. 足関節底屈 →P.122
3. 股関節伸展 →P.142

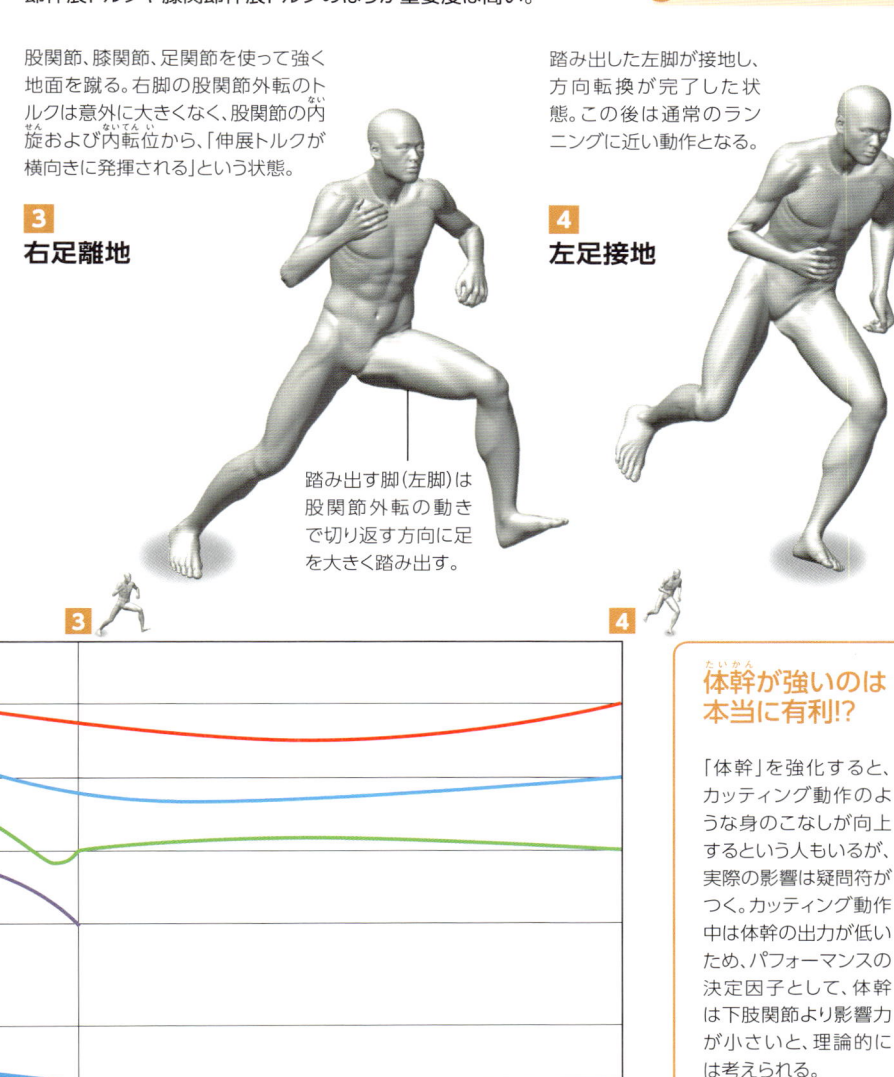

3 右足離地

股関節、膝関節、足関節を使って強く地面を蹴る。右脚の股関節外転のトルクは意外に大きくなく、股関節の内旋および内転位から、「伸展トルクが横向きに発揮される」という状態。

踏み出す脚(左脚)は股関節外転の動きで切り返す方向に足を大きく踏み出す。

4 左足接地

踏み出した左脚が接地し、方向転換が完了した状態。この後は通常のランニングに近い動作となる。

体幹が強いのは本当に有利!?

「体幹」を強化すると、カッティング動作のような身のこなしが向上するという人もいるが、実際の影響は疑問符がつく。カッティング動作中は体幹の出力が低いため、パフォーマンスの決定因子として、体幹は下肢関節より影響力が小さいと、理論的には考えられる。

第8章 人体動作のメカニズム

ジャンプする（垂直跳び）

垂直跳びは下肢の3関節を同時に伸展させる基本的かつシンプルな運動である。ここでは、しゃがみ込みの反動および腕振りを利用した垂直跳びを題材に解説する。

ここでは沈み込みの反動を利用する垂直跳びを解説する。両足を揃えて立った状態が運動の開始姿勢となる。

瞬発的な動きで重心を沈めて抜重すると、床から受ける力が減少するため、関節トルクも小さくなる。

床を押す力および関節トルクは、重心の最下点付近で最大となる。跳ぶ動きよりも力が発揮されるタイミングのほうが先行する。

1 開始姿勢

2 しゃがみ込み

3 最下点

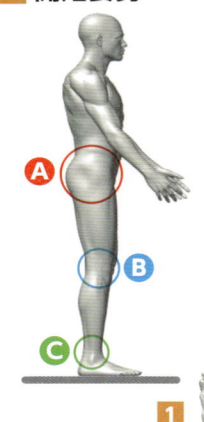

最下点まで沈んだ重心を持ち上げる反転の瞬間に、股関節、膝関節の伸展筋群が伸張され、大きな伸張性筋力が作用する。

関節トルク

A 股関節（伸展・屈曲）
↑伸展 ↓屈曲

B 膝関節（伸展・屈曲）
↑伸展 ↓屈曲

C 足関節（底屈）

筋の働き

大殿筋（股関節伸展筋）
ハムストリング（股関節伸展筋）
大腿四頭筋（膝関節伸展筋）
腓腹筋（足関節底屈筋）
ヒラメ筋（足関節底屈筋）

※跳躍動作は、跳躍の種類によって各関節の貢献は異なる（例：ホッピング動作は足関節底屈の貢献大）

垂直跳びのポイント

下肢3関節の伸展（底屈）筋力は重要。最近の研究では体幹伸展動作も跳躍に貢献することが分かっている。また、垂直跳びに足関節底屈筋の強化は必ずしも必須ではない。

貢献度の高い関節動作
1. 股関節伸展 →P.142
2. 膝関節伸展 →P.170
3. 足関節底屈 →P.122

4 加速の途中

上方へ加速する局面の中盤で床を押す力が減少しはじめる。トルクは股関節のトルクが先行し、足関節の出力は最も遅いタイミングでピークを迎える。

5 離地

足関節底屈トルクは踏み切りの直前でピークを迎える。この時、膝関節では屈曲トルクが発揮される。

踏み切りの瞬間は、腓腹筋（二関節筋）が強く働き、大腿四頭筋の力学的出力を足関節底屈パワーとして発揮するエネルギー伝達現象が起こっている。

6 空中

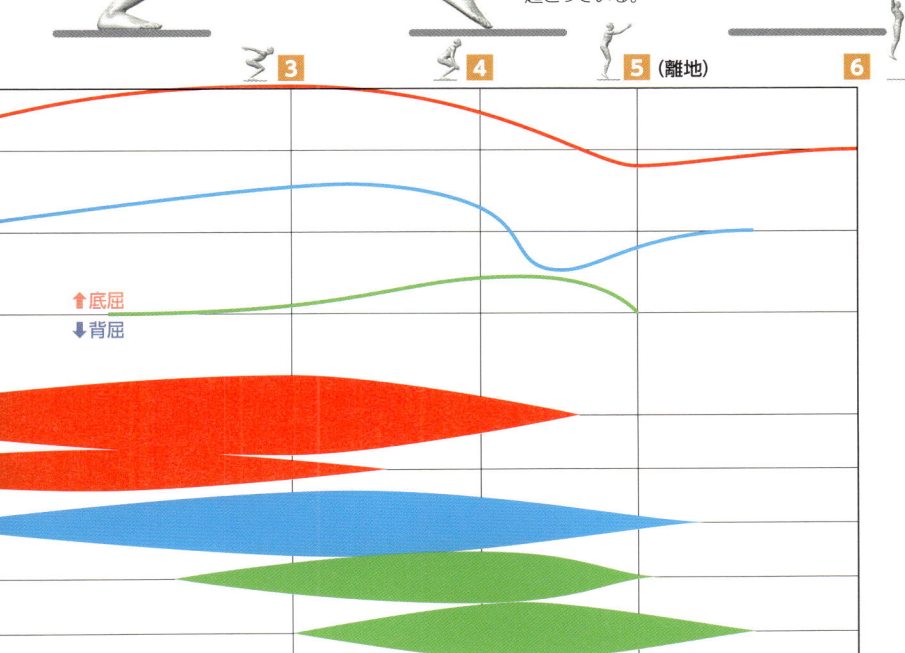

垂直跳びの跳躍の高さは、離地時の垂直で上昇する速度によって決まる。

↑底屈
↓背屈

第8章 人体動作のメカニズム

※足関節底屈の出力を高めることは必須だが、腓腹筋のエネルギー伝達により大腿四頭筋の出力を足関節で利用できるため、足関節底屈筋の強化は必ずしも必須でない

ボールを投げる（投球）

投げ動作は、下半身、体幹、上半身の動きを連動させる全身運動。運動連鎖で生み出したエネルギーをボールに伝える。ここでは野球のピッチングを題材にして解説する。

前脚の膝を上げることによって、力学的エネルギーを蓄えた状態から動作がスタート。

1 脚を上げる

1 で蓄えた力学的エネルギーを利用し、体を前方に加速。重心は一時的に、支持脚（右足）よりも前方の不安定な位置となる。

2 重心移動開始

前脚を大きく踏み出しながら、肩関節がやや内旋した状態で肘が上がっていく。まだ両肩を結ぶラインは回転しない。

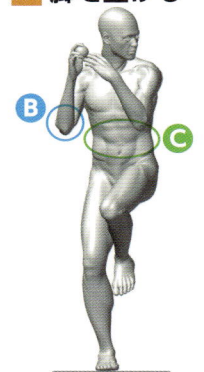

3 左足接地

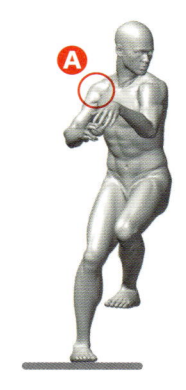

体幹のひねりが大きくなり、骨盤が打者のほうへ向きはじめる。胸は回らず残っている。

関節トルク		1		2
A 肩関節（右）（水平内転）	↑水平内転 ↓水平外転			
A 肩関節（右）（内旋）	↑内旋 ↓外旋			
B 肘関節（右）（伸展）	↑伸展 ↓屈曲			
B 肘関節（右）（内反）	↑内反 ↓外反			
筋の働き				
腹斜筋群（C 体幹回旋筋）				
大胸筋（肩関節水平内転筋）				
三角筋（後部）（肩関節水平外転筋）				
上腕三頭筋（肘関節伸展筋）				

224　※肘関節内反のトルクは慣性によるものであり、動きを意識する必要はない

投球動作のポイント

重心を加速する股関節の各方向の筋力、重心移動を受け止める前脚の膝関節伸展筋力、体をひねる体幹回旋筋力、さらに、肩関節の内旋筋力が動力源として重要となる。

貢献度の高い関節動作
1. 肩関節内旋 ➡P.50
1. 体幹回旋 ➡P.196
1. 膝関節伸展 ➡P.170

※股関節の各方向の動作も重要

肩関節の外旋がピークとなり、腕がしなる。肩関節の外旋に加え、体幹の伸展（胸の張り）および回旋、さらに肩甲骨の動きも加わり、肘先が地面とほぼ水平になる。

肩関節の内旋とともに肘関節が伸展し、ボールをリリース。この時、肘関節は高速で伸展するが、これは慣性によるもので、投球動作を通して肘関節伸展筋群の出力はほぼゼロである。

リリース後のフォロースルー。リリース前後で三角筋後部が活動するのは、前方への腕振りにブレーキをかけるため。

4 肩関節最大外旋位

肩関節は外旋位になるが、外旋トルクを発揮した結果ではなく、体の回転による慣性で外旋している。

5 リリース

前脚の荷重を膝関節伸展トルクで受け止める。海外では膝を伸ばして受け止めるフォームの選手も多い。

6 フォロー

投球動作における前腕回内の役割

ボールを加速する局面では、肘から先が内向きにひねられる（前腕回内）。しかし、この動きは肩関節内旋の慣性が肘先に伝わっただけのものであり、ボールの加速には直接貢献しない。

※上腕三頭筋は、肘がまだ曲がっている 3 ～ 4 の局面で働く

バットスイング

バッティングは下半身〜体幹〜上半身を連動させてバットを加速する動作。高速のボールに対し、遅れずに振るという時間的制約がバッティングのフォームを特徴づける。

構えの状態。姿勢によって各関節の発揮トルクや各筋の活動量は異なる。下のグラフは股関節優位の例。

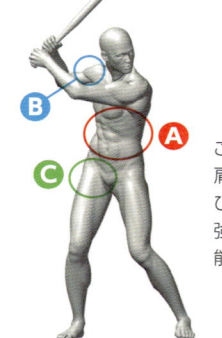

後ろ脚に体重を乗せた局面。前脚を上げる選手、すり足に近い選手など、後ろ脚に体重を乗せる程度はさまざま。

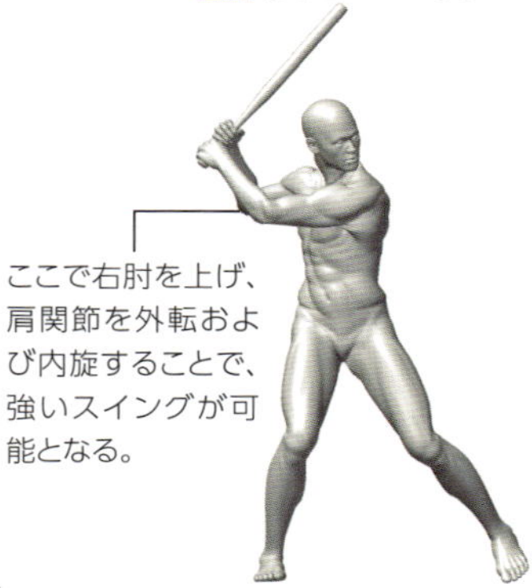

左足が接地したタイミング。この時、骨盤が回旋し、投手側へ向きはじめる。上体は逆方向に回転。

1 構え

ここで右肘を上げ、肩関節を外転および内旋することで、強いスイングが可能となる。

2 軸足への荷重

3 左足接地

上体は骨盤と反対方向に回転し、体幹部の割れ(ひねり)が形成される。この前後から体幹回旋トルクが大きくなる。

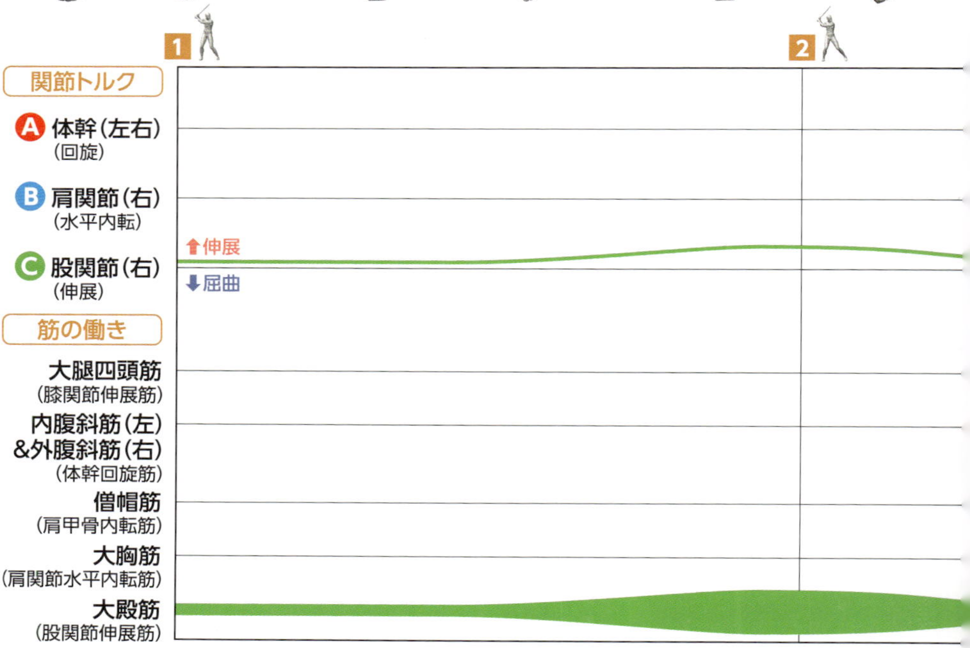

関節トルク
- A 体幹(左右) (回旋)
- B 肩関節(右) (水平内転)
- C 股関節(右) (伸展)
  - ↑伸展
  - ↓屈曲

筋の働き
- 大腿四頭筋 (膝関節伸展筋)
- 内腹斜筋(左) & 外腹斜筋(右) (体幹回旋筋)
- 僧帽筋 (肩甲骨内転筋)
- 大胸筋 (肩関節水平内転筋)
- 大殿筋 (股関節伸展筋)

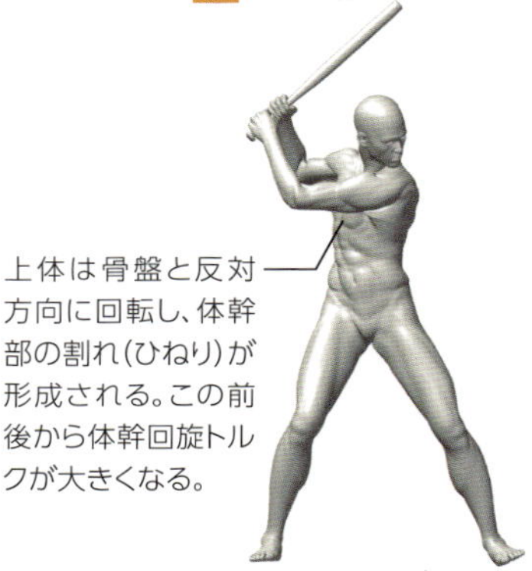

バットスイングのポイント

体の軸を回す体幹回旋はスイング動作の根幹。上肢では、右肩の水平内転・内旋、左肩の水平外転・肩甲骨内転がバットを加速させる主役の動きとなる。後ろ脚の股関節伸展、前脚の膝関節伸展も骨盤の回旋を作るうえで重要となる。

貢献度の高い関節動作
1. 体幹回旋（→P.196）
   肩関節水平内転（→P.58）
   肩関節内旋（→P.50）
   肩関節水平外転（→P.55）
   肩甲骨内転（→P.74）
   股関節伸展（→P.142）
   膝関節伸展（→P.170）

前脚に体重移動しながら両肩のラインを回し、バットを振り出す。上肢の左側で肩関節水平外転、肩甲骨内転の力が、右側では肩関節水平内転・内旋の力が発揮される。

前脚の膝を完全伸展しながらインパクトを迎える。体重が前脚にしっかり乗ると、後ろ足が一瞬浮いた状態に。バットの加速と同時に上体は後ろに傾く。

フォロースイングは上半身の力をほとんど使わない。

4 バットの並進
5 インパクト

加速したバットの惰性で手首が素早く返るが、前腕の筋肉から発揮される手関節トルクはごく小さい。

6 フォロー

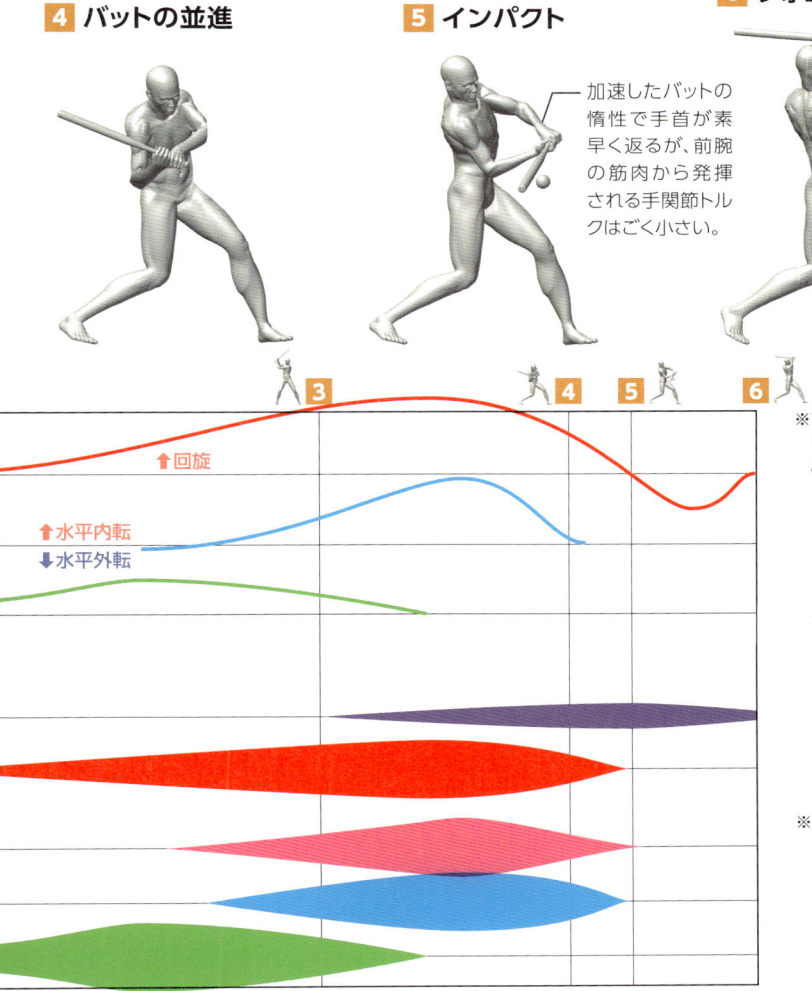

※前脚（左脚）の膝関節伸展に働く大腿四頭筋と、引き手（左腕）の肩甲骨内転に働く僧帽筋は、作用する局面が短いため、関節トルクのグラフには記載せず、筋の働きのみを図示

↑回旋
↑水平内転
↓水平外転

※バットスイングの関節トルクおよび筋の働きは、P.205に掲載した出典および参考文献の研究報告に基づいて、著者がグラフを作図

第8章 人体動作のメカニズム

ゴルフスイング（ドライバー）

ゴルフのスイングは、野球のバットスイングと比べると、体重移動よりも体の回転が主体の動きとなる。ここでは最も飛距離の出るドライバーのスイングを題材に解説する。

1 バックスイング

バックスイングは力まずリラックス。体幹をひねりながら、両腕を後方に引く動きで始動する。

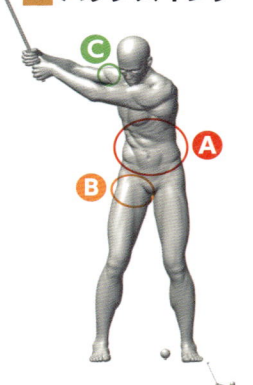

2 トップ

体幹を回旋してトップの位置までクラブを引く。骨盤はあまり回さずに、両肩のラインを大きく回すことで体幹のひねりが大きくなる。

右肩の外転、左肩の水平内転に加え、両肩甲骨も同時に大きく動かす（右：内転、左：外転）ことでトップが深くなる。

3 ダウンスイング開始

ダウンスイングの開始前後のタイミングで、体幹回旋や肩周囲のトルクが大きく発揮される。

腰の回転は肩のラインよりも先行し、骨盤が前を向きはじめる。

関節トルク

- **A** 体幹（左右）（回旋） ↑回旋
- **B** 股関節（左）（伸展） ↑伸展 ↓屈曲
- **C** 肩関節（右）（水平内転） ↑水平内転 ↓水平外転

筋の働き

- 内腹斜筋（左）＆外腹斜筋（右）（体幹回旋筋）
- 大腿四頭筋（左）（膝関節伸展筋）
- 大胸筋（肩関節水平内転筋）
- 三角筋（左）（肩関節水平外転筋）

ゴルフスイングのポイント

強いスイングには体幹の回旋筋力が必須。左右の肩関節、両肩甲骨まわりの筋力も重要となる。また、クラブの慣性に負けないために、体重自体も飛距離アップに貢献する。

貢献度の高い関節動作
1. 体幹回旋 ➡P.196
2. 肩関節水平内転(➡P.58)
   肩関節水平外転(➡P.55)
   肩甲骨内転・外転(➡P.74)
   膝関節伸展(➡P.170)

クラブの加速に使われた体幹回旋や両肩まわりのトルクは、ダウンスイング後期の局面までに減少する。

インパクトの瞬間は、両肩のラインや両腕の回転速度が一時的に減少し、代わりにクラブヘッドが急加速する。

インパクト後のフォロースイングは、力まないで振り抜く。

4 ダウンスイング後半

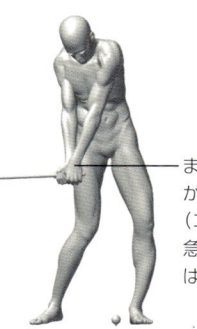

まだ左腕とクラブが直角に近い状態（コック）。ここから急激に手首が返りはじめる。

5 インパクト

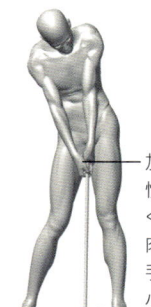

加速したクラブの慣性で手首は素早く返るが、前腕の筋肉から発揮される手関節トルクはごく小さい。

6 フォロー

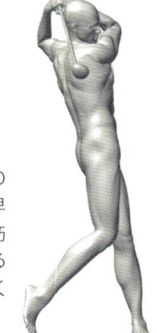

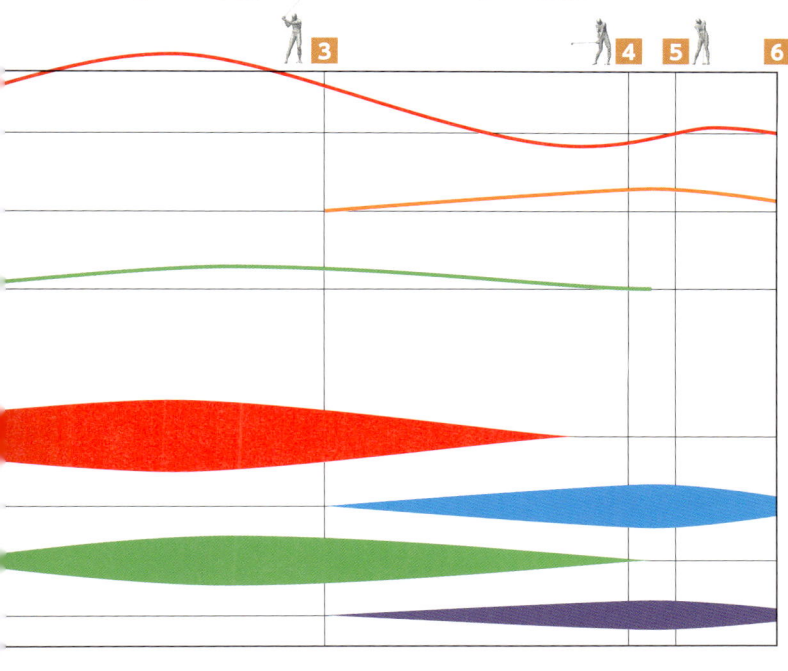

※三角筋(左)が働く引き手(左腕)の肩関節水平外転、前脚(左脚)の膝関節伸展は、作用する局面が短いため、関節トルクのグラフには記載せず、筋の働きのみを図示

※ゴルフスイングの関節トルクおよび筋の働きは、P.205に掲載した出典および参考文献の研究報告に基づいて、著者がグラフを作図

第8章 人体動作のメカニズム

テニススイング（フォアハンド）

フォアハンドのスイングは、テニスの基本となる技術。打点の位置や打ち返す方向、ボールの回転によってフォームは異なるが、ここでは最も一般的なフォームを解説する。

1 テイクバック

体幹を回旋してテイクバック。腰を落として骨盤を回しながら、体幹もひねってスイングの準備をする。

2 スイング開始

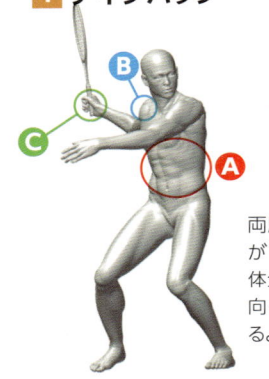

骨盤が両肩のラインよりも先行して回ることで、体幹のひねりが大きくなり、ここで体幹回旋トルクがピークを迎える。

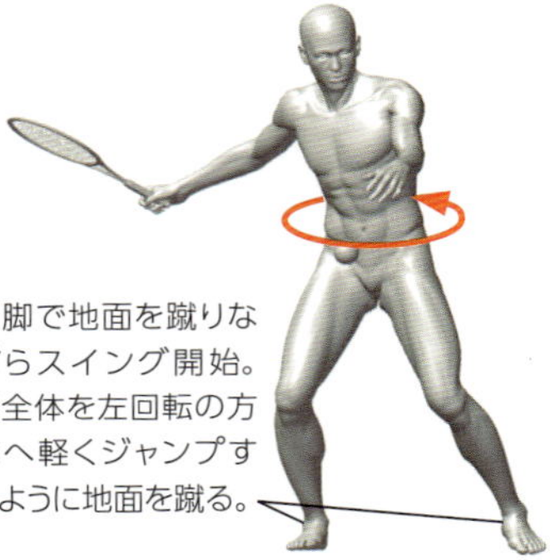

両脚で地面を蹴りながらスイング開始。体全体を左回転の方向へ軽くジャンプするように地面を蹴る。

3 ラケット加速

体幹回旋に続き、肩関節水平内転・内旋のトルクが発揮されてラケットを加速。

この局面は、右手の力がラケットの長軸方向（グリップエンド方向）へ引くように発揮される。

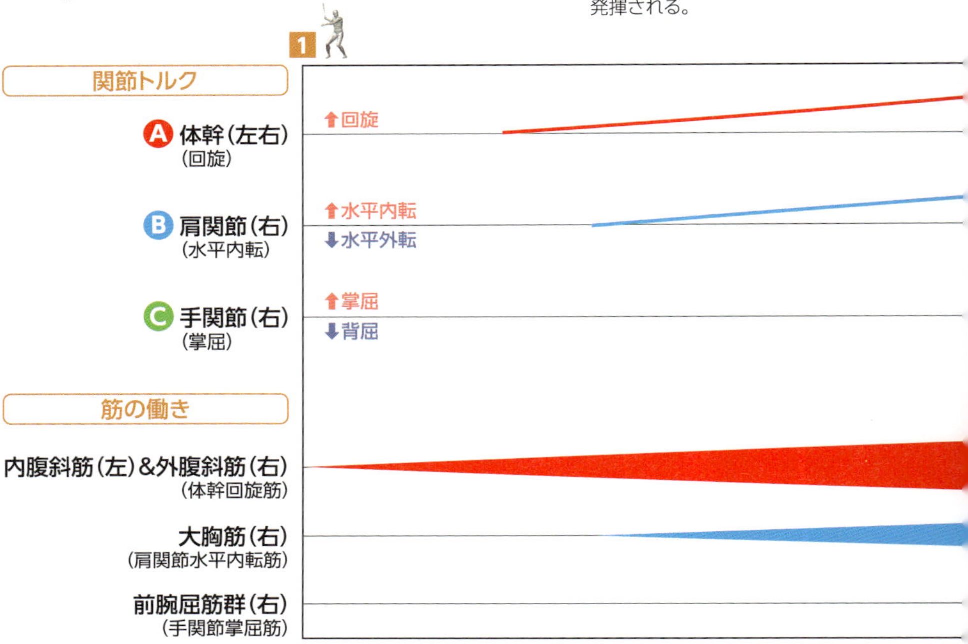

関節トルク

- **A** 体幹（左右）（回旋）　↑回旋
- **B** 肩関節（右）（水平内転）　↑水平内転　↓水平外転
- **C** 手関節（右）（掌屈）　↑掌屈　↓背屈

筋の働き

- 内腹斜筋（左）&外腹斜筋（右）（体幹回旋筋）
- 大胸筋（右）（肩関節水平内転筋）
- 前腕屈筋群（右）（手関節掌屈筋）

テニススイングのポイント

上半身で回転力を生み出すのは、体幹回旋の動きが主体。そこに肩関節水平内転の動きを加えてスイングを加速。テニス選手は前腕が太い割に、手関節の力学的貢献は小さい。

貢献度の高い関節動作
1. 体幹回旋 ➡ P.196
2. 肩関節水平内転 ➡ P.58
3. 肩関節内旋 ➡ P.50

インパクトの直前にラケットは急加速し、手首が急激に返るが、これは主にラケットの加速による慣性の動き。前腕の筋肉による手関節掌屈トルクは意外と小さい。

4 インパクト

5 フォロー

インパクト後のフォロースイングは、力まず振り抜き、素早く次の動きに移行する。

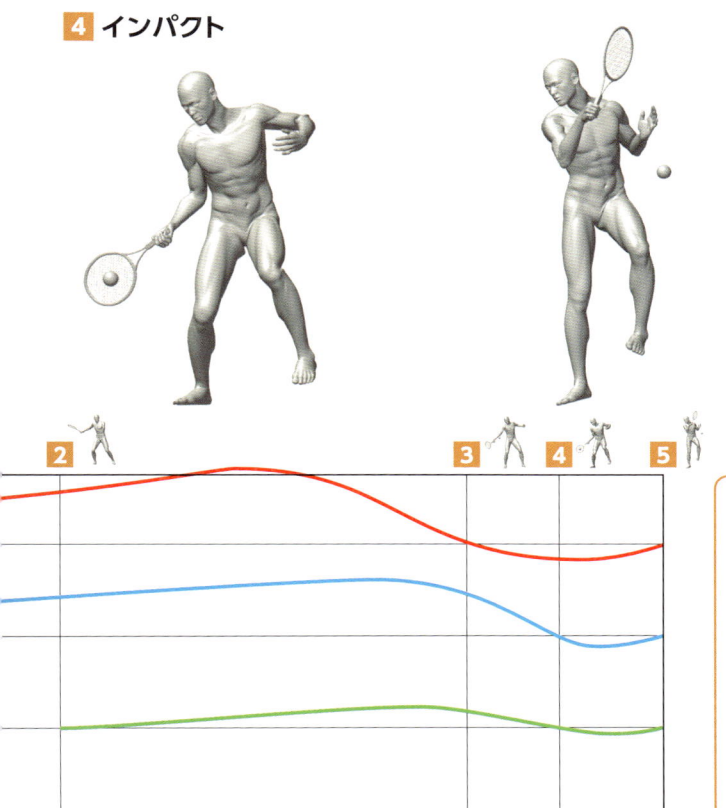

第8章 人体動作のメカニズム

スポーツにおける前腕の回内・回外

ラケットを用いるテニスやバドミントンでは、前腕の回内・回外がラケット面の速度(およびボール・シャトル速度)に貢献する。一方、打具を用いない投球動作やバレーボールのスパイク動作では、回内動作は起こるもののボール速度に貢献しない。

※テニススイングの関節トルクおよび筋の働きは、P.205に掲載した出典および参考文献の研究報告に基づいて、著者がグラフを作図

231

パンチを打つ（ストレート）

パンチ動作は、下半身や体幹で生んだエネルギーを腕に伝える動きといえる。パンチにはジャブ、フック、アッパー等があるが、ここでは右ストレートを題材に解説する。

1 構え

ボクシングの基本的な構え。半身で腰を落とさず、フットワークを使える状態。

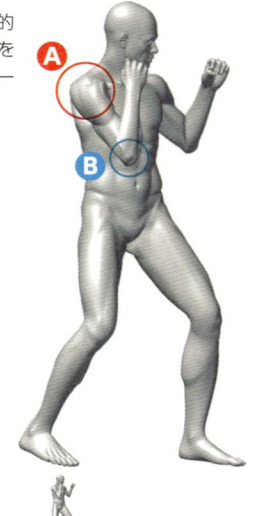

2 骨盤の回転

地面を蹴って骨盤を鋭く回す。この時、体幹はまだ動かさず、「置いていかれる」ことで体幹が強くひねられて、体幹回旋トルクが発揮される。

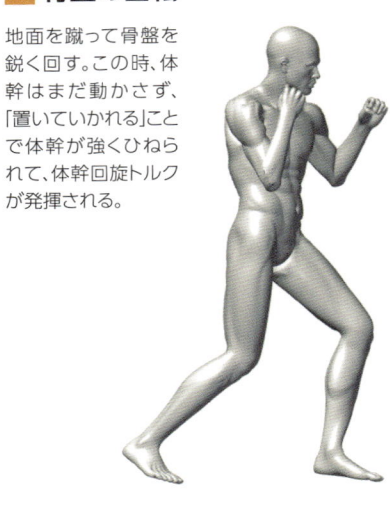

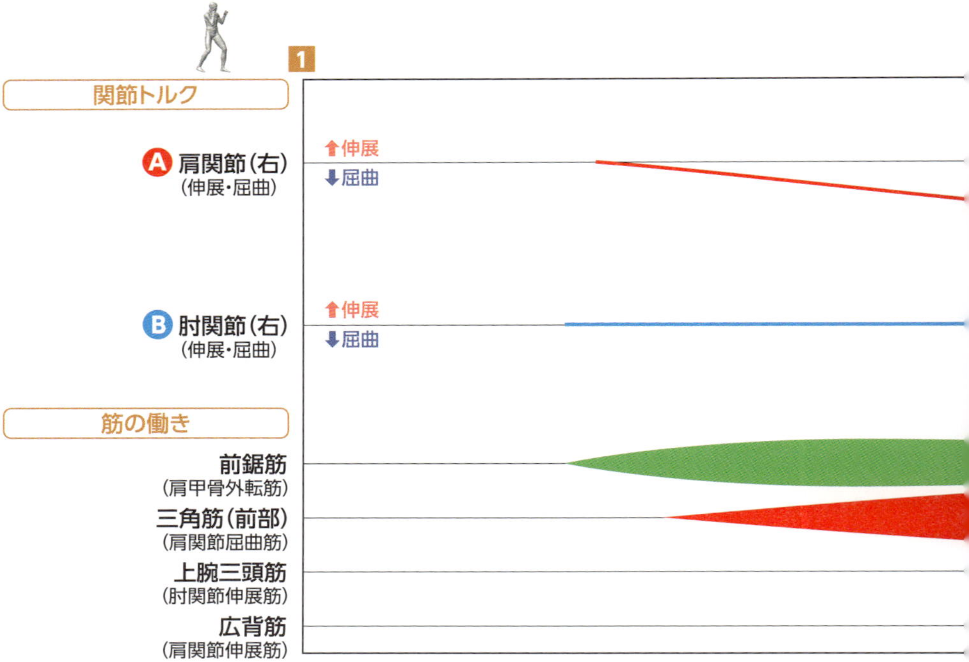

関節トルク

A 肩関節（右）
（伸展・屈曲）
↑伸展
↓屈曲

B 肘関節（右）
（伸展・屈曲）
↑伸展
↓屈曲

筋の働き

前鋸筋
（肩甲骨外転筋）

三角筋（前部）
（肩関節屈曲筋）

上腕三頭筋
（肘関節伸展筋）

広背筋
（肩関節伸展筋）

パンチ（ストレート）のポイント

ストレートのパンチ力を最も左右するのは、パンチを打つ腕の肩関節屈曲筋力および肩甲骨の外転・上方回旋筋力。次いで体幹回旋筋力や下半身の筋力も重要となる。

貢献度の高い関節動作
1. 肩関節屈曲 ➡ P.40
2. 肩甲骨外転 ➡ P.74
3. 肩甲骨上方回旋 ➡ P.78
3. 体幹回旋 ➡ P.196

3 両肩のラインの回転

骨盤の回転に続き、体幹のひねり戻しによって両肩のラインが回りはじめる。そこから、パンチを出す腕が置いていかれるタイミングで肩関節屈曲トルクが発揮される。骨盤⇒両肩のライン⇒上腕⇒前腕の順に連動し、順次「置いていかれる」ことで、体幹回旋→肩関節屈曲→肘関節伸展の順に時間差でトルクが発揮される。

※この局面では、前鋸筋や僧帽筋による肩甲骨外転および上方回旋も貢献しているが、グラフ図では省略

4 インパクト

パンチが当たるインパクト前後は、肩関節伸展と肘関節屈曲のトルクが働き、パンチを打つ腕の動きにブレーキをかける。

※肩関節伸展トルクや肘関節屈曲トルクをあまり働かせず、肩や肘の関節構造・靭帯でブレーキをかけるフォームもあるが、体を傷めるリスクがある。

第8章 人体動作のメカニズム

肩甲骨を外転してパンチを打つ

肩甲骨は肩関節の土台となる部分であるため、肩甲骨を開きながら（外転しながら）パンチを出すと、腕の付け根となる肩関節自体が前方へ移動し、腕がより前方へ伸びるパンチとなる。

ボールを蹴る

サッカーのキックは膝関節の伸展運動と思われがちだが、実際には膝の貢献はほぼ皆無で股関節による出力が主体となる。ここではインステップキックを題材に解説する。

助走をつけながら始動するとボールを強く蹴ることができる。ここで蹴り足側の腕(右腕)を前に置くと、後に腕を大きく振れる。

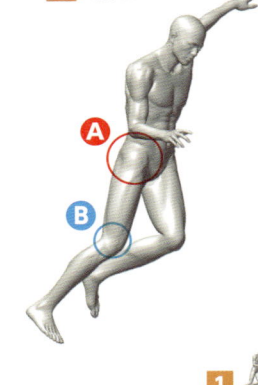

軸足が接地する前後において、蹴り足は大きく後ろに振られる。加えて、骨盤が蹴り足側に回転するため、股関節は外転位かつ伸展位となる。

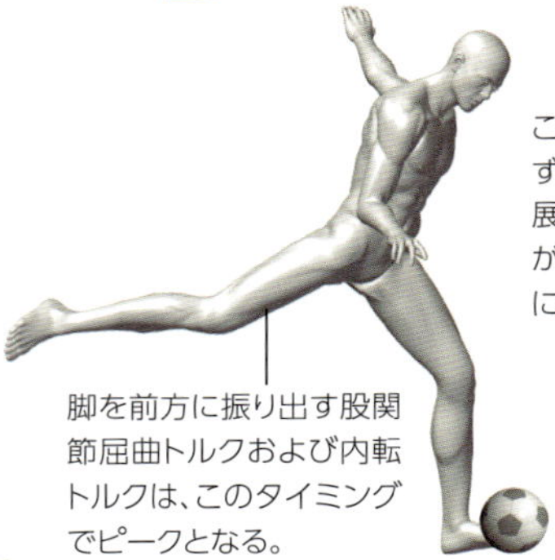

蹴り足が前に動き、股関節が屈曲・内転をはじめる頃には、屈曲・内転のトルクはすでに減少しはじめる。動き(速度)とトルク(力)がずれた状態。

1 助走

2 左足接地

脚を前方に振り出す股関節屈曲トルクおよび内転トルクは、このタイミングでピークとなる。

3 キック序盤

ここで発生するわずかな膝関節伸展トルクは膝が曲がりすぎないように調節するもの。

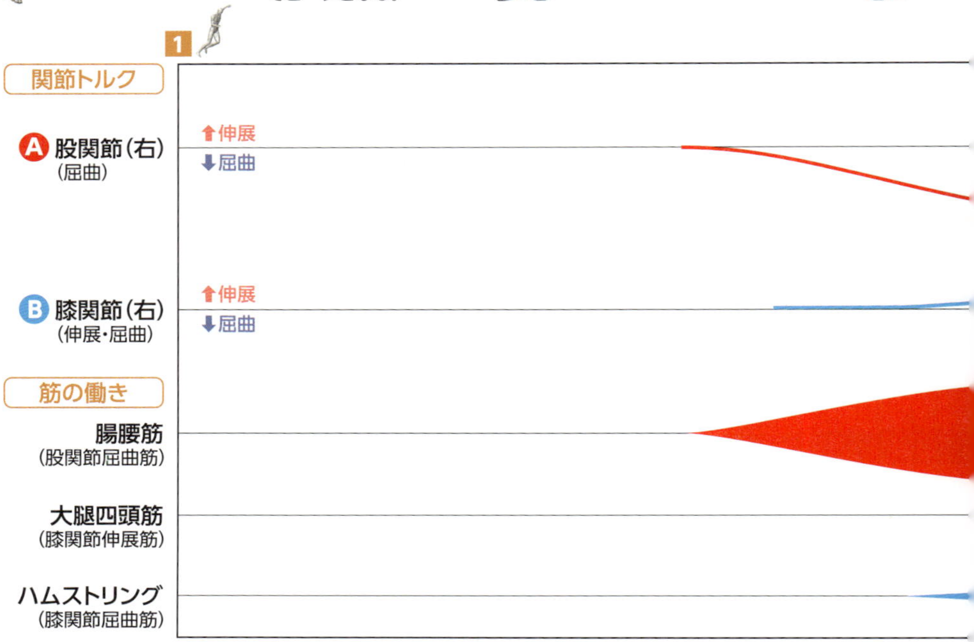

関節トルク

A 股関節(右) (屈曲)
↑伸展
↓屈曲

B 膝関節(右) (伸展・屈曲)
↑伸展
↓屈曲

筋の働き

腸腰筋 (股関節屈曲筋)

大腿四頭筋 (膝関節伸展筋)

ハムストリング (膝関節屈曲筋)

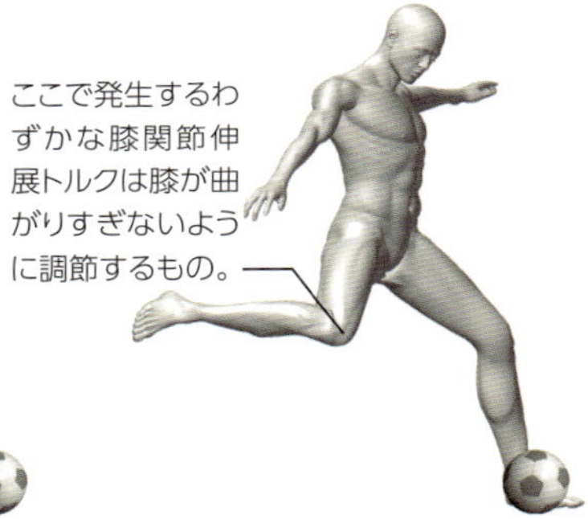

ボールを蹴るポイント

蹴り足の股関節屈曲が主体となるため、腸腰筋の強化が重要となる。動作を通して膝伸展の力学的出力は皆無に近いため、膝関節伸展筋ばかり強化するのは効果的ではない。

貢献度の高い関節動作
1. 股関節屈曲　➡P.140
2. 股関節伸展　➡P.142
3. 膝関節屈曲　➡P.167

この前後で股関節の屈曲が減速し、ようやく膝が伸びはじめる。右腕を後方に、左腕を前方に振ることで、蹴り足がより加速する。

急激に膝が伸展し、高速で動く足先がボールと衝突する。この前後のタイミングにおいて、膝関節伸展のトルクは皆無。

フォロースイングでは、蹴り足の振りにブレーキをかけるため、股関節伸展の動きが再び働く。

4 膝関節伸展開始

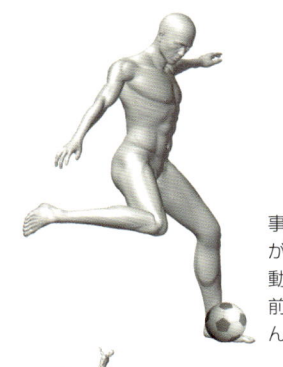

5 インパクト

6 フォロー

事前に加速していた膝下が慣性で投げ出され、受動的に膝が伸びる。この前後で大腿四頭筋はほとんど出力に貢献しない。

インパクト後、蹴り足の膝は伸展するが、膝下の振りにブレーキをかける膝関節屈曲トルクが働く。

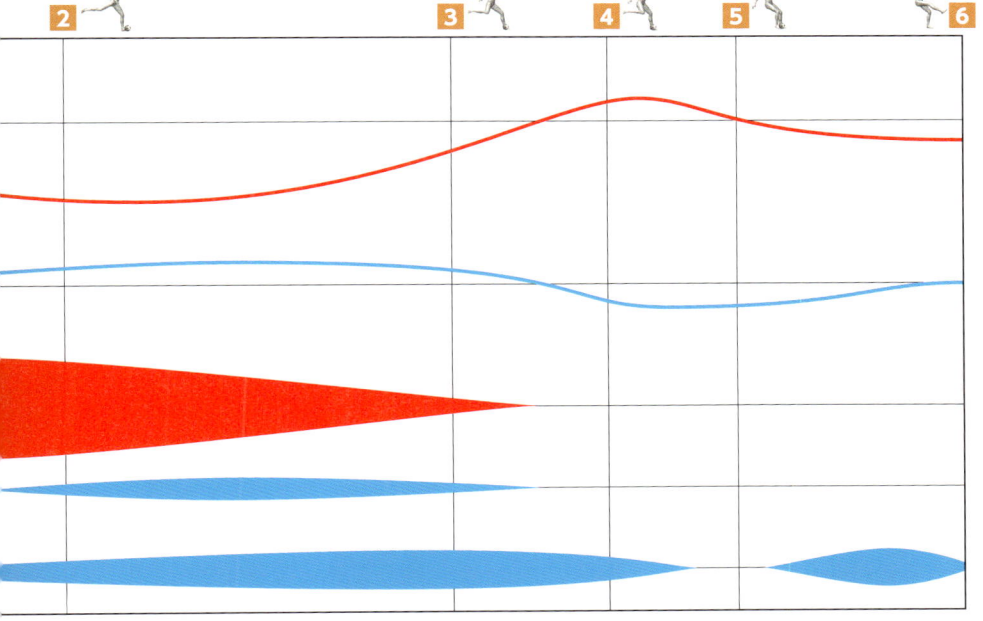

第8章　人体動作のメカニズム

キック（ミドルキック）

格闘技のキックは、サッカーのキックと比べて標的が高い位置にあるため動きが異なる。ここではキックの基本とされることが多いミドルキックの蹴り脚を題材に解説する。

相手と向き合って構えた状態から動作がスタート。基本的に、両足は相手に対して前後に開いている。

後ろ足で地面を蹴りながら、前足を踏み出す。この時、前足の股関節を外旋しながら、外側に踏み出す。

蹴り足で地面を蹴る。蹴り足が離地する前後で、蹴り足側の股関節の屈曲・内転トルクが急激に高まる。

1 構え

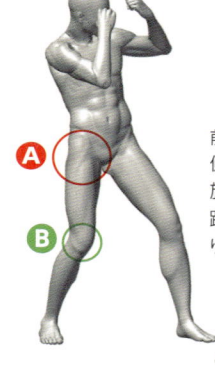

2 踏み込み

前足はつま先を外側へ開くように、外旋しながら外側に踏み出すことで、蹴り出しやすくなる。

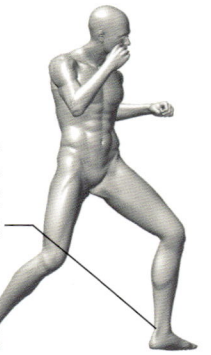

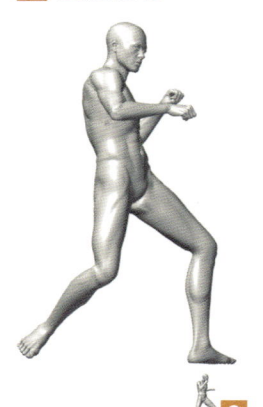

3 右足離地

関節トルク

Ⓐ 股関節（右）（屈曲）
　⬆伸展　⬇屈曲

Ⓐ 股関節（右）（外転）
　⬆外転　⬇内転

Ⓑ 膝関節（右）（伸展・屈曲）
　⬆伸展　⬇屈曲

筋の働き

腸腰筋（股関節屈曲筋）

内転筋群（股関節内転筋）

大腿四頭筋（膝関節伸展筋）

ミドルキックのポイント

サッカーのキック動作と同じく、股関節の屈曲および内転のトルクが発揮されるが、比較的に股関節内転トルクの貢献が大きいことが、格闘技のキックの特徴といえる。

貢献度の高い関節動作
1. 股関節内転 ➡ P.149
2. 股関節屈曲 ➡ P.140
3. 膝関節伸展 ➡ P.170

さらに股関節の内転をともなう屈曲でスイングを加速。まだ膝関節は伸展せず、ここから急激に伸びはじめる。

脚が高い位置まで上がり、横向きになった状態でインパクト。格闘技のキックは、インパクトの時に骨盤が大きく回るのがサッカーと大きく異なる。

4 蹴り脚加速

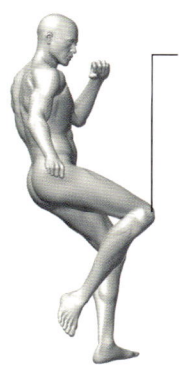

この後、膝関節は急激に伸展するものの、それは前段階で加速した膝下が慣性で動くものであり、膝関節伸展トルクが発揮されないのは、サッカーのキックと同じ。

5 インパクト

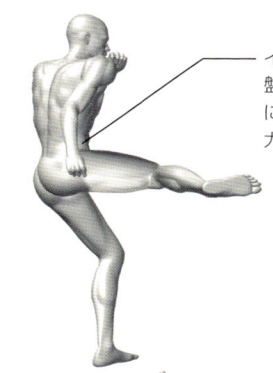

インパクトの時に、骨盤が大きく回ることによって、キックの威力が強くなる。

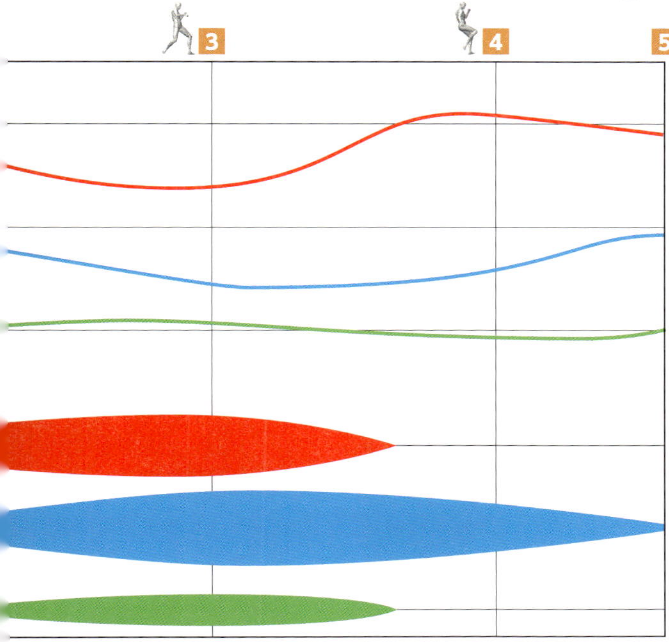

標的の高さで動きが異なるキック動作

今回はミドルキック（中段蹴り）を題材に解説したが、ハイキックやローキックでは各関節の貢献が微妙に異なる。ローキックでは、股関節内転の出力の貢献度が高まる。一方、ハイキックでは、各関節の貢献はミドルキックに近いが、力学的出力以上に、標的にキックを当てるための戦術面が重要となる。

第8章 人体動作のメカニズム

237

ペダリング

ペダリングは左右の股関節と膝関節で交互にペダルへ力を加える運動。ペダルの回転速度で動きは異なる。ここでは右脚による比較的高速のペダリングを題材に解説する。

1周期の右ペダルの位置をそれぞれ時計の短針の角度で表す。ペダルが高い位置の局面（11:00～2:30付近）にかけては、膝関節の伸展トルクが大きくなる。

ペダルを下に踏み込んでいく踏む局面（2:30～5:00付近）にかけては、膝関節伸展トルクが減少し、代わりに股関節伸展トルクが大きくなる。

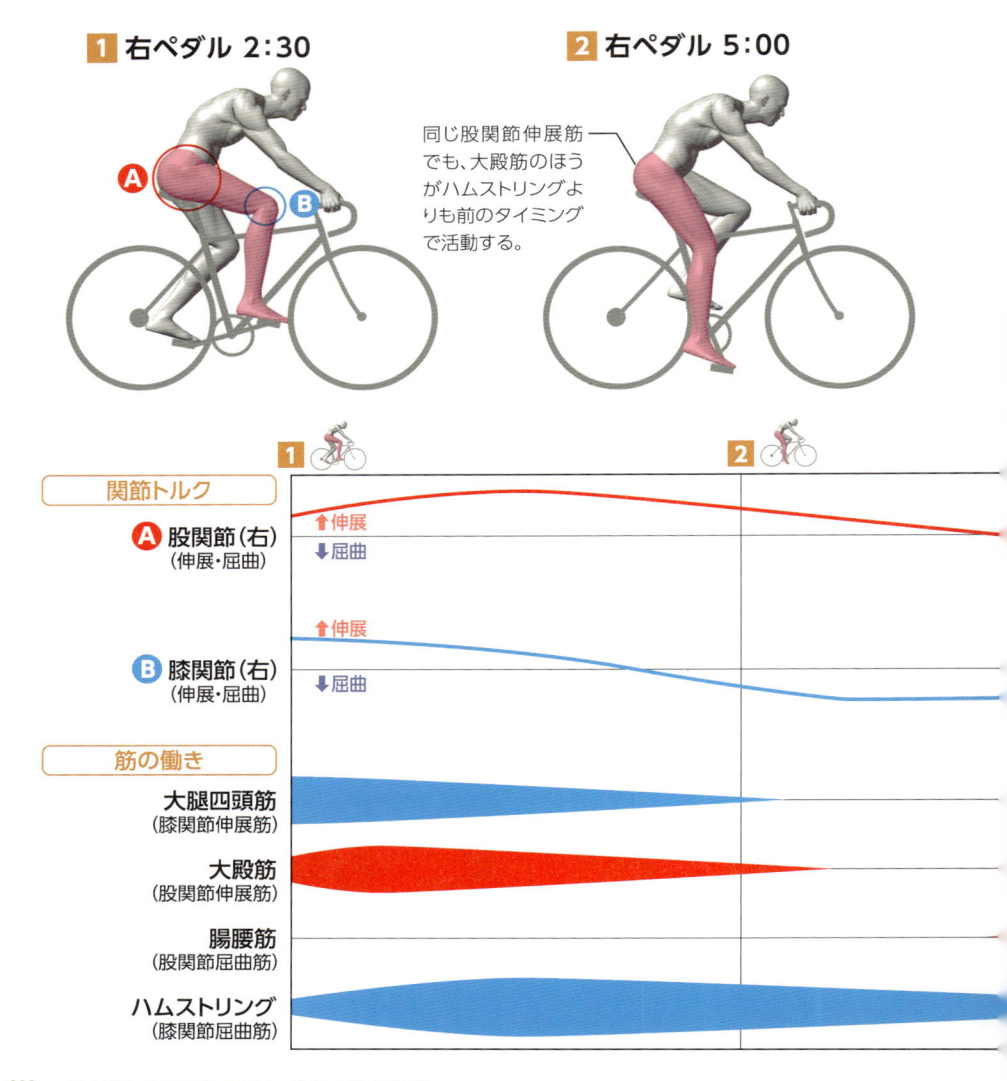

1 右ペダル 2:30

Ⓐ
Ⓑ

2 右ペダル 5:00

同じ股関節伸展筋でも、大殿筋のほうがハムストリングよりも前のタイミングで活動する。

関節トルク

Ⓐ **股関節（右）**
（伸展・屈曲）
↑伸展
↓屈曲

Ⓑ **膝関節（右）**
（伸展・屈曲）
↑伸展
↓屈曲

筋の働き

大腿四頭筋
（膝関節伸展筋）

大殿筋
（股関節伸展筋）

腸腰筋
（股関節屈曲筋）

ハムストリング
（膝関節屈曲筋）

※ペダリングの低速・高速は、ペダルを漕ぐ回転数

ペダリング動作のポイント

股関節、膝関節の伸展・屈曲がいずれも重要。低速では、貢献度の順序が膝関節伸展⇒股関節伸展⇒膝関節屈曲⇒股関節屈曲となり、高速になるほど右側の重要度が増す。

貢献度の高い関節動作
1. 股関節伸展 ➡ P.142
1. 膝関節伸展 ➡ P.170
1. 膝関節屈曲 ➡ P.167

ペダルが低い位置の局面（5:00〜8:00付近）では、膝関節屈曲トルクが主体となる。大殿筋の活動は早期に減少し、主にハムストリングが活動する。

ペダルを持ち上げる局面（8:00〜11:00付近）では、股関節屈曲が主体。股関節屈曲動作は、低速のペダリングではほとんど貢献せず、高速で漕ぐ場合に貢献が大きくなる。

再び右ペダルが2：30の位置にきて、ペダリングの1周期となる。

3 右ペダル 8:00

4 右ペダル 11:00

5 1周期

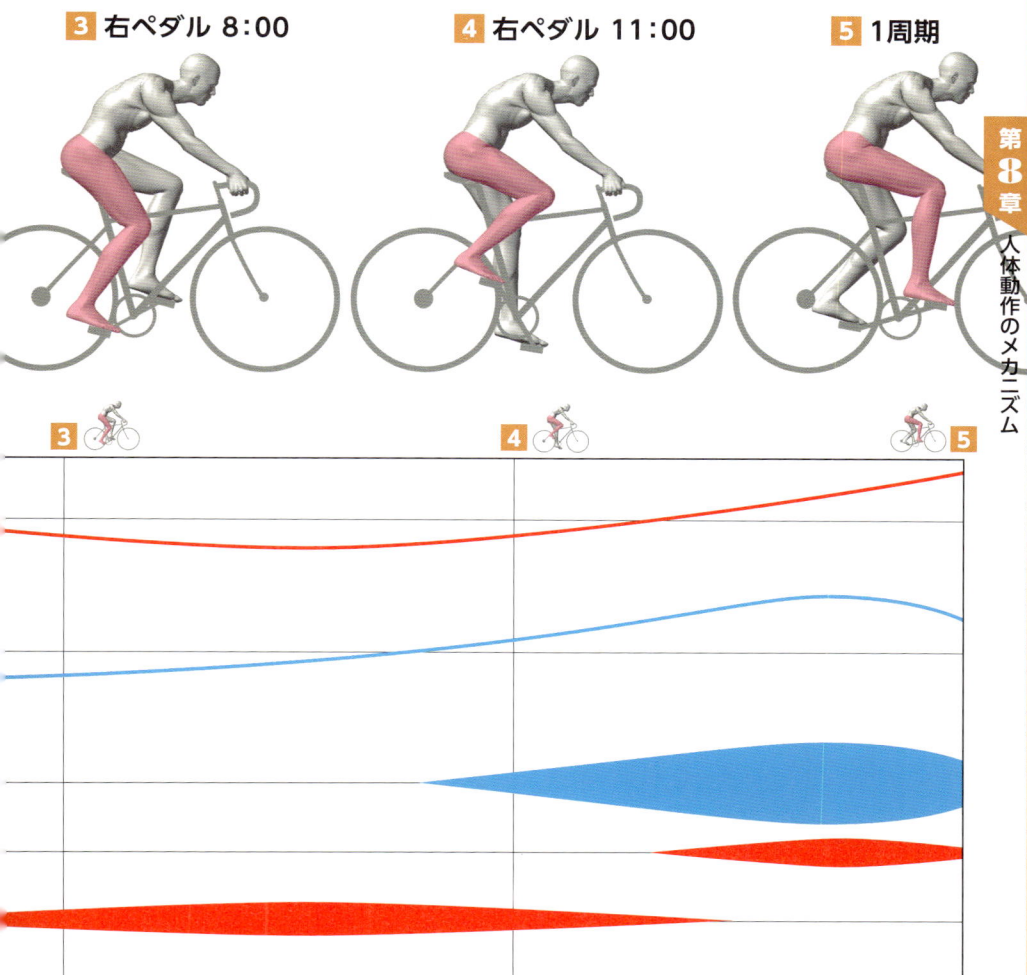

第8章 人体動作のメカニズム

239

COLUMN ⑧

「押す」動作のポイント

相手より下から押すことで最大静止摩擦力を小さくする

　相撲などで相手を押し込む動きは、基本的に体重の重いほうが有利になる。足裏と地面（床）の滑り具合（静止摩擦係数）が同じと仮定した場合、最大静止摩擦力は体重に比例する。相手を押して動かすには、最大静止摩擦力を超える力で押す必要があるため、自分より重い相手を押そうとしたら、相手より強い力を発揮して押さなければならない。

　相手を押す動作で重要となるのは、股関節伸展や膝関節伸展の動き。下半身の伸展筋力を強化すれば、押す力もある程度強くなる。しかし、相撲において小さい力士が大きい力士を押し出す場面が度々見られるように、押す動作では力だけでなく、テクニックの重要度も高い。相手をただ押すのではなく、下から押すようにすると、押された相手は重心が持ち上げられ、最大静止摩擦力が小さくなる。自分より重い相手を押す時は、低い体勢で下から押す動きを意識すると良い。

低い体勢で下から相手を押すと、相手の重心が持ち上がり、最大静止摩擦力が小さくなる。逆に押す側の最大静止摩擦力は大きくなる。

低い体勢で相手の胸に頭をつけて押すと、相手の重心が浮き上がり、最大静止摩擦力が小さくなる。また、まわしをつかんで押す動きも、同様に相手の重心を持ち上げる効果がある

©thelefty / shutterstock.com

関節動作別 最大筋力(参考値)の比較

最大筋力には個人差があるが、これまでの研究で測定された最大筋力(参考値)を比較することで、関節動作のパワーバランスが見えてくる。このページでは、最大筋力の参考値をランキングで表示。

順位	運動名	最大筋力(参考値)	掲載ページ
1位	股関節伸展	200～230Nm	142
2位	膝関節伸展	190～220Nm	170
3位	足関節底屈(屈曲)	120～160Nm	122
4位	股関節外転	110～130Nm	146
5位	股関節内転	100～130Nm	149
6位	膝関節屈曲	100～120Nm	167
7位	股関節屈曲	90～110Nm	140
8位	肩関節内転	80～100Nm	48
9位	肩関節伸展	85～95Nm	42
10位	肩関節屈曲	80～95Nm	40
11位	肩関節外転	60～80Nm	45
12位	肘関節屈曲	65～75Nm	90
12位	肩関節内旋	65～75Nm	50
14位	肘関節伸展	55～64Nm	94
15位	肩関節外旋	35～45Nm	52
16位	足関節背屈(伸展)	30～40Nm	124
17位	手関節掌屈(屈曲)	15～20Nm	108
17位	手関節尺屈(内転)	15～20Nm	112
19位	手関節橈屈(外転)	13～18Nm	112
20位	前腕(橈尺関節)の回外	10～15Nm	97
21位	前腕(橈尺関節)の回内	8～13Nm	97
22位	手関節背屈(伸展)	5～10Nm	110

※数値はすべて成人男性のデータ。複数の文献をもとにおおよその平均値を算出したため、「参考値」とする。肩関節水平外転・水平内転、肩甲骨、体幹は測定データが不十分のため、ランキングから除外

肩関節、肘関節、前腕、手関節のデータ：Garner and Pandy(2003)
股関節屈曲、内転・外転、足関節の底屈・背屈のデータ：Arnold et al.(2010)
股関節伸展、膝関節屈曲のデータ：Anderson et al.(2007)より改編
膝関節伸展のデータ：Van Eijden et al.(1987)より改編
※股関節伸展の数値は身体の硬さによりトルクを考慮して算出

筋の詳細データ一覧表

筋群	筋名	起始
肩関節の筋		
肩関節屈曲・外転筋	三角筋	●鎖骨部：鎖骨の外側1/3の前縁 ●肩峰部：肩甲骨の肩峰 ●肩甲棘部：肩甲骨の肩甲棘の下縁
肩関節外転筋	棘上筋	肩甲骨の棘上窩
肩関節水平内転筋	大胸筋	●鎖骨部：鎖骨の内側半分 ●胸肋部：胸骨前面、第2〜6肋軟骨 ●腹部：腹直筋鞘の前葉
肩関節伸展・内転・水平外転筋	広背筋	●第6(または7)胸椎から第5腰椎にかけての棘突起(胸腰筋膜を介して) ●正中仙骨稜 ●腸骨稜の後方 ●第9(または10)〜12肋骨、肩甲骨の下角
肩関節伸展筋	大円筋	肩甲骨の外側縁・下角
肩関節屈曲筋	烏口腕筋	肩甲骨の烏口突起
肩関節外旋筋	小円筋	肩甲骨後面の外側縁
	棘下筋	肩甲骨の棘下窩
肩関節内旋筋	肩甲下筋	肩甲骨の前面、肩甲下窩
肩甲骨の筋		
肩甲骨挙上・下制・内転・上方回旋筋	僧帽筋	●上部線維(下行部)：後頭骨上項線、外後頭隆起、項靱帯を介して頸椎の棘突起 ●中部線維(横行部)：第7頸椎〜第3胸椎の棘突起、棘上靱帯 ●下部線維(上行部)：第4〜12胸椎の棘突起、棘上靱帯
肩甲骨外転筋	前鋸筋	第1〜8(または9)肋骨の外側面中央部
肩甲骨下制筋	小胸筋	第2または3〜5肋骨
肩甲骨挙上筋	肩甲挙筋	第1〜4頸椎の横突起の後結節
肩甲骨内転・下方回旋筋	大菱形筋	第1〜4胸椎の棘突起
肩甲骨内転筋	小菱形筋	第6〜7頸椎もしくは第7頸椎〜第1胸椎の棘突起
胸鎖関節安定筋	鎖骨下筋	第1肋骨の胸骨端
肘関節の筋		
肘関節屈曲筋	上腕二頭筋	●長頭：肩甲骨の関節上結節 ●短頭：肩甲骨の烏口突起先端
	上腕筋	上腕骨前面の下半分および筋間中隔
	腕橈骨筋	上腕骨の外側顆上稜、外側筋間中隔

※「筋群」は各筋の働きをもとに本書で分類した筋群
※（　）内のアルファベットは筋データの出典(出典の一覧は表の最後に掲載)

筋の詳細データ一覧表

停止	主な働き	筋体積	速筋:遅筋(%)
上腕骨の三角筋粗面	●鎖骨部（前部）:**2**肩関節の屈曲・**3**水平内転・**4**内旋 ●肩峰部（中部）:**1**肩関節の外転 ●肩甲棘部（後部）:**2**肩関節の伸展・**3**水平外転・**4**外旋	792㎤(A)	42.9:57.1
上腕骨の大結節上部、肩関節包	肩関節の**1**外転・**2**安定・**3**外旋	89㎤(A)	40.7:59.3(G)
上腕骨の大結節稜	肩関節の **1**水平内転・**2**内転(下部)・**3**内旋・ **4**屈曲(上部)・**5**吸気の補助	676㎤(A)	57.3:42.7
上腕骨の小結節稜	肩関節の**1**伸展・**2**内転・**3**水平外転・**4**内旋	550㎤(A)	49.5:50.5
上腕骨の小結節稜	肩関節の**1**伸展・**2**内転・**3**内旋	231㎤(A)	──
上腕骨の内側中央	肩関節の**1**屈曲の補助・**2**水平内転・**3**内転	80㎤	
上腕骨の大結節下部、肩関節包	肩関節の**1**外旋・**2**安定	39㎤(A)	
上腕骨の大結節中部、肩関節包	肩関節の**1**外旋・**2**安定・**3**水平外転	225㎤(A)	54.7:45.3(G)
上腕骨の小結節・小結節稜の上部	肩関節の**1**内旋・**2**安定・**3**水平内転	319㎤(A)	──
●鎖骨外側1/3(上部) ●肩甲骨の肩峰(中部) ●肩甲棘(中部) ●肩甲棘三角(下部)	●上部線維:肩甲骨の**1**上方回旋・**2**内転(後退)・**3**挙上、 　**4**頭頸部の伸展 ●中部線維:**2**肩甲骨の内転(後退) ●下部線維:肩甲骨の**1**上方回旋・**2**内転(後退)・**3**下制	458㎤(A)	46.3:53.7(G)
肩甲骨内側縁 (上角・下角を含む)	●全体:**1**肩甲骨の外転(前進) ●上部:**2**肩甲骨の下方回旋 ●下部:**2**肩甲骨の上方回旋、**3**肩甲骨が固定されている場合には肋骨を挙上	359㎤(A)	──
肩甲骨の烏口突起	肩甲骨の**1**下制・**2**下方回旋、**3**肩甲骨が固定されている場合には肋骨を挙上	73㎤(A)	
肩甲骨の上角・ 内側縁上部	肩甲骨の**1**挙上・**2**下方回旋	72㎤(A)	──
肩甲骨の内側縁下部	肩甲骨の**1**内転(後退)・**2**挙上・**3**下方回旋	118㎤(A)	55.4:44.6(G) ※菱形筋群のデータ
肩甲骨の内側縁上部	肩甲骨の **1**内転(後退)・**2**挙上・**3**下方回旋	118㎤(A)	55.4:44.6(G) ※菱形筋群のデータ
鎖骨下面の外側	鎖骨が外方向に引っ張られるのを防ぎ、胸鎖関節の安定・保護に貢献	9㎤	──
●橈骨粗面 ●上腕二頭筋腱膜を介して前腕筋膜に停止	**1**肘関節の屈曲(全体) **2**前腕(橈尺関節)の回外(全体) **3**肩関節の屈曲(主に長頭) **4**肩関節の水平内転(主に短頭)	366㎤(A)	53.6:46.4(G)
尺骨粗面	肘関節の屈曲	266㎤(A)	──
橈骨の茎状突起の 橈側面	**1**肘関節の屈曲(回内位)、**2**前腕(橈尺関節)の回内(回外位〜中間位に回旋)・**3**回外(回内位〜中間位に回旋)	83㎤(A)	60.2:39.8(G)

筋の詳細データ一覧表

筋群		筋名	起始
肘関節伸展筋		上腕三頭筋	●長頭:肩甲骨の関節下結節(橈骨神経溝より外側) ●外側頭:上腕骨後面(橈骨神経溝より外側) ●内側頭:上腕骨後面(橈骨神経溝より内側)
		肘筋	上腕骨の外側上顆のやや後面、外側側副靱帯
前腕回内筋		円回内筋	●上腕頭:内側上顆・内側上腕筋間中隔 ●尺骨頭:鈎状突起内側
前腕回外筋		回外筋	●上腕骨の外側上顆 ●尺骨の回外筋稜、外側側副靱帯、橈骨輪状靱帯
前腕回内筋		方形回内筋	尺骨の遠位端1/4の前面
手関節・手指の筋			
手関節掌屈筋		橈側手根屈筋	上腕骨の内側上顆(共通屈筋起始部)
		長掌筋	上腕骨の内側上顆(共通屈筋起始部)
手関節尺屈筋		尺側手根屈筋	●上腕頭:上腕骨の内側上顆 ●尺骨頭:尺骨の肘頭および後縁の上部1/3
		尺側手根伸筋	●上腕頭:上腕骨の外側上顆 ●尺骨頭:尺骨の斜縁と後縁
手関節橈屈筋		長橈側手根伸筋	上腕骨の外側顆上稜および外側上顆にいたるまでの外側筋間中隔
手関節背屈筋		短橈側手根伸筋	上腕骨の外側上顆、外側側副靱帯、橈骨輪状靱帯
手関節掌屈筋・手指屈曲筋	外在筋	浅指屈筋	●上腕尺骨頭:上腕骨の内側上顆 ●尺骨頭:尺骨粗面の内側および内側側副靱帯 ●橈骨頭:橈骨の上方前面
		深指屈筋	尺骨前面、前腕骨間膜の前面
手指屈曲筋	内在筋	虫様筋	●橈側2筋(人指し指・中指):第2・3指にいたる深指屈筋腱の橈側 ●尺側2筋(薬指・小指):第3〜5指にいたる深指屈筋腱の相対する面(それぞれ2頭をもつ)
手指伸展筋	外在筋	総指伸筋	上腕骨の外側上顆、外側側副靱帯、橈骨輪状靱帯、前腕筋膜
母指屈曲筋	外在筋	長母指屈筋	橈骨前面、前腕骨間膜の前面
	内在筋	短母指屈筋	●大菱形骨結節(深頭) ●第1中手骨の尺側(深頭)、屈筋支帯(浅頭)、第1背側骨間筋の内側頭(深頭)
母指伸展筋	外在筋	長母指伸筋	尺骨中部の背側面、前腕骨間膜の背側面
		短母指伸筋	橈骨体中部の後面、前腕骨間膜の背側面
手関節橈屈筋	外在筋	長母指外転筋	橈骨・尺骨中部の背側面、前腕骨間膜の背側面
母指外転筋	内在筋	短母指外転筋	舟状骨結節、屈筋支帯の橈側端
示指伸展筋	外在筋	示指伸筋	尺骨の遠位背側面、前腕骨間膜の背側面
小指伸展筋	外在筋	小指伸筋	上腕骨の外側上顆
小指屈曲筋	内在筋	短小指屈筋	有鈎骨鈎、屈筋支帯
母指内転筋	内在筋	母指内転筋	●横頭:第3中手骨の掌側面 ●斜頭:屈筋支帯、有頭骨を中心とした手根骨、第2・3中手骨底の掌側
小指外転筋	内在筋	小指外転筋	豆状骨・豆鈎靱帯、屈筋支帯
母指対立筋	内在筋	母指対立筋	大菱形骨結節、屈筋支帯
小指対立筋	内在筋	小指対立筋	有鈎骨鈎、屈筋支帯

停止	主な働き	筋体積	速筋:遅筋(%)
尺骨の肘頭	1肘関節の伸展(全体) 2腕を高く上げた状態からの肩関節の内転(長頭) 3肩関節の伸展(長頭)	620㎤(A)	67.5:32.5(G)
尺骨の肘頭外側面	1肘関節の伸展(上腕三頭筋の補助)、2肘関節包を張る	11㎤(B)	——
橈骨外側面の中央部	1前腕(橈尺関節)の回内、2肘関節の屈曲	80㎤(A)	——
橈骨の近位外側面	前腕の回外	34㎤(A)	——
橈骨の遠位端1/4の前面	前腕(橈尺関節)の回内	11㎤(B)	——
第2中手骨底の掌側面	手関節の1掌屈(屈曲)・2橈屈(外転)、3前腕(橈尺関節)の回内、4肘関節の屈曲	35㎤(B)	——
手掌腱膜	手関節の掌屈(屈曲)	10㎤(B)	——(B)
●豆状骨、豆中手靭帯 ●第5中手骨底	手関節の1尺屈(内転)・2掌屈(屈曲)	37㎤(B)	55.5:44.5(G)
第5中手骨底の背側面	手関節の1尺屈(内転)・2背屈(伸展)	17㎤(B)	——
第2中手骨底の背側面	手関節の1橈屈(外転)・2背屈(伸展)・3肘関節の屈曲	38㎤(B)	——
第3中手骨底の背側面	手関節の1背屈(伸展)・2橈屈(外転)・3肘関節の屈曲	22㎤(B)	——
第2～5指中節骨底の前縁	1第2～5指PIP(第2)関節の屈曲、2手関節の掌屈(屈曲)	74㎤(B)	——
第2～5指骨の末節骨底の掌側	1第2～5指DIP(第1)・PIP(第2)関節の屈曲、2手関節の掌屈(屈曲)	92㎤(B)	52.7:47.3(G)
伸筋腱膜と中手指節関節の関節包	第2～5指MP(付け根)関節の屈曲およびDIP(第1)・PIP(第2)関節の伸展	——	——
中央は中節骨底、両側は合わさって末節骨底	1第2～5指DIP(第1)・PIP(第2)・MP(付け根)関節の伸展、2手関節の背屈(伸展)	29㎤(B)	52.7:47.3(G)
母指末節骨底の掌側	1母指のIP(指節間)・MP(付け根)関節の屈曲(主にIP関節)・2手関節の橈屈	17㎤(B)	——
橈側種子骨、母指の基節骨底	母指MP(付け根)関節の屈曲	——	——
母指の末節骨底の背側	1母指のMP(付け根)関節およびIP(指節間)関節の伸展、2CM(親指の第3)関節の橈側外転	7㎤(B)	——
母指の基節骨底の背側	1母指のMP(付け根)関節の伸展、2CM(親指の第3)関節の橈側外転	4㎤(B)	——
第1中手骨底の外側	1手関節の橈屈、2母指の外転	12㎤(B)	——
橈側種子骨、母指の基節骨底	母指の外転	——	——
示指の指背腱膜	1示指の伸展、2手関節の背屈	4㎤(B)	——
小指の手背腱膜	1小指の伸展・2外転(尺屈)	7㎤(B)	——
小指の基節骨底の掌側面	小指MP(付け根)関節の屈曲	——	——
母指の基節骨底	母指の内転	——	——
小指の基節骨底の尺側	1小指の外転・2MP(付け根)関節の屈曲	——	——
第1中手骨の橈側縁	母指の対立およびCM(親指第3)関節の屈曲	——	——
第5中手骨の尺側縁	小指の対立(屈曲※小指を親指側へ曲げる動き)	——	——

筋の詳細データ一覧表

筋の詳細データ一覧表

筋群		筋名	起始
手指内転筋	内在筋	掌側骨間筋	第2中手骨の尺側、第4・5中手骨の橈側
手指外転筋	内在筋	背側骨間筋	第1〜5中手骨の相対する面
股関節の筋			
股関節屈曲筋		小腰筋	第12胸椎および第1腰椎の椎体外側面
		大腰筋	●浅頭：第12胸椎〜第4腰椎の椎体側面および椎間円板側面 ●深頭：全腰椎の肋骨突起
		腸骨筋	腸骨窩および下前腸骨棘
		縫工筋	上前腸骨棘
股関節伸展筋・外旋筋		大殿筋	●浅部：腸骨稜、上後腸骨棘、仙骨、尾骨 ●深部：腸骨翼の殿筋面、仙結節靱帯
股関節外転筋・内旋筋		中殿筋	腸骨翼の殿筋面（前殿筋線と後殿筋線の間）、腸骨稜の外唇、殿筋腱膜
股関節外転筋		小殿筋	腸骨翼の殿筋面（前殿筋線と下殿筋線の間）
		大腿筋膜張筋	腸骨稜外唇の前部、上前腸骨棘、大腿筋膜の深面
股関節外旋筋		梨状筋	仙骨の前面で第2〜4前仙骨孔の間とその外側、大坐骨切痕の縁
		内閉鎖筋	閉鎖孔まわりの寛骨内面および閉鎖膜
		外閉鎖筋	閉鎖孔の内側骨縁の外面と閉鎖膜
		上双子筋	坐骨棘
		下双子筋	坐骨結節
		大腿方形筋	坐骨結節
股関節内旋筋		恥骨筋	恥骨櫛
股関節内転筋		大内転筋	●内転筋部（筋性部）：恥骨下枝 ●ハムストリング部（腱性部）：坐骨枝の前面および坐骨結節
		長内転筋	恥骨上枝（恥骨結節の下方）
		短内転筋	恥骨下枝の下部
		薄筋	恥骨結合の下前面および恥骨弓上部（坐骨恥骨枝）
膝関節の筋			
膝関節伸展筋		中間広筋	大腿骨の前面および外側面
		内側広筋	大腿骨の転子間線から伸びる大腿骨粗線の内側唇
		外側広筋	大腿骨の大転子の外側面、転子間線、殿筋粗面および粗線の外側唇
		大腿直筋	腸骨の下前腸骨棘、寛骨臼の上縁

筋の詳細データ一覧表

停止	主な働き	筋体積	速筋:遅筋(%)
第2指基節骨底の尺側、第4・5基節骨底の橈側、指背腱膜	第2・4・5指MP(付け根)関節の内転・屈曲、DIP(第1)・PIP(第2)関節の伸展	───	───
●橈側：第2指基節骨底の橈側と指背腱膜 ●中央2箇所：第3指基節骨底の両側と指背腱膜 ●尺側：第4指尺側の基節骨底と指背腱膜	第2・4指MP(付け根)関節の外転、第3指MP(付け根)関節の橈屈・尺側外転、第2・3・4指MP(付け根)関節の屈曲およびDIP(第1)・PIP(第2)関節の伸展	───	───
腸恥隆起と付近の筋膜	股関節の屈曲	───	───
大腿骨の小転子	股関節の❶屈曲・❷わずかに外旋、❸脊柱の安定に貢献	266cm³(C)	50.0:50.0(I)
大腿骨の小転子の下方	股関節の❶屈曲・❷外旋	234cm³(C)	50.0:50.0(I)
脛骨粗面の内側で下腿筋膜に停止(鵞足を形成)	股関節の❶屈曲・❷外旋、❸膝関節の屈曲、❹股関節の外転、❺わずかに膝の内旋	140cm³(C)	50.4:49.6(G)
●上側：大腿筋膜の外側部で腸脛靱帯に移行 ●下側：大腿骨の殿筋粗面	股関節の❶伸展(全体)・❷外旋(全体)・❸外転(上側)・❹内転(下側)	864cm³(C)	47.6:52.4(G)
大腿骨の大転子の尖端と外側面	●全体：股関節の❶外転 ●前部：股関節の❷内旋・❸屈曲 ●後部：股関節の❷外旋・❸伸展	411cm³(C)	50.0:50.0(H)
大腿骨の大転子の前面	股関節の❶外転・❷わずかな内旋	138cm³(C)	50.0:50.0(H)
腸脛靱帯を介して脛骨外側顆の下方につく	股関節の❶外転・❷屈曲・❸内旋、大腿筋膜の緊張	76cm³(C)	50.0:50.0(H)
大腿骨の大転子の尖端内側面	股関節の❶外旋・❷わずかに外転	53cm³(C)	50.0:50.0(H)
大腿骨の大転子の転子窩	股関節の外旋	43cm³(C)	50.0:50.0(H)
大腿骨の大転子の転子窩	股関節の❶外旋・❷わずかに内転	8cm³(C)	50.0:50.0(H)
大腿骨の大転子の転子窩	股関節の外旋	6cm³(C)	50.0:50.0(I)
大腿骨の大転子の転子窩	股関節の外旋	10cm³(C)	50.0:50.0(I)
大腿骨の転子間稜	股関節の❶外旋・❷わずかに内転	113cm³(C)	50.0:50.0(H)
大腿骨粗線の近位部と恥骨筋線	股関節の❶内転・❷屈曲・❸内旋	65cm³(C)	50.0:50.0(H)
●内転筋部(筋性部)：大腿骨粗線の内側唇 ●ハムストリング部(腱性部)：大腿骨の内側上顆(内転筋結節)	●全体：股関節の❶内転・❸外旋 ●後部：❷伸展	666cm³(C)	41.6:58.4(G)
大腿骨粗線の内側唇中部1/3の範囲	股関節の❶内転・❷屈曲・❸外転位で内旋	188cm³(C)	50.0:50.0(H)
大腿骨粗線の内側唇上部1/3の範囲	股関節の❶内転・❷屈曲・❸外転位で内旋	124cm³(C)	50.0:50.0(H)
脛骨の内側面(鵞足を形成)	❶股関節の内転、❷膝関節の屈曲、❸股関節の屈曲、❹下腿の内旋	88cm³(C)	50.0:50.0(H)
膝蓋骨の上縁、膝蓋腱を介して脛骨粗面に付着	膝関節の伸展	606cm³(C)	50.0:50.0(H)
膝蓋骨の上縁および内側縁、膝蓋腱を介して脛骨粗面に付着	膝関節の伸展(特に外旋位)	555cm³(C)	47.4:52.6(G)
膝蓋骨の上縁および外側縁、膝蓋腱を介して脛骨粗面に付着	膝関節の伸展	514cm³(C)	58.5:41.5(G)
膝蓋骨の上縁、膝蓋腱を介して脛骨粗面に付着	❶膝関節の伸展、❷股関節の屈曲	238cm³(C)	61.9:38.1(G)

筋の詳細データ一覧表

筋群		筋名	起始
膝関節屈曲筋		半膜様筋	坐骨結節
		半腱様筋	坐骨結節の内側面
		大腿二頭筋	●長頭：坐骨結節 ●短頭：大腿骨粗面の外側唇の中部1/3と外側筋間中隔
		膝窩筋	大腿骨の外側上顆
足関節・足趾の筋			
足関節底屈筋		ヒラメ筋	腓骨頭、腓骨と脛骨の間のヒラメ筋腱弓、脛骨後面のヒラメ筋線
		腓腹筋	●外側頭：大腿骨の外側上顆 ●内側頭：大腿骨の内側上顆
		足底筋	大腿骨の外側上顆
足関節底屈筋・内反筋		後脛骨筋	下腿骨間膜、脛骨と腓骨の後面
足関節背屈筋		前脛骨筋	脛骨の外側面、下腿骨間膜および下腿筋膜、筋間中隔
足関節外反筋		長腓骨筋	腓骨頭、腓骨の外側面の近位2/3、筋間中隔
		短腓骨筋	腓骨の外側面の遠位1/2
		第三腓骨筋	腓骨の下部前面
母趾屈曲筋	外在筋	長母趾屈筋	腓骨後面の下方2/3、下腿骨間膜の下部、筋間中隔
	内在筋	短母趾屈筋	立方骨下面の内側、楔状骨、後脛骨筋の腱
足趾屈曲筋	外在筋	長趾屈筋	脛骨の後面中央部
	内在筋	短趾屈筋	踵骨隆起下面および足底腱膜
	内在筋	足底方形筋	踵骨の内側突起・外側突起
母趾伸展筋	外在筋	長母趾伸筋	腓骨前面の中央および下腿骨間膜
	内在筋	短母趾伸筋	踵骨の前部背側面および下伸筋支帯の1脚
足趾伸展筋	外在筋	長趾伸筋	脛骨の外側顆、腓骨前面の上部3/4、下腿骨間膜の上部、下腿筋膜、筋間中隔
	内在筋	短趾伸筋	踵骨の前部背側面、骨間距踵靱帯、下伸筋支帯の1脚
小趾屈曲筋	内在筋	短小趾屈筋	第5中足骨底、長足底靱帯、長腓骨筋の腱鞘
母趾内転筋	内在筋	母趾内転筋	●斜頭：立方骨、外側楔状骨、第2・3中足骨底（長足底靱帯、長腓骨筋の腱、第4中足骨底にも起始部が広がる場合も） ●横頭：第3～5趾中足指節関節の関節包
母趾外転筋	内在筋	母趾外転筋	踵骨隆起の内側突起、屈筋支帯、足底腱膜、短趾屈筋との間の筋間中隔
小趾外転筋	内在筋	小趾外転筋	踵骨粗面の外側突起、踵骨下面の突起間および内側突起前部、足底腱膜、短趾屈筋との間の筋間中隔
小趾底屈筋	内在筋	小趾対立筋	第5中足骨の骨底および長足底靱帯
足趾内転筋	内在筋	虫様筋 (※足の)	長指屈筋腱の内側縁
	内在筋	底側骨間筋	第3～5中足骨の内側
足趾外転筋	内在筋	背側骨間筋 (※足の)	中足骨の相対する面、長足底靱帯

筋の詳細データ一覧表

停止	主な働き	筋体積	速筋:遅筋(%)
脛骨の内側顆、顆間線および外側顆、斜膝窩靱帯	❶膝関節の屈曲(膝屈曲時に下腿を内旋)、❷股関節の伸展	347㎤(C)	50.0:50.0(H)
脛骨粗面の内側(鵞足を形成)	❶膝関節の屈曲(膝屈曲時に下腿を内旋)、❷股関節の伸展	212㎤(C)	50.0:50.0(H)
腓骨頭	❶股関節の伸展、❷膝関節の屈曲(膝屈曲時に下腿を外旋)	317㎤(C)	33.1:66.9(G)
脛骨の上部後面	❶膝関節の屈曲・❷わずかな内旋	22㎤(D)	50.0:50.0(I)
踵骨隆起 ※停止腱はアキレス腱(踵骨腱)	足関節の底屈	575㎤(C)	12.3:87.7(C)
踵骨隆起 ※停止腱はアキレス腱(踵骨腱)	❶足関節の底屈、❷膝関節の屈曲	322㎤(C)	51.8:48.2
踵骨腱(アキレス腱の内側深部)	足関節の底屈	6㎤(D)	55.0:45.0(C)
舟状骨、全楔状骨(立方骨、第2〜3中足骨底まで停止部が広がる場合も)	足関節の❶底屈・❷内反	93㎤(C)	50.0:50.0(H)
内側楔状骨、第1中足骨底	足関節の❶背屈・❷内反、足底のアーチの維持	130㎤(C)	27.0:73.0(G)
内側楔状骨、第1中足骨底	足関節の❶外反・❷底屈	105㎤(C)	37.5:62.5(G)
第5中足骨粗面	足関節の❶外反・❷底屈	70㎤(C)	37.5:62.5(H)
第5中足骨底の背面	足関節の❶外反の補助・❷背屈	33㎤(C)	65.0:35.0(I)
母趾の末節骨底	❶母趾IP(指間)関節の屈曲、足関節の❷底屈・❸内反	93㎤(C)	50.0:50.0(H)
母趾の基節骨底の両側	母趾のMP(付け根)関節の屈曲	——	——
第2〜5趾骨の末節骨底	❶第2〜5趾の屈曲※DIP(第1)・PIP(第2)・MP(付け根)関節、足関節の❷底屈・❸内反	30㎤(C)	50.0:50.0(H)
第2〜5または4趾骨の中節骨底	第2〜5趾の屈曲※PIP(第2)・MP(付け根)関節	——	55.5:44.5(G)
長趾屈筋腱の外側縁	❶第2〜5趾のPIP(第2)関節の屈曲を補助、❷長趾屈筋の補強	——	——
母趾の末節骨底	❶母趾IP(指間)関節の伸展、足関節の❷背屈・❸内反	30㎤(C)	50.0:50.0(H)
母趾の趾背腱膜	母趾のMP(付け根)関節の伸展	——	——
第2〜5趾の中節骨・末節骨の背側面(趾背腱膜)	❶第2〜5趾の伸展※DIP(第1)・PIP(第2)・MP(付け根)関節、足関節の❷背屈・❸外反	65㎤(C)	52.7:47.3(H)
第2〜4趾の趾背腱膜	第2〜4趾の伸展(第5趾まで筋が存在する場合は第5趾も伸展)	——	54.7:45.3(G)
小趾の基節骨底の外側	小趾のMP(付け根)関節の屈曲	——	——
母趾の基節骨底の外側	母趾の内転、足底弓のアーチ形成	——	——
母趾の基節骨底の内側	母趾のMP(付け根)関節の❶外転・❷屈曲、足底弓のアーチ形成	——	——
小趾の基節骨底の外側	小趾の❶外転・❷MP(付け根)関節の屈曲	——	——
第5中足骨の前方端の外側	小趾の付け根を動かす(第5中足骨の底屈)	——	——
第2〜5趾の基節骨の背面で内側縁に沿って、趾背腱膜に放散	第2〜5趾MP(付け根)関節の❶内転・❷屈曲	——	——
第3〜5趾の基節骨底の内側	第3〜5趾の❶内転・❷屈曲	——	——
第1背側骨間筋は第2基節骨底の内側、第2〜4背側骨間筋は第2〜4基節骨底の外側	❶第2〜4趾の外転・❷基節骨の屈曲	——	——

筋の詳細データ一覧表

筋群	筋名	起始
体幹・頸部の筋		
体幹屈曲筋	腹直筋	恥骨結合、恥骨稜、恥骨結節の下部
体幹側屈筋	外腹斜筋	第5～12肋骨の外面
	腰方形筋	腸骨稜の内唇
体幹回旋筋	内腹斜筋	●胸腰筋膜深葉、上前腸骨棘 ●鼠径靭帯 ●腸骨稜の中間線
	回旋筋	椎骨の横突起
頸部伸展筋	頸腸肋筋	第3～6（または7）肋骨の肋骨角
	頭最長筋	第5頸椎～第3（4または5）胸椎の横突起
	頸最長筋	第1～6胸椎の横突起
	頸棘筋	第6頸椎～第2胸椎の棘突起
	頭半棘筋	第3頸椎～第4（～7）胸椎の横突起
	頭板状筋	第4頸椎～第3胸椎の棘突起、項靭帯
	頸板状筋	第3（または4）～6（または5）胸椎の棘突起
体幹伸展筋	胸腸肋筋	第7～12肋骨
	腰腸肋筋	腸骨稜の外唇、仙骨、胸腰筋膜
	胸最長筋	仙骨、腰椎の棘突起、下位腰椎の横突起
	胸棘筋	第10胸椎～第3（または2）腰椎の棘突起
脊柱安定筋	多裂筋	最長筋の浅部の腱、後仙骨孔と上後腸骨棘との間の仙骨後面、腰椎の乳頭突起、全胸椎の横突起、第4～7の頸椎の関節突起
	頸半棘筋	第1～6胸椎の横突起
	胸半棘筋	第7（または6）～11（10～12）胸椎の横突起
呼吸筋	腹横筋	●第7～12肋軟骨の内面、胸腰筋膜の深葉 ●鼠径靭帯、腸骨稜の内唇、上前腸骨棘
	外肋間筋	肋骨の下縁
	内肋間筋	肋骨内面の上縁
	上後鋸筋	第6頸椎～第2胸椎の棘突起および項靭帯
	下後鋸筋	第12（または11）胸椎～第3腰椎の棘突起と近くの胸腰筋膜
頸部屈曲筋・呼吸筋	前斜角筋	第3（または4）～7（または6）頸椎の横突起の前結節

停止	主な働き	筋体積	速筋:遅筋(%)
第5～7肋軟骨の外面、剣状突起、肋剣靭帯	体幹の屈曲、胸郭前壁の引き下げ、腹腔内圧の拡大	170㎤(E)	53.9:46.1(G)
●鼠径靭帯、腹直筋鞘前葉(第5～9肋骨から起始する線維) ●腸骨稜の外唇(第10～12肋骨から起始する線維)	体幹(脊柱)の**1**側屈(同側)・**2**回旋(反対側)・**3**屈曲、胸郭の引き下げ	70㎤(E)	——
第12肋骨、第1～4腰椎(または3)の肋骨突起	腰椎の**1**側屈・**2**伸展、**3**第12肋骨の下制	25㎤(E)	——
●第10～12肋骨の下縁(上部) ●腹直筋鞘(中部) ●精巣挙筋(下部)	体幹(脊柱)の **1**回旋(同側)・**2**側屈(同側)・**3**前屈、胸郭の引き下げ	73㎤(E)	——
筋に隣接する椎骨のうち、上位の棘突起基部	**1**脊柱の回旋(反対側)・伸展補助	——	——
第4～6頸椎の横突起の後結節	頸椎の**1**伸展・**2**側屈(同側)	3.7㎤(F)	——
側頭骨の乳様突起	頸椎の**1**伸展・**2**側屈(同側)・**3**回旋(同側)	5.3㎤(F)	70.0:30.0(J)
第2～6(または5)頸椎の横突起の後結節	**1**胸椎・頸椎の伸展、**2**頸椎の側屈(同側)	11.0㎤(F)	60.0:40.0(J) ※最長筋群のデータ
第2～4(または5)頸椎の棘突起	頸椎の**1**伸展・**2**側屈(同側)	——	——
後頭骨の上項線と下項線の間	頸部の**1**伸展・**2**側屈(同側)・**3**回旋(反対側)	42.5㎤(F)	55.0:45.0(J)
側頭骨の乳様突起、後頭骨の上項線の外側部	頸部の**1**伸展・**2**回旋・**3**側屈(同側)	27.1㎤(J)	75.0:25.0(F)
第1～2(または3)頸椎の横突起の後結節	頸部の**1**伸展・**2**側屈(同側)・**3**回旋(同側)	10.1㎤(F)	50.0:50.0(J)
第1～6肋骨	胸椎の**1**伸展・**2**側屈(同側)	——	——
第6～12肋骨の後面	胸椎の**1**伸展・**2**側屈(同側)	79㎤(E)	——
●内側：腰椎の副突起、胸椎の横突起 ●外側：腰椎の肋骨突起、肋骨、胸腰筋膜の深葉	胸椎・腰椎の**1**伸展・**2**側屈(同側)	146㎤(E)	60.0:40.0(J)
第2～8(または9)胸椎の棘突起	胸椎・腰椎の**1**伸展・**2**側屈(同側)	——	——
各起始部から2～4つ上に位置する椎骨の棘突起に停止	**1**椎間関節の安定、脊柱の**2**伸展・**3**回旋(反対側)・**4**屈(同側)	71㎤(E)	——
第2(または3か4)～6(または5)頸椎の棘突起	**1**脊柱の安定、胸椎・頸椎の**2**伸展・**3**側屈(同側)・**4**回旋(反対側)	18.2㎤(F)	55.0:45.0(J) ※半棘筋群のデータ
第6頸椎～第3(または4)胸椎の棘突起	**1**脊柱の安定、頸椎の**2**伸展・**3**側屈(同側)・**4**回旋(反対側)	——	55.0:45.0(J) ※半棘筋群のデータ
剣状突起、白線、恥骨(恥骨結節、恥骨櫛)	下位肋骨を下に引き、腹腔内圧を拡大	——	——
肋骨の上縁	吸気時に肋骨を挙上、胸郭の拡張(胸式呼吸)	——	——
肋骨内面の下縁	呼気(息を吐く)時に肋骨間を収縮し、胸郭を狭める	0.2㎤(F)	——
第2～5肋骨の肋骨角の外側	吸気時に第2～5肋骨を挙上	9.8㎤(F)	——
第9～12(または11)肋骨の背中外側部の下縁	呼吸時に第9～12肋骨を内側下方へ引く	——	——
第1肋骨の前斜角筋結節(リスフラン結節)	**1**第1肋骨の挙上、頸椎の**2**屈曲・**3**側屈(同側)	3.8㎤(F)	70.0:30.0(J) ※斜角筋群のデータ

筋の詳細データ一覧表

筋の詳細データ一覧表

筋群	筋名	起始
頸部屈曲筋・呼吸筋	中斜角筋	第2(または1)～7頸椎の横突起の後結節
	後斜角筋	第5～7頸椎の横突起の後結節
呼吸筋	横隔膜	●胸骨部:剣状突起の内面 ●肋骨部:第7～12肋骨(肋骨弓)の内面 ●腰椎部:外側脚と第1～4腰椎にかけての内側脚
椎前筋群	前頭直筋	環椎(第1頸椎)の外側塊
	頭長筋	第3～6頸椎の椎骨の横突起の前結節
	頸長筋	●上斜部:第3～5頸椎の脊椎横突起の前結節 ●下斜部:第1～3胸椎の椎体前部 ●垂直部:第5～7頸椎および第1～3胸椎の椎体前部の外側
後頭下筋群	大後頭直筋	軸椎(第2頸椎)の棘突起
	小後頭直筋	環椎(第1頸椎)の後結節
	上頭斜筋	環椎(第1頸椎)の横突起
	下頭斜筋	軸椎(第2頸椎)の棘突起

頭部の筋

筋群	筋名	起始
頸部側屈筋・回旋筋	胸鎖乳突筋	胸骨頭(胸骨柄の上縁)、鎖骨頭(鎖骨内方の1/3)
頸部浅層筋	広頸筋	下顎底・耳下腺筋膜
舌骨上筋	顎二腹筋	●前腹:下顎骨前部後面の二腹筋窩 ●後腹:側頭骨乳突切痕
	茎突舌骨筋	茎状突起
	顎舌骨筋	下顎骨内面の顎舌骨筋線
	オトガイ舌骨筋	下顎骨中部後面のオトガイ舌骨筋棘
舌骨下筋	胸骨舌骨筋	胸骨柄、第1肋骨の軟骨部の後面
	甲状舌骨筋	甲状軟骨
	胸骨甲状筋	胸骨柄および第1肋軟骨の後面
	肩甲舌骨筋	肩甲骨の上縁

筋DATAの出典

(A) Garner BA and Pandy MG, Musculoskeletal model of the upper limb based on the visible human male dataset. Comput Methods Biomech Biomed Engin, (2001), 4(2), 93-126. (成人男性3名:25歳・185cm・86kgを想定した筋-骨格モデル ※トルクの実測値に合うように、パラメータを最適化して調整した文献)
(B) Holzbaur KR, Murray WM, and Delp SL, A model of the upper extremity for simulating musculoskeletal surgery and analyzing neuromuscular control. Ann Biomed Eng, (2005), 33(6), 829-40.
(C) Friederich JA and Brand RA, Muscle fiber architecture in the human lower limb. J Biomech, (1990), 23(1), 91-5. (死体解剖=男性37歳・183cm・91kg)
(D) Wickiewicz TL et al., Muscle architecture of the human lower limb. Clin Orthop Relat Res, (1983), 179, 275-83. (死体解剖=被験者番号Iの死体解剖データ:性別・身長・体重不明 ※筋体積は筋重量を密度(1.056)で除して算出 ※PCSAは羽状角を無視して算出)

停止	主な働き	筋体積	速筋:遅筋(%)
第1肋骨の周辺に広く停止	❶第1肋骨の挙上、頸椎の❷屈曲・❸側屈(同側)	11.0㎤(F)	70.0:30.0(J) ※斜角筋群のデータ
第2(または3)肋骨	❶第1肋骨の挙上、頸椎の❷屈曲・❸側屈(同側)	5.2㎤(F)	70.0:30.0(J) ※斜角筋群のデータ
腱の中心部分	吸気の主力呼吸筋(腹式呼吸)。筋線維が収縮し、横隔膜が下制することで胸郭内の胸腔を拡大し、空気が強制的に入り込み、息が吸い込まれる。	──	──
後頭骨の底部	環椎から頸部を屈曲	──	──
後頭骨の底部の下面	上部頸椎の屈曲	──	──
●上斜部:環椎(第1頸椎)の前結節 ●下斜部:第5〜6頸椎の横突起の前結節 ●垂直部:第2〜4頸椎の椎体前部に付着	頸椎の前屈・側屈	──	──
後頭骨の下項線の外側部	上部頸椎の伸展・側屈・回旋	──	──
後頭骨の下項線の内側部	上部頸椎の伸展	──	──
後頭骨の下項線の外方	上部頸椎の伸展・側屈	──	──
環椎(第1頸椎)の横突起	上部頸椎の回旋	──	──
側頭骨の乳様突起、後頭骨の上項線	❶頸部の回旋(反対側)、❷頸部の回旋をともなった屈曲(斜め下を向く動作)、❸頸部の側屈(同側)	36.6㎤(F)	64.8:35.2(G)
鎖骨下方の皮膚	口角を下方に引く。首面前に縦ジワを作る	──	──
中間腱	下顎骨を固定時は舌骨を引き上げる。舌骨を固定時は下顎骨を引き下げる	──	──
舌骨体	舌骨を後上方に引く	──	──
舌骨体	舌骨を挙上する。舌骨を固定時は下顎骨を引き下げる	──	──
舌骨体の前面	舌骨を上方に引く。舌骨を固定時は下顎骨を引き下げる	──	──
舌骨体	舌骨を下方に引く	3.7㎤(F)	──
舌骨体	舌骨を引き下げる	2.3㎤(F)	──
甲状軟骨	舌骨を下方に引く	4.1㎤(F)	──
舌骨体	頸部の側屈	4.8㎤(F)	──

筋の詳細データ一覧表

(E):Christophy M et al., A musculoskeletal model for the lumbar spine. Biomech Model Mechanobiol,(2012), 11(1-2), 19-34.(複数の解剖学的先行研究データをもとに筋-骨格モデルを作成)
(F):Borst J et al., Muscle parameters for musculoskeletal modelling of the human neck. Clin Biomech,(2011) 26(4), 343-51.(死体解剖=86歳男性:171cm, 75kg)
(G):Johnson MA, Polgar J, Weightman D and Appleton D,(1973)をもとに算出
(H):White SC, Yack HJ and Winter DA,(1989). A three-dimensional musculoskeletal model for gait analysis. Anatomical variability estimates. J.Biomech.22:885-893
(I):Pierrynowski MR and Morrison JB,(1985). A physiological model for the evaluation of muscular forces in human locomotion: Theoretical aspects.Math.Biosci.75:69-101
(J) Daru KR,(1989)

著者のことば

　人間のあらゆる運動は、筋肉の収縮する力によって、関節でトルクが発揮されることによって行われます。ですから、医療・健康・スポーツ関連分野の従事者および学生は、各筋肉の名称や各関節の作用等、いわゆる「機能解剖学」に含まれる知識を身に付けておくことが大切です。実際、上記の分野に関連する方々は、機能解剖学を熱心に勉強した・または現在しているという方が多いと思います。

　しかし、機能解剖学の知識を運動指導や健康・医療の現場に活かすには、筋肉名や作用名を覚えているだけでは不十分です。ダイナミックな実動作では、一般にイメージされる部位から離れた関節や、想像と異なるタイミングで筋肉の力や関節トルクが発揮されている場合が多く、機能解剖学の知識だけでは、的外れな判断をしてしまいがちだからです。ここを適切に捉えるためには、初歩的なバイオメカニクス（＝生体力学）の知識が必要となります。

　本書は、バイオメカニクスを専門とする筆者が、筋肉や関節運動などの機能解剖学的知識を、実際の生活動作やスポーツ動作と分かりやすく結び付けることを主眼として内容を構成しました。なかには、筋力やトルク発揮のパターンが、「こんな部位で？」「こんなタイミングで？」と意外に思われる動作もあるでしょう。本書で扱う内容をバイオメカニクス的に理解することは、知的好奇心をくすぐるだけでなく、現場で機能解剖学を「使いこなす」ことに役立つはずです。

　医療・健康・スポーツ関連分野の従事者および学生の方々、さらにはトレーニングやスポーツに励む一般の方々にとって、本書がバイオメカニクスを通して、機能解剖学と現場を結ぶ架け橋となれば幸いです。

国際武道大学 体育学部 助教
荒川 裕志

参考書籍&参考文献

- 『第5版 分冊解剖学アトラスⅠ 運動器』(文光堂、長島聖司訳)
- 『身体運動の機能解剖 改訂版』(医道の日本社、中村千秋・竹内真希訳)
- 『目で見る筋力トレーニングの解剖学』(大修館書店、白井仁・今井純子訳)
- Garner BA and Pandy MG, Estimation of musculotendon properties in the human upper limb. Ann Biomed Eng, (2003), 31(2), 207-20.
- Arnold EM et al., A model of the lower limb for analysis of human movement. Ann Biomed Eng, (2010), 38(2), 269-79.
- Anderson DE, Madigan ML, Nussbaum MA. Maximum voluntary joint torque as a function of joint angle and angular velocity: model development and application to the lower limb. J Biomech, 2007, 40, 3105-13
- Arjmand N. and Shirazi-Adl A, Model and in vivo studies on human trunk load partitioning and stability in isometric forward flexions. J Biomech, (2006), 39(3), 510-21.
- Lemay MA and Crago PE, A dynamic model for simulating movements of the elbow, forearm, an wrist. J Biomech, (1996), 29(10), 1319-30.
- Delp SL, Surgery simulation: a computer graphics systems to analyze and design musculoskeletal reconstructions of the lower limb. Dissertation, Stanford University, CA, USA, (1990).
- Hoy MG et al., A musculoskeletal model of the human lower extremity: the effect of muscle, tendon, and moment arm on the moment-angle relationship of musculotendon actuators at the hip, knee, and ankle. J Biomech, (1990), 23(2), 157-69.
- Marras WS et al., Female and male trunk geometry: size and prediction of the spine loading trunk muscles derived from MRI. Clin Biomech, (2001), 16(1), 38-46.
- Zajac FE. Muscle and tendon: properties, models, scaling, and application to biomechanics and motor control. Crit Rev Biomed Eng, 1989, 17, 359-411.
- Van Eijden TM, Weijs WA, Kouwenhoven E, Verburg J. Forces acting on the patella during maximal voluntary contraction of the quadriceps femoris muscle at different knee flexion/extension angles. Acta Anat (Basel), 1987, 129, 310-4.
- Delp SL, Anderson FC, Arnold AS, Loan P, Habib A, John CT, Guendelman E, Thelen DG. OpenSim: open-source software to create and analyze dynamic simulations of movement. IEEE Trans Biomed Eng, 2007, 54, 1940-50.

※第8章の参考文献については、P.205を参照

撮影協力

ゴールドジム 渋谷東京　www.goldsgym.jp

筋肉CG制作

奥山正次　[所属会社]デキサホールディングス／www.dxa.co.jp
シェイク／www.media-shake.info

■ 監修者略歴
石井 直方（いしい なおかた）

1955年東京都生まれ。東京大学大学院総合文化研究科名誉教授。専門は身体運動科学、筋生理学。日本における筋肉研究の権威として知られる。ボディビル選手としても活躍し、ミスター日本優勝、世界選手権3位など輝かしい実績を誇る。『筋肉学入門』（講談社）、『石井直方の筋肉まるわかり大事典』（ベースボール・マガジン社）など著書・監修書多数。

■ 著者略歴
荒川 裕志（あらかわ ひろし）

1981年福島県生まれ。国際武道大学体育学部教授。早稲田大学理工学部卒業。東京大学大学院総合文化研究科博士課程修了。博士（学術）。国立スポーツ科学センター研究員を経て現職。専門はバイオメカニクス・トレーニング科学。元プロ格闘家としての経歴も持つ。『効く筋トレ・効かない筋トレ』（PHP研究所）など、著書・共著書多数。

■ 編集協力	谷口洋一（株式会社アーク・コミュニケーションズ）
■ デザイン	小林幸恵（有限会社エルグ）
■ CGイラスト（第8章）	金井裕也
■ 写真協力	shutterstock
■ ウエア提供	ナイキジャパン
■ モデル	上地裕作、鍛治知章、園部美津子（BRAFT）
■ 編集担当	齋藤友里（ナツメ出版企画株式会社）

本書に関するお問い合わせは、書名・発行日・該当ページを明記の上、下記のいずれかの方法にてお送りください。電話でのお問い合わせはお受けしておりません。
・ナツメ社webサイトの問い合わせフォーム
　https://www.natsume.co.jp/contact
・FAX（03-3291-1305）
・郵送（下記、ナツメ出版企画株式会社宛て）
なお、回答までに日にちをいただく場合があります。正誤のお問い合わせ以外の書籍内容に関する解説・個別の相談は行っておりません。あらかじめご了承ください。

筋肉の使い方・鍛え方パーフェクト事典

2015年10月1日　初版発行
2024年11月20日　第27刷発行

監修者	石井直方（いしい なおかた）
著　者	荒川裕志（あらかわ ひろし）
発行者	田村正隆

Ishii Naokata,2015
©Arakawa Hiroshi,2015

発行所　株式会社ナツメ社
　　　　東京都千代田区神田神保町1-52　ナツメ社ビル1F（〒101-0051）
　　　　電話　03(3291)1257（代表）　FAX　03(3291)5761
　　　　振替　00130-1-58661
制　作　ナツメ出版企画株式会社
　　　　東京都千代田区神田神保町1-52　ナツメ社ビル3F（〒101-0051）
　　　　電話　03(3295)3921（代表）
印刷所　TOPPANクロレ株式会社

ISBN978-4-8163-5899-9　　　　Printed in Japan

＜定価はカバーに表示してあります＞
＜乱丁・落丁本はお取り替えします＞

本書の一部または全部を著作権法で定められている範囲を超え、ナツメ出版企画株式会社に無断で複写、複製、転載、データファイル化することを禁じます。

ナツメ社Webサイト
https://www.natsume.co.jp
書籍の最新情報（正誤情報を含む）はナツメ社Webサイトをご覧ください。